中央政法委预防青少年违法犯罪专项组办公室
共青团中央社区和维护青少年权益部
新时期专门学校发展研究课题

国家财政专项资金资助课题

中国青少年研究中心、中国预防青少年犯罪研究会、中国教育学会工读教育分会
"预防青少年犯罪研究"课题项目成果之一

编委会名单

主　编
路　琦

副主编
郭开元　陈　晨　刘　燕

撰稿人（按姓氏笔画排序）

卫宝弟　石　军　叶祝颐　付俊杰　孙　鉴　刘　燕　关　颖　杨文清　杨春良
李玫瑾　肖建国　沈永辉　张　荆　张　萌　张立伦　张良驯　张信旭　张晓冰
陈　晨　金超然　郑　京　胡　亚　胡俊崎　姚建龙　郭开元　郭志华　席小华
盛萌芽　程鹏强　谢忠华　路　琦

工读教育
研究

RESEARCH ON
JUVENILE DELINQUENCY

主 编／路 琦

副主编／郭开元 陈 晨 刘 燕

社会科学文献出版社
SOCIAL SCIENCES ACADEMIC PRESS (CHINA)

前　言

一

　　工读教育，亦称专门教育。《中华人民共和国预防未成年人犯罪法》中使用的是"工读"，《中华人民共和国义务教育法》《中华人民共和国未成年人保护法》中使用的是"专门"。

　　工读（专门）教育是为了挽救处在违法犯罪边缘的"问题青少年"而实施的一种特殊教育。它是我国国民教育体系的组成部分，也是少年司法工作体系的重要保护处分措施。目前，其主要依托工读（专门）学校开展工作。1955年北京海淀工读学校的诞生，标志着我国工读（专门）教育的开始。时至今日，其已走过了63年的风雨历程。

　　63年来，在党和政府的关心和重视下，工读（专门）教育积极探索，努力作为，从教育转化有违法或者轻微犯罪行为的中小学生，到教育矫治有严重不良行为的未成年人，虽然法律和政策法规对工读（专门）学校职能等的表述有所不同，但工读（专门）教育挽救处在违法犯罪边缘的"问题青少年"的目标定位没变，其所做出的贡献是不可磨灭的。当然，其发展过程中出现的问题、引起的争议也是不容回避的。

　　工读（专门）学校教育自创办以来，一直是摸索前行，其间，各职能部门和社会各方面积极参与并发挥作用。中央综治委预防青少年违法犯罪工作领导小组（专项组）办公室、教育部基础教育司、共青团中央社区和维护青少年权益部、中国青少年研究中心与中国（预防）青少年犯罪研究会曾多次联合或以各种组合方式进行调研,取得了不少研究成果,对解决问题、完善法律和政策法规等提供了帮助。其中,2007 年出版的红皮书《中国工读教育研究报告》为加强专门学校建设提供了依据,为进一步探索构建完善我国预防青少年违法犯罪工作机制提供了支持。

近年来,特别是 2012 年以来,国家加大推进教育发展和预防青少年违法犯罪工作的力度,工读(专门)教育取得了新成效,工读(专门)学校建设呈现出新的发展趋势,但面对转型期依然严峻的涉案未成年人数量(当然,自 2009 年始,我国法院判处未成年人犯罪人数呈现逐年下降趋势),面对社会普遍关注、需要高度重视的校园欺凌频发问题(中国青少年研究中心、中国预防青少年犯罪研究会所做的《2017 年我国未成年人犯罪研究报告》显示,未成年犯、成年犯(未成年时期)、工读生、普通中学生、大学生(未成年时期)遭受过校园暴力的在各自群体中所占比例分别是 60.5%、51.7%、45.2%、19.9%、16.4%),应发挥一定作用的工读(专门)教育仍面临着生存和发展的现实问题,需要进一步研究。

对此,2017 年,中央政法委预防青少年违法犯罪专项组办公室、共青团中央社区和维护青少年权益部、中国青少年研究中心、中国预防青少年犯罪研究会和中国教育学会工读教育分会启动"新时期专门学校发展研究(2007-2017)"课题研究,再次联合对工读(专门)学校教育展开全面调研,期望借此研究推动工读教育的创新和发展。

二

本红皮书是课题的研究成果,具体内容用调查报告、五个篇章及附件的形式来呈现。

调查报告主要是对专门学校教育的研究。通过对调研数据的分析,总结专门学校的学生结构、师资力量、教育矫治内容和方法等现状,分析制约专门学校教育发展的因素,从法治化、科学化视角提出对策和建议。

探索篇主要从总体上谈工读教育,涉及工读教育的时代价值、创新和完善的思考、法理基础和功能,社会、司法和教育功能,以及中外比较中的理论反思等方面。

专题篇主要从工读学校的功能拓展和教育矫治方式的深化完善角度来谈工读学校教育，涉及工读（专门）学校教育向家庭的"辐射"、社工的介入和从情感维度理解、探究工读教育的方式方法等方面。

借鉴篇主要呈现的是德国、英国、日本、中国香港在"问题青少年"教育矫治方面的情况和通过对比研究得出的启示。

个案篇主要呈现的是我国几个比较有代表性的工读学校的个案，包括北京市海淀工读学校、上海市浦东新区工读学校、武汉市砺志中学、成都市第五十二中学、杭州市城西中学、深圳市育新学校、太原市明德学校、长沙市工读学校、昆明市金殿中学和遵义市新雨学校等。

最后一个篇章是反思篇，与第一篇章探索篇相呼应，都是从总体上谈工读教育，但反思篇更多谈的是问题和期许，主要涉及"专门教育"专门化、工读学校"去工读化"和正当化的困境等问题。

附件中呈现的是对1987年国办发〔1987〕38号文件《关于办好工读学校的几点意见》的修改建议稿。中国（预防）青少年犯罪研究会建议稿的文件名与《未成年人保护法》的相关表述相衔接，中国教育学会工读教育分会和专家建议稿的文件名与38号文件相一致。此外，附件中还呈现了近年来对工读（专门）学校发展评价指标和硬件标准的研究成果。

三

"新时期专门学校发展研究（2007－2017）"课题也是中国青少年研究中心立项的"预防青少年犯罪研究"课题的子课题，得到了国家财政专项资金的资助。

该研究工作得到了诸多领导和同志们的关心和支持，他们是：团中央书记处徐晓、傅振邦、尹冬梅，团中央权益部王锋、史学林、姚建龙、张蔚红、梅峰、王天佐、李天国等，中国青少年研究中心王义军、刘俊彦、张良驯等，中国教育学会工读教育分会林炎志、兰宏生、高妙根等。

调研工作得到了中国教育学会工读教育分会和有关工读学校的支持和帮

助。它们是北京市朝阳工读学校、北京市丰台区工读学校、北京市门头沟区工读学校、上海市浦东新区工读学校、上海市辛灵中学、上海市龙潭中学、上海市新晖中学、上海市浦东育华学校、上海市崇明培成学校、河南洛阳市旭升中学、河南郑州市九十九中学、广西北海市工读学校、广西桂林市工读学校、广东广州市新穗学校、四川成都市第五十二中学、云南文山市第十二中学、云南昆明市金殿中学、江苏南京市建宁中学、吉林市五十八中学、长春市晨光学校、辽宁丹东市二十中学、湖北武汉市砺志中学等。

深入一线调研的同志为研究工作打下了坚实的基础,他们是:路琦、赵智鸿、郭开元、胡发清、刘燕、张晓冰、王鹏飞、赵宸梅、刘怡等。

本书由主编路琦和法学博士张晓冰统稿,三位副主编郭开元、陈晨、刘燕同志分别从不同角度对本书的编辑出版工作做出了重要贡献。

此外,附件1的撰写由中国青少年犯罪研究会负责,路琦主持,郭珞等参与。附件2的撰写由中国教育学会工读教育分会刘燕副秘书长负责,其中参与撰写的有广州市新穗学校书记胡俊崎、中国教育学会工读教育分会副秘书长刘燕、北京市海淀工读学校科研室副主任付俊杰和上海市浦东新区育华学校教科研主任谢忠华;参与论证的有中国教育学会工读教育分会常务副理事长谭朴、副理事长胡新懿、山西太原市明德学校校长王春生、北京市海淀工读学校校长肖建国、上海市浦东新区育华学校校长卫宝弟、湖北武汉市砺志中学校长罗立新、成都市第五十二中学校长程鹏强、中国教育学会工读教育分会办公室林艳等。附件3的撰写由郭开元主持,张晓冰等参与。附件4和附件5由中国教育学会工读教育分会提供。

工读(专门)教育事关青少年特别是有严重不良行为未成年人的健康成长和犯罪预防问题,需要加强研究,需要完善顶层设计,需要对现有模式进行改革创新。本书作为一项研究成果,希冀出版后能引起更多有识之士对工读(专门)教育的关注和关心,从而推动工读(专门)教育进一步发挥好应有的作用。

由于水平有限,本书难免有疏漏与不妥之处,敬请专家和读者提出宝贵意见!

路 琦

2018 年 12 月 21 日

目　录

调查报告

新时期专门学校教育发展研究

…………………… 路　琦　郭开元　刘　燕　张晓冰 / 3

探索篇

从工读学校教育历史发展探究其时代价值 …………………… 刘　燕 / 21

创新和完善我国工读教育的现实思考 ………………………… 路　琦 / 41

论我国工读教育的法理基础和功能 …………………………… 郭开元 / 54

论工读学校的社会、司法和教育功能 ………… 李玫瑾　张　萌 / 67

专门学校教育：中外比较中的理论反思 ………… 沈永辉　肖建国 / 82

专题篇

专门学校学生的家庭问题及其对家庭教育指导的启示 …… 关　颖 / 97

社会工作在不良行为青少年群体中的应用 ……… 席小华　金超然 / 110

规训与惩罚：工读教育中的情感体制 ………………………… 陈　晨 / 134

借鉴篇

香港群育学校对内地工读学校的启示　…………　石　军　张立伦／155

德国巴伐利亚州促进学校对中国工读学校的启示　…………　石　军／166

日本儿童自立支援设施演变及对我们的启示　……　张　荆　石　军／177

中英预防和教育矫正未成年人违法犯罪体系对比研究　……　胡俊崎／195

个案篇

适合理念下的北京市海淀工读学校　……………　肖建国　付俊杰／209

不断探索教育教学新模式的上海市浦东新区工读学校

　…………………………………　卫宝弟　谢忠华／220

转型中的武汉市砺志中学　………………………………　叶祝颐／228

创办优质专门学校的成都市第五十二中学　………………　程鹏强／236

为学生幸福人生奠基的杭州市城西中学　…………………　盛萌芽／245

构建以"友善教育"为核心理念的深圳育新教育模式

　……………………………………………　杨春良／256

以提升核心素养为目标的太原明德教育模式　………………　郑　京／266

厚积薄发的长沙市工读学校　………………………………　杨文清／274

践行差异化教育的昆明市金殿中学　………………………　胡　亚／285

走"心"的教育

　——遵义市新雨学校　……………………………　张信旭／293

创造"六位一体"教育模式的海口市未成年人法制教育中心

　……………………………………………　郭志华／299

反思篇

从"工读"到"专门"

　——我国工读教育的困境与出路　………………　姚建龙　孙　鉴／309

对工读学校"去工读化"现象的研讨 ……………………… 张良驯／327

专门学校的正当化困境 …………………………………… 张晓冰／340

附　件

附件1　关于进一步加强专门学校工作的若干规定

　　（中国青少年犯罪研究会建议稿，2008年）　………………／354

附件2　关于进一步加强专门学校教育工作的意见

　　（中国教育学会工读教育分会建议稿）　………………………／359

附件3　关于进一步加强专门学校教育工作的意见

　　（专家建议稿）　……………………………………………………／365

附件4　专门学校发展评价指标及要点　…………………………／371

附件5　专门学校教育的硬件标准　………………………………／378

调查报告

新时期专门学校教育发展研究

路 琦 郭开元 刘 燕 张晓冰*

摘 要：专门学校是对有严重不良行为的未成年学生进行教育矫治的场所。近年来，专门学校的数量有所增加，师资力量明显增强，教育矫治内容趋于科学化、专业化。但是，专门学校教育仍然存在着政策法规保障欠缺、教育矫治的针对性不足、学生之间"交叉感染"等问题。基于调研数据的分析，总结专门学校的学生结构、师资力量、教育矫治内容和方法等现状，分析制约专门学校教育发展的因素，从法治化、科学化视角提出对策建议。

一 问题提出

我国的专门（工读）学校教育始创于 1955 年，至今已有 60 多年的历史，经历了创建时期、复办时期、社会转型时期的改革与发展，以及与时俱进办好工读教育 4 个阶段。其间需要提到的是 20 世纪 80 年代所做的改革，主要涉及"淡化工读痕迹"（不贴标签：不称工读生、学生保留原校学籍、学校对外不挂专门学校牌子）、巩固教育成果，加大义务教育与职业教育内容、拓展工读教育职能，为社会精神文明建设服务等方面，至今看来都有重要意义。

与时俱进办好工读教育阶段从 1995 年延续至 2012 年，其重点是加强专

---

* 路琦，中国预防青少年犯罪研究会秘书长，《预防青少年犯罪研究》主编；郭开元，中国青少年研究中心青少年法律研究所所长，副研究员，法学博士；刘燕，中国教育学会工读教育分会副秘书长；张晓冰，中国青少年研究中心青少年法律研究所助理研究员，法学博士。

门（工读）学校的政策法规建设。1999年《中华人民共和国预防未成年人犯罪法》（以下简称《预防未成年人犯罪法》）颁布实施，2007年施行修订后的《中华人民共和国未成年人保护法》（以下简称《未成年人保护法》）。其间未成年人权利得到了进一步保护，但未成年人犯罪形势依然严峻，而与之不相匹配的是全国"以教育矫治有严重不良行为未成年人为主要职能"的专门学校却陷入发展困境，该进入的未成年人没能进入专门学校接受教育矫治。针对这种状况，2005年，中央社会管理综合治理委员会（简称中央综治委）预防青少年违法犯罪工作领导小组办公室、共青团中央社区和维护青少年权益部、中国青少年犯罪研究会与中国青少年研究中心联合设立的"预防青少年违法犯罪课题组"启动年度课题"工读教育研究"，对当时全国67所专门学校就现状、受教育对象的群体特质、存在的必要性、特色与成效、问题及分析、发展与改革等方面展开调研，并于2007年1月出版红皮书《中国工读教育研究报告》。该调研全面了解专门学校发展的情况与存在的问题，为加强专门学校建设提供了依据，也为进一步探索构建完善我国预防青少年违法犯罪的工作机制提供了支持。

2012年以来，国家继续加大推进教育发展和预防青少年违法犯罪工作的力度，专门学校教育取得了新成效。专门学校建设呈现新的发展趋势，但仍存在一些亟待解决的问题，主要是：法律法规、政策制度保障欠缺，专门学校的定位存在与实际作用发挥不一致的情况，该进入的未成年人仍没能进入专门学校接受教育矫治，以及专门学校教育的科学性、专业性不足，等等。

2017年，针对专门学校发展的新趋势和存在的问题，特别是专门学校发展与全国预防青少年违法犯罪工作需要不相匹配的问题，中央综治委预防青少年违法犯罪专项组办公室、共青团中央社区和维护青少年权益部、中国青少年研究中心、中国预防青少年犯罪研究会和中国教育学会工读教育分会，启动"新时期专门学校发展研究（2007～2017）"课题研究，再次联合对专门学校教育展开全面调研，期望借此推动与专门学校教育相关的政策法规的完善工作，推动专门学校建设，提升专门学校教育的科学化、专业化水平。

本书对全国93所专门学校的情况进行了解，设计了专门学校、教师、学生及其家长4类调查问卷，实地深入8所专门学校，共发放调查问卷1 021份，回收有效问卷 852 份，有效率为 83.4%。现将研究情况报告如下。

二 新时期专门学校教育的发展状况

1. 中西部省份专门学校数量增加，但仍有省份未建立专门学校

与 2005 年相比，专门学校的整体分布与数量有所变化。据不完全统计，截止到 2017 年底，全国在中国教育学会工读教育分会注册的专门学校有 93 所（不包括港、澳、台地区），比 2005 年（67 所）增加了 26 所。新增加的专门学校主要集中在中西部地区，其中，四川省由 1 所增加到 9 所，贵州省由 2 所增加到 14 所。在地域分布上，目前专门学校分布在 25 个省、自治区和直辖市，比 2005 年（22 个省、自治区、直辖市）增加了 3 个省（自治区），这 3 个省（自治区）分别是江西、海南、新疆。至今，仍有 7 个省（自治区）没有恢复或建立专门学校。

2. 办学条件得到较大改善

与 2005 年相比，专门学校的办学经费得到较大改善；专门学校离市区更近，校园环境有所改善，生均建筑面积扩大，学生的住宿条件有所改善；教育教学设施有所改善，90% 的学校建有网络教室、心理咨询室等专门教室（2005 年不足 60%）；体育运动设施比以前更丰富。

3. 专门学校的功能有所扩展，办学类型呈现多元化

在学校功能方面，专门学校教育是义务教育的重要形式，是预防青少年违法犯罪工作的重要环节，其主要功能是对有严重不良行为的未成年学生进行教育矫治①。一些专门学校将教育矫治的功能向前和向后延伸。向

---

① 1987 年《关于办好工读学校的几点意见》规定：工读学校是对有违法和轻微犯罪行为的中学生进行特殊教育的半工半读学校，是普通教育中的一种特殊形式，也是实施九年义务教育的一种不可缺少的教育形式。2006 年修订的《中华人民共和国义务教育法》（以下简称《义务教育法》）第二十条规定：县级以上地方人民政府根据需要，为具有预防未成年人犯罪法规定的严重不良行为的适龄少年设置专门的学校实施义务教育。2012 年修订的《未成年人保护法》第二十五条规定：对于在学校接受教育的有严重不良行为的未成年学生，学校和父母或者其他监护人应当互相配合加以管教；无力管教或者管教无效的，可以按照有关规定将其送专门学校继续接受教育。2012 年修订的《预防未成年人犯罪法》第三十五条规定：对有本法规定严重不良行为的未成年人，其父母或者其他监护人和学校应当相互配合，采取措施严加管教，也可以送工读学校进行矫治和接受教育。

前延伸主要是将对不良行为的教育预防功能延伸至专门学校的预备生和普通学校的校外教育；向后延伸主要是专门学校与未成年犯管教所建立合作关系，对被监禁的未成年犯开展义务教育，直接服务于未成年人的重新犯罪预防，有此合作模式的省份主要是广东省、浙江省和吉林省。另外，部分专门学校通过建立德育实践基地、法治教育中心、心理健康教育中心等形式，对普通中小学学生开展法治教育和心理健康教育，对普通中小学的教师、家长进行教育培训，提高普通中小学教师和家长对学生不良行为的教育预防和矫治能力。近年来，随着预防青少年违法犯罪情况的变化，专门学校的功能进一步扩展。有些未成年人因未达到刑事责任年龄而被公安机关送到专门学校进行教育矫治。有些地方将实施欺凌学生转送到专门学校进行教育①。

专门学校的办学类型呈现多元化特征。在学校类型方面，95.2%的是公办的专门学校，4.8%的是民办或民办公助的专门学校。在学校的主管机关方面，95.7%的专门学校是由教育机关主管，少数专门学校是由教育部门和综治部门双重管理或者由司法行政管理部门管理。在有些省份，专门学校由综治部门建设，建成后移交教育部门管理。

4. 学生到专门学校学习的原因和方式具有多样性，警察送学生到专门学校学习的比例呈上升趋势

学生到专门学校学习的主要原因是在原来学校学习成绩差和有严重不良行为。对学生的调查数据显示，在学生到专门学校学习的主要原因中，69.1%的是在原学校学习成绩差，32.5%的是有严重不良行为，20%的是有犯罪行为。对学生家长的调查数据显示，在学生到专门学校学习的主要原因中，85.9%的是在原学校学习成绩差，10.9%的是有严重不良行为，4.9%的是有犯罪行为。对学校的调查数据发现，在学生到专门学校学习的主要原因中，在原学校学习成绩差的占69.6%，有严重不良行为的占78.3%，有犯罪行为的占39.1%。对教师的调查数据发现，在学生到专门学校学习的主要原因中，有不良行为的占39.5%，有严重不良行为的占28.9%，有轻微犯罪行为的占21.9%。虽然不同主体对于学生到专门学校

---

① 详见2017年教育部制订的《加强中小学生欺凌综合治理方案》。

学习的主要原因存在着不同认识，但是以上调查数据相互印证了目前专门学校仍保持着原来工读学校对有严重不良行为或者轻微犯罪行为的学生进行教育矫治的基本职能，这也正是专门学校在预防青少年违法犯罪系统工程中的功能所在[①]。

学生到专门学校学习的方式具有多样性，警察送学生到专门学校学习的比例呈上升趋势。在学生到专门学校学习的主要方式方面，对学生的调查数据分析发现，16.4%的学生是警察送来的，22.7%的是被父母送来的，43.4%的是原来学校建议的，13.1%的学生是自己主动来的。其中，与2016年的调查数据相比，被警察送来的学生所占比例增加了10.7个百分点。对教师的调查数据表明，在学生到专门学校学习的主要方式中，18.4%的学生是警察送来的，38%的是被家长送来的，3.8%的是原学校建议的，11.6%的是学生自己主动要求的。由此可见，学生到专门学校学习的方式主要是被父母送来及原学校建议的，这在一定程度上反映了现实需求情况，也反映了目前专门学校的招生方式存在的问题。近年来，警察送生的比例有所增加，反映了对未成年人违法犯罪行为开展分层矫治的现实需求。

大部分学生入学意愿较强。调查发现，72.2%的学生表示愿意在专门学校学习，原因主要是基于老师的尊重（15.8%）、同学的友好（13.4%）、可以学到知识（8.9%）、学到技能（13.8%）、能够帮助自己养成良好习惯（16.5%）、可以帮助自己改正不好的行为（15.7%）、增加生活信心（10.5%）等。27.8%的学生表示不愿意在专门学校学习，原因主要是长时间不能回家（29.1%）、自由受到限制（22.7%）、离家太远（14.6%）、同学素质差（13.3%）、受到社会上的人歧视（7.7%）等。

5. 专门学校的学生呈下降趋势，以男生为主，低龄化趋势明显

专门学校的学生结构与专门学校的功能定位和招生方式密切相关，这也反映了专门学校的教育改革现状和发展趋势。在学生人数方面，专门学校的学生人数呈下降趋势，2013年工读学校学生人数为9 300人，2014年

---

① 郭开元：《犯罪预防视阈中的专门学校教育改革和发展》，《青少年犯罪问题》2017年第3期，第33页。

为 8 500 人，2015 年为 7 920 人，2016 年为 7 181 人①。在抽样调查的 21
所专门学校中，截至 2017 年 10 月，在校学生人数为 2 215 名，多数学校
的在读学生没有达到饱和度，甚至有两所学校没有学生。在学生性别结构
方面，以男生为主，在抽样调查的学生中，男生的比例为 90.2%，女生的
比例为 9.8%。在 93 所专门学校中，有 78 所专门学校男女生都有，所占
的比例为 83.9%，比 2005 年（56.7%）② 增加了 27 个百分点。在学生年
级分布方面，初中一年级学生的比例为 19.7%，初中二年级学生的比例为
21.8%，初中三年级学生的比例为 27.3%，职业高中学生的比例为
31.2%。在学生户籍分布方面，本地户籍的占 79.4%，非本地户籍的占
20.6%。另外，学生的年龄呈现低龄化趋势。调查发现，专门学校学生主
要集中在 14～17 岁，占 84.4%，平均年龄为 15.48 岁，呈现低龄化趋势。
部分实施严重危害社会的行为但不到刑事责任年龄的未成年人被送到专门
学校，导致专门学校学生的年龄呈现低龄化趋势，甚至有些学校出现了小
学生。

6. 专门学校的师资力量得到较大改善

教师的学历明显提高。随着社会经济和教育的发展，专门学校教师的
学历有较大的提高，2017 年调查数据显示，79.6% 的教师是本科学历，比
2005 年（50.1%）提高了 29.5 个百分点；4.4% 的教师是研究生学历，比
2005 年（1.1%）提高了 3 个百分点③。师资力量的提高为提升专门学校
教育质量奠定了基础。

教师队伍结构的科学性和稳定性有所增强。首先，教师年龄结构体现
了教师队伍的年轻化，其中，30 岁以下的教师占 33.9%（2005 年为
23.5%），31～40 岁的占 45.5%（2005 年为 29.9%）。其次，教师的性别
结构合理，其中，男教师占 47.7%，女教师占 52.3%。再次，教师的专业
结构具有多学科性，其中，80% 以上的学校配齐了义务教育学科教师，
90% 以上的学校配有专兼职的心理教育教师和法治教育教师，还有一些学
校聘请专职的科技教师或非遗教师。最后，教师队伍的稳定性增强。调查

① 资料来源：《中国教育统计年鉴》2013～2016 年。
② 鞠青：《中国工读教育研究报告》，北京：中国人民公安大学出版社，2007，第 30 页。
③ 鞠青：《中国工读教育研究报告》，北京：中国人民公安大学出版社，2007，第 27 页。

发现，专门学校教师的教龄在 10 年以下的占 69.1%，10 年以上的占 30.9%，有相对稳定的教师队伍。

教师的专业化培训有所加强。目前，专门学校教师的专业化培训呈现多样化特征。新入职教师的培训有岗前培训、岗前实习，年轻教师有师徒结对、一带一的培训方式；教师均有机会参加本地区的教师进修培训，了解前沿的教育理念和新的教育教学技能，参加本地区举办的教学基本功比赛，提高教育教学能力；100% 的学校开展校本课程培训，比 2005 年提高了 20 个百分点；中国教育学会工读教育分会连续 11 年开展专门学校骨干教师培训；部分学校外请专家和教研员开展校内培训；部分学校参加境外学习培训和经验交流。

7. 专门学校的教育矫治内容趋于科学化、专业化

在我国，《预防未成年人犯罪法》《未成年人保护法》等法律明确规定专门学校教育的原则和内容。其中，《预防未成年人犯罪法》第二条明确规定了专门学校教育的原则，即"预防未成年人犯罪，立足于教育和保护，从小抓起，对未成年人的不良行为及时进行预防和矫治"。《未成年人保护法》第二十五条第三款规定："专门学校应当对在校就读的未成年学生进行思想教育、文化教育、纪律和法制教育、劳动技术教育和职业教育。"基于上述规定内容，专门学校坚持"立足教育，挽救孩子，科学育人，造就人才"的办学宗旨，建立了一套行之有效的针对未成年人不良行为的教育矫治内容体系。

专门学校普遍开设义务教育和校本课程。调查数据显示，80% 以上的专门学校开设了义务教育规定的课程，76.1% 的学校开展的形式多样的课堂教学能够满足学生的学习需求；79.1% 的专门学校老师能用多种方式评价学生的学习、提升学生的学习兴趣。另外，专门学校开设丰富多彩的校本课程，主要包括美发、刺绣、茶艺、陶艺、篆刻、书法、足球等，对学生进行生活技能教育和健康教育，提高了学生的学习兴趣和文化素养。调查数据显示，74.2% 的学生喜欢学校开设的校本课程。

专门学校注重品德教育、法治教育和心理健康教育。在品德教育方面，专门学校注重行为养成教育，通过持续的、生活化的行为养成教育，矫治学生不良的行为习惯，培养文明礼仪，确立良好的道德规范和行为规范。调查数据显示,94.3%的专门学校通过多种方式帮助学生养成良好的行为习惯。另外,专门学校开展优秀品质教育。调查数据显示,92.9%的专门学校通过多种活动进行责任心、感恩、诚信、友善等方面教育。

在法治教育方面,专门学校开展了形式多样、内容丰富的法治教育活动,提高了学生的法律意识。调查数据显示,专门学校学生学习过的法律主要有《未成年人保护法》(93.4%)、《预防未成年人犯罪法》(76.5%)、《中华人民共和国刑法》(以下简称《刑法》)(60.2%)、《中华人民共和国宪法》(以下简称《宪法》)(58.9%)、《中华人民共和国道路交通安全法》(以下简称《道路交通安全法》)(40.2%)、《中华人民共和国治安管理处罚法》(以下简称《治安管理处罚法》)(32.5%)。在专门学校教育中,学生接受过的法治教育方式主要包括:学校老师的授课(84.6%),观看电视法治节目(67.3%),警察、检察官、法官的法治讲座(65.4%),模拟法庭(48.3%),志愿者的法律知识讲解(27.0%),参观未成年犯管教所(37.5%),编制法治情景剧(17.7%)。通过对专门学校教师的调查,专门学校开展的法治教育形式主要包括:学校老师的授课(88.4%),观看电视法治节目(77.7%),警察、检察官、法官的法治讲座(85.7%),模拟法庭(40.2%),志愿者的法律知识讲解(27.0%),参观未成年犯管教所(45.5%),编制法治情景剧(24.1%)。法治教育对培养学生法治观念方面的效果明显。对教师的调查数据显示,82.3%的教师认为本校法治教育效果良好,5.3%的教师认为效果不好,12.4%的教师表示不清楚。此外,专门学校学生认为法律的作用主要在于维护社会秩序(82.1%)、保障公民权利(81.4%)、惩罚违法犯罪行为(79.5%)。在合法权益受到侵害时,70.7%的学生认为应该通过法律维权,11.1%认为应该私下调解解决,但仍有13.6%认为应该以牙还牙、以血换血,4%认为无所谓。由此可见,形式多样的法治教育提高了专门学校学生学习法律的兴趣,法治教育内容强调针对性和趣味性,凸显了体验教育和浸润教育的作用。

在心理健康教育方面,专门学校普遍开展心理健康教育,促进专门学校学生的心理健康。对学生的调查数据显示,学校老师给学生讲过心理健康问题的占94.1%,认为学校的心理健康教育活动形式多样的占83.0%,对学校开设的心理健康教育活动的效果很满意的占82.3%。

专门学校加强家校互动，改善专门学校学生的家庭教育状况，教育转化效果明显。专门学校有家访制度，教师与家长保持着密切联系，开展对学生的个性化教育矫治。90%以上的专门学校有家长学校，定期召开家长会，介绍学校的教育情况，介绍学校正在或准备开展的教育活动，并请家长给予配合，共同达成教育目标。学校开展亲子活动，调节家庭亲子关系。调查数据显示，76.7%的学校经常指导家长对学生进行心理健康教育。60.8%的家长认为孩子进入专门学校之后，性格变得开朗，53.4%的家长认为孩子学习成绩有所提高，51.1%的家长认为孩子改正了以前的不好行为，38.6%的家长认为孩子与父母的关系有所改善。这些在对学生的调查数据中得到印证。在卫生习惯方面，94%的学生很注意个人卫生，88.3%的学生很注意保持教室等空间的清洁。在情绪管理方面，80.1%的学生有巨大压力或情绪低落时，能够自我排解，82.6%的学生能够积极乐观看待生活和学习中遇到的困难，83.6%的学生对陌生环境的适应能力很强。在自我认知方面，86.7%的学生了解自己的优缺点，83.3%的学生自理能力较强。学生在自我认知、情绪调节、自我管理方面还需要进一步调查研究。

专门学校教育功能得到延伸。近年来，一些专门学校将教育矫治的功能向前延伸和向后延伸。向前延伸主要是将对不良行为的教育预防功能延伸至工读预备生和普通学校的校外教育；向后延伸主要是专门学校与未成年犯管教所建立合作关系，对被监禁的未成年犯开展义务教育和教育矫治工作，直接服务于未成年人的重新犯罪预防，典型的省主要是广东省、浙江省和吉林省。

三 专门学校学生的家庭特征和亲子关系

1. 家庭社会经济地位处于中下层

父母的职业和文化程度是家庭系统的结构要素，直接影响儿童的身心发展，与儿童的家庭亲和度、学业成绩呈正相关关系[1]。专门学校学生的

---

[1] 杨志伟、刘少文、李雪荣：《儿童行为问题、学业成绩与家庭环境的相关模型研究》，《中国心理卫生杂志》2000年第7期。

家庭社会经济地位处于中下层，主要体现在父母的职业、文化程度和家庭经济条件等方面。在父母的职业方面，父亲的职业是以公司企业工作（25%）、在外打工（24.4%）、个体经营（18.8%）为主，其中无职业的比例为14%，比普通学校学生的父亲高9个百分点；母亲的职业是以个体经营（22.1%）、公司企业工作（20.6%）、在外打工（18.4%）为主，其中无职业的比例为22%，比普通学校学生的母亲高4个百分点。在父亲的文化程度方面，小学的为22%，比普通学校学生的父亲（11.8%）高10个百分点；在母亲的文化程度方面，小学的为25.1%，比普通学校学生的母亲（17.9%）高7.2个百分点。由此可见，专门学校学生的父母文化程度普遍较低，其中母亲的文化程度比父亲更低。

2. 家庭教育环境对未成年子女的价值观缺乏有效形塑

家庭是儿童社会化的重要场所，家庭教育环境是未成年人价值观形成和行为规范习得的基础环境。家庭教育环境通过形成具有共振性和弥散性的家庭氛围，对孩子形成一种无形的影响，使其产生某种心理评价，形成某种心理状态，进而支配其行为[1]。良好的家庭教育环境是指一个有着互敬互爱的夫妻关系、亲切融合的父母子女关系、充实的精神生活内容和高尚道德情操的家庭环境[2]。通过调查数据比较分析发现，与普通学校学生相比，专门学校学生的家庭教育环境相对较差，存在着家庭紧张、父母教养方式粗暴、监护不力等问题。其中，家庭紧张主要是指父母感情失和、经常争吵，不利于营造良好的未成年人家庭教育氛围；父母监护不力致使未成年人容易遭受疏忽照料；父母教养方式粗暴致使未成年人容易受到虐待。调查发现，25.1%的专门学校学生的父母经常吵架，比普通学校学生（13%）高12个百分点。25.7%的专门学校学生平时很少见到父母，比普通学校学生（10.6%）高15个百分点；11.6%的专门学校学生经常被父母打，比普通学校学生高7个百分点。在对学校的问卷调查中，学校认为学生出现不良行为的主要原因包括家庭教育方式不当（100%）、结交不良朋友（95.7%）、网络游戏的不良影响（95.7%）、缺乏家庭的有效监护

---

[1] 关颖：《家庭教育社会学》，北京：教育科学出版社，2014，第293页。
[2] 王爱玲：《家庭环境：重要的教育资源》，《教育理论和实践》2008年第2期。

（95.7%）、学校教育对差生的歧视（65.2%）、寻求刺激（60.9%）、物质诱惑（56.5%）、好奇（30.4%）。可以看出，所有学校均认为家庭教育方式不当会诱发孩子的不良行为。在上述不良家庭环境中成长的专门学校学生，父母对未成年子女的价值观缺乏有效形塑，致使专门学校学生存在着价值观念偏差问题。其中，35.5% 的专门学校学生赞成"有钱能使鬼推磨"，比普通学校学生高 23 个百分点；37% 认为"人为财死，鸟为食亡"，比普通学校学生高 17 个百分点；35.8% 认为"人不为己天诛地灭"，比普通学校学生高 15.6 个百分点；16.9% 认为"读书无用"，比普通学校学生高 14 个百分点。

3. 亲子关系疏离增加了未成年子女的心理问题和行为问题

亲子关系和早期家庭教育是儿童社会化和人格发展的核心要素和主要动因，对儿童的成长有着决定性的影响[1]。良好的亲子关系是家庭教育的基础，缺乏情感温暖和支持性的亲子关系，儿童容易与父母疏远而与有不良行为的同伴接近，进而出现心理问题和行为问题。调查发现，与普通学校学生相比，多数专门学校学生存在着亲子关系疏离的问题，仅有 5.1% 的专门学校学生认为父母总是帮助和鼓励自己，比普通学校学生低 8.5 个百分点；72.6% 的认为父母尊重自己的意见，比普通学校学生低约 14 个百分点；30.6% 的认为父母不关心自己在想什么，比普通学校学生高 17 个百分点；16.9% 的认为父母不关心自己交什么朋友，比普通学校学生高 7 个百分点。另外，在不良的家庭教育环境中成长，专门学校学生存在着行为问题。调查数据显示，56.9% 的专门学校学生有过逃学经历，部分学生存在着打架斗殴、强行索要财物、吸毒和故意毁坏财物等违法犯罪行为。

四　专门学校教育实践中存在的主要问题

1. 政策法规保障的欠缺

目前，有关专门学校教育的法律规定散见于《未成年人保护法》《预防未成年人犯罪法》和《义务教育法》中，没有关于专门学校教育的专门

---

① 叶一舵、白丽英：《国内外关于亲子关系及其对儿童心理发展影响的研究》，《福建师范大学学报》2002 年第 2 期。

法律，并且现行法律中有关专门学校教育的内容多数是原则性规定，可操作性差。1987年国务院颁布的《关于办好工读学校的几点意见》（国办发〔1987〕38号），由于社会环境的变迁，许多规范内容不能适用。因此，政策法规不健全是制约专门学校教育发展的主要障碍。首先，在专门学校定性方面，目前没有相关的法律法规统一规定，定性不清晰。在对专门学校建设中存在的最大问题的调查中，82.6%的学校认为是定性不清晰，69.6%的认为是法律不健全，65.2%的认为是教育部门支持不足。其次，在入学制度方面，由于没有明确的法律规定，入学程序不统一、不规范。从专门学校建立的初衷——预防青少年违法犯罪的角度出发，专门学校的招生对象和招生程序应具有特殊性和法定性。按照《关于办好工读学校的几点意见》的规定，工读学校的招生对象是，十二周岁至十七周岁有违法或轻微犯罪行为，不适宜在原校学习，但又不够劳动教养、少年收容教养或刑事处罚条件的中学生。按照上述规定，在当时的社会背景下工读学生的入学具有强制性。随着未成年人权益保护的发展和未成年人保护法律的完善，工读学校学生入学的强制性有所弱化，探索实行"三同意"的入学制度，即学校同意、学生同意和学生家长同意。此种入学程序由于需要学生及其家长的同意，带有明显的被动性，致使该进入专门学校的学生没有进入专门学校，其严重不良行为无法得到及时、有效的教育矫治，从而使专门学校在青少年犯罪预防中的功能没有得到充分发挥。

2. 专门学校教育管理缺乏统一的办学评价标准，欠缺有效的教育矫治措施

在办学标准方面，专门学校缺乏统一的办学标准，也缺乏统一的教育质量评价标准，这是影响专门学校教育质量的基础性问题。调查数据显示，55.9%的专门学校教师认为专门学校教育存在的最大问题是缺乏统一的办学标准。在教育质量评价标准方面，一些专门学校套用普通学校的教学评价标准，而忽视了专门学校教学评价的特殊性。

在教育矫治措施方面，欠缺分类教育矫治措施。调查发现，64.5%的专门学校教师认为针对难管的学生没有有力的措施，52.3%的认为学校教育设施不支持接受有严重不良行为的学生。

在德育教育、法治教育方面，科学性、专业性仍显不足。在访谈中，我们发现专门学校的养成教育缺乏更加科学的论证与准确的设计以及科学的实施方案，严重不良行为的教育矫治方法的针对性不强，专门学校的心理健康教育与心理矫治系统性和专业性不足。此外，对专门学校的调查数据显示，专门学校法治教育存在的问题主要是：法治教育缺乏权威统一的教材（90.5%），学生接受法治教育的主动性不高（76.2%），讲授法律课程的教师专业性不够（66.7%），学校法治教育的课时不足（40.7%），学校法治教育的方式单一（23.8%）。对教师的调查数据显示，专门学校法治教育存在的问题主要是：法治教育缺乏权威统一的教材（71.2%），学生接受法治教育的主动性不高（61.3%），学校法治教育的课时不足（44.1%），讲授法律课程的教师专业性不够（33.3%），学校法治教育的方式单一（30.6%）。由此可见，缺乏权威统一的教材、学生接受法治教育的主动性不高是专门学校法治教育问题的主要原因。

3. 专门学校的在校学生存在着"交叉感染"问题

调查数据显示，26.3%的学生认为在专门学校被其他同学负面影响；76.6%的专门学校教师认为专门学校教育存在的最大问题是学生之间的"交叉感染"。由此可见，学生之间的"交叉感染"问题是困惑专门学校发展的焦点和难点问题，目前涉罪未成年人被送入专门学校后，这一问题更加突出，已成为不容回避的社会问题。但是，专门学校教育是教育矫治未成年人严重不良行为或轻微犯罪行为的重要形式，在青少年犯罪预防工作中发挥重要作用。近年来，在依法治国的国家治理体系中，劳动教养制度被废止，少年收容教养制度被虚置，部分实施严重危害社会行为但不到刑事责任年龄的未成年人被送到专门学校接受教育矫治，这充分说明，在现阶段，还没有更好的实体和方式可以替代专门学校在青少年犯罪预防中的功能和作用。

五　总结和讨论

1. 总结

随着国家法治建设的推进和未成年人法律法规及政策制度的逐步完善，专门学校教育不断进行改革和探索，通过相隔十年的调查研究发现，新时期的专门学校在办学条件、师资力量等方面有较大改善；功能有所拓展，办学类型更加多元化；教育矫治内容的科学性、专业性进一步增强，教育矫治效果明显提升；教育管理措施更加尊重未成年人的权利，更加注重家校互动，帮助改善学生的家庭教育。但是，由于法律法规及政策制度不健全、社会偏见等原因，目前专门学校尚未改善或继续恶化的问题主要包括：实际需求与专门学校招生难问题仍不相匹配，专门学校的招生对象和招生程序没有法定性，"三同意"的招生制度依然是困扰专门学校教育发展的瓶颈；缺乏统一的办学评价标准；学生的"交叉感染"问题仍然没有解决，深受社会诟病；教育管理措施存在着限制学生人身自由的现象，教育矫治方式仍有改革创新的空间；对严重不良行为的分类教育矫治措施的专业性不足。

2. 进一步完善专门学校教育的对策建议

第一，建立健全有关专门学校教育的政策法规，促进专门学校充分发挥在预防青少年违法犯罪综合治理中的作用。完善现行的有关专门学校教育的法律法规或者适时制定行为矫治类法律[①]，为专门学校教育的发展提供保障。强调对不良行为的适度惩处，给予特殊教育。强调培养遵纪守法、自食其力的合格公民。明确专门学校在未成年人权益保护和预防青少年违法犯罪体系工作中的定位，清晰界定专门学校教育的性质和职能边界。明确规定专门学校招收学生的年龄范围和入学程序。规定教育矫治工作的措施和内容，保障专门学校依法开展教育矫治工作。进一步完善专门学校教育工作的管理机制。建立完善"党政主导、教育部门主管、相关部门和社会各方适度有序参与，预防青少年违法犯罪专项组协调沟通"的工作格局[②]。另外，建立健全管理委员会或联席会议工作制度，切实推进专门学校建设。

第二，制定完善的专门学校入校、离校制度及阶段性评估体系。在专门学校学生入校方面，明确招生对象是具备以下情形的未成年学生：《预防未成年人犯罪法》第三十四条规定的严重不良行为之一的；实施校园欺凌和暴力行为，且屡教不改的；免予刑事处罚的；被检察机关附条件不起诉的；被

① 路琦：《工读教育与未成年人违法犯罪预防》，《预防青少年犯罪研究》2013 年第 1 期，第 42 页。
② 路琦：《创新和完善我国工读教育的现实思考》，《青少年犯罪问题》2012 年第 5 期。

法院单独适用附加刑或判处管制的；被法院宣告缓刑的。在学生离校制度方面，针对严重不良行为的教育矫治效果构建专门学校学生的离校评估标准，只有经过评估达到标准，学生才可以离校，且离校后一定时期内要有相应的追踪记录。在对学生进行阶段性评估方面，针对严重不良行为的教育矫治的不同阶段进行评估，并根据评估结果调整教育矫治阶段性目标以及与其相对应的教育矫治的方式方法，以达成教育矫治的总体目标。

第三，进一步提升专门学校教育矫治内容的科学性、专业性。设计专项课题，对专门学校德育的科学性、专业性进行科学论证和理论研究，提高专门学校的德育工作水平。针对学生的问题行为类型设计相对应的教育矫治课程，开展分类分级教育矫治。引进专业的社会工作者驻校开展针对学生不良行为的教育矫治工作。加大对专门学校心理教师的培训力度，培育心理矫治工作队伍，促进开展系统性、专业化的心理健康教育和心理矫治工作。加强专门学校的法治教育工作，制定专门学校统一的法治教材，培训、培养法治教师，全面提升专门学校的法治教育水平。改进法治教育方式方法，提高学生的法律意识和接受法治教育的主动性，促进学生知法、尊法、用法和守法。加强专门学校的家校合作，帮助家长提高家庭教育水平。在加强学生家访的同时，加大科学的、有针对性的家庭教育指导力度。在家庭教育内容上，研究推出家长教育课程，提高家长的家庭教育能力和素质；在家校合作形式上，充分发挥家长学校的作用，全面系统地为家长提供家庭教育指导。

3. 对于专门学校存在的价值和教育可行性的思考

在我国，对实施违法犯罪行为的未成年人的处理坚持"教育、感化、挽救"方针和"教育为主、惩罚为辅"原则，专门学校教育对有严重不良行为的未成年学生进行教育矫治的功能体现了对未成年人犯罪的特殊预防和临界预防的理念，彰显了对未成年人的教育和保护。调查研究发现，专门学校教育可以弥补家庭不良教育环境及教育能力的缺陷，有效解决普通学校教育难以提供针对性教育、社区保护不到位和刑事司法管辖门槛高导致干预滞后等问题[①]。目前，在依法治国的国家治理体系中，劳动教养制

① 鞠青：《中国工读教育研究报告》，北京：中国人民公安大学出版社，2007，第43～56页。

度被废止，少年收容教养制度被虚置，部分实施严重危害社会的行为但未达到刑事责任年龄的未成年人被送到专门学校，这充分体现了在我国未成年人犯罪治理体系中专门学校教育的价值所在。另外，专门学校教育经过60多年的改革和发展，积累了丰富的教育矫治严重不良行为的有效方法和经验，如利用驻校社工，遵循循证矫正，注重社会服务，开展分类教育矫治；注重养成教育、技能教育，增强学生的社会适应性、自我控制力，努力把学生培养成为遵纪守法、有一技之长、能自食其力的合格公民。

探索篇

从工读学校教育历史发展探究其时代价值

刘　燕[*]

摘　要：工读学校教育是由工读学校对有违法和轻微犯罪行为而不适合在一般学校就读的青少年实施的一种特殊教育，是具有我国特色的一种教育。在不同的时期，工读学校教育有不同的特点。初创期的工读教育具有半工半读、强制性等特点，随着社会环境、经济条件及教育理念等因素的变化，工读教育的职能、性质及特点等都发生了很大的变化。作为我国教育的重要组成部分和独有的教育形式，工读教育从诞生至今在教育以及预防青少年犯罪领域都产生了不可磨灭的影响。

1955 年，我国第一所工读学校成立，这也标志着工读教育这种独特的教育形式诞生，在其 60 余年的发展历程中，先后经历了创建、转型、改革及与时俱进办好工读教育 4 个发展阶段，在中国的教育史乃至世界教育之林留下了浓墨重彩的一笔。

初创期的工读教育具有半工半读、强制性等特点，但随着社会环境、经济条件及教育理念等因素的变化，工读教育的职能、性质及特点等都发生了很大的变化。

通过对工读教育历史的研究，能够促进教育教学工作的开展和理论探索，帮助了解工读教育对于个体、家庭、整个教育行业乃至整个社会的意义。

---

　　* 刘燕，中国教育学会工读教育分会副秘书长，北京市海淀工读学校心理中心原主任，北京市海淀区青少年心理健康教育中心主任。

一 工读教育发展的社会背景与变化趋势

工读教育是具有高度实践性的教育形式，其诞生与改革都与社会环境息息相关，在不同时期，工读教育展现出不同的发展特点，体现在工读学校数量、招生方式和专业化发展三大层面，通过对这三方面内容的研究，我们能够了解工读学校发展的历史规律，窥见工读教育对于社会的价值所在。

（一）工读学校的数量变化与社会形势

历史上，工读学校的数量随着社会形势的变化而起起伏伏，工读学校数量走势图（见图 1）显示，工读学校的数量变化有 3 个高峰和 2 个低谷。

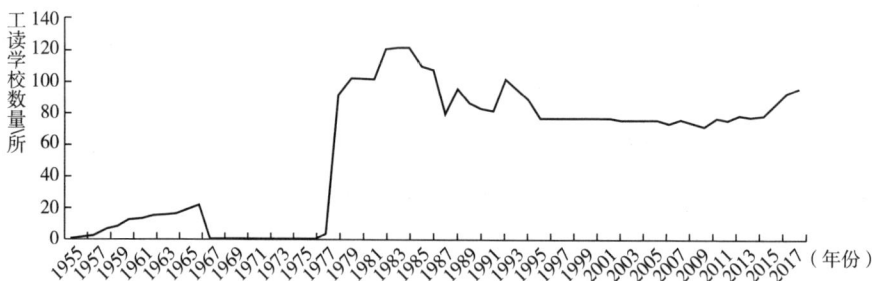

图 1　工读学校数量走势

注：1955～2005 年数据来自中国教育学会工读教育分会的统计记录，2006～2017 年数据来自教育部公布的统计数据。

1. 第一高峰：青少年犯罪催生工读学校

中华人民共和国成立前，由于连年的战争和动乱，许多儿童流落街头，失去了受教育的机会；还有一些少年，受遗留的污泥浊水的污染，沾染了许多坏毛病，他们的违法或轻微犯罪行为也影响着社会治安。如何教育、挽救和改造这样一批青少年，便成为党和人民政府亟待解决的问题[1]。

以北京为例，1954 年北京市青少年案犯占全部刑事案的 18%，为中华

---

[1]　姚建龙、孙鉴：《从"工读"到"专门"——我国工读教育的困境与出路》，《预防青少年犯罪研究》2017 年第 2 期，第 46～56 页。

人民共和国成立 5 年中的最高峰。在进行了多方面的调研论证后，1955 年 7 月 1 日我国第一所工读学校正式开学，1 年后，在校生增至 230 余人。根据发展需要，1960 年北京建立了面向小学招生的工读学校，又于 1963 年和 1964 年分别建立了北京市第二、第三工读学校。

工读学校的成立为这些过早进入社会的未成年人提供了接受教育的机会，使得我们国家的教育真正做到"有教无类"，促进了教育的公平。且工读学校从成立之初便因材施教，取得了显著的效果，此后开始在全国更多的地区推广。

20 世纪 60 年代初，青少年违法犯罪现象猖獗，上海市借鉴北京的经验，相继创办了 9 所工读学校，使部分有严重不良行为的未成年学生得到及时的教育、挽救，同时为这些孩子的家庭提供了援助，为社会治安减轻了压力。同一时期，重庆、辽宁、江苏和四川等地几乎同时建立了工读学校，截至 1965 年，我国已有工读学校 20 余所[①]，形成了全国工读学校数量的第一波峰，这一时期工读学校的迅速建立和工读教育的快速发展主要源自青少年犯罪现象的猖獗。

2. 第二高峰："文化大革命"遗留的失足青年亟待拯救

1976 年"文化大革命"结束，遗留下来诸多问题，1977 年青少年犯罪达到中华人民共和国以来的高峰，控制青少年违法犯罪率已经成了刻不容缓的问题。

1978 年，党中央在 58 号文件中批准了北京市公安局重建工读学校的建议，并指示全国大中城市建立工读学校，以此作为综合整治社会治安的一项措施。1978～1979 年两年内，全国 25 个省、直辖市先后建起工读学校 100 余所。1979 年，党中央 58 号文件重申"工读学校是挽救失足青少年的好形式"，再次要求全国大中城市办工读学校。

这一时期称为"复办"工读学校的时期。此时只是把"文化大革命"前工读学校的教师和领导请回原学校办学，其他没有工读学校办学经验的地区，就到有经验的地区去学习，基本上是延续"文化大革命"以前的思路和方法。

---

① 王耀海、高大立：《工读教育改革之路》，北京：北京教育出版社，1996，第 7 页。

3. 第三高峰：留守儿童衍生出心理行为偏常及犯罪问题

2016 年农村留守儿童关爱保护工作部际联席会议第二次全体会议通报农村留守儿童摸底排查工作情况显示，全国农村留守儿童 902 万人，超过90%分布在中西部省份。其中，由（外）祖父母监护的 805 万人，占89.3%；由亲戚朋友监护的 30 万人，占 3.3%；一方外出务工，另一方无监护能力的 31 万人，占 3.4%。约有 36 万名农村留守儿童无人监护，占4%。由于缺乏父母的直接监护，缺少监护人的情感支持和陪伴，以及代养人的文化素质较低、教养方式不当等原因，留守儿童成为心理行为偏常问题及犯罪问题的易感群体。

以此为背景，工读学校的数量迎来第三次上涨。

2006～2016 年贵州省新增工读学校 11 所，加上原有的 3 所，贵州省成为全国工读学校数量最多的省份。数据显示，贵州省在校中小学生中留守儿童就有约 240 万人，未成年人占刑事罪犯的约 10%，呈现逐年上升趋势。贵州省于 2014 年启动了"育新工程"，规定全省每个市（州）都要有1 所以上未成年人专门学校，有条件的县（市、区）也着手建设专门学校。专门学校为涉罪的孩子提供收容之所，促进其转变，并为其回归社会提供重要的支持，此举大幅降低了全省未成年人犯罪率①。

以上数据说明，工读学校的数量与青少年犯罪率显著相关，即当青少年犯罪率提高时，会通过设置工读学校来开展相关工作。

4. 两大低谷时期的工读教育

第一个低谷（1966～1976 年）：1966 年，社会趋于稳定，北京市工读学生人数开始下降，同年，有关部门决定撤销北京市第三工读学校，决定还没有来得及执行，"文化大革命"就开始了。在"文化大革命"期间，工读学校遭到冲击，除重庆沙坪坝区工读学校外，全国其他地区工读学校均被迫停办②。

第二个低谷（1987 年）：这个时期国家的法治建设取得突出成就，人们法治意识越来越强，社会上出现了质疑工读学校招生是否合法的声音；

① 周颖：《我国青少年工读教育制度的滥觞与嬗变》，《青年探索》2015 年第 2 期，第 86～91 页。
② 王耀海、高大立：《工读教育改革之路》，北京：北京教育出版社，1996，第 7 页。

同时，社会稳定发展以及家长对于教育的重视使得青少年犯罪率不断下降，这一时期工读学校的数量没有大幅度增加或者减少，工读学校的发展进入低谷期。新形势对于工读学校提出了新的要求，自此，开始"淡化工读痕迹"、发展义务教育与职业教育、开展心理健康教育与德育、开设兴趣教育课程……工读学校不断进行自我改革与发展，为促进学生的发展提供了更广阔的舞台，也使得工读教育在这一时期展现出与众不同的价值。

（二）招生方式的变化（见图 2）

1. **强制招生：1955～1984 年（全国范围）和 2004 年至今（部分地区）**

最初阶段的强制招生是指工读学校招收公安系统派送的学生，这些学生多被普通中学开除，公安系统以"社会青年"身份来控制、约束他们，其中符合入工读学校条件的人由公安系统送其入校，普通中学与这些学生已无任何关系。

1955～1984 年，全国范围的工读学校皆采用该方法进行招生，为避免学生在开除期间流入社会沾染恶习，1958 年起，北京市各普通中学针对够开除条件的学生直接报材料到市教育局审批，审批通过后，由工读学校发"录取通知书"，通过原校通知学生本人和家长，在规定日期入校报到。但更多地区的工读学校依旧采取公安部门移送的形式。

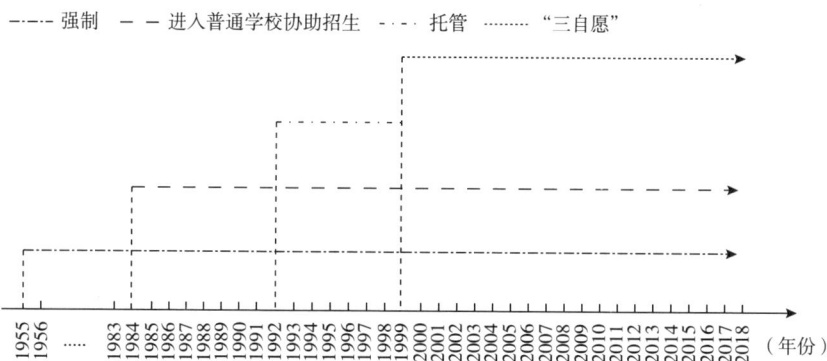

图 2　工读学校招生模式

强制入学模式一直饱受诟病，公安招生有少管、劳教的嫌疑，并且由于当时工读学校经由公安系统强制性招生无任何法律依据，使得公安系统为工读学校招生日渐艰难。

2004 年起，强制招生制度悄然恢复，湖北、贵州等地已经恢复该制度，目前此种主张也得到相关立法部门的认可。例如，贵阳市人民政府颁布了《贵阳市工读教育管理办法》，规定"各级公安部门发现有严重不良行为或轻微违法犯罪的未成年人，应当引导护送到工读学校进行矫治教育和救助"。2013 年 8 月，共青团中央权益部部长刘涛在广东省东莞市出席广东省综治委预防青少年违法犯罪专项组第二次全体会议上表示："对于解决（工读学校）招生难这一核心问题，中央综治办也将协商有关单位在现有法律框架内提出具体的实施意见，明确对于严重不良行为未成年人，特别是涉案不捕不诉和判处非监禁行为未成年人强制送专门学校矫治"①。

2. 工读预备生制度：1984 年至今

为了维护普通学校的教学秩序，为品行偏差学生提供优质、适合的教育，工读学校确立了校外预备生制度，即通过校际工作会等途径多方面确定重点关注学生作为校外预备生，学校指导老师到普通学校与学生本人、家长和教师进行交流，提供教育指导，力争使得学生不良行为在原校得到改善，防止或减少他们进入工读学校的可能性，如果仍有个别学生不能转化的，再转入工读学校教育。

该制度于 1984 年在北京市朝阳区工读学校试行，后在全国范围内推广，一直以来效果显著，不仅转化了大量符合进入工读学校条件的问题学生，同时提升了家长的意识，使其对工读学校教育性质和方法全面理解，使得少数改善效果不明显的问题学生顺利转入工读学校就读，这种联合普通学校的方式也使得地区性预防中学生犯罪的网络形成。

3. 托管与强制并行：1992 年至今

"托管生"即普通中学内心理行为偏常的中学生以学籍保留在原校的"委托代管"名义，到工读学校接受寄宿教育。家长、原校、工读学校签订三方协议且学生本人自愿，该项制度使得学生到毕业时可以无任何"工读痕迹"走上社会。

---

① 《中国法治发展报告 No. 14 （2016）》，http：//www.cssn.cn/zk/zk ＿ zkbg/201603/t20160325＿ 2938196＿ 3. shtml, 2016－03－25。

1992 年，上海市卢湾区工读学校开始了招收"托管生""寄宿生"教育的实验，随后，北京市朝阳区工读学校借鉴上海市卢湾区工读学校家教中心的经验，于 1993 年正式采用"托管生"模式，仅两个月就招收"托管生"73 人，并对这些"托管生"进行了为时 1 年的工读教育，其间无一人流失，且矫治、转化效果十分理想。此后，该制度在更广泛地区的工读学校相继推行。

该项改革促使工读学校生源数量提升，对于消除学生心理障碍、调动自我教育积极性有着积极的影响，同时消除家长精神压力和后顾之忧，调动其协作教育的积极性，取得了良好的教育成果和社会效益。

4. "三自愿"招生原则：1999 年至今

1999 年颁布的《预防未成年人犯罪法》规定："对有本法规定严重不良行为的未成年人，其父母或者其他监护人和学校应当相互配合，采取措施严加管教，也可以送工读学校进行矫治和接受教育。对未成年人送工读学校进行矫治和接受教育，应当由其父母或者其他监护人，或者原所在学校提出申请，经教育行政部门批准。"该法律规定了工读学校的招生需要获得家长、学生所在的学校及学生本人的同意，也被称为"三自愿"招生原则。

该制度从 1999 年开始实行，至今仍然是工读教育体系的主要招生方式之一。

（三）工读教育的专业化发展历程

1. 师资力量专业化问题

"回想四十年前，在北京市委彭真同志亲自主持下做出了决定：从北京各个学校抽调一批年轻的共产党员，并用一辆大卡车拉到海淀温泉，从此，这里成为中国工读教育的发源地，也使海淀工读学校成为我国的工读教育事业的滥觞。再教育的过程原来是这样痛苦地充满了血和泪的过程。"[1] 这段文字来自著名作家柯岩，从中我们可以窥见早期工读教育工作者专业性的形成过程，这种专业性突出表现在教育能力、工作态度和对教育事业的热爱等方面。

---

[1] 柯岩：《在全国第三次工读教育工作会议暨庆祝工读教育诞生四十周年现场会开幕式上的讲话》，1995。

师资力量的专业化主要通过管理和专业培养两种形式实现，这在工读学校也不例外。

1955 年，工读学校创办之初明文规定工读学校是用"办学校"的方式解决有违法和轻微犯罪青少年的教育矫治问题，工读学校无论是从教育教学硬件环境建设、师资配置，还是教育行政人员的编制设置，都是采用普通学校的设置标准。这种管理模式使得教师同时承担管理和教育教学职能，权责划分不明确，工作评估不清晰。但在工读教师的待遇方面，提供在当时社会经济条件下相对较高的补贴。1978 年工读学校复办以后，延续了"办学校"的设置模式，而教师的补贴相对降低。

工读学校的教师培养模式也是第一批工读教育工作者在实践工作中探索出来的，并以经验和工作方式的形式代代相传。然而工读教育迄今创办已有 60 余年，在高等院校依然没有开设工读教育的相关专业，今天工读学校的教师大多由普通的授课教师转化而来，在开展工作的同时接受工读学校成熟教师的指导。这种以经验传授为主的"师徒式"培养模式，降低了工读教师的培养效率，进而阻碍了工读教育专业化的进程。

2. 科研设置问题

"我们的学生缺点较多，我们生活中的问题层出不穷……我们的教育实践证明，教育应以树立先进榜样，赞扬好人好事为中心，不能以揭发坏人坏事为中心。因为，正面教育是共产主义的教育原则，关怀和支持新生事物，是我们社会制度优越性所决定的"①。工读教育的研究，是由工读教育工作者在实际工作中进行的。自 1988 年成立中国工读教育研究会（中国教育学会工读教育分会前身）以来，工读教育科研工作有了全国性的研究平台，但仍局限于工读教育工作者自身的研究。

从第一所工读学校建立至今，关于工读教育理论、工作范式、相应课程资源及师资力量培养模式等基础性和实践性的研究稀少，其直接结果是工读教育的工作开展几乎完全依赖经验总结，这也间接导致了不同地区的工读教育发展水平区域差异较大，影响工读教育整体效率和水平。

---

① 北京市工读学校：《我们是怎样进行经验总结的》，《工读教育手册》（第 10 集），1960，第 8 页。

二 工读教育相关法律政策与落实情况

工读教育 60 余年的发展与改革，离不开相关的法律法规及政策性文件的引导，这些文件在不同时期有着不同的规定，也对工读教育提出了不同的要求。

（一）创建期和复办期

创建期主要是指 1955～1965 年，复办期始于 1978 年。

1979 年中共中央转发中共中央宣传部、教育部、公安部、共青团中央等 8 家单位《关于提请全党重视解决青少年违法犯罪问题的报告》，1981年 4 月国务院颁发国发〔1981〕60 号文件《国务院批转教育部、公安部、共青团中央关于办好工读学校的试行方案的通知》等，这些文件对于工读学校建设、规范工读学校办学具有重要的指导意义，同时也对工读学校的职能、性质、任务和办学指导思想做出明确的规定，并对工读教育的思想政治工作、教学工作、招生、工读学生的出路、教师队伍建设、领导管理、机构设置、经费、教育科学研究等方面做了规定。

（二）转型期与新时期

工读学校转型期的政策法规等相关文件，如 1987 年国务院办公厅转发国家教育委员会（以下简称国家教委）、公安部、共青团中央《关于办好工读学校的几点意见》，1991 年 9 月颁布《未成年人保护法》，1992 年颁布《中华人民共和国义务教育法实施细则》（以下简称《义务教育法实施细则》），1999 年颁布《预防未成年人犯罪法》等政策、法规文件，促进了工读教育依法招生、依法办学工作的开展。纵观 60 余年的工读教育发展史，我们可以总结出以下特点。

法律和政策性文件总体数量较少①，其中政策性文件占的比重大，而法律性文件较少；现有的法律以及各政策文件也相对笼统，缺乏具体的实施细则，难以操作落实。某种程度上说，相关法律和政策的匮乏也是长久

---

① 北京市工读学校：《我们是怎样进行经验总结的》，《工读教育手册》（第 10 集），1960，第 8 页。

以来工读教育定位不清的重要原因之一。

总体来说，工读教育的发展基本是在政策文件的指导下蹒跚前行的。

三 工读教育功能的历史演变

通过总结工读教育在不同时期的教育特点不难发现，无论时代如何变迁，工读教育作为一种教育的特殊形式，教育功能、矫治功能与社会功能贯穿其发展始终，这三种功能始终相互渗透，协同发挥着作用，教育是矫治的重要途径之一，矫治是教育重要目标，而这二者又是教育的社会性重要体现。

与此同时，这三种功能又各自具有独特意义与价值，为了更清楚地阐述这三种功能的历史价值，下面分别对其进行描述和解释。

（一）教育功能

工读教育的教育功能主要通过劳动与品德教育、文化课教育、职业教育、陪伴式教育等形式实现，通过丰富的教育形式促进个体回归社会，掌握文化知识和职业能力，促进个体的发展，实现社会化和个性化。

1. **劳动与品德教育**

劳动教育，指 1955～1957 年以生产劳动为主的教育，至 1958 年开始北京市工读学校有专门管理者组织管理技能学习，发展出工读学校职业技能教育的雏形，而劳动教育更多的是以建校劳动、一日卫生环境的保持、参加社会上的公益劳动等形式体现。

品德教育的内容与形式也逐渐丰富，由最初的单项主题教育发展为今天的系统性课程化教育，其教育内容不断增加，由最初单一的品德教育发展为包含养成教育、感恩教育、法治教育、心理健康教育、社会实践教育等在内的系统性课程。

2. **文化课教学**

工读学校从诞生之初就开展文化课教学活动，1955～1958 年对工读学生进行"扫盲"式的文化课教育，1959 年针对部分学生对学习的愿望和学生潜能，开办高中班，1962 年第一批在工读学校学习的学生考入大学。

1978 年，工读学校复办之初，学生的文化基础差，延用 1955～1958

年的"扫盲"文化课教学模式。

1992 年颁布实施的《义务教育法实施细则》规定工读学校属于义务教育的范畴，规定学生要完成九年义务教育，自此工读学校开设普通学校的所有课程，但仍有个别地区工读学校因为学生的文化水平低而延用"扫盲"的文化课教学模式。

同时，工读学校开设兴趣类课程，主要目的是引导学生发现自身的能力和潜力所在，重塑自我认知，提升自我价值感。以北京市海淀工读学校为例，2017 年可开设的校本课程达 50 余门，所有课程均由该校教师自主研发设计。

2004 年，随着全国课程改革形势的发展，工读学校也全面启动了课程改革，着手再一轮修改适合工读学生的教材、创设教学方法、发展促进学生兴趣及个性化的校本课程。

3. 职业教育

1958 年，北京市工读学校开办了可容纳百余人同时劳动的木工厂和铁工厂，安排专门管理者调集高级技工，组建教师队伍，组织学生进行技能学习，提供技能培训。

工读学校复办后的 1980 年，部分工读学校恢复 1958~1965 年的技能教育模式，学生进行相应的技能学习。

1982 年胡乔木指出"救人要救彻""工读挂两块牌子，一是工读，一是职业学校。让学生由职业学校名义毕业，使学生有谋生的手段"[1]。部分学校开始进行职业技术教育，1985 年《中共中央关于进一步加强青少年教育，预防青少年违法犯罪的通知》明确提出，工读教育要发展职业教育，自此有条件的学校纷纷开展职业技术教育。

4. 陪伴式教育[2]

陪伴式教育模式贯穿工读学校发展的全过程。

工读学校每个班级大约有 25 名学生，一个班级至少有两名固定的班主

---

① 周颖：《我国青少年工读教育制度的困境与重构》，《青少年犯罪问题》2017 年第 5 期，第 33~39 页。

② 刘瑞峰、高大立：《胡乔木同志 1982 年 4 月 9 日视察朝阳区工读学校谈话记录》，《工读教育研究》1991 年第 1 期。

任教师全天候陪伴,与学生同吃、同住、同生活,在陪伴式教育工作模式下,工读教师随时随地让学生得到积极的情感支持,帮助学生建立和修复安全的、可依赖的情感关系,及时发现学生的情绪变化和遇到的问题,给予必要的支持①。

(二) 矫治功能

在工读学校发展的各个时期,教育矫治都是工读学校工作的主要目标。作为一种个性化教育,工读教育能够修复未成年人成长中心理受损的部分,调整其外在行为,协助其建立或完善社会道德规范体系和积极的自我评价体系,提高他们学习和生存能力,为他们的终身发展奠定基础②。这也是工读教育矫治功能存在的依据。

1. **管理模式**

工读学校对学生的教育管理颇有成效,这源自工读学校独具特色的教育与管理体系,也是工读学校与普通学校的重要区别之一。

1955 年工读学校开办之初,管理人员大多来自公安系统,公安人员调入教育系统后虽然身份上已经是教师,但在管理风格上带有明显的劳教系统的痕迹。这种模式明显不适合工读学校的学生,于是开始进行管理方式改革,并逐渐形成了"管教并重,以教为主"的思想理念,即将管理和教育置于平等地位,工作中以党的教育方针及工读学校办学指导思想为基础,在学校总体发展目标指导下,坚持七个原则(保护性、教育性、参与性、一致性、层次性、严格性和竞争性原则)③,依据学生的身心发展规律、问题行为特点,结合多种具体措施(一日生活常规管理、节假日管理、奖惩制度、校园环境管理、校外管理网络等)开展教育和管理工作。发展自制教育管理等形式,由 20 世纪 50 年代的队长会议发展到学生会、共青团、少先队、学生社团等组织进行具体实施。

假日调控管理,1955 年在工读学校开办半年后,实行两周放一次假的

---

① 刘燕、朱秋泉、谭朴:《工读学生的管理问题》,《工读教育论文选集》(一),第 123 ~ 136 页。

② 石军:《中国工读教育六十年国际研讨会综述》,《青少年犯罪问题》2015 年第 6 期,第 114 ~ 119 页。

③ 胡俊崎:《论当前工读教育面临的困境与发展机遇》,《预防青少年犯罪研究》2014 年第 6 期,第 35 ~ 39 页。

规定，针对部分不稳定的学生实行奖励假制度，即根据其表现奖励假期，1978年工读教育复办后依旧延续使用这一形式。1998年开始，部分学校开始和普通学校采用同步放假的模式，包括寒暑假和法定假日。对于极不稳定的学生，依旧实行节假日调控管理。

2. 评价模式

工读学校对学生采用综合评价的模式，评价的内容包括积极品质发展、兴趣特长、潜能、情绪管理、参与性、学业进步程度（不是成绩优秀）等。这种综合的评价模式采用积极的视角观察学生，发现其积极的品质和独特的能力，促使学生重构自我认知，重拾自信。

现在，这种综合评价已经形成了工作范式，且部分学校根据实际情况进行了针对性的调整，教师通过多方面综合了解学生情况、收集学生信息，全面绘制学生"画像"，并给予其反思、改进的时间和成长的空间，在学生进步与发展的基础上进行再评价并制订进一步的成长计划。

3. 跟踪模式

跟踪模式自工读学校创建之初就存在。跟踪模式包括对问题学生的前期干预以及校内教育结束后的跟踪帮教；前者包括对普通学校个别学生的辅导、在普通学校特教班级的授课等。

跟踪模式的内涵还包括对学生动态发展变化、未来发展趋势做出预测，深入分析其背后的原因，提出预防的方案和对策，通过实践经验摸索科学有效的辅导和矫正方法等。

（三）社会功能

工读学校的社会功能主要是指，通过教育及行政手段帮助学生回归社会，使其成为有社会竞争力的人。

1992年颁布的《义务教育法实施细则》明确了工读教育属于义务教育的范畴，但长期以来，社会上都存在着对工读教育的"污名化"和对工读教育学生的"标签化"。为了打消学生及学生家长的后顾之忧，工读学校采用了融入教育的形式，即工读学校教师进入普通学校帮助有问题学生就地转化，已经进入工读学校学习的学生学籍可保留在原校，如果学生的行为和学业达到相应的层次和要求，学生可以回归普通学校接受正常的教育。

1997 年，工读教育的社会功能得到进一步拓展，迄今为止，工读学校基本在各地形成集心理、法治、德育于一体的青少年教育、保护的基地或中心。2010 年以后，工读学校义务教育职能向后延伸，表现为与未成年犯管教所建立合作关系，对被监禁的未成年犯开展义务教育，直接服务于未成年人的重新犯罪预防，采取该模式的省份主要有广东省、浙江省和吉林省①。

四　工读教育的时代价值

纵观工读教育的发展史，可以总结出这样的规律：社会环境动荡时期，需要更多数量的工读学校来消化未成年人的问题；在社会趋于稳定的时期，也需要保持一定数量的工读学校，以预防和解决恒常存在的青少年心理和犯罪问题。

（一）建设和谐社会的必然要求

青少年心理问题和犯罪问题往往是生物、心理和社会因素导致的或者综合作用的结果，无论是过去还是现在，不管是发达国家还是发展中国家，青少年心理问题和犯罪问题都是恒常存在的②。这决定了在青少年犯罪率较低的时期一样需要工读教育，也证明了工读教育的开展符合心理健康的规律和青少年群体的需求，是社会和谐发展的基本要求。

人类心理健康状况的整体呈正态分布，犯罪情况的分布也是如此。在正态分布曲线（见图 3）中，A 区的个体属于自然状态下生来即具有心理问题或者具有犯罪倾向，即生物因素的作用为主，该区域范围占特定人群的比例相对稳定；B 区多是生物、心理和社会因素综合作用的结果，该区域的范围大小受教育及家庭环境、社会文化、区域特点等因素的影响，其临界线 N 是变动的，如在"文化大革命"时期社会环境造成该区域范围扩大。

---

① 路琦、郭开元、刘燕等：《新时期专门学校教育发展研究》，《中国青年研究》2018 年第 5 期，第 103~109 页。
② 路琦：《创新和完善我国工读教育的现实思考》，《青少年犯罪问题》2012 年第 5 期，第 53~56 页。

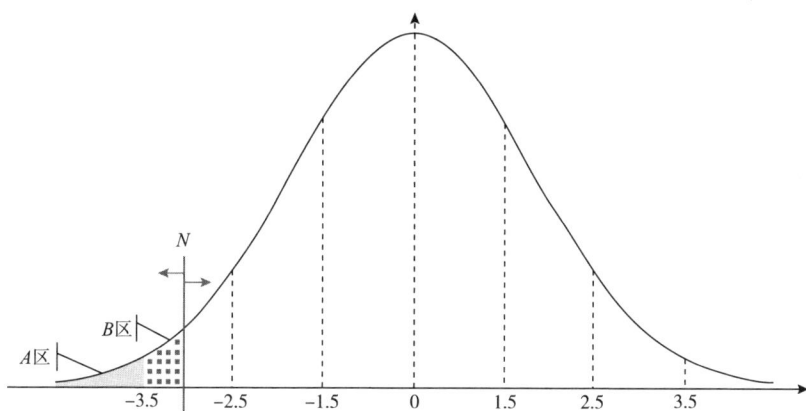

图 3　正态分布图

（二）促进教育公平的重要举措

今天的工读学校教育主要面向处于上述两部分范围内的青少年，针对这些青少年，工读教育提供给他们受教育的机会，保护其受教育的权益，这正是"有教无类"的体现；此外，工读学校还有针对性地提供个性化的学习和成长方案，矫治其不良行为，修复其心理创伤，完善其人格，促进其能力发展和潜能探索，这是"因材施教"的体现。

尽管在工读教育发展的 60 余年中，其功能几经变化，但其教育、矫治和社会功能一直延续着，并且依据时代特点而不断进步发展。

（三）促进教育理论研究与实践工作开展的重要途径

心理健康教育、法治教育、科技教育、积极心理学、综合评价、现代教育理念……工读教育不断拓展着自身的教育与实践功能，从不同的领域汲取营养，不断将新的教育、心理、犯罪预防理论应用于实践。

今天，工读学校形成了科学的管理体系、适合学生的教育内容、丰富的教育形式、开放的教育途径，也形成了现代工读学校的教育体系，为进入工读学校的学生提供了健康成长的空间，也彰显出工读学校教育独有的教育特色。

工读教育的特殊性决定其虽然只是教育世界中一个小的组成部分，但它丰富了教育的层次，也正是其特殊性决定了工读教育在义务教育乃至世界教育中不可替代的研究与实践价值。

附表 工读教育相关法律及政策文件名录

序号	发布时间	材料性质和名称	政策及法律政策（与工读教育有关内容）	相关背景
1	1954年	中共中央批转政务院文教委员会党组《关于全国文化教育工作回忆情况报告》	各级党委必须加强对文化教育的领导，使文化教育更有效地为实现国家社会主义工业化和社会主义改造事业服务	中华人民共和国成立之初，青少年犯罪率于1955年达到一个高峰，维护社会治安是青少年犯罪问题、发展的需求
2	1978年	《北京市委关于了解决当前首都治安的文件》	为了把那些有违法犯罪行为，一般学校难以管理，但又不够打击处理的学生，集中起来进行管理教育，建议市教育局恢复过去的3所工读学校	1976年"文化大革命"结束并留下诸多问题，其中青少年违法犯罪率上升，并于1977年达到了中华人民共和国成立以来的一个高峰
3	1979年	中共中央转发中共中央宣传部、教育部、公安部、共青团中央等8个单位《关于提请全党重视解决青少年违法犯罪问题的报告》	工读学校是一种教育挽救违法犯罪学生的学校，要认真办好……各地应在党委领导下，以教育为主，共青团、公安部门积极配合，有关方面大力支持，举办一批这样的学校	复办工读学校的潮流使得工读学校的数量大幅上升
4	1981年4月	《国务院转批教育部、公安部、共青团中央关于办好工读学校的试行方案的通知》	办好工读学校不仅有利于预防和减少青少年犯罪，维护社会治安，而且对于树立良好的社会风气，培养和造就社会主义新人有其重要意义。各级人民政府，特别是青少年犯罪较为严重的大中城市，要把工读学校办好	

续表

序号	发布时间	材料性质和名称	政策及法律政策（与工读教育有关内容）	相关背景
5	1981年6月	《京、津、沪、穗、汉五大城市治安座谈会纪要》	对于有轻微犯罪行为，屡教不改，家庭、社会管不了而且又不够判刑的少数青少年，年龄小的，送工读学校，年龄大的，送劳动教养。工读学校有很好的经验，各大中城市要普遍办，而且要扩大。工读学校在"文化大革命"以前就有，实验是成功的，有很好的经验。现在，要认真推广，普遍办，真正当作学校办。感化学员，感化劳动改造好的人，不要嫌弃、歧视，要安排他们就学、就业。在他们中间是会有一大批有用的公民的人才的。这也是把消极因素变为积极因素	大中城市犯罪率较高，犯罪行为猖狂，严重威胁居民的身心安全，社会治安问题严重。扰乱社会治安分子绝大多数是青少年，青年工人和学生
6	1985年10月	《中共中央关于进一步加强青少年教育，预防青少年违法犯罪的通知》	在城市要继续办好工读学校，并逐步创造条件办成具有中专水平的职业学校，对有轻微违法犯罪行为的青少年进行职业训练，使他们掌握就业本领。教育部门要加强对工读学校的领导，选派优秀教师、干部去担负学校的领导和班主任工作	
7	1987年7月	国务院办公厅转发国家教育委员会、公安部、共青团中央《关于办好工读学校的几点意见》	几年来，各地举办的工读学校，在教育、挽救有违法犯罪行为的青少年方面发挥了重要作用，取得了较好的成效。只要社会上还存在着资本主义腐朽思想的侵蚀和青少年犯罪现象，工读学校这种特殊的教育形式就是必要的。各地人民政府要把办好工读学校视为加强社会主义精神文明建设的组成部分，切实抓好	

续表

序号	发布时间	材料性质和名称	政策及法律政策（与工读教育有关内容）	相关背景
8	1991年9月4日	《未成年人保护法》	第十八条 按照国家有关规定送工读学校接受义务教育的未成年人，工读学校应当对其进行思想教育、文化教育、劳动技术教育或者职业教育。工读学校的教职员应当关心、爱护、尊重学生，不得歧视、厌弃	由于种种原因，侵害未成年人合法权益的事件时有发生，未成年人违法犯罪已成为一个严重的社会问题。而且影响社会的稳定。因此有必要制定《未成年人保护法》，进行"综合治理"。随着社会主义民主与法制建设的深入发展，逐步建立社会主义未成年人保护法律体系已成为我国法制建设的客观要求
9	1992年2月29日	《义务教育法实施细则》	第六条 承担实施义务教育任务的学校为：地方人民政府设置或者批准设置的全日制小学、全日制普通中学，各种形式的简易或者初级中等职业技术学校，盲聋哑学校、弱智儿童辅读学校教学点（班或者组），工读学校等	为了保障适龄儿童、少年接受义务教育的权利，保证义务教育的实施，提高全民族素质，根据《宪法》和《中华人民共和国教育法》（以下简称《教育法》）而制定的法律
10	1999年6月28日	《预防未成年人犯罪法》	第三十五条 对未成年人实施本法规定的严重不良行为的，应当及时予以制止。对有本法规定严重不良行为的未成年人，其父母或者其他监护人和工读学校应当相互配合，采取措施严加管教，也可以送工读学校进行矫治和接受教育。对未成年人送工读学校进行矫治和接受教育，应当由其父母或者其他监护人，或者原所在学校提出申请，经教育行政部门批准。第三十六条 工读学校对就读的未成年人应当严格管理和教育	为了保障未成年人身心健康，培养未成年人良好品行，有效地预防未成年人犯罪而制定的法律

续表

序号	发布时间	材料性质和名称	政策及法律政策（与工读教育有关内容）	相关背景
11	1999年6月28日	《预防未成年人犯罪法》	工读学校除按照义务教育法的要求，在课程设置上与普通学校相同外，应当加强法制教育的内容，针对未成年人的心理特点，开展矫治工作。家庭、学校应当关心、爱护他们的人格尊严，不得体罚、虐待和歧视。工读学校毕业的未成年人在升学、就业等方面，同普通学校毕业的学生享有同等的权利，任何单位和个人不得歧视	
12	2000年	中共中央办公厅、国务院办公厅转发《中央社会治安综合治理委员会关于进一步加强预防青少年违法犯罪工作的意见》的通知	各地区特别是大中城市要贯彻国发〔87〕38号文件，积极办好工读学校。没有建立的要尽快建立	预防青少年违法犯罪工作取得了积极成效。但是现存在着不少诱发青少年违法犯罪的问题，社会转型时期金钱主义、享乐主义、极端个人主义滋长。一些地方封建迷信，邪教和黄赌毒等社会丑恶现象严重影响青少年的健康成长，在为青少年学习、了解社会提供方便的同时，……各种因素影响下，一些青少年思想出现偏差、行为失范，走上违法犯罪歧途的有所增多，青少年违法犯罪的形势依然十分严峻

续表

序号	发布时间	材料性质和名称	政策及法律政策（与工读教育有关内容）	相关背景
13	2004年2月	《关于进一步加强和改进未成年人思想道德建设的若干意见》	要加强工读学校建设，对有不良行为的未成年人进行矫治和帮助	
14	2016年	中办国办印发的《关于进一步深化预防青少年违法犯罪工作的意见》	对工读教育的开展提出了间接要求	没有明文提到工读教育与工读学校，至此，已经多年未有有关工读教育政策的相关法规。但实际上，工读学校在预防与矫治青少年犯罪工作中依旧发挥着不可替代的作用
15	2017年11月22日	教育部等十一部门印发《加强中小学生欺凌综合治理方案》	屡教不改或者情节恶劣的严重欺凌事件，必要时可将实施欺凌学生转送专门（工读）学校进行教育。涉及违反治安管理或者涉嫌犯罪的学生欺凌事件，处置以公安机关、人民法院、人民检察院为主	近年来，校园欺凌事件产生诸多不良社会影响，引起各界广泛关注。校园暴力伤害未成年人身心健康，也冲击社会道德底线。专门（工读）学校是防治学生欺凌的制度体系的重要组成部分

创新和完善我国工读教育的现实思考

路　琦*

摘　要： 我国专门（工读）教育已经历了 63 年的风雨历程，积累了很多教育转化"问题青少年"的经验，同时也面临着生存和发展的现实问题。笔者认为，工读教育在未来相当长时期内仍无法被替代，需要进一步改进和加强，需要有相对完善的法律法规和政策制度做保障，需要进一步建立"党政主导，教育等职能部门负责，社会各方有序适度参与，预防青少年违法犯罪专项组协调沟通"的工作机制，需要进一步去"标签"色彩，在"青少年社会性发展服务中心（或青少年社会适应性教育服务中心）"架构体系中发挥其教育引导的作用。

自 1955 年我国成立第一所工读学校以来，工读教育积极探索"问题青少年"教育转化和回归社会的有效路径，积累了很多教育转化"问题青少年"的经验，挽救了一大批处在违法犯罪边缘的"问题青少年"，为社会的和谐稳定做出了积极贡献。但面对转型期依然严峻的涉案未成年人数量（当然，自 2009 年始，我国法院判处未成年人犯罪人数呈现逐年下降趋势）和社会普遍关注的校园欺凌频发问题，应发挥一定作用的专门（工读）教育却面临着生存和发展的现实问题，很值得关注和深思。

　　* 路琦，中国预防青少年犯罪研究会秘书长，《预防青少年犯罪研究》主编。文章是对笔者已发表的两篇文章《创新和完善我国工读教育的现实思考》《工读教育与未成年人违法犯罪预防》的修改补充版。

一 法律和政策法规赋予专门（工读）教育的职能

现行的《中华人民共和国义务教育法》（以下简称《义务教育法》）第二十条规定：县级以上地方人民政府根据需要，为具有预防未成年人犯罪法规定的严重不良行为的适龄少年设置专门的学校实施义务教育。

现行的《中华人民共和国未成年人保护法》（以下简称《未成年人保护法》）第二十五条规定：对于在学校接受教育的有严重不良行为的未成年学生，学校和父母或者其他监护人应当互相配合加以管教；无力管教或者管教无效的，可以按照有关规定将其送专门学校继续接受教育。依法设置专门学校的地方人民政府应当保障专门学校的办学条件，教育行政部门应当加强对专门学校的管理和指导，有关部门应当给予协助和配合。专门学校应当对在校就读的未成年学生进行思想教育、文化教育、纪律和法治教育、劳动技术教育和职业教育。专门学校的教职员工应当关心、爱护、尊重学生，不得歧视、厌弃。

现行的《中华人民共和国预防未成年人犯罪法》（以下简称《预防未成年人犯罪法》）第三十五条规定：对有本法规定严重不良行为的未成年人，其父母或者其他监护人和学校应当相互配合，采取措施严加管教，也可以送工读学校进行矫治和接受教育。对未成年人送工读学校进行矫治和接受教育，应当由其父母或者其他监护人，或者原所在学校提出申请，经教育行政部门批准。第三十六条规定：工读学校对就读的未成年人应当严格管理和教育。工读学校除按照义务教育法的要求，在课程设置上与普通学校相同外，应当加强法治教育的内容，针对未成年人严重不良行为产生的原因以及有严重不良行为的未成年人的心理特点，开展矫治工作。家庭、学校应当关心、爱护在工读学校就读的未成年人，尊重他们的人格尊严，不得体罚、虐待和歧视。工读学校毕业的未成年人在升学、就业等方面，同普通学校毕业的学生享有同等的权利，任何单位和个人不得歧视。

按照《义务教育法》《未成年人保护法》和《预防未成年人犯罪法》的上述相关规定，专门（工读）学校被赋予的职能是教育转化有严重不良行为的未成年人。

1987 年 6 月，国务院办公厅转发国家教育委员会、公安部、共青团中央《关于办好工读学校的几点意见》（国办发〔1987〕38 号文件），是关于工读教育的政策法规性文件，对工读学校的教学科研、职业技术教育、招生、学生的出路、教师队伍、管理、机构设置和人员编制及经费等做了规定。此文件至今未废止，但因其出台时间早于现行的《义务教育法》《未成年人保护法》和《预防未成年人犯罪法》，相关内容与法律有不一致的地方，均按现行法律规定执行。

2017 年 12 月，教育部等 11 部门联合印发《加强中小学生欺凌综合治理方案》（以下简称《欺凌综合治理方案》），规定：屡教不改或者情节恶劣的严重欺凌事件，必要时可将实施欺凌学生转送专门（工读）学校进行教育。同时规定，未成年人送专门（工读）学校进行矫治和接受教育，应当按照《预防未成年人犯罪法》有关规定，对构成有严重不良行为的，按专门（工读）学校招生入学程序报有关部门批准。对涉及违反治安管理或者涉嫌犯罪的学生欺凌事件中，对依法不予行政、刑事处罚的学生，必要时可按照有关规定将其送专门（工读）学校。

二　工读教育发挥的实际作用

我国工读学校教育矫治"问题青少年"的模式在国际上享有很高的声誉。20 世纪 90 年代，时任克林顿总统法律顾问、美国著名学者沃尔夫冈在考察了北京市朝阳区、重庆市沙坪坝区等的几所工读学校后，给时任总统克林顿提出建议：应该向中国人学习，少建监狱，多建学校。多办一所工读学校，就会少办一所监狱。

工读教育所发挥的历史作用显而易见。现阶段，专门（工读）教育所发挥的作用有哪些？经调研，简要概括如下。

一是专门（工读）教育是社会治安综合治理的重要环节。法律赋予专门（工读）学校对有严重不良行为、处在违法犯罪边缘的特殊未成年人进行矫治和教育转化的职能，这就要求专门（工读）学校履职尽责，有针对性地做好工作，减少这类特殊未成年人走向犯罪的情况，发挥好预防未成年人犯罪最后一道防线的作用。

二是专门（工读）教育是九年义务教育不可缺少的组成部分，为实现教育公平做出了积极贡献。许多专门（工读）学校除接收有严重不良行为的未成年人外，还接收只有不良行为的未成年人、"双困生"（学习困难，教育困难），以及网瘾学生和实施校园欺凌行为学生的教育保护和矫治工作，为早期干预预防犯罪工作和实现教育公平做出了重要贡献。同时，大多数专门（工读）学校注重法治教育、品行教育、养成教育、心理教育和家校互动，弥补了大部分普通学校通常采用的应试教育的不足。

三是专门（工读）教育完善了初等和中等职业技术教育，为"问题青少年"掌握一技之长、适应社会提供了帮助。除开展教育矫治工作和提供义务教育基本教学内容外，部分学校还创造条件，为学生提供初等职业技术教育。此外，个别有条件的专门（工读）学校还延伸职能，提供高中或中等职业教育。近几年，国家大力倡导发展职业技术教育，专门（工读）学校对开展职业技术教育更加重视，投入也相应加大。

四是专门（工读）教育完善了有违法或轻微犯罪行为未成年人的教育保护和社区矫正工作。一些专门（工读）学校还承担了对有违法行为但因不满刑事责任年龄不予刑事处罚，有轻微犯罪行为被判处非监禁刑的未成年人，以及无法找到监护人的有严重不良行为的流浪未成年人等的教育保护和矫正工作。这在一定程度上弥补了因废除劳教导致公安部门较少适用收容教养强制性教育改造措施，而学校、社区教育矫正力量难以补位所造成的对有违法或轻微犯罪行为未成年人失管失教的问题。

五是专门（工读）教育在一定程度上有助于改善家庭教育的欠缺，促进家校联动。"问题青少年"往往出自问题家庭。专门（工读）学校教育采取集中住宿、统一管理的模式，同时注重采用心理疏导、家庭辅导和家校互动等教育引导方式，这些做法推动形成家校联动、齐心共育的氛围，有效地改善了学生的教育转化环境。

六是专门（工读）教育注重保护"工读生"的权益，是去"标签"的特殊教育。为充分保护"工读生"的权益，使他们能顺利回归正常社会，"工读生"标签在学籍中不体现，学籍登记的是原就读学校。

三　工读教育值得关注的问题

近年来，国家在推进教育发展方面加大了力度，对遏制校园欺凌和预防青少年违法犯罪工作高度重视，专门（工读）学校教育得到了新发展，取得了新成效，但由于缺乏法律法规和政策制度保障等，若要充分发挥专门（工读）学校教育转化"问题青少年"的作用，必须尽快解决一些问题，主要有以下几个方面。

1. 法律赋予的职能与实际发挥的作用不匹配，存在隐患

法律赋予专门（工读）学校的职能是教育转化有严重不良行为的未成年人，而实际发挥的作用与教育转化的对象（生源）问题，不相匹配，即一方面，专门（工读）学校生源出现问题，另一方面，有严重不良行为未成年人得不到及时教育矫治。

专门（工读）学校生源问题。过去我国实行的是强制工读教育，1999年《预防未成年人犯罪法》颁布实施，2006年、2012年两次修订通过《未成年人保护法》。其间，未成年人权益得到了进一步保护，工读学校对"有严重不良行为未成年人"的矫治工作事实上需要"自愿"（对未成年人送工读学校进行矫治和接受教育，应当由其父母或者其他监护人，或者原所在学校提出申请，经教育行政部门批准）才能开展。这实质上等于取消了强制工读的规定，学生日减，工读教育萎缩。面对现实情况，根据实际需要，许多具备一定条件的专门（工读）学校除招收有严重不良行为的未成年人外，还招收了"双困生"（学习困难、教育困难）、网瘾学生、只有不良行为的未成年人，甚至有违法行为但因不满刑事责任年龄不予刑事处罚，有轻微犯罪行为被判处非监禁刑的未成年人，以及无法找到监护人的有严重不良行为的流浪未成年人等。这从前述的"工读教育发挥的实际作用"亦可知晓。这种法律赋予的职能与实际发挥的作用不匹配的情况，虽然在一定程度上弥补了法律法规政策制度不健全、分类教育矫治引导工作不到位，特别是社区教育转化力量不足的缺陷，但隐患也显而易见——专门（工读）教育的招生行为缺乏最基本的支撑，即法律依据。《加强中小学生欺凌综合治理方案》对专门（工读）教育转化"问题青少年"的工作给予强调。该方案在表述中提及"可将实施欺凌学生转送专门（工读）学校进行教育"，但该方案中"必要时"和"应当按照《预防未成年人犯罪法》的有关规定"等措辞，没有突破《预防未成年人犯罪法》"自愿"的要求，没有给专门（工读）学校和普通中学中的"学校学生欺凌治理委员会"的认定带来新的政策法规支撑，更谈不上解决法律依据的问题。

有严重不良行为未成年人得不到及时教育矫治问题。据实际工作经验来看，有严重不良行为的未成年人数量要多于当年被判生效的未成年犯数量。全国法院公布的有关资料显示，2016 年，判决生效未成年犯人数是35 743人，由此推断2016 年全年新产生的有严重不良行为的未成年人数应多于这一数字。而当年，全国所有专门（工读）学校因条件所限，所能接收和进行校外教育引导的学生总和只有 1 万人左右。专门（工读）学校教育转化"问题青少年"的力量与预防青少年违法犯罪的现实需要不相称，这就产生了严重的问题：在专职社工等力量尚不能补位、专门（工读）学校力量不足的情况下，严重不良行为只能处于无人治理状态，致使无力管教孩子的监护人求援无门，同时这也造成未成年人涉案情况严峻、社会治安堪忧的问题。中国预防青少年犯罪研究会2014 年的调查显示，未成年犯进监狱前，当出现不良行为时，尽管只有32.8%的人表示未受到教育和引导，但在受到教育的人中只有 11.9%受到老师的教育①。此外，近80%（78.5%）的未成年犯进监狱前辍学时间超过 3 个月②。面对社会实际需求的呼唤，民间各种矫治机构纷纷成立，虽说有些做得还比较规范，但相当一部分机构是不具备资质的，它们高收费、缺少科学的教育矫治方法，甚至采用极端的方式，对"问题青少年"造成直接的心理和身体伤害，产生了不良的社会影响。因此，改变现状，加强和完善专门（工读）教育势在必行。

2. 缺乏有力的法律法规和政策制度保障，专门（工读）学校教育矫治工作困难重重

在专门（工读）学校按照法律规定招收学生（有严重不良行为未成年

---

① 路琦：《未成年人犯罪问题研究——印证风险评估测量模式》，《预防青少年犯罪研究》2015 年第 1 期。

② 路琦、牛凯、刘慧娟等：《2014 年我国未成年人犯罪研究报告——基于行为规范量表的分析》，《中国青年社会科学》2015 年第 3 期。

人）的情况下，仍存在一些问题。

《关于办好工读学校的几点意见》是关于工读教育的政策制度性文件，对工读学校的教学科研、职业技术教育、招生、学生的出路、教师队伍、管理、机构设置和人员编制及经费等做了规定，但时过 30 多年，它的很多内容与现行的法律不一致、与现实情况不匹配，亟待修订和完善。目前，专门（工读）教育的法律依据主要来自《预防未成年人犯罪法》《未成年人保护法》和《义务教育法》对专门（工读）学校的相关规定。

限制一定自由的教育管理模式受到质疑。根据学生的具体情况，专门（工读）学校较普遍采用的是每周五天寄宿制或相对封闭的教育管理模式。因为法律未赋予专门（工读）学校在一定程度上限制未成年人人身自由的权力，其相应做法受到质疑。

教师待遇低，队伍不稳定。专门（工读）学校的教师除了承担正常的教学任务外，还要承担 24 小时陪伴式教育的压力，工作强度大，精神压力大，风险高。然而，据中国教育学会工读教育分会副秘书长刘燕介绍，近年来专门（工读）学校教师待遇虽说有所提高，大部分专门（工读）学校教师能拿到与盲聋哑学校教师一样比例的特教津贴，但盲聋哑学校编制设置里有专门的生活管理老师，而专门（工读）学校的编制设置与普通学校一样，不设专门的生活管理老师，这就意味着，专门（工读）学校的教师需要兼作生活管理工作，工作强度与实际待遇不相匹配，导致人员流动快，教师队伍不稳定。

此外，《义务教育法》《未成年人保护法》和《预防未成年人犯罪法》虽说都对专门教育（工读教育）做出了一些规定，但相互缺少衔接，且规定得较笼统，缺乏可操作性。例如，学校的称谓尚不一致，《义务教育法》和《未成年人保护法》已将其修改为"专门学校"，而《预防未成年人犯罪法》仍称其为工读学校。法律规定"有严重不良行为未成年人""可以送工读学校进行矫治和接受教育"，但没有明确什么样的未成年人必须强制接受教育矫治，什么样的未成年人可以靠自愿，且对接受教育矫治的期限等也未做出相应规定，等等。这些都给专门（工读）学校教育矫治工作带来了困难。

3. 教育矫治的科学性、针对性仍不够，教育矫治效果备受关注

师资力量薄弱，矫治力量和措施不尽如人意。因人手和力量不足，欠缺因人而异的教育矫治方案、措施和有效的跟踪教育矫治力量，以及科学的评价标准等，导致教育转化有严重不良行为未成年人的科学性、针对性和深入性不够，教育矫治效果存在不尽如人意的地方。

教育管理模式存在不足，需要改进和完善。大多数专门（工读）学校已将心理疏导、行为治疗、团队训练等作为重要的教育矫治方式，成效显著。据中国教育学会工读教育分会副秘书长刘燕介绍：整体上来说，专门（工读）学校承担的校外学生的教育转化率达85%，校内学生的教育转化率已达97%。从工读学校走出来的学生不乏成功人士，他们中有教书育人的模范教师，企业家，热心公益的演艺界明星，还有军队中的将军，他们为社会做出的贡献是积极有益的。但是，也有个别学校仍采用体能消耗式的老办法，对"问题青少年"的教育转化率不太高，需要在科学性、专业性上加以改进和完善。

4. 社会偏见尚存，专门（工读）学生回归社会问题令人担忧

"交叉感染"是困扰专门（工读）教育的核心问题。有观点认为，专门（工读）学校就是传染病医院，将"问题青少年"集中到一起接受教育矫治，客观上必然会有观念想法、行为习惯的相互影响，造成"交叉感染"，可能会让"问题青少年"变得更坏，并由此得出结论，"工读生"都是"坏孩子"，因而其重新回归普通学校和正常社会的难度就很大。

此外，虽然"工读生"的标签在学籍中不体现，登记的是普通中学的学籍，但专门（工读）学校周边的单位及人员知道内情，对"工读生"的升学就业造成困难等问题也现实存在，并影响和制约了专门（工读）教育作用的发挥，需要引起高度重视。

5. 定位不明确，专门（工读）学校普通学校化现象值得关注

因生源等问题，很多专门（工读）学校把中考成绩确定为重要的教学考核标准。受中考指挥棒的影响，学校将主要精力放在应试上，老师压力大，学生很痛苦，而较适合于大多数专门（工读）学生的初等、中等职业技能教育却被忽视。当然，家长希望孩子上高中、考大学，这也是影响教学考核目标并导致专门（工读）学校普通学校化的因素。

四 思考和建议

创新和完善专门（工读）教育势在必行。在此过程中，需要注意不能只就"专门（工读）"论"专门（工读）"，需要将其放在教育转化"问题青少年"、预防未成年人违法犯罪系统工程中统一思考规划。专门（工读）教育是预防未成年人违法犯罪系统工程中的一个环节，从初次违法犯罪的角度讲（未成年人违法犯罪预防工作有初次违法犯罪预防和再犯预防之分），它发挥着最后一道防线的作用。如何进一步做好"问题青少年"的教育转化和未成年人违法犯罪预防工作，更好地、科学地发挥专门（工读）教育的作用，具体思考建议如下。

1. 需要进一步从整个预防犯罪的角度统筹安排，确保未成年人都能得到分类教育引导

预防未成年人违法犯罪工作是整个社会预防犯罪工作的基础。预防未成年人违法犯罪工作做扎实了，就会有效地减少青少年的违法犯罪，减少未来整个社会的违法犯罪。要进一步建立和完善"党政主导，职能部门负责，各方有序适度参与，预防青少年违法犯罪专项组协调沟通"的工作机制。要通过构建以相对独立的实体化协调办事机构为核心的，相互关联、相互支撑的"六化"预防工作体系，即通过建立健全实体化的协调办事机构、专业化的工作队伍、系统化的工作模式、科学化的决策机制、法制化的预防体系和网络化的管理服务系统，确保上述工作机制的落地和工作方式的与时俱进，从而进一步推动预防未成年人违法犯罪工作取得更加扎实的成效。

需要进一步统筹规划，科学安排，力争确保各类未成年人都能得到分类教育引导。普通未成年人的教育引导，由普通学校和家庭社区的力量来承担，采用的是正常的教育引导方式；有不良行为未成年人的教育引导，除了由普通学校和家庭社区的力量来承担外，要增配专业力量对其教育引导工作进行指导，引入专业化的教育引导方式；有严重不良行为等"特殊问题青少年"（在思考建议的第3条中会说明所指范围）的教育矫治，除了由普通学校和家庭社区的力量来承担外，要增配专业力量对其行为进行日常矫治，或送其到工读学校接受教育矫治，采用的是"集中攻关"、针对性较强的教育引导方式；犯罪未成年人的教育改造，由未成年犯管教所等责任部门来承担，按照国家法律的相关规定来实施。

2. 需要充分整合力量创建无"标签"色彩的常设服务机构，为未成年人分类教育引导提供保障

社会的迫切需求就是工作要努力的方向。应该高度重视，充分整合各方力量，特别是社区服务中心的资源，尽快在全国普遍创建无"标签"色彩的常设公益性服务机构，如"青少年社会性发展服务中心（或称青少年社会适应性教育服务中心等）"①（见图1），搭建起专门（工读）教育、社区矫正等专业力量与社会普遍需要的互动服务平台。若能这样，就可以为青少年特别是有不良行为或有严重不良行为的未成年人及其监护人提供方便的"就医"咨询渠道、合适的"就医"场所和科学的治疗措施，有效地对其行为进行干预，避免或减少其对自身、他人和社会造成危害。

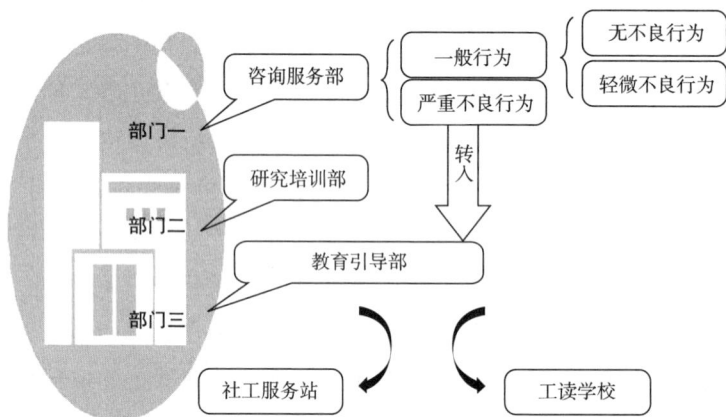

图1 青少年社会适应性教育服务中心（或基地）

"青少年社会性发展服务中心"（简称中心）发挥的作用是：整合社会各方资源，服务有困惑青少年特别是未成年人及其家庭，教育矫治"问题青少年"，培训专兼职工作队伍，推动实证研究与理论研究互动等。中心至少由三个内设机构组成：咨询服务部、研究培训部和教育引导部。三点支撑起

---

① 路琦：《工读教育与未成年人违法犯罪预防》，《预防青少年犯罪研究》2013年第1期。

"青少年社会性发展服务中心"这个稳固的平台。中心就相当于医院,有困惑、有需求,以及行为偏常者均可在这里接受咨询、诊断和治疗。症状轻者或有不良行为者,按医嘱由监护人或专职社工等专业人士负责对其进行日常教育引导。重症患者(有严重不良行为或有违法犯罪行为但因不满刑事责任年龄不予刑事处罚,触犯刑律被判非监禁刑的未成年人等)需送教育引导部,由其负责确定是否应为"问题青少年"办理"住院"[专门(工读)学校]手续,需要接受多长时间的教育矫治,以及与专门(工读)学校共同来对教育矫治效果进行评估并确定何时可以办理"出院"手续等。

3. 需要进一步从实际出发果断决策,充分发挥专门(工读)学校教育的作用

需要进一步深入调研思考,尽快对是否继续实施专门(工读)教育做出决策。专门(工读)学校学生之间存在"交叉感染"的问题,这是事实。但我们需要思考,监狱犯人之间"交叉感染"的情况相比会更严重,被判处监禁刑的未成年人,必须在未成年犯管教所服刑,我们现在还不可能取消这种刑事处罚制度,我们所能做的是尽量想办法减少犯罪人的数量,尽量采取措施减少"交叉感染"的机会。另外,我们还需要思考,有严重不良行为等"特殊问题青少年"应该由谁来教育转化呢?怎么教育转化?在原社区生活、原学校学习,由专职社工等专业力量介入对其教育转化应该是较理想的选择。但实际情况并不乐观,在普通中学教育模式还有待改进,许多监护人的素质和能力有待提高,专职社工等专业教育矫治力量还远不能满足现实需要的情况下,得了"传染病"的有严重不良行为等"问题青少年"不能被放任不管,需要到传染病医院就医,专门(工读)学校教育是两害相权取其轻的现实选择,是预防青少年违法犯罪系统工程中分类教育引导未成年人的一个重要环节。

根据目前的实际需求,可以对专门(工读)学校教育进行重新定位,建议其职能定位为:教育转化有严重不良行为等"特殊问题青少年",使其能遵守法律,有一技之长,能自食其力,成为对社会有用的人。这里的"特殊问题青少年"是指:有严重不良行为,或有违法犯罪行为但因不满刑事责任年龄免于刑事处罚,或检察机关决定相对不起诉、附条件不起诉,或有轻微犯罪行为被判处非监禁刑的未成年人等。

需要增设专门（工读）学校，使教育转化有严重不良行为等"特殊问题青少年"的力量与实际需求相匹配。目前全国专门（工读）学校不足百所，远不能满足实际需求。需要由各级政府来规划布局，科学设置，并做好督导考评工作。在布局时，建议能与前文提到的"青少年社会性发展服务中心"的建设同时考虑，以促使专门（工读）学校教育更好地履行新职能，发挥预防青少年违法犯罪系统工程中分类教育引导未成年人的一个重要环节的作用。

4. 需要加强资源和力量保障，确保专门（工读）学校教育工作扎实推进

需要整合资源，形成合力。专门（工读）学校教育不是孤立的教育，需要通过进一步完善制度机制（在思考建议的第 1 条中提到），确保专门（工读）教育力量与其他教育转化力量的衔接，特别是确保教育转化好的"特殊问题青少年"能顺利回归普通学校学习或融入正常社会，确保专门（工读）教育与社区教育矫正等力量的相互衔接与配合。

需要增强专门（工读）学校的履职能力。已积累了 63 年丰富经验的专门（工读）教育有其办学优势和师资特长，但若要切实履行好新职能，需要增强履职能力。需要在科学的教育和考评体系引导下，减轻其应试教育负担，保证其心无旁骛做好教育矫治工作；需要在教育政策的支持下，加大因材施教力度，加强职业技术教育；需要努力改革创新，增强教育矫治工作的针对性、有效性；需要加强科学管理，避免或减少亚文化群体的形成和问题行为的"交叉感染"；需要加强师资队伍建设，选好配强工作力量；需要建立健全人才培养使用机制，既能确保有过硬的工作队伍，又能确保合理的流动；需要将其纳入特殊教育范畴，鼓励更多人投身教育转化"特殊问题青少年"的工作。此外，需要各级政府加大对专门（工读）教育的经费投入，确保其健康顺利发展。

需要继续营造"工读生"回归正常社会的良好环境。"特殊问题青少年"容易受到歧视，需要得到关心和帮助。需要政府部门协调各方，积极引导，做好"工读生"档案封存工作，保证其个人档案材料显示的是普通中学学籍；需要报刊网站等媒体机构勇担社会责任，传播正能量；需要教育行政部门、普通中学、各级各类职业技术学校和高校、企事业单位等，在知情的情况下，仍能公正对待、不歧视"工读生"，为其提供合适的就学就业机会。

与此同时，也需要注意教育矫治工作的适度性。社会各方面的关心和帮助对教育矫治"工读生"不可或缺，是确保教育矫治取得稳固效果，确保"工读生"顺利融入正常社会的重要因素。但应该注意，需要适度，避免因过多的主体对其进行关注而给予其特权，从而引起不良和负面影响，带来适得其反的效果。

5. 需要建立健全未成年人法律体系，为专门（工读）教育的实施提供保障

需要逐步构建起以《宪法》为根本依据，以《未成年人保护法》为统领，包括未成年人保护类法律和行为矫治类法律在内的，独立于成年人法律体系之外的，配套、完整的未成年人法律体系。其中，行为矫治类法律的立法宗旨是要及早地对未成年人的行为通过法律的方式进行表态和干预，通过法律的适度惩处，对有不良行为或严重不良行为或违法犯罪行为的未成年人进行特殊教育与保护，对其有所警示，有效防止其犯罪或重新犯罪。特别是对未达到刑事责任年龄未成年人的违法犯罪行为要予以及时、适度且有效的干预。同时，建议规划制订与专门（工读）教育等相关的《未成年人特殊教育法》[1]。

需要进一步修订《未成年人保护法》和《预防未成年人犯罪法》中专门（工读）教育的相关内容，增强其完整性、一致性、严谨性、实用性和可操作性。要确保"工读"与"专门"的称谓在各法律规定中的一致性，要进一步明确专门（工读）学校和专门（工读）教育的定位，确保专门（工读）教育与其他对未成年人的教育保护矫治措施的有效衔接性，要确保有责必究，等等。要通过法律和政策法规进一步明确专门（工读）教育的特教职能，明确何时需要强制"特殊问题青少年"接受教育矫治，何时可以靠自愿，等等。需要尽快出台《关于进一步加强专门学校（工读）教育的若干规定》。

此外，应该注意在立法或法律的修订过程中，尽量避免"立法本位现象"[2]，尽量避免成年人为未成年人立法而造成的对未成年人的善意侵权。

---

① 详见《论建设以实体机构为核心的未成年人违法犯罪预防体系》，载于《中国青年研究》2012 年第 5 期。

② 李玫瑾：《构建未成年人法律体系与犯罪预防》，青少年维权网。

论我国工读教育的法理基础和功能

郭开元[*]

摘　要： 未成年人犯罪刑事政策蕴含的教育保护和非犯罪化思想是工读教育的法理基础。工读教育是教育保护措施，体现了对罪错未成年人的"教育为主"原则；工读教育是"早期预防"和"临界预防"的措施，体现了对未成年人犯罪的"预防为主"原则；工读教育是非犯罪化分流措施，体现了感化、挽救罪错未成年人的目的。基于未成年人犯罪刑事政策的视角，有必要科学界定工读教育的再社会教育功能和行为矫正功能。

在我国，工读学校创办于 20 世纪 50 年代，是当时社会背景下教育矫治有严重不良行为和轻微犯罪行为未成年人的半工半读的教育模式，工读学生半天时间用于接受文化知识、思想道德和法治教育，以提高文化素养和法治观念；半天时间用于生产劳动，以培养劳动习惯。实践证明，工读教育是教育矫治有严重不良行为或轻微犯罪未成年人的有效模式，可以有效预防未成年人犯罪，是我国青少年犯罪预防体系的重要内容和重要环节。根据我国法律规定，工读教育属于义务教育的范畴，但是又不同于一般的义务教育，即在社会治理体系中工读教育具有预防未成年人违法犯罪的重要作用。正是犯罪预防这一功能性区别决定了工读教育的性质和价值，在刑事法学中，犯罪预防是刑事政策学的核心内容。因此，从刑事政策学的角度分析工读教育的法理依据，对于分析工读教育的正当性、功能和制度完善具有重要的理论和实践意义。

＊　郭开元，中国青少年研究中心青少年法律研究所所长，副研究员，法学博士。

一 我国未成年人犯罪刑事政策的确立和内容

"刑事政策"一词起源于德国，德国学者费尔巴哈（Feuerbach）1803年在其所著的刑法教科书中首先使用了"刑事政策"一词。在我国，刑事政策是指国家以预防和镇压犯罪为目的所采取的一切手段或者方法的总称。刑事政策是研究犯罪对策的科学，其中，未成年人犯罪刑事政策是刑事政策的重要组成部分。

在我国，未成年人犯罪刑事政策的确立有一个过程。在新民主主义时期，未成年人犯罪的处罚坚持以教育感化为主、以处罚为辅的原则。1934年中华苏维埃共和国《惩治反革命条例》规定，年龄在16岁以下的未成年人，犯本条例所列举各罪者，得按照该条文的规定减轻处罚；如为14岁以下的幼年人，得交教育机关实施感化教育。1954年最高人民法院、司法部颁布的《最高人民法院　司法部关于城市中当前几类刑事案件审判工作的指示》规定"对未成年人犯，必须贯彻教育为主，惩罚为辅"的原则。1979年，中共中央转发中共中央宣传部、教育部、公安部、共青团中央等8个单位《关于提请全党重视解决青少年违法犯罪问题的报告》，首次提出了对违法犯罪的未成年人实行"教育、感化、挽救"的方针。1981年党中央批准的《第八次全国劳改会议纪要》中提出了"三个对待"的方式，即"对青少年罪犯，要像父母对待患了传染病的孩子、医生对待病人、老师对待犯错误的学生那样，做耐心细致的教育、感化、挽救工作"①。1985年，《中共中央关于进一步加强青少年的教育，预防青少年违法犯罪的通知》进一步坚持了"教育、感化和挽救"方针和"教育为主，惩罚为辅"原则。1992年1月1日生效的《未成年人保护法》第五十四条明确规定：对违法犯罪的未成年人，实行教育、感化、挽救的方针，坚持教育为主、惩罚为辅的原则。这是首次以法律的形式确定了这一政策②。1999年颁布的《预防未成年人犯罪法》也明确规定"教育为主、惩罚为辅"原则，该

---

① 何秉松：《刑事政策学》，北京：群众出版社，2002，第436页。
② 杨春洗：《刑事政策论》，北京：北京大学出版社，1994，第394页。

法再次确认了这一刑事政策。

在我国，未成年人犯罪的刑事政策是对未成年犯罪人实行"教育、感化、挽救"的方针，并坚持"教育为主、惩罚为辅"的原则。具体地说，蕴含着两个方面的内容。

首先，坚持教育为主原则是指，对未成年犯罪人刑事责任的追究要把教育放在第一位，通过教育使罪错未成年人认识到犯罪行为的社会危害性，并使其通过相应的教育改造和心理矫治等成为守法公民。其中，所谓教育是指，对违法犯罪的未成年人进行思想教育、道德教育、法治教育和职业技术教育等，使其树立正确的人生观、价值观，认识到法律的权威性，增强法治观念。

其次，坚持惩罚为辅原则是指，在查明未成年人违法犯罪事实的基础上，依法对罪错未成年人予以必要的惩罚作为辅助手段以达到感化、挽救的目的。其中，惩罚措施包括刑罚处罚和非刑罚处罚措施，惩罚的目的是使罪错未成年人吸取教训，改过自新，增强法治观念，进行再社会化，成为对社会有用的人。因此，惩罚不是目的，而是达到教育、感化、挽救的辅助手段，服务并服从于教育、感化、挽救的目的①。

总之，以教育、惩罚为手段达到感化和挽救罪错未成年人的目的，是未成年人犯罪刑事政策的核心内容。

二 未成年人犯罪刑事政策蕴含的教育保护和非犯罪化思想是工读教育的法理基础

未成年人犯罪的刑事政策是应对未成年人犯罪的对策，是以未成年人为本位，通过教育、感化、挽救罪错未成年人，使其复归社会，从而促进未成年人的健康成长。因此，未成年人犯罪刑事政策蕴含的教育保护和非犯罪化思想是工读教育的法理基础，主要体现在三个方面。

1. 工读教育是教育保护措施，体现了对罪错未成年人的教育为主原则

教育保护是预防未成年人违法犯罪的科学措施。首先，教育是预防违

---

① 梁根林：《当代中国少年犯罪的刑事政策总评》，《南京大学法律评论》2009 年第 1 期，第 107～125 页。

法犯罪的有效方式。18世纪意大利刑法学家贝卡里亚在《论犯罪与刑罚》提出，预防犯罪最可靠也是最艰难的措施是完善教育。教育不在于科目繁多而无成果，而在于选择上的准确，当偶然性和随意性向青年稚嫩的心灵提供道德现象和物理现象的摹本时，教育起着正本清源的作用；教育通过情感的捷径，把年轻的心引向道德；为了防止它们误入歧途，教育借助的是指出需要和危害的无可辩驳性，而不是捉摸不定的命令，命令只是虚假的和暂时的服从①。因此，教育是预防未成年人犯罪的最有效方式。其次，保护理念是指将未成年人的罪错行为看作社会弊病的征兆，将未成年犯罪者和不良行为者看作社会不公和社会弊病的受害者，认为国家对这些受害者负有照料、帮助、矫治并最终使其走向正常生活道路的义务②。因此，保护罪错未成年人权利是国家的责任和义务。

从刑事政策的角度分析，未成年人年龄小，身心发育不成熟，社会经验不足，人格还在形成过程中，对其采取犯罪预防措施时，选择在人格尚未定型、具有可塑性的年轻时期，采取教育为中心的保护，这才是合理的③。因此，对罪错未成年人采取教育保护为主，主要是基于未成年人的特殊性。首先，未成年人身心发育不成熟状况影响其行为责任的承担。其次，未成年人的可塑性强，基于预防犯罪的考虑，未成年人犯罪刑事政策必须以"提前干预"和再社会化为重要特征。因此，科学而恰当的教育既利于一般预防，也利于特殊预防。在预防未成年人犯罪上，教育比惩罚更为正当④。另外，未成年人犯罪刑事政策所针对的未成年人罪错行为，不仅是传统意义的刑事犯罪行为，还包含着不良行为、严重不良行为等违法行为。

工读教育属于教育保护措施，体现了对罪错未成年人的处理坚持教育为主原则。所谓教育为主是指，对罪错未成年人的责任追究，要把教育放在第一位，通过教育使罪错未成年人认识到违法犯罪行为的社会危害性，

---

① 〔意〕切萨雷·贝卡里亚：《论犯罪与刑罚》，黄风译，北京：北京大学出版社，2008，第109页。

② 赵国玲：《未成年人司法制度改革研究》，北京：北京大学出版社，2011，第16页。

③ 〔日〕大谷实：《刑事政策学》，黎宏译，北京：中国人民大学出版社，2009，第351页。

④ 马柳颖、肖松平：《论"教育为主"的未成年人犯罪刑事政策》，《南华大学学报》（社会科学版）2007年第8期第5卷，第56~59页。

并通过思想道德教育、法治教育、行为矫治、心理矫治等措施，进行再社会化教育，破除其违法犯罪心理，使其成为守法公民。在教育矫治中，工读教育是通过对违法犯罪的未成年人进行思想道德教育、法治教育和职业技术教育等方面的教育，矫正其严重不良行为，使其树立正确的世界观、人生观、价值观，认识到法律的权威性，树立法治观念，成为守法公民。教育为主原则的确立主要是基于未成年人的身心发展特点和未成年人罪错行为的主客观原因。首先，未成年人处于成长阶段，文化知识不足，是非判断能力弱，需要特殊的教育保护。未成年人时期是成长的关键时期，在这一时期，未成年人的价值观尚未成型，自我控制力弱，容易受到外界的诱惑，以上特征就决定了未成年时期是真善美与假恶丑的争夺期，需要对未成年人进行特殊的塑造、教育和保护。其次，未成年人罪错行为产生的重要原因是未成年人的家庭教育、学校教育和社会教育存在着缺陷，是综合性的社会问题在未成年人罪错行为上的体现。最后，未成年人处于价值观念形成时期，具有较强的可塑性，容易接受教育和感化。因此，对罪错未成年人进行教育矫治要坚持教育为主，进一步完善家庭教育、学校教育和社会教育的教育内容和教育方式。

教育是人类特有的社会现象，是培养人的活动，根据社会要求和受教育者的身心发展规律，有目的、有计划、有组织地开展德智体美等教育活动，以把受教育者培养成对社会有用的人。《联合国预防少年犯罪》提出的教育内容是：进行价值观念的教育，培养对未成年人自身文化特性和模式、对未成年人所居住国家的社会价值观念、对与未成年人自身不同文明、对人权和基本自由的尊重；促使未成年人的个性、才能、身心方面的能力得到最充分的发展；提供职业培训、就业机会及职业发展方面的信息和指导；对未成年人提供正面的情绪支持并避免精神方面的不适待遇。在我国，工读教育属于特殊的矫正教育，在教育目的、教育对象、教育内容和教育方式等方面具有特殊的规律性。工读教育的目的主要是矫正人，尤其是要教育矫治未成年人的严重不良行为。工读教育对象是有违法行为或者轻微犯罪行为的未成年人。工读教育内容主要是法治教育、劳动教育等，侧重于罪错未成年人的思想转化和行为矫正。工读教育方式是强制下的再社会化教育，注重文化知识教育与劳动教育的结合。在工读教育实践中，工读学校遵循特殊教育的规律对罪错未成年人开展教育活动，将罪错未成年人教育成为对社会有用的人才。

2. 工读教育是"早期预防"和"临界预防"的措施，体现了对未成年人犯罪的预防为主原则

犯罪预防是防止、遏制和减少犯罪的策略和措施。对于未成年人犯罪预防，与其惩治在后，不如防患于未然。调查研究发现，未成年人犯罪行为的发展具有规律性，由一般不良行为发展为严重不良行为，再由严重不良行为发展为犯罪行为。当未成年人的一般不良行为得不到及时矫治，就会进一步强化发展为同类的严重不良行为；如果对严重不良行为未能及时进行教育矫治，更容易产生同类的犯罪行为[1]。因此，对未成年人严重不良行为的早期预防是预防和减少未成年人犯罪的最积极、最主动的措施。工读教育就是从未成年人不良行为的教育和预防着手，主要是针对未成年人严重不良行为开展专业化的教育矫治措施，从而阻断未成年人由不良行为到严重不良行为尤其是由严重不良行为恶化为犯罪行为的行为演变链条，预防犯罪行为的发生。因此，工读教育是阻断式犯罪预防，被称为"预防未成年人犯罪的最后一道防线"，充分体现了"早期预防"和"临界预防"的理念。

另外，将处于犯罪边缘的未成年人送到工读学校，对其严重不良行为进行教育矫治，矫正不良的行为习惯，培养良好的行为习惯，进行再社会化，增强社会适应性，可以有效地预防和减少未成年人犯罪。由此可见，工读教育不仅能够为罪错未成年人提供再次受教育的机会，对其进行再社会化，而且能够有效矫正、转化罪错未成年人的思想和行为，消除其违法犯罪动机，这充分体现了对未成年人犯罪的"预防为主"原则。

3. 工读教育是非犯罪化分流措施，体现了感化、挽救罪错未成年人的目的

在我国，《预防未成年人犯罪法》是预防未成年人犯罪的工读立法，规定了未成年人的不良行为和严重不良行为，并规定了应对未成年人违法

---

① 关颖、鞠青：《全国未成年犯抽样调查分析报告》，北京：群众出版社，2005，第87~97页。

犯罪行为的非犯罪化分流方式：工读教育、收容教养和治安处罚①。因此，工读教育是被《预防未成年人犯罪法》确认的仅适用于未成年人的非犯罪化分流措施。

在我国犯罪预防的治理体系中，工读教育作为非犯罪化分流措施，具有必要性。首先，我国《刑法》第十三条规定的犯罪概念是定性和定量的结合，数额大小或情节轻重是作为犯罪构成的要件，行为的社会危害性达到一定程度才构成犯罪，致使入罪的门槛高，刑事司法干预因起点标准高而具有滞后性，导致部分违法行为因不构成犯罪而被排斥在司法干预之外，这些被排斥在司法干预之外的行为如果不能及时进行干预，就会继续发展为犯罪行为。其次，刑事责任年龄的阶段性，将部分罪错未成年人排除司法管辖之外。在我国，随着犯罪低龄化，未满十四周岁的未成年人犯罪比例上升，但是按照我国《刑法》第十七条的规定，未满十四周岁的未成年人不负刑事责任，不进入司法程序。另外，根据我国《刑法》第十七条的规定，已满十四周岁不满十六周岁的人，只对"故意杀人、故意伤害致人重伤或者死亡、强奸、抢劫、贩卖毒品、放火、爆炸、投毒"8种犯罪行为承担刑事责任。对于8种犯罪行为以外的罪错行为，未成年人不承担刑事责任。但是，从犯罪预防的角度出发，需要对已满十四周岁未满十六周岁的未成年人不追究刑事责任的行为进行干预、开展专业的教育矫治，而不能放任不管。再次，最高人民法院、最高人民检察院颁布的有关未成年人犯罪的司法解释，进一步限缩犯罪圈，体现非犯罪化分流，将部分罪错未成年人排除在司法干预之外。例如，2005年最高人民法院颁布的司法解释规定，"已满十四周岁不满十六周岁的人偶尔与幼女发生性行为，情节轻微、未造成严重后果的，不认为是犯罪"；"已满十四周岁不满十六周岁的人使用轻微暴力或者威胁，强行索要其他未成年人随身携带的生活、学习用品或者钱财数量不大，且未造成被害人轻微伤以上或者不敢正常到校学习、生活等危害后果的，不认为是犯罪"。基于上述原因存在于司法干预之外的罪错未成年人，是工读教育的教育矫治对象，需要被送入工读学校接受教育矫治，这也正是工读教育在未成年人犯罪治理体系中的

① 张文娟：《中美少年司法制度探索比较研究》，北京：法律出版社，2010，第240页。

正当性和价值所在。

在刑事法学理论研究领域，非犯罪化是包括将观护制度作为独立处分的保护观察以替代刑罚处罚，或以缓刑回避实体刑罚之执行[①]。非犯罪化分流措施可以减少司法干预，有利于对罪错未成年人的感化和挽救。研究发现，在应对犯罪的对策中，司法干预的结果具有消极性、否定性，把"犯罪""刑罚"加诸未成年人，对其健康成长可能会产生难以估量的负面影响，如会产生"贴标签"效应，很难洗去"犯罪者"的污名，在升学、就业等方面遭受歧视。另外，对罪错未成年人进行监禁刑处罚，会阻断未成年人的社会化进程，不利于未成年人回归社会。因此，通过建设工读学校，对问题学生进行教育、感化和挽救，尽可能地避免对罪错未成年人过早地进行司法干预。

工读教育体现了对罪错未成年人的感化和挽救。所谓感化，是指感化者有意识地用善意的劝导和有益的行动去影响感染对方，促使其思想和行为向既定方向转化的活动。工读教育注重以情动人，以情感化人。人的情感具有感染性、互动性，当工读学校的老师以真情实感对待罪错未成年人时，他们就会被感动，这有助于消除他们的逆反心理和对立情绪，促进其思想和行为的根本转化。在工读教育中，老师尊重工读学生的人格，切实维护他们的合法权益，疏通他们与家人的隔阂，组织他们参加丰富多彩的文体活动，使他们感受到集体的温暖，感觉到有出路、有奔头。实践证明，感化可以提升罪错未成年人的教育转化成效。所谓挽救，是指从危险中救回来。工读学校通过充分的教育感化，可以把已经陷入违法犯罪泥潭的罪错未成年人拯救出来。

三 未成年人犯罪刑事政策视阈下的工读教育功能界定

功能是事物或方法所发挥的有利的作用[②]，事物的功能界定与分析视角密切相关。因此，准确界定工读教育的功能要基于未成年人犯罪刑事政

---

① 〔意〕杜里奥·帕多瓦尼：《意大利刑法学原理》，陈忠林译，北京：法律出版社，1998，第40页。

② 《现代汉语词典》（第7版），北京：商务印书馆，2008，第454页。

策的视角，只有这样才能从制度本源层面科学地分析工读教育的功能，以达到正本清源的功效。

（一）工读教育的核心功能：教育矫治功能

基于工读教育的目的和性质分析，工读教育的核心功能是对罪错未成年人的教育矫治，具体蕴含着对罪错未成年人的再社会化教育功能和行为矫治功能，二者是一体两面的关系，在工具理性和价值理性的张力结构中共同达到预防未成年人犯罪的目的。

1. 再社会化教育功能

社会化是社会学的概念，通过教育实现人的社会化最初来自涂尔干的论述。人的社会化是指人的后天行为的规范化，是自然人按照一定社会文化的要求而被教化为社会人、文化人的过程[①]。调查发现，社会化不足是罪错未成年人的显著特征，因此针对罪错未成年人的教育矫治需要对其进行再社会化。再社会化是与初级社会化相对应的范畴，是指人在初级社会化基础上为适应新的社会文化环境而重新建立社会规范的过程，也是人按照新的社会文化要求改变自己的思想、感情、心理、性格、行为，得到新的认同的过程。再社会化，意味着跟自己的过去决裂，将截然不同的规范和价值标准内化的过程，一般是针对犯罪问题，是指个体从一种生活方式向另一种生活方式转变所表现出的适应过程，其包括两种，一是主动性社会化，是指个体在生活方式的转变过程中主动自觉地去适应新的社会生活；二是被动社会化，是指对行为不符合规范者，强迫其再教化，使之符合社会规范[②]。对罪错未成年人进行再社会化主要是对其进行教育、矫治和转化，使其重新适应社会生活、遵守社会规范，成为合格的社会人。另外，国家主导的再社会化教育不是完全按照罪错未成年人的个人爱好来设计的，主要是以适应未来社会的发展并实现再社会化为主要目的，因此，再社会化教育具有一定的强制性。有时是自愿的，有时是被迫的、强制服从的。在工读教育中，要教育罪错未成年人认知社会公共准则的内容，主要包括礼貌待人、诚实守信、与人为善、遵守秩序、尊老爱幼等内容。这

---

① 司马云杰：《文化社会学》，太原：山西出版社，2007，第292页。
② 石奕龙：《文化人类学导论》，北京：首都经济贸易大学出版社，2010，第274页。

是罪错未成年人再社会化的重要内容。

调查发现，罪错未成年人出现罪错行为的一个重要原因就是文化知识贫乏，使得他们缺乏是非、善恶判断的知识基础，提高文化知识和文化素养，可以促使未成年人增强自觉地抵制诱惑的能力，正确地分清是非、善恶，这是对罪错未成年人进行再社会化教育的重要内容。具体地说，主要包括以下几个方面内容。

（1）开展文化知识教育，充分保障罪错未成年人的受教育权。工读学校开设了形式多样的课堂教学和校本课程，能够满足学生的学习需求，提高学生的学习兴趣。调查数据显示，80%以上的工读学校开设了义务教育规定的课程，76.1%的学校开展的形式多样的课堂教学能够满足学生的学习需求；79.1%的工读学校老师能用多种方式评价学生的学习、提升学生的学习兴趣。另外，工读学校开设丰富多彩的校本课程，主要包括美发、刺绣、茶艺、陶艺、篆刻、书法、足球等，对学生进行生活技能教育和健康教育，提高了学生的学习兴趣和文化素养。调查数据显示，74.2%的学生喜欢学校开设的校本课程。

（2）开展理想信念教育，教育引导罪错未成年人树立崇高的理想信念。理想是人生的指路明灯，与个体的奋斗目标相关。罪错未成年人违法犯罪的重要原因是他们缺乏理想信念，容易受拜金主义、享乐主义等消极思想的影响，产生违法犯罪动机。通过德育教育，可以帮助罪错未成年人树立崇高的理想信念，确定积极的人生奋斗目标，形成积极向善的精神状态，帮助他们回归家庭，重树生活信心，从而解决行为问题的思想根源。

（3）开展品德教育，教育罪错未成年人养成良好的道德品质。缺乏基本的是非观念、道德品质扭曲是罪错未成年人的显著特征。工读学校在了解罪错未成年人道德品质状况和特征的基础上，通过《弟子规》等国学教育，开展传统道德规范教育，引导罪错未成年人正确认知奉献与索取、悲观与乐观、义与利的关系。工读学校开展优秀品质教育。调查数据显示，92.9%的工读学校通过多种活动进行责任心、感恩、诚信、友善等方面教育。

（4）开展法治教育，增强罪错未成年人的法治观念。调查发现，未成年人出现罪错行为的一个重要原因就是法律意识淡薄,调查发现,%的罪错未成年人没有认识到自己的行为已经触犯法律。工读学校可以通过收看法治类电视节目、法治情景剧、模拟法庭等形式开展法治教育,从而提高罪错未成年人的法律意识。

(5)开展心理健康教育。世界卫生组织制定了全面健康的定义,健康包含躯体健康、心理健康和具有良好的社会适应能力。心理健康对未成年人的健康发展至关重要。调查数据表明,罪错未成年人的总体心理健康水平较低,存在着不同程度的心理问题和心理障碍。通过心理矫治和心理健康教育,促进罪错未成年人的心理健康。

(6)帮助罪错未成年人养成良好的行为习惯。教育引导罪错未成年人遵守社会公共准则。社会化不足是罪错未成年人的显著特征。在工读教育中,要教育罪错未成年人认知社会公共准则的内容,主要包括礼貌待人、诚实守信、与人为善、遵守秩序、尊老爱幼等内容。这是罪错未成年人再社会化的重要内容。

(7)开展职业技能教育,增强社会适应能力。通过职业技能的培养和实践,可以改变罪错未成年人好逸恶劳的不良心理品质,养成良好的劳动习惯。通过职业技能教育,罪错未成年人可以获取一技之长,回归社会后就可以就业创业,成为自食其力的劳动者,利用自己的辛勤劳动实现生活目标。如果在教育矫治中忽略职业技术教育,罪错未成年人回归社会后即使在主观上有不再实施违法犯罪行为的决心,但因身无一技之长,无法自食其力,在生存压力下往往会重蹈覆辙,实施违法犯罪行为。因此,对罪错未成年人加强职业技能教育,有助于最大限度地预防和减少重新违法犯罪行为。

2. 行为矫治功能

工读学校通过对罪错未成年人的再社会化教育,矫治其行为问题和心理问题,使其养成良好的行为规范,从而达到预防严重不良行为的目的。根据《预防未成年人犯罪法》的规定,需要干预的未成年人行为包含不良行为和严重不良行为,并且区别规定了不良行为和严重不良行为的不同行为类型,这体现了法律对未成年人不良行为和严重不良行为干预的梯度性。在不良行为的界定中,有三种行为属于未成年人的身份违法行为,即只有未成年人实施的才是违法行为，成年人实施这些行为就不是违法行为。这三种行为分别是：旷课、夜不归宿；观看、收听色情、淫秽的音像制品、读物等；进入法律、法规规定未成年人不适宜进入的营业性歌舞厅等场所。对于这三种身份违法行为，要重点予以预防和矫正，这是未成年人偏差行为的早期征兆。另外，对未成年人严重不良行为的有效矫治方法是强化训练或行为改善技巧，着力于减少未成年人犯罪的风险因素，如军事化训练和管理、改善人际关系、加强自控力、情绪控制和药品滥用控制。有效的矫治措施具有问题导向，要直接针对问题，而不是隔靴搔痒，如直接针对社会基本技能的培养，直接针对个体化的偏差行为方式、异化的社会态度和扭曲的价值观念。

总之，工读学校坚持"立足教育，挽救孩子，科学育人，造就人才"的教育方针，有跨专业的师资力量，已探索出体系化、科学化、专业化的教育矫治措施，取得了一定的教育效果和社会效果。1980～1987年的统计资料表明，全国工读学校累计招生3万多人，教育成功率达80%以上[1]。民盟中央2005年对工读学校做的专项调查表明，工读学校对有违法和轻微犯罪的"问题孩子"的教育转化成功率在80%以上[2]。调查数据显示，78.1%的学生愿意在工读学校上学，对工读学校教育具有较高的认可度。学生愿意到工读学校上学的原因主要有，学校能够帮助养成好习惯占70.1%，老师比较尊重我占64.5%，能学到技能占60.6%，可以帮助改正不良行为占60.4%，能够提高学习成绩占40.2%。另外，多数工读学校学生的家长认可工读学校教育，认为孩子进入工读学校学习后有了较大改变，其中，58.7%的学生改正了以前的不良行为，58.2%的性格变得开朗了，46.6%的与父母的关系有所改善，37.8%的学习成绩有所提高。这表明工读学校的教育模式阻断了学生的行为向更坏方面发展，学生的行为模式、性格、亲子关系等方面都有所改善。

（二）工读教育的功能延伸和发展趋势

近年来，一些工读学校将教育矫治的功能向前延伸和向后延伸。向前

---

[1] 卓晴君：《中国的工读教育》，《青少年犯罪研究》1991年第11期。
[2] 张梅颖：《关注"问题孩子" 办好工读教育》，《群言》2006年第3期，第23～26页。

延伸主要是将对不良行为的教育预防功能延伸至工读预备生和普通学校的校外教育。向后延伸主要是工读学校与未成年犯管教所建立合作关系，对被监禁的未成年犯开展义务教育和教育矫治工作，直接服务于未成年人的重新犯罪预防，典型的省主要是广东省、浙江省和吉林省。另外，部分工读学校通过建立德育实践基地、法治教育中心、心理健康教育中心等形式，对普通中小学学生开展法治教育和心理健康教育，对普通中小学学生的教师、家长进行教育培训，提高普通中小学教师和家长对学生不良行为的教育预防和矫治能力。

在依法治国的社会背景下，劳动教养被废止，收容教养被虚置，工读学校作为专业的行为矫治学校，是应对未成年人犯罪的非常重要的替代性措施，彰显非犯罪化分流的人文关怀。因此，在发展趋势上，工读学校发展为专业的行为矫治学校，实现与少年司法制度的对接，成为非刑罚处罚措施（如收容教养）和非监禁少年司法安置措施（如缓刑的替代措施）。与功能拓展相对应，工读教育的对象也将会扩大：有严重不良行为而家长管教不了的非在校的未成年人；有严重不良行为而普通学校无法教育矫治的在校未成年学生；被适用非羁押、非监禁措施的涉罪未成年人。这是工读教育的发展方向和趋势。

论工读学校的社会、司法和教育功能

李玫瑾　张　萌*

摘　要：青春期是未成年人容易出现违法和犯罪行为的时期。青春期违法犯罪的未成年人大多属于"限于青春期违法"，他们多数可以在成年后回归守法的社会生活。对青春期违法犯罪的未成年人要尽可能地以社会政策代替刑事处罚。最合理的方式是以工读学校代替监（狱）管（教）场所。工读教育以社会干预方式弥补家庭教育的缺失，通过特殊教育弥补普通学校常规教育的局限，以半强制的寄宿学校替代惩罚与监禁。鉴于工读学校兼有社会、司法和教育功能，尤其在少年司法中具有重要的保护处分功能，因此，工读学校的发展亟须完善与少年司法相配套的法律规定。

一　引言

中华人民共和国成立后不久人们就发现，有一些 12～18 岁的学生显现出较为严重的社会偏差行为，甚至出现违法或犯罪行为。虽然为数不多，但他们的心理和行为已经对周围人（学校同学或社区邻里）造成困扰，此时，课堂知识性的学习对他们来说已经难以为继，这些学生甚至还会扰乱学校的整体秩序和校园氛围，破坏其他学生的学习环境。根据教育的基本目标"德、智、体全面发展"的要求，居于首位的"德"，即学生品行出现明显的问题时，理应优先矫正品行偏差。但是，以"品德行为"为主的

---

* 李玫瑾，中国人民公安大学犯罪学学院教授，主要研究犯罪心理学、未成年人犯罪心理预防；张萌，中国人民公安大学犯罪学学院讲师，主要研究青少年犯罪心理。

矫正教育和以"知识传授"为主的普通教育有诸多方面的不同，需要更有针对性、更为具体的特殊教育。为此，我国在 1955 年成立了第一所工读教育学校，即北京市海淀工读学校，教育方针是"挽救孩子，造就人才，立足教育，科学育人"。之后，全国各地先后开办工读教育学校，截止到1981 年，全国已有 23 个省、自治区、直辖市办起了 102 所工读学校，招收学生约 8 000 人[①]。

然而，矫正问题少年的工读学校却在社会转型中遭遇了各种困境。有些人质疑工读学校会起"标签"作用，影响最大的是 1999 年出台的《预防未成年人犯罪法》[②]，它将原先进入工读学校的标准由经学校报公安局批准，或者公安局报教育部门批准后，即可强制实行，改为在问题少年的家长（或监护人）同意的情况下，由问题少年的家长（或监护人）、或原学校提出申请，且须经教育行政部门批准。这种已经侵害他人、危害社会的行为涉及公权领域，对行为的干预权却由社会专门机关变为由当事人的监护人，而且是由已经失责无能的监护人来决定，这一改变导致近 30 年工读学校举步维艰，"去工读化"的事实不断发生。全国的工读学校从 1966 年的 200 多所下降至不足百所。

然而，无论社会如何发展，未成年人违法犯罪现象一直在社会上存在。同时，中国社会转型时期各种社会变迁与磨合过程都加重了未成年人的违法犯罪问题。在大量辍学与失学的事实面前，因为特殊教育被边缘化，工读学校要么改名，甚至改变学校特性，要么压缩合并，但淡化名称或消除特殊教育痕迹的各种努力并没有起到减少未成年人违法犯罪数量的作用，反而让不具资质的类似学校或训练营大量滋生。许多家庭的父母在自己教育完全失败的情况下，为让孩子戒除网瘾、改变偷窃行为、戒除各种不良习性，不得不把孩子送到以挣钱为目的的商业学校，结果是，不具教育资质也无相关矫治专业背景的商业学校不仅未能改变具有行为问题的

① 王平、何显兵：《论工读教育的历史发展与完善设想》，《预防青少年犯罪研究》2012 年第 8 期，第 74~80 页。
② 《预防未成年人犯罪法》第三十五条：对有本法规定严重不良行为的未成年人，其父母或者其他监护人和学校应当相互配合，采取措施严加管教，也可以送工读学校进行矫治和接受教育。对未成年人送工读学校进行矫治和接受教育，应当由其父母或者其他监护人，或者原所在学校提出申请，经教育行政部门批准。

少年，而且导致未成年人身心受到严重伤害，甚至出现死亡事件而被新闻报道。

与此同时，少年司法则面临另一困境，将身心尚未成熟的少年送到监狱等场所可能会耽误并影响他们的一生；可是不做任何强制性的阻隔与矫正工作，就简单将其放回社会又容易纵容他们的恶行。警察在处理未成年人违法甚至犯罪案件时常常在抓与不抓之间徘徊，少年检察官在处理违法或犯罪的未成年人时也在起诉和不起诉之间犹豫，少年审判中法官的裁决也存在同样困扰，判几年不如缓刑，可是缓刑之后如何管控、谁来教育，这些已经出现"行为病态"的少年需要适度隔离却又不能脱离成长所必须的社会生活环境进行"专业矫治"。工读学校是学生既不完全脱离家庭生活，又在相对严格管理的校园内寄宿学习，这种模式是解决矫治违法未成年人行为和心理的最佳方式。工读学校近年来在少年司法领域、义务教育领域越来越取得共识，不可缺失。同时因未成年人违法犯罪的社会危害性也得到社会的广泛关注。近年来，全国工读学校的数目一改逐年下降的特点呈现缓慢上升的趋势，甚至在经济不太发达的边远省份也出现在公安局和教育局双重管理下的特殊学校。

针对曾经有过对工读学校的质疑，本文拟从工读学校、工读教育的社会功能、司法功能和特殊教育功能三方面探析工读教育存在的价值与立法完善的思考。

二 工读教育的社会功能

（一）未成年人违法犯罪是社会性顽疾

未成年人违法行为是一种普遍的社会现象，世界各国都面临同样的困扰。在许多国家也将其称为青少年犯罪。

在美国，近10年内未成年人犯罪一直引人瞩目，包括严重暴力事件、校园枪击事件，还有与社会发展同步的网络犯罪，如恃强凌弱、网络欺凌、性攻击和约会暴力等也引发社会的广泛关注，尽管有时未成年人违法犯罪行为没有像媒体报道得那样耸人听闻，但美国社会普遍认为，未成年人违法犯罪非常棘手。

经济迅速崛起的中国也同样如此。新闻报道中经常可以看到一些青少年胡作非为，他们在校园里欺凌弱者或称王称霸，游荡在学校附近造成其他孩子对上学的恐惧，有的偷窃、抢劫，还有的群殴和伤害他人。有的少年痴迷于网络游戏，为满足上网资费竟然就近寻找目标进行入室盗窃，盗窃不成便抢劫，甚至杀人越货不在个例。

未成年人违法犯罪之所以成为世界性顽疾，病因并不单单源于青少年自身，大量研究揭示，青少年违法犯罪与社会发展和变迁、家庭缺失或养育缺陷等问题密切相关。2017 年 12 月 3 日，中国司法大数据研究院提供的分析报告指出，"在 2015 年至 2016 年未成年人犯罪案件中，未成年人家庭多存在不同程度的不良因素，留守家庭、离异家庭、流动式家庭、单亲家庭、再婚家庭出现未成年人犯罪情况的排名前五。显然，未成年人犯罪问题在一定程度上受制于社会问题的多少"[①]。

（二）城市化生活对家庭养育的冲击

生活在世界不同地区的人类虽然有经济发展的先后差别，也有地域文化与风俗的差别，但大致发展路径相同，其面临的问题也具有较多的相似性。许多国家从较为原生的以农业为主的生活转向以工业或科技为主的城市化生活。在城市生活中，人们虽然容易挣到生活所必需的钱财，但同时却失去了家庭生活的大部分功能。社会化的工作模式中日益增加的业绩、效率要求都给各行各业的工作人员带来巨大的心理压力。尤其刚刚成年不久就步入家庭生活的年轻父母，既要创下一份家业，又要养育子女，在不可兼得的情况下，许多人只能把解决生存的经济问题放在首位，甚至母亲也是家庭经济的主角，家庭养育功能逐渐退化，家庭抚养变得简化和粗放，幼小的孩子不得不被托付给父母之外的人抚养，有的交给家中老人看护，有的交给保姆或者幼儿机构看护。人在早年的情感发展由此受到相当的挑战，缺乏稳定的依恋关系埋伏下父母对子女其后成长中的心理控制力的丧失、减弱等危险。同时，早期家庭抚养的缺失还容易造就亲子依恋关系的混乱、断裂、转折失败。生命初期的抚养缺陷显现问题的时间大多在

---

① 中国司法大数据研究院：《司法大数据报告报告显示：62.63% 的未成年人犯罪被告人为初中生》，http：//www.sohu.com/a/208186772_ 100076100，2017 – 12 – 03。

青春期，即成人 11 ~ 18 岁。青春期的叛逆让很多父母觉得不可思议。这是家庭在社会背景下的困扰。

（三）网络信息技术发展对学校教育的冲撞

近二三十年内随着人类科学技术的飞速发展，信息化也走进千家万户，走到每个人的身边。无论是计算机还是手机，通过网络以视像、听象等方式严重冲击着以纸质为媒介的学校知识教育。网络的便利、新颖、有趣和丰富多彩（当然也充满着危险诱惑）自然而然地成为正值学习压力增大而烦恼的青春期少年快乐的来源。这种诱惑对于身心尚未成熟的青少年来说几乎是难以抵抗的。当青少年痴迷网络中的"精彩世界"时，越发能远离或逃避现实世界的平淡与枯燥。虚拟替代了现实的结果是，许多青春期少年"社会性"发展受到严重干扰。他们经常将网络世界当作真实的世界，不愿再听父母的唠叨和老师的讲解；他们不再敬重提供生活保障的父母和传授知识的老师，却崇拜影视作品中的虚假偶像；他们不愿面对真实的平凡与普通，更愿意接受虚假的浪漫与激情；他们没耐心听课或写作业，却可以为一个游戏重复无数遍仍不停止。电子网络时代的青春期少年一旦陷入虚拟世界，其心理发展就会因缺乏真实感受而忽略身边的情感，丧失社会责任感；因天天适应游戏中的规则而忽略真实的社会规则。这一系列的社会变化对青春期少年带来的影响是巨大的，许多类似于游戏中的暴行在现实生活中司空见惯。

（四）工读教育的社会干预功能

当社会性的问题、家庭父母的问题体现在孩子身上，导致孩子出现行为偏差时，第一责任者就应该是以成年人为主的社会。作为社会问题之一的未成年人违法犯罪，社会必须以某种形式进行干预，这既是一种弥补，也是一种责任。

在未成年人出现违法或严重的犯罪行为时，及时地制止与矫治尤为重要，否则，这些人一旦出现严重刑事犯罪，意味着他们不仅将被关进监狱，延误择业和就业，还会延误成家等一系列人生基本框架的建立。当他们走出监狱时不仅面临人生的污点，还会出现因错过成家立业带来的不稳定问题，被延误的生活会越发艰难，许多人因此沦为惯犯或累犯，他们犯罪的代价最终也得由社会来承受。

所以，与其盖监狱，不如盖学校。作为社会问题的结果只能以社会干预的模式予以应对。工读学校，就是一种以特殊学校的模式，既含有家庭养育缺失的补救，又含有社会减少犯罪的目的，以专业教育的方式为出现偏差行为的未成年人提供行为治疗及心理矫治，这是社会赋予工读学校的功能。

三 工读学校的司法功能

（一）青春期是未成年人违法犯罪的高发期

人在未成年时期出现违法犯罪的高发年龄段大多在青春期，即 12~18 岁。这一年龄段正值人在初中至高中的教育阶段。同时，青春期也是人成长的压力逐渐增大的时期，青春期的个体不仅要经历生理上的变化，还面临着每天的学习压力。有些少年因生理发育得人高马大而想早日闯入社会拼搏一番，当他们辍学外出打工后，由于知识储备与社会性知识不足，往往在打工的 1~2 年内就开始出现程度不同的不择手段行为，从而构成违法或犯罪。还有一类少年在父母提供的良好生活中痴迷于自我感受，完全以自我为中心，他们对于父母的管教不再听从，当他们把在家中的任性放大到社会时，则表现为完全无视社会规则和法律，从而也出现违法或严重的犯罪行为。

虽然在 10 岁至法定成年的 18 岁之间容易发生违法或犯罪行为，但这一年龄段的犯罪数量到底达到什么程度却是一个难以统计的课题。美国学者曾指出，"未成年人违法犯罪行为的本质和程度——包括已报案的和未报案的——基本上是一个说不清的状况（Krisberg，1995；Krisberg & Schwartz，1983），甚至比成年人犯罪更让我们难以掌控。因为没有任何关于未成年人违法犯罪（广义的定义）全国发生率的完整数据，我们仅有执法机构掌握的数据。还得通过法庭、为少年犯服务的机构等收集一些数据"[1]。

虽然从总体上难以统计全部的未成年人违法犯罪数字，但仍有大量的调查从不同角度证明青春期是未成年人违法犯罪的高发期。英国早在 21 世

---

[1] 〔美〕巴托尔·R.C.、巴托尔·M.A.：《犯罪心理学》，李玫瑾等译，北京：中国轻工业出版社，2017，第 150 页。

纪初期的一项调查就显示：青少年初次出现违法行为主要在 12~17 岁。我国在 20 世纪 80 年代中期的调查也显示：初次犯罪的高峰年龄是在 11~17 岁。似乎这一现象并不大受社会变化的影响。2011 年对山东省未成年人违法犯罪年龄的调查再一次证明（见图 1），12 岁是出现违法的起始年龄，13~14 岁是违法的高发年龄，16 岁则是进入犯罪的高发年龄①。

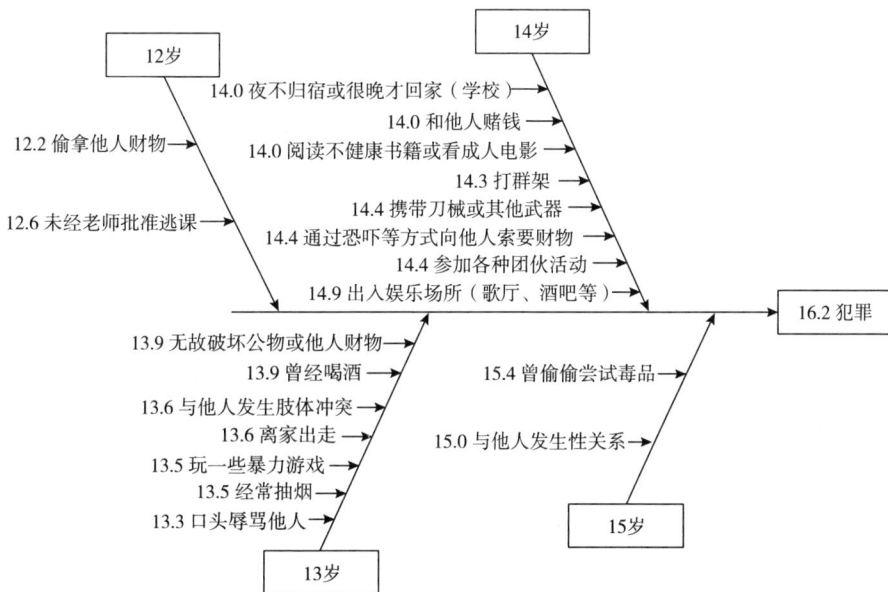

图 1　成年人初次出现偏差行为的年龄分布

2017 年 12 月，由司法大数据研究院在搜狐网上公布了司法大数据分析报告，其中指出，"62.63% 的未成年人犯罪被告人为初中生"②。这一大数据分析报告从另一角度证实初犯分布在 13~18 岁是未成年人违法的高发年龄段。

（二）刑法界定未成年人违法/犯罪的困难

无论是专项调查还是大数据分析，所有的数据仍是来源于已经启动的

---

① "未成年人违法犯罪的心理路径与行为路径"课题组：《违法犯罪未成年人偏差行为的路径分析》，《预防青少年犯罪研究》2013 年第 3 期，第 39~46、100 页。

② 中国司法大数据研究院：《司法大数据报告显示：62.63% 的未成年人被告人为初中生》，http：//www.sohu.com/a/208186772_100076100，2017－12－03。

司法数据，即进入起诉或审判的未成年案件或人员数量。问题在于，从起诉或审判得到的未成年人犯罪数据恐怕与真实的未成年人全部违法犯罪数字仍有较大的偏差。这是因为，第一，由于刑法中具有刑事责任年龄的规定，刑事责任的起始年龄在 14 周岁，只涉及"8 种重罪"。所以，如果一名 14 周岁以下的未成年人实施了刑法禁止的行为，因没到法定年龄一般不进入刑事起诉和审判程序，他们的犯罪事实、数据几乎是个未知数。第二，即使违法或犯罪的未成年人已经达到 14 周岁但不足 16 周岁，他们必须实施的是刑法规定的 8 种重罪，除此以外其他违犯《刑法》规定的行为一般也不进入司法程序，即司法统计未成年人犯罪数字仍然不能包括这部分数据。所有官方的未成年人违法犯罪的数据基本是已经达到刑事责任起点年龄 16 周岁。

分析这部分情况的目的在于，我们对于未成年人已经实施的达到刑事水平的危害行为数量并不能十分准确地掌握。因此，本文一直使用"未成年人违法/犯罪"的双重概念，其中，"违法"泛指所有不被刑事处罚但已触犯刑事法律的行为；"犯罪"才是指进入司法程序的那部分行为和人。问题是这二者的比例关系，违法者一定多于犯罪者。就这一分析而言，仅靠刑事司法来应对未成年人的违法和犯罪是远远不及的。对于未成年人违法犯罪而言，必须在刑事司法之外设置专门针对未成年人的刑事对策，尤其是程序法，即法律干预的程序与可操作性。

（三）《预防未成年人犯罪法》需要少年司法配套

除刑事责任年龄导致的违法与犯罪区分外，涉及未成年人"违法"还有一种情况，即专门针对未成年人适用的行为规范，许多国家都有专门针对未成年人禁行的法律规定。美国将违犯这类禁止行为的未成年人称为"身份违犯"（status offenses）。身份违犯只适用于未成年人，由少年法庭审理或家庭法庭进行判决。这类违法行为包括：违反宵禁、离家出走、逃学，也包括可被主观解释的不良行为，如不守规矩、无法无天、桀骜不驯、不服管理等。美国国家少年司法中心罗列了四种主要的身份违犯，即离家出走、逃学、不服管教（即不服从或意欲摆脱监护人的控制）及未成年人涉酒行为（如未成年人携带酒品、未成年人饮酒）。因为"未成年"的身份，所以，不能夜不归宿，不能酗酒，不能逃学，不能出入某些特殊场所等。

我国的《预防未成年人犯罪法》与此相同，专门为未成年人制定了"不良行为""严重不良行为"的标准，依据本法，未成年人只要出现 9 种不良行为和另 9 种严重不良行为时也属于违法行为，类似于美国的"身份违犯"。至此，未成年人违法已经明确为两部分，即刑事范围内的未成年人违法和少年法律中的身份决定的违法。

现在的问题是，未成年人出现刑事犯罪的前期表现、甚至已经违犯了《预防未成年人法》，如何及时干预？首先，如前所析，这些少年出现行为问题已经表明其家庭教育的失败，不能简单地责令家长或期待家庭自身解决预防和矫正问题；其次，让其留在普通中学又会干扰学校正常教学秩序并给其他同学带来困扰；最后，对未成年的少年也不适合刑事处理。所以，预防未成年人犯罪具体、有效的对策就需要有专门的教育场所，显然，工读学校就是预防未成年人犯罪最好的专业的矫治场所。

（四）工读学校的司法功能

事实上，在《预防未成年人犯罪法》中已经明确规定，当未成年人出现不良行为和严重不良行为时，在此还需要增加上述的因法定刑事责任年龄未及的那部分违犯刑事的未成年人，"要严加管教，可以送工读学校进行矫治和教育"①。由此可见，工读学校早就被设计在少年司法领域中。工读学校已经具有少年司法的性质，是一种保护处分的具体措施。

如前所述，未成年人正值教育的关键时期，中等教育，尤其是初中教育还属于国家法定的义务教育时期，因此，当一名家庭失教的少年在脱离

---

① 《预防未成年人犯罪法》第三十五条　对未成年人实施本法规定的严重不良行为的，应当及时予以制止。对有本法规定严重不良行为的未成年人，其父母或者其他监护人和学校应当相互配合，采取措施严加管教，也可以送工读学校进行矫治和接受教育。对未成年人送工读学校进行矫治和接受教育，应当由其父母或者其他监护人，或者原所在学校提出申请，经教育行政部门批准。
第三十六条　工读学校对就读的未成年人应当严格管理和教育。工读学校除按照义务教育法的要求，在课程设置上与普通学校相同外，应当加强法制教育的内容，针对未成年人严重不良行为产生的原因以及有严重不良行为的未成年人的心理特点，开展矫治工作。家庭、学校应当关心、爱护在工读学校就读的未成年人，尊重他们的人格尊严，不得体罚、虐待和歧视。工读学校毕业的未成年人在升学、就业等方面，同普通学校毕业的学生享有同等的权利，任何单位和个人不得歧视。

学校时，社会必须启动司法程序，令其继续接受义务教育。当少年任性辍学或在原有学校胡作非为、扰乱其他学生学习环境与学校秩序时，社会必须启动司法程序，令其进入特殊学校继续完成义务教育。

四　工读学校的教育功能

（一）未成年人违法多数是限于青春期违法

尽管未成年人中的青春期是人出现违法犯罪的高发期，但是，美国心理学家苔莉·莫菲特研究后指出：青春期的未成年人违法犯罪也有两种类型，或就其行为发展趋势而言有两种可能[1]。

一种是"限于青春期的违法者"（AL），即只在青春期出现各种违法表现，通常到 18 岁后自动停止，限于青春期的违法者还有一少部分人会延至"成年初期"，即 25 岁前后停止。这类情况在未成年人违法犯罪中居多数。限于青春期的违法未成年人，在接近成年的青春期内意欲追求成年人的特权，摆脱父母的控制，进而表现出"一反常态"——不同于青春期之前的常态表现。他们以逃学开始，继而酗酒、结交不良同伴、离家出走、吸食毒品、出现不安全的性行为，还有的危险驾驶、故意破坏公共财产等。这些行为虽然许多达不到刑事犯罪，但也属于未成年人的身份违犯。当他们从事偷窃、贩毒、盗车等活动时则构成犯罪。研究还发现：限于青春期违法的男性在进入成年期后因财产犯罪和毒品犯罪被判刑的人数是那些没有青春期犯罪史男性的 2 倍。那些限于青春期违法的男性成年后更容易依赖犯罪来弥补其收入的不足。

第二种青春期犯罪类型是"持续终身型犯罪人"（LCP）。这种类型的违法犯罪人在很小的时期，甚至在 6 岁前就开始出现不同于其他儿童的劣迹表现：4 岁时咬人或打人，10 岁时扒窃或逃学，16 岁时贩毒或盗车，22 岁时抢劫或强奸，30 岁时诈骗或虐童。关键是这种劣迹在其生命过程中表现为持续不断，青春期违法犯罪只是他们持续终生违法犯罪的一个阶段。

---

[1]　Moffitt T. E.："Adolescence – limited and life – course – persistent antisocial behavior：a developmental taxonomy." *Psychol Review*，1993，100，（4）：674 – 701.

（二）青春期仍是人生学习和塑造关键期

莫菲特关于青春期违法的两种发展理论对认识未成年人违法犯罪具有重要的意义，即青春期违法犯罪未成年人有相当一部分会在度过青春期之后回归正常。因此，对于青春期违法犯罪的未成年人要尽可能地及时干预和矫治，既要阻止他们危害社会的行为继续发展；还要保持他们与社会的接触从而不影响他们社会能力的发展。既然父母教育已经力不从心并显现出缺陷或缺失，那么，社会就以学校老师的干预帮助家庭共同完成对成长中的违法未成年人的矫治教育。让这些孩子受到双重的关心、照顾、监管和教育。这种教育模式显然不同于普通学校，更不同于监禁场所（如少年管教所或监狱）。

依照人的心理发育规律，18 岁之内变化最多的是 6 岁之内（有三个阶段）；其次就是青春期（有两个阶段），变化最小的是 6～12 岁，也称潜伏期。所以，抓住青春期进行再次塑造极为重要。

从人的心理发展而言，排在首位的是情感发展，情感决定人的社会属性，人的社会性（包括亲社会性和与人的交往感受）与早年亲自抚养有关。亲自抚养意味着"陪伴"，许多显现冷酷无情的少年恰恰是在早年时期父母因各种原因极少陪伴而疏于照顾，忽略与冷漠抚养造成少年行为异常。情感之后的养育是性格，性格决定人的社会行为方式，这种方式需要规矩和规则意识，这需要父母在其初显的社会行为中予以指导。如果父母没有陪伴成长，缺乏及时的约束，就会导致其进入青春期或成年后出现任性、自私等问题。一般问题的初始形成在 6 岁内，而显现行为问题在 12 岁后，所以，当一名未成年人在青春期显现出行为问题时就表明：他早年的养育具有缺陷。

在青春期的 6 年中，人从身高到性别发育都未完成，经济上仍要依靠家庭，行事上仍需要他人指导和帮助，外部影响力仍然有效。因此，即使未成年人出现违法犯罪行为，仍有改变和矫治的机会与希望。当然，这种涉及心理发展的行为矫治必须按照人的心理发展规律再从头做一遍。首先要通过生活照顾培养少年与管教者的情感关系，不同于大多数中学的住宿条件，工读学校可为此提供保障。教师们在生活上对学生的关心照顾可让学生感受到老师的关爱与善意，当他们从内心接受教师的情感后，性格培养就可随之而就。其次有行为问题的未成年人，其性格（即社会行为方式）都有严重的缺陷，需要重建。通过科学的教育方式让这些学生逐渐学习并习惯自我约束，能够抵制诱惑，克制冲动，在集体生活中学会替人考虑，养成分享品质等。而情感与性格教育在偏重于精英和知识教育的普通中学几乎不存在。

（三）工读教育理应属于基础教育

虽然谈到工读教育时，人们更强调其特殊教育，笔者不否认工读教育的特殊性，但认为工读教育也是实实在在的基础教育。其根据是，其一，工读教育主要针对初中学生，而依照我国《教育法》对义务教育的规定，小学 6 年加初中 3 年为义务教育阶段。所以，工读教育的对象仍在义务教育的范围内。其二，工读教育甚至要以 1~3 年的时间补救 0~6 岁的抚养缺陷。这一补救性的教育更是最基础性的教育。这一教育对于学校的硬件设施（如校舍）到学校的软实力（即师资的品格与能力）都有更高的要求。

（四）工读是基础教育中的特殊教育

许多出现不良行为的未成年人最初的表现就是逃课，学业失败的原因较为复杂，有的源于家庭疏于管教，有的源于家庭的过度宠溺，还有的源于自身智力水平。教育心理学研究发现，许多具有特殊天赋的孩子，如在绘画、表演、体育、音乐等方面有显著特长的学生，在普通的文字、数字方面并不太擅长。天赋的意义就在于自然的公平，当一个人在某方面表现出缺陷时必在另一方面有所特长。所以，特殊教育对于学习失败的孩子具有特别重要的意义。

工读学校的半工半读非常适合这类学生，同时，这种有工有读的教育也非常符合陶行知先生提出的"生活教育理论"。这一教育理论认为，"社会即学校，生活即教育，人人是先生"。对于一些学习困难或注意力不集中的学生，课堂及大量的作业使其倍感压力，而面向生活、走进生活的教育为这些学生提供了更多种的学习方式。亲自动手、发现问题，尝试解决，从而感受一种探索后的成功，这会增强这类特殊学生的自信，同时也可以帮助他们找到自己的特长，这在某种程度上给了学生更多选择的机会，包括学习时间的选择、学习方法的选择及学习内容的选择，鼓励学生依照自己的兴趣、需求开展实践、探索、创新活动。这也是一种生存教育。当这些孩子找到自己的生存之道,学会一技之长,走上工作岗位,有了稳定经济来源,他们也就回归了正常的社会生活。所以,工读学校的特殊教育是整体基础教育中不可缺少的一种教育类型。这也是许多工读学校教育成功的重要原因。

五　对工读教育发展的思考

工读学校从 1955 年建立至今已经 60 余年,从中走出的学生也已经数以万计,工读学校的育人成就有目共睹。然而,一方面,许多人并不真正了解工读教育,仍然认为"工读学校对学生有污名化倾向",尤其是一些父母自己养育不当,还不愿将孩子送入工读学校;另一方面,虽然 1999 年的《预防未成年人犯罪法》中明确规定了工读学校是教育挽救行为不良或严重行为不良的未成年人的专门学校,但缺乏配套的法律程序,致使工读学校在硬件建设、生源、特殊管理等方面缺乏法律支撑,而工读学校的特殊管理方式也因缺乏法律依据而潜伏着风险。

如何完善工读学校的法律规定,这方面的探讨成果较为丰富,包括学校的硬件建设标准、教师组成结构、教师(官)资格认定和待遇标准、工读学校使用强制措施的方式与程度等都需要有具体的规定。笔者在这方面属于外行,本文只想就送入工读学校的条件与程序提几点粗浅的想法。

(一) 谁来提出送入工读学校的申请

对于 18 岁以下、尚未达到刑事责任年龄但已经出现违犯《刑法》、违犯《预防未成年人犯罪法》规定的未成年人,送入工读学校可否由下面的方式进行。

(1) 如果一名未成年人已经辍学,游荡在社会上经常扰乱学校周边秩序或者出现扰乱社会秩序、危害他人的行为,这种情况一般是由警察最先接触,可由警察向少年检察官提出申请,由少年检察官进行审核并向少年法庭提出送入工读学校的申请。

(2) 如果一名未成年人既失去家庭监护,又不在法定义务教育年龄去上学,而是流浪,乞讨,警察遇到也要予以收留,并提出送入工读学校的申请。

（3）如果一名未成年人仍然在校学习，但从学习程度、与同学交往和谐程度和对学校规章制度要求的服从程度等多方面出现行为问题，并且达到扰乱学校课堂秩序、影响其他同学正常学习的程度，这种情况可由校方的德育室向警察提出申请，警察负责向少年检察官提出申请。

（4）如果家长感觉自己对孩子的监控有失控情况，可直接向学校的德育室，也可向社区少年警察提出申请。

（二）谁来受理并审核送入工读学校的申请

由于学校、家长各有不同的视角，如果家长与学校发生争执，这时需要第三方予以公正的情况审核。同时，少年的行为问题达到何种程度？刑事犯罪程度还是一般违法，由少年检察部门予以审核。

（1）少年检察官首先启动社会调查，了解不良行为的未成年人外围的生活环境与影响因素。

（2）少年检察官还要对违法的未成年人进行心理风险评估，大致判断其心理问题严重程度，属于限于青春期违法，还是具有较严重的危险人格问题，提出裁决的申请。

（3）联系工读学校专业老师，将少年目前状况予以介绍，并征询工读学校的意见。

（三）谁做送入工读学校的合法裁决

这项工作理应由少年法庭完成。少年法官依法审理所有与未成年人有关的法律诉求，也应包括是否送入工读学校的提请。

在审理这一提请时，可请相关人员到场，包括：①家长或代理监护人，或合适成年人；②原普通学校的德育老师，将要进入的工读学校的负责老师；③负责社会调查的工作者；④负责心理评估的青少年心理咨询师；⑤当事人，即出现行为问题的未成年人。

总之，工读学校既是特殊教育也是基础教育，既隔离了原先的不良环境和影响因素，又补充了普通基础教育所不及的内容，还补充了原生家庭缺失的情感和性格教育。根据每一名未成年人的自身条件，约束他们的不良心性，改变错误的观念和习惯。发掘心理优势，帮助他们找到自我价值，进而找到个人的人生目标。工读学校还可体现最好的刑事政策，因为预防犯罪方面，社会政策比刑事政策更有作用，更加安全①。通过工读学校对未成年人的干预，使违法未成年人置于多重保护和教育当中。

工读学校是社会预防和减少犯罪危害的重要方式之一。通过办学校而减少盖监狱，通过早年扶一把而减少成年后以犯罪为生的犯罪人。犯罪预防从未成年人做起，帮助一个未成年人就是帮助一个家庭，矫治一个未成年人的行为问题就是拯救他的一生，同时也保护了社会不受犯罪的侵害。

---

① 〔德〕李斯特·F.：《德国刑法教科书》，徐久生译．北京：法律出版社，2006，第14～15页。

专门学校教育：中外比较中的理论反思

沈永辉　肖建国*

摘　要：从"教育"到"专门学校教育"，依据教育对象的差异，教育形式也做出了相应调整。针对处于发展"危机"之中的学生，我国的工读教育实践始于1955年，参照了苏联马卡连柯的教育思想与实践。在社会变迁的背景下，本文基于对马卡连柯教育思想的反思，对比美国替代性教育的发展，提出自我认同理论作为专门学校教育在平衡社会控制与教育选择之中的一种理论可能性。

一　从"教育"到"专门学校教育"：针对"危机"学生的教育实践

关于"教育"，中国古代最早将二字连在一起使用的是孟子，他提出"得天下英才而教育之，三乐也"。按照《说文解字》释意"教，上所施，下所效也""育，养子使作善也"。黄济先生通过对"教育"二字小篆写法的分析认为"'教'字大致象征着由教育者用手执教鞭，向受教育者传授知识之意。'育'，意指改其不善而为善之意"。因此，黄济先生认为，古代汉字所体现出的"教育"包含着由教育者对受教育者所施加的影响过程，最后达到教育者所设想的目的，体现出明显的社会功能。而西方"教育"词源体现出其含有用引导的方法，促使儿童的身心得到发展的意思，体现出教育的个体发展功能。从中外"教育"二字的释义来看，教育就是

---

*　沈永辉，首都师范大学教育学院，博士研究生；肖建国，北京市海淀工读学校校长。

培养人的一种社会活动，就是个体的社会化的过程。

当教育的对象不是"英才"，或者常规的教育形式无法"改其不善"时，即在教育过程中教育的个体和社会功能都未能实现时，教育的形式则会做出调整。1920年，苏联教育家马卡连柯成立了波尔塔瓦高尔基工学团开展了对流浪儿童、违法儿童的集体教育实践。他总结到，"强迫送来工学团的少年违法者往往确实是难以处理的孩子，但是他们在工学团里生活得很愉快而友好，以身为工学团团员而自豪，能积极而自觉地劳动，努力争取美好的前途"。中华人民共和国成立初期，我国也面临着大量流浪儿童的问题，这些特殊儿童的教育问题也被当时的政府及教育工作者关注。于是，1955年7月根据中共北京市委第一书记彭真的意见，参照苏联马卡连柯的教育理论和实践经验，在北京创办了第一所工读学校。与中国的"专门学校"相似，西方也存在类似的教育形式。在美国，针对"有越轨""有行为偏差""逃学"等问题的"危机"学生的教育形式出现在1969～1970年，以"费城公园大道计划"（Philadelphia's Parkway Program，1969年）、"伯克利社区高中"（Berkeley's Community High School，1969年）及"芝加哥城市研究高中"（Chicago's Public High School for Metropolitan Studies，1970年）为起点。

（一）法律政策中的"工读学校"与"专门学校"

关于"工读学校"的界定，相应的法律政策文件中有过明确的表述。1987年的《关于办好工读学校的几点意见》中规定，"工读学校是对有违法和轻微犯罪行为的中学生进行特殊教育的半工半读学校，是普通教育中的一种特殊形式，也是实施九年义务教育的一种不可缺少的教育形式"。《预防未成年人犯罪法》第三十五条规定，"对有本法规定严重不良行为的未成年人，其父母或者其他监护人和学校应当相互配合。采取措施严加管教，也可以送工读学校进行矫治和接受教育"。

在《义务教育法》《未成年人保护法》及最新发布的《加强中小学生欺凌综合治理方案》中使用的是"专门学校"。《义务教育法》第二十条规定，"县级以上地方人民政府根据需要，为具有预防未成年人犯罪法规定的严重不良行为的适龄少年设置专门的学校实施义务教育"。《未成年人保护法》第二十五条规定，"对于在学校接受教育的有严重不良行为的未成年学生，学校和父母或者其他监护人应当相互配合加以管教；无力管教或管教无效的可以按照有关规定将其送专门学校继续接受教育"。教育部等十一部门关于印发《加强中小学生欺凌综合治理方案》的通知中提到，"屡教不改或者情节恶劣的严重欺凌事件，必要时可将实施欺凌学生转送专门（工读）学校进行教育"。

由于"工读学校"这一术语在中国有着独特的含义，它已经超越了"半工半读"这一字面意思。因此，无论是"工读学校"还是"专门学校"其内涵都是一种专门的、特殊的、针对特定学生的教育机构。

（二）"危机"学生：专门学校教育的对象

在过往的研究中，关于专门学校教育的对象有研究者直接使用工读学生，有的称之为问题少年、有违法和轻微犯罪的学生、不良行为学生、后进生等。国外的相关研究基本突出这些特殊学生的风险性（risk），如学业失败的学生（at risk of school failure）、"捣蛋鬼"或有行为问题的学生（disruptive，behavior problems）、被休学或退学的学生。在特殊学生的识别和特征描述时，心理学人格特质的测量工具使用最为普遍。可以发现，国内外对这群特殊学生的定义都具有明细的边缘性特征，呈现了主流社会对边缘学生群体的建构。

从教育学的角度出发，在翻译和使用概念描述专门学校教育对象时，其一想要淡化社会给予这群学生的负面标签，其二又想突出这群特殊学生的主体性特征，其三还要兼顾教育属性。综合三方面的考量，本文使用"危机"学生这一概念。首先，"危机"一词源于现代性的风险性，具有个体生存的社会风险建构之意。其次，危机的可变性。由于在现代性风险理论中，危机是一种主体与社会互构的结果，那么危机就是一种可改变的状态。因此专门学校教育过程的介入成为危机状态转型的可能性。因此，本文使用"危机"学生的概念，意指那些由于社会结构性的风险因素（家庭、教育等）与个体内在参照互构过程中无法适应社会制度，表现出偏差行为，在传统学校教育和家庭教育中无法渡过"危机"状态的学生。

基于上述分析，本文认为"专门学校教育"是指，与普通学校不同的，针对"危机"学生而提供的包括校园环境、课程、师生关系等各项实践活动的总和。在实践中，它覆盖了义务教育、高中教育和职业教育。

（三）"专门学校教育"的实践描述

从我国第一所工读学校举办至今，"危机"学生的专门学校教育在我国的实践已经超过 60 年。中国青少年研究中心和中国教育学会工读教育分会 2017 年的调研的结果显示，目前，贵州、上海和辽宁三个省（市）的工读学校数量均超过 10 所，其中贵州省最多，达到 14 所。举办超过 4 所工读学校的省（市）还有四川、广东、北京和湖南（见图 1）。根据中国教育统计年鉴的数据，1987～2009 年工读学校的数量逐步下降，2009 年之后工读学校数量又逐步增加。其中，2014 年至今工读学校数量增加最快。2014～2015 年增加 7 所，2015～2016 年增加 3 所，2016～2017 年增加 4 所。并且，近些年新增加的工读学校主要集中在中西部地区。与工读学校数量变化的趋势相比，工读学生的数量则几乎呈现了相反的趋势，1987 年以来，工读学生数量持续增加，而在近几年则呈现下降趋势（见图 2）。事实上，对于"危机"学生的教育实践还在大量的民办教育培训机构中进行。目前市场上众多的"网瘾治疗中心""行为矫治中心""教育训练学校"等无法统计估计。但是，由于这些机构"教育矫治"的不当方式与产生的不良后果形成了巨大的社会反响。2017 年 11 月，江西"豫章书院"体罚学生事件在媒体上持续发酵，一方面反映了目前我国关于"危机"学生的教育问题存在乱象；另一方面又反映了当公立教育机构无法满足这部分特殊的教育需求时，市场存在巨大空间。

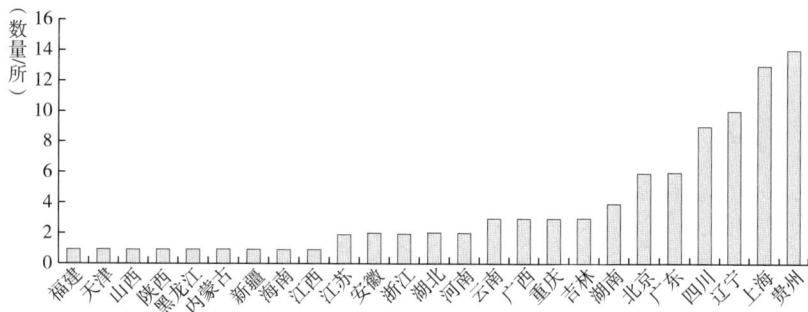

图 1　2017 年工读学校数量区域分布省（区、市）

美国的"替代性教育"实践则呈现了不同的景象。根据美国国家教育统计中心（National Center for Education Statistice，NCES）的统计，在

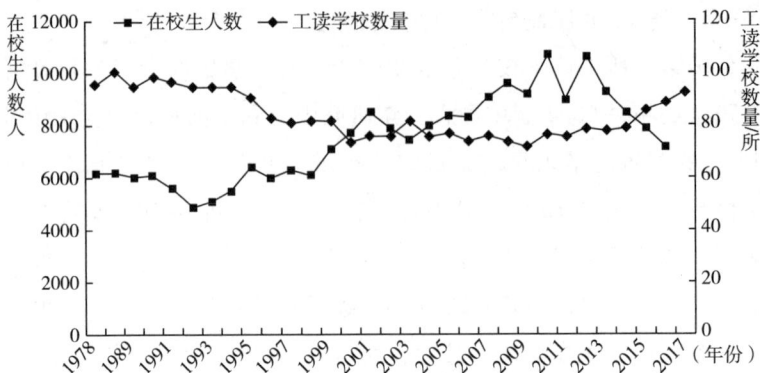

图 2　工读学校数量及学生规模年度分布

资料来源:《中国教育统计年鉴》1987~2016 年,2017 年资料来源于《建设
法治化、科学化的专门学校教育——2017 年度专门学校调研报告》。

2000~2001学年,美国共有 10 900 个针对"危机"学生的替代性学校/项目,
在替代性学校学习或参与替代性教育项目的学生占公立学校数量的 1.3%。
2007~2008 学年的数据显示,81% 的替代性学校/项目由公立机构主办,
26% 通过合同的方式由学区委托私立机构主办,还有一小部分通过与高等教
育机构合作举办。由此,我们不得不反思为何这种"专门学校"在中美的教
育领域中发展出不同的景象。透过表象的差异,本文试图从教育理论上追根
溯源,反思专门学校的教育理论,尝试建构专门学校教育的理论基础。

二　"工读教育"的理论反思:从马卡连柯教育思想谈起

对于"专门学校教育"的理论反思与建构不得不回到工读教育实践之
初所参照的马卡连柯的教育实践。这里,本文使用工读教育这一术语,以
体现"专门学校教育"的时代特征。苏联著名教育理论和实践家马卡连柯
在"危机"学生的专门学校教育方面做出了积极的探索和理论贡献,是少
数研究并实践"危机"学生专门学校教育的教育家。一般都认为我国工读
教育的实践是来源于马卡连柯的教育理论。1920~1935 年马卡连柯先后领
导高尔基工团和捷尔任斯基公社,并在《关于高尔基工团》《难教儿
童的教育组织》《教育诗篇》等作品中阐述了将集体作为教育工具对流浪
儿童、违法犯罪儿童的教育思想。

（一）集体主义教育：原则、方法与结果

对于工读教育的实践而言，马卡连柯的集体主义教育方法是重要的理论基础。在马卡连柯看来，苏联的教育应当是共产主义的，并且他指出，"每一被我们教育过的人都应当对工人阶级事业有益的"。马卡连柯提出所谓集体是"以社会主义的结合原则为基础的人与人互相接触的总体"。所谓社会主义原则就是自愿的、有益于社会的活动任务的原则。学校里的基层集体就是班级。但是，只通过基层集体是无法进行教育的。只有通过大的集体——这种集体的利益不是仅仅源于单纯的交往，而是源于更深刻的社会结合——才有可能过渡到广泛的政治教育；这时候，集体也就意味着整个苏维埃社会了。

马卡连柯的集体主义教育方法是以"平行教育"为原则，通过劳动教育和远景教育方法最终在集体中形成纪律。马卡连柯指出高尔基工学团和捷尔任斯基公社里的教育原则是：作为公社中心的"我"以及所有公社机构、共产主义青年团委员会、队长会议和全体大会，都尽力设法不和个别人发生关系。他将这种原则称为"平行教育"，即"我们只和分队发生关系，我们和个人不发生关系"。

劳动教育和远景教育是马卡连柯集体主义教育的重要方法。他提到，"正确的苏维埃教育如果不是劳动的教育，那是不能想象的。劳动永远是人类生活的基础，是创造人类生活和文明幸福的基础"。所谓劳动教育，是指人的劳动品质的培养。马卡连柯认为劳动是生活的必需，劳动教育是公民未来生活水平及幸福的教育；努力劳动可以培养同志的关系，即培养一个人对其他人应有的正确态度，是一种道德修养，促进人们道德和精神上的发展，形成无产阶级公民特质；此外，劳动还能够形成个人生活中有益的品质。而远景教育，即前途和理想教育，是马卡连柯促使学生不断向上，勇敢追求美好未来，把自己改造成新人的巨大精神力量。正如马卡连柯所说的"人的生活的真正刺激是明天的欢乐""培养人，就是培养他对前途的希望"。同时，在个人和集体前途的关系上，他强调"我们的任务还在于使个人的前途和集体的前途互相协调"，并且一个人只有同时把集体的前景看作个人的前景时，才具备了高尚的美的品质。

集体主义教育的结果是形成纪律。马卡连柯强调，"纪律不是教育的手段，而是教育的结果，并且应当与作为教育手段的生活制度有所区别"。他认为生活制度是协助教育的一种固定的手段和方法。而纪律是教育作用的全部总和的产物，这个过程包括了教养、政治教育、性格形成以及集体中友爱信任过程和冲突纷争发生、解决过程等。正是因为纪律是整个教育过程的结果而非具体教育方法，所以纪律不能由自觉来决定。在苏维埃社会里，纪律是一种道德的和政治的现象。因此，他认为"没有纪律性、不守纪律的人就是反对社会的人"。

（二）反思：个体发展与社会控制之间

马卡连柯的集体主义教育方法体现了较强的社会控制取向。通过外在的集体仪式的方法，在一定的时代背景中，将教育与劳动生产相结合，在集体中产生纪律并以此对"危机"之中的儿童个体实现教化。尽管在我国工读教育的早期是以马卡连柯的教育理论为指导的，但是，社会变迁的背景之下，人们对个体权利以及规训权力的反思中，马卡连柯的教育理论会在某种程度上激化了个体发展和社会控制的紧张关系，于是如今的工读教育似乎对马卡连柯的教育思想默而不语。但是，离开马卡连柯的教育理论（事实上，它并未"离开"），"危机"学生的专门学校教育有着怎样的具体呈现，在个体发展和社会控制之间，这种教育如何去实现其本身的教育意义。为了回应这样一个疑问，我们不妨从美国替代性教育的发展历程中寻找一些新思路。

三 作为一种教育选择出现的"替代性学校/项目"

一般认为替代性教育产生于 20 世纪 60 年代末，但是，Mary S. Reimer 和 Terry Cash 在《替代性学校：发展与评估最好的实践》（*Alternative Schools: Best Practices for Development and Evaluation*）中强调：替代性教育并非是新概念。他们认为，早在殖民地时期，基于不同的社会经济地位、宗教信仰，教育就是以不同的方式开展的。同时，他们将杜威视为现代替代性学校运动之父。他们认为杜威所强调的个体化的、经验主义的教育理论是替代性教育的哲学基础。

（一）人本主义思潮与替代性教育产生

关于替代性教育产生的合理化解释，更多研究者是从当时的社会思潮及其影响下的政策变迁来对替代性教育进行合理化解释。Mary Anne Raywid 在《公立替代性学校的头十年》（*The First Decade of Public School Alternative*）一文中强调：20 世纪 60 年代整个社会的自由化运动孕育了公立学校中的替代性教育。他认为早期的替代性学校起源于 20 世纪 60 年代教育的人本主义思潮。人本主义者们认为现存的学校是冰冷的、缺乏人性的、不合理的机构。许多早期替代性学校的创始人对政府、社会及教育都有严厉的批判。他们反对越战或者对技术官僚主义发起挑战（challengers of our scientific – technocratic ethos – or all of these）。因此，早期替代性学校的学生常常被认为是西奥多·罗斯扎克（Theodore Roszak）所指的"反文化"（counterculture），或是查尔斯·瑞克（Charles Reich）所说的"第三意识"（consciousness Ⅲ）。

Barkhurst 等人也指出 20 世纪五六十年代存在大量的批判公立教育体系的文献，尽管大部分文献是浪漫主义的、缺乏经验研究基础的，但是其传递的信息确实引发了教育实践者对于现状的焦虑。在焦虑的促动下，教育实践者们建立了"费城公园大道计划""伯克利社区高中"及"芝加哥城市研究高中"。这三所学校被视为"替代性学校运动"的基础。在这之后，一系列类似的学校建立，如"open schools""schools without walls""continuation schools""multicultural schools"及"free school"。

（二）替代性教育作为多样化教育选择的形式之一

Mary Anne Raywid 认为这种多样化学校形式的出现是替代性教育在 20 世纪 70 年代以后呈现的新样态，并从美国教育变革中寻找原因。他认为 60 年代不仅是反抗的年代，也是包含着社会政治积极主义（tremendous sociopolitical optimism），同时大众对于教育的期待也有了实质性的提高。第二次世界大战后长期对于教育的批评在 60 年代逐渐让位于多元化的价值（a wide assortment of ideas），数十亿（美元）来自政府和私人的资金得以引入，教育也因此从中获益。小组教学、项目制学习、计算机辅助教学、结构化课程就是其中具体的创新；开放教室、补充教育、个体化指导也获得更加广泛的支持。有许多基金（如 Ford、Carnegie、Rockefeller）也普遍资助实验性项目。20世纪60年代中期，约翰逊总统的"伟大社会计划"（Great Society Program）致力于解决贫困问题。教育成为这场反贫困战役的前线。政府史无前例地投入了大量资金对《1965年基础、中等教育法案》（*Elementary and Secondary Education Act of 1965*）下的众多项目给予资助。但是后续对这些项目的一系列评估都显示这些项目未达到预期效果。因此，包括福特基金会在内的教育资助项目都表示不知如何改善学校。大量的研究也确认这一结论，这使得许多创新项目被逐渐搁置下来。人们的目光又逐步回到了60年代的替代性教育思想。替代性教育系统成为"1971年联邦实验学校项目"所阐释的目标。这也使得伯克利和明尼阿波利斯（Minneapolis）建立了大量的可以增加教育选择的不同形式的教育。

Raywid将替代性教育作为家庭在公立学校体系中的一项选择来讨论，并且他指出了不同的需求形成了不同类型的替代性学校。他认为替代性教育的出现大致有五种原因：为年轻人提供一个更加个性化、人性化的教育环境；为年轻人提供更加宽泛、令人兴奋的、有吸引力的、令人满意的教育；为儿童和成人世界提供有意义的链接（a more meaningful link），让他们更好地适应即将步入的社会；给他们提供一个更为准确的世界图景，尤其是存在的问题与不公平（injustice），让年轻人以更加有效的方式来面对世界；为那些在传统公立学校中不太成功的年轻人提供真实的教育机会。基于前三种原因在郊区建立的替代性学校主要是为了满足白种人、中上层阶级的需求；而后两种原因是城市内部教育需求的体现。同时，他强调两种类型的替代性学校都是对学生特殊需求和兴趣的满足，而传统学校并没有满足这些家长极为关注的需求。

Cheryl分析了明尼苏达州的替代性教育项目特征并关注它们是如何与学校选择（school choice）相联系。1987年，明尼苏达州开展了"高中毕业促进计划"（High School Graduation Incentives，HSGI），该计划为尚未完成学业的"危机"青少年（students who are at-risk of not completing school）、学业落后两三年者（two or more years behind academically）、怀孕或者监护人入狱者（pregnant or a custodial parent）或者被学校劝退的学生（expelled from school）提供机会选择任意一所普通高中或者任意一所学习中心（area learning center）。Cheryl认为替代性教育项目是该地"二次机会"的重要组成部分。替代性教育项目通过整合选择、辅导和创新（choice, remediation and innovation）主要服务那些学业需要补救或者需要情感、社会支持的"危机"学生。同时，Cheryl 总结了这些项目能够成为学生选择的主要特点，具体包括：它们的规模比较小，85% 的学校招收的学生数在 8 ~ 150 名；校长和教职工控制了主要的课程和项目决定；他们整合了社区资源进入课程；教师在替代性学校中使用了更多的小组辅导（small group instruction）、计算机辅助辅导（computerized instruction）、职业生涯咨询（career counseling）和学业咨询（academic counseling）。

（三）实践中的替代性教育：制度化的替代性教育

随着替代性教育实践的发展，各州也越发重视在其政策法律文件中对替代性教育学校/项目（alternative schools or programs）做出正式界定。1998 年有 22 个州对替代性教育做出了定义，2002 年数量增加为 34 个，2014 年这一数量已经达到了 43 个。基于 2000 ~ 2001 年的调查，Camilla 等人认为各州替代性教育的定义大致可以分为四类。其中一类定义突出其教育环境的"非传统"属性（the nontraditional nature of alternative education settings），有 25 个州的立法或政策中的定义将替代性教育环境与常规学校、教室加以区分，认为"非传统"的教育环境包括校内或校外独立的场所（eparate buildings on or off schools grounds）、学校内的学校（school within a school）或者其他与普通教室相区分的教育环境（a setting other than student's regular classroom）。另外三类的定义都是基于替代性教育所服务的学生的特征而做出的。具体包括：17 个州规定替代性教育服务那些有"学业失败危险"（at risk of school failure）的学生；11 个州规定替代性教育服务"捣蛋"（disruptive）或者有行为问题（behavior problems）的学生；还有 8 个州规定了替代性教育服务那些被休学（suspended）或退学（expelled）的学生。

四 平衡控制与选择：自我认同理论之于"专门学校教育"的理论可能性

如果说从马卡连柯教育思想衍生出的工读教育更具有社会控制的倾

向，而美国的替代性教育更多的是基于对边缘学生教育选择的尊重，那么考虑到处于社会急剧变迁时期的中国背景下的"专门学校教育"，既需要实现对"有严重不良行为""轻微违法犯罪"未成年人的社会控制功能，也需要回应无法适应传统学校教育环境学生的教育需求，当下的"专门学校教育"需要在社会控制和教育选择中进行平衡。而这种平衡的关键点在于关注专门学校教育对象的主体性问题，即"危机"学生的自我认同问题。

基于社会变迁转型对个体的影响，吉登斯的自我认同理论通过"结构二重性"，即社会结构既是行动的限制又是下一步行动的动力，在社会与个体之中建立了具体联系，呈现了社会控制与个体选择平衡的机制。吉登斯认为自我认同是个体在与社会结构互动反思的结果。吉登斯借助了荣瓦特（R. Rainwater）关于自我实现的治疗实践著作中关于"自我"和"自我认同"的十方面要素展开论述：自我可以看成个体负责实施的反思性投射；自我型塑着从过去到可预期的未来的成长轨道；自我的反思性是持续的，也是无所不在的；作为连贯的现象，自我认同设定一种叙事，把自我叙事改变成鲜明的记述，因此，自传，尤其由个人通过写作或非文字方式记下的、有关个体所创造的、广义阐释性自我历史，事实上在现代社会生活中都处在自我认同的核心；自我实现蕴含着对时间的控制，即本质上个人时区的建立，这种时区与外在的时间秩序仅有冷淡的联系；自我的反思性也拓展自身体，而身体成为行动系统的一部分，而不是被动的客体；自我实现可理解为机遇和风险之间的平衡；自我实现的道德线索就是可信性，它的基础是"对自己的诚信"；生命进程可看成一系列的"过渡"；自我发展的路线是内在参照性的：唯一显著关联的线索就是生命轨道自身。

中国的工读教育实践至少在教育形式上受启发于马卡连柯的教育理论和实践。而其教育理论的核心集体教育似乎在当下的教育理论界受到"冷落"，但是集体教育的一些具体原则和方法仍影响着今天的工读学校乃至普通学校的教学组织和管理。从某种程度上说，马卡连柯的集体教育思想更像是传统社会中个体成长的"仪式"，通过"仪式的在场"使得个体在集体之中受到教化。然而，随着社会转型，现代性的出现，乌尔希里·贝克等社会理论家提出了现代社会的"制度化的个体主义"。他解释为现代社会的核心制度，包括基本的公民权利、政治权利和社会权利，以及维系这些权利所需要的有薪工作、培训和流动，是为个体而非群体配备的。所谓"个体化"可以简单定义为不再重新嵌入的抽离（disembeddingwithoutreembedding）。因此，在对集体教育关注的同时，还需要关注现代性理论中对于个体的关注。

现代性背景下对于个人认同问题的关注则在本质上联结了教育学的理论旨趣。因为教育学产生于对人类社会以及人类自身问题的关注，它应当关注人的现实、人的命运与发展、人的心灵世界，为我们自身及我们生活于其中的世界贡献智慧。从教育学在中国的现实发展来看，中国教育学的理论体系起始于两个基本问题，即教育与社会发展的关系问题和教育与个人发展的关系问题。因此，吉登斯关于现代性与自我认同的分析为我们思考教育问题提供了新的思路。

吉登斯认为，在传统社会里，个体的自我成长大致是相同的，主要通过历史上路标式的人生仪式和规则而建立起来的。而在现代性条件下，生命的进程可看成一系列的"过渡"，这样的过渡的一个特点就是"仪式的缺场"。因此，个体的自我认同由于现代社会不确定因素的增加显得"风险重重"。教育作为一项现代制度性安排，本身受到来自社会其他风险的影响而显得充满不确定性，同时，教育本身也因为成为个体经验的一部分成为个体自我认同的一个风险因素。幸运的是，现代性是一个流动、开放的概念，自我认同也便是一个建构的过程。当一部分行动于现代教育制度之中的学生成为了"危机"学生，再次选择对于他们来说至关重要。"二次选择"的机会成为他们自我认同重构的重要机遇。因此，从教育领域出发建构一种为"危机"学生提供选择的制度安排显得如此重要。某种程度上说，这也是吉登斯提出生活政治范式的意义。

专题篇

专门学校学生的家庭问题及其对家庭教育指导的启示

关　颖[*]

摘　要： 调查表明，专门学校学生较之普通学校学生的家庭环境和家庭教育状况存在更多不利因素。家庭教育背离家庭反映了父母教育价值观的倾斜，孩子不良行为凸显父母监护责任缺失和教育能力缺陷，亲子冲突的根本原因是漠视孩子的权利。专门学校学生的家庭教育问题，归根结底是学生家长自身的问题，而家长的问题在很大程度上是教育问题、社会问题。因此，有必要强化和改进家庭教育指导，重视对家长的"基础教育"。家庭教育指导也需要"齐抓共管"，拓展专门学校向家庭的"辐射功能"，家庭教育指导必须"与时俱进"。

一　专门学校学生的亲子关系及家庭教育状况

在以往有关我国专门学校学生问题的研究中，学者普遍认为家庭环境不良和父母自身素质的缺陷是孩子各类问题产生的重要影响因素。2005 ~ 2006 年笔者参与了中国工读教育问题研究，在对工读教育存在必要性的分析中，首先谈及的就是家庭不良环境和家长的教育能力缺陷，这具体表现为家庭结构缺损，父母关系紧张；监护人欠缺责任意识；家庭教育方式不当；家庭教育功能危机。可以说，抚养和教育未成年人的首要责任在家庭，但是当家庭身陷问题和困难的时候，家长已经无力教育他们的孩子，

---

* 关颖，天津社会科学院社会学所研究员，中国社会学会家庭社会学专业委员会副会长。

并无奈于孩子的处境①。

12 年后的 2017 年，中央综治委预防青少年违法犯罪专项组办公室、共青团中央社区和维护青少年权益部、中国青少年研究中心、中国预防青少年犯罪研究会和中国教育学会工读教育分会等机构启动"新时期专门学校发展研究（2007—2017）"课题，再次联合对专门学校教育展开全面调研。总报告指出，专门学校学生的家庭特征和亲子关系的影响因素有三个：一是家庭社会经济地位处于中下层；二是家庭教育环境对未成年子女的价值观缺乏有效形塑；三是亲子关系疏离增加了未成年子女的心理问题和行为问题②。

本文拟对本次调查中有关专门学校学生的亲子关系及家庭教育状况做进一步分析，以期为专门学校学生的家庭教育提供支持，为相关决策提供参考。本次调查抽取我国不同地区 8 所专门学校学生 533 个样本，对照组为该地区的普通中学生，共计 393 个样本。调查中，有两组问题专门询问了调查对象的亲子关系情况和父母对其关心情况，专门学校学生与普通学生亲子关系情况比较如表 1 所示。

表1　专门学校学生与普通学生亲子关系情况比较

单位:%

具体内容	专门学校学生	普通学校学生	两组相差百分点
父母总是帮助和鼓励我	75.14	83.67	−8.53
平时很少见到父母	25.76	10.69	+15.07
父母之间经常吵架	25.10	13.04	+12.06
与父母无话不谈	31.30	46.82	−15.52
经常与父母一起看电视、出去游玩	42.61	54.73	−12.12
父母经常打我	11.60	4.58	+7.02
父母不关心我在想什么	30.55	13.49	+17.06
家里的事我没有建议权	27.62	17.35	+10.27
父母不关心我交什么朋友	16.89	9.92	+6.97

① 鞠青：《中国工读教育研究报告》，北京：中国人民公安大学出版社，2007，第 43~49 页。
② 路琦、郭开元、刘燕等：《新时期专门学校教育发展研究》，《中国青年研究》2018 年第 3 期，第 103~109 页。

具体内容	专门学校学生	普通学校学生	两组相差百分点
为了培养我，父母付出了大量的精力和财力	81.47	89.26	-7.79
对于我自己的事，父母不会尊重我的意见	27.38	13.55	+13.38

注："普通学校学生"为调查的对照组。"两组相差百分点"系以工读学校学生为基准的比较，"-"为低于、"+"为高于对照组（余表同）。

这组数据有以下几个突出特点。

一是孩子们表示"为了培养我，父母付出了大量的精力和财力"，两组都达到 80% 以上。尽管这个选项中，专门学校学生低于普通学生 7.79 个百分点，但从总体上看，是与对照组相差比例最小的。也就是说，无论是专门学校学生还是普通学生，绝大多数父母都重视子女的抚养教育，这是无可争议的事实。

二是从总体上看，所有父母积极的、正面的行为，如"父母总是帮助和鼓励我""与父母无话不谈""经常与父母一起看电视、出去游玩"等选项，专门学校学生的选择比例低于对照组；而所有父母的消极的、负面的行为，如"平时很少见到父母""父母之间经常吵架""父母经常打我""父母不关心我在想什么""家里的事我没有建议权""父母不关心我交什么朋友""对于我自己的事，父母不会尊重我的意见"等选项，都是专门学校学生的选择比例高于对照组。这从一个侧面表明，父母的教育行为与孩子的不良行为有很大的相关性。

三是本次调查显示，专门学校学生父亲、母亲"在外打工"的比例均高于对照组。与此相联系，"平时很少见到父母"的孩子难免因家庭教育缺失而行为失控。有的孩子尽管与父母共同生活，但专门学校学生表示"父母之间经常吵架"的超过 1/4，比例明显高于对照组。也就是说，夫妻关系不良对孩子的行为亦有很大程度的不利影响。

四是专门学校学生在家中权利被漠视的程度更高。"父母不关心我在想什么""家里的事我没有建议权""对于我自己的事，父母不会尊重我的意见"的选择比例都在 30% 左右，在所有父母负面行为的选项中排在前三位。

调查中另一组问题询问了"在家中，父母对你关心比较多的是什么"，可多选。统计数据反映了父母对孩子的关心情况，如表2所示。

表2　专门学校学生与普通学生父母关心情况比较（多选）

单位:%

具体内容	专门学校学生	普通学校学生	两组相差百分点
学　习	64.6	93.4	− 28.8
健　康	63.6	85.7	− 22.1
交　友	55.3	57.9	− 2.6
师生关系	19.7	39.3	− 19.6
业余爱好	31.3	44.6	− 13.3
品　德	52.3	69.1	− 16.8
其　他	3.8	2.6	+ 1.2

这组数据表明：一是从总体上看，除"其他"外，父母关心孩子的六方面内容都是专门学校学生低于对照组；二是两组学生父母对孩子关心较多的按比例排序第一位的是"学习"，第二位是"健康"，表明学习重于健康是家庭教育中的普遍现象；三是父母对"品德"的关心程度，对照组排在第三位，专门学校学生排在第四位，即专门学校学生的父母注重孩子品德的程度更低；四是在"交友"方面，专门学校学生父母的关心程度排在第三位，对照组排在第四位，而且该选项是两组中差异最小的，这表明父母对孩子交友的重视具有共性。

二　专门学校学生的家庭教育问题分析

在专门学校学生与普通学校学生的对比中，我们总能看到诸多的行为问题和心理问题，看到家庭环境和家庭教育对孩子影响的方方面面。而家庭问题归根结底是父母教育素质的缺陷，我们不可单纯地责怪孩子，也不可能通过矫正孩子使问题得以解决。笔者认为，专门学校学生的家庭教育问题突出表现在以下几个方面。

（一）家庭教育背离家庭反映了父母教育价值观的倾斜

关于家庭教育的概念，学者们从不同的学科视角有不同的表述。然而无论怎样定义，顾名思义，家庭教育是发生在家庭中的教育活动，是家庭成员之间的互动，体现家庭的本质特征，是家庭的重要功能。

然而本次调查结果和大量的社会现实告诉我们，家庭教育背离家庭的现象普遍存在：有的家长为了孩子拼命挣钱，把自己大把的金钱和时间连同自己的孩子交给了别人，把功夫下在了家庭以外，孩子有家，而家却不像个家，家庭的功能残缺不全或扭曲，使孩子缺少了家的温暖、家的温馨、家的和谐、家的快乐；有的家长把家庭教育理解为"家庭学习"，在抱怨学校给孩子的学习压力大的同时，把家庭当作学校的"第二课堂"，孩子成了"考试机器"，自己成了老师的"助教"、学习分数的"傀儡"。本次调查结果显示，父母最关心的是孩子的学习，却有69.1%的专门学校学生"在原校学习成绩差"；与此相对应，有66%曾经逃学的学生表示"厌恶学习"。也就是说，父母花大力气对孩子学习的"关心"，在很大程度上并未对孩子的学习产生积极的影响。另一组调查结果显示，专门学校学生有过"夜不归宿"行为的比例高达42.9%，这与家庭失去对孩子向心力不无关系。

孩子的行为和认知与父母的期望存在差异是客观存在的现实，问题的根源在于家庭教育背离家庭，这反映了父母教育价值观的扭曲和由此产生的自身角色定位偏差。尤其是一些父母不了解教孩子做人是自己的本分，家庭生活才是取之不尽的教育资源。

（二）孩子不良行为凸显父母监护责任缺失和教育能力缺陷

专门学校的学生大部分有着不同程度的学习困难或不良行为，他们的家庭背景与普通学校学生的家庭背景相比存在更多不利因素。笔者认为，与家庭贫困、父母社会地位和文化程度低、家庭结构不完整等客观因素相比，更多地直接作用于孩子的因素是家庭的抚养教育功能缺失，以及父母教育能力的缺陷。

我国《未成年人保护法》规定，"父母或者其他监护人应当创造良好、和睦的家庭环境，依法履行对未成年人的监护职责和抚养义务"。父母作为孩子的第一监护人，对孩子承担着抚养、教育、保护、代理等法定责任。本次对专门学校学生的调查显示，有54.9%的孩子曾经"进入KTV或酒吧等"禁止未成年人进入的场所；在81.5%"玩网络游戏"的孩子中，表示"偶尔""有时""经常"玩的占比分别为 14.9%、16.8%、49.8%，经常玩的比例最高。这类问题反映了父母在履行对孩子监护职责方面的缺失，也体现了由于家庭环境不良使孩子在家庭以外满足自身需求和寻找乐趣的不良后果。

孩子的一般不良行为得不到及时纠正很有可能发展为严重不良行为乃至犯罪行为①。我们曾在未成年犯调查中了解到，绝大多数孩子犯罪并不是父母教唆，在他们还是个普通孩子的时候，他们的父母与普通孩子的父母一样，在孩子身上花费了很多心血。面对孩子的不良行为，绝大多数父母对其进行过教育，但并没有达到良好的教育效果。例如，在调查中列出"通宵上网""夜不归宿""欺负同学""抢别人钱物""偷拿别人东西""结交有违法行为的伙伴"等不良行为，问未成年犯当有这种行为时，父母通常采用的教育方式是什么，父亲和母亲"不管不问"平均仅 10% 左右，"打骂"平均只占 30% 左右，平均近 60% 的父母是采取"说服教育"的方式。如果说服教育可以奏效，或许有相当多孩子的不良行为能够得以纠正而不至于走上违法犯罪的道路。也就是说，父母采取什么样的教育方式会影响教育效果，但并不决定教育效果，决定教育效果的是父母对孩子的教育能力，即帮助孩子和改变孩子不良行为的能力②。专门学校学生的父母同样由于教育能力缺陷，在孩子教育中常常是事倍功半甚至事与愿违。

（三）亲子冲突的根本原因是漠视孩子的权利

本次调查结果显示，无论是专门学校学生还是普通学校学生，绝大多数父母都重视子女的抚养教育，这是无可争议的事实。现实中我们看到，有的父母发自内心地爱孩子、事无巨细地管孩子，为孩子精心设计当下的一点一滴、未来发展的每一步，甚至以"牺牲"自己为代价。与此同时，尽力替孩子做能为孩子做的一切，替孩子选择、要求孩子听话，却不屑于倾听孩子的声音，忽略了孩子的真正需求。

未成年的孩子也是独立的权利主体，我国《未成年人保护法》明确规定，"父母或者其他监护人应当根据未成年人的年龄和智力发展状况，在

---

① 关颖：《未成年人不良行为及其影响因素分析——基于全国未成年犯的调查》，《青少年犯罪问题》2013 年第 2 期，第 47～52 页。
② 关颖：《家庭教育社会学》，北京：教育科学出版社，2014，第 208 页。

作出与未成年人权益有关的决定时告知其本人，并听取他们的意见"。这其中一个非常重要的理念是，未成年人不应该被简单地看作一个弱小的群体，他们不仅仅需要照顾，还应当作为一个拥有权利的群体而被所有人尊重，让他们行使表达意愿和选择的权利。本次调查中诸多孩子所表述的"父母不关心我在想什么""家里的事我没有建议权""对于我自己的事，父母不会尊重我的意见"等，说明处于青春期独立意识不断增强的孩子很在乎与父母相处中自己的地位以及是否被重视，而许多父母却不以为然。在他们的潜意识中，孩子是自己的一部分，认为小孩子没有发表意见和选择的权利，必须听大人的。一方面，父母种种以自我为中心的行为，使得孩子在生活实践中充分发展其全部体能、智能和社会性参与受到限制。另一方面，孩子作为一个独立的人，有自己的需求和对各种事物的见解，有不同于成年人的观念和行为，对父母所说、所做的一切有积极或消极应对的能力，不听父母的话是在争取自己决定自己事情的权利。遗憾的是，成年人因为缺少儿童权利视角，常常给孩子贴上"逆反心理太强""跟父母对着干"的标签，并没有对自身的过失进行积极反思。当处理某一个问题双方意见不一致又都不肯妥协时，冲突便不可避免。

本次调查显示，专门学校学生亲子关系状况不如对照组以及经常"玩网络游戏"和"夜不归宿"等比例明显高于对照组的结果，从一个侧面反映了专门学校学生由于在家庭中参与权受到限制而导致他们背离家庭和发生亲子冲突的现实。

三　关于强化和改进家庭教育指导的思考

专门学校学生的家庭教育问题，归根结底是学生家长自身的问题；而家长的问题在很大程度上是教育问题、社会问题。

专门学校的办学性质、特殊的教育形式已被多年来的实践证明可以弥补家庭教育的缺陷①。李玫瑾教授曾指出，工读学校陪伴式的教育是对家庭情感的一种弥补，在陪伴孩子的成长过程中及时矫正孩子的不良行为，

---

① 鞠青：《中国工读教育研究报告》，北京：中国人民公安大学出版社，2007，第58页。

通过住宿、同伴关系进行社会学修补，这对弥补当前学校教育和家庭教育的不足具有重要的现实意义①。与此同时，我们需要思考的问题是，学生在专门学校的时间毕竟是短暂的，他们迟早要回到家庭，回到曾经或多或少"制造"了他们问题的地方。如果家庭环境没有改变，依然是家庭情感的缺失，是否被矫正了的不良行为会重新产生呢？还有更多的原本是普通学校学生的孩子，在不良家庭环境和父母教育素质有缺陷的家庭中成长，是否也会成为有不良行为和学习障碍的"问题学生"呢？这就提出了如何对未成年人的监护人进行教育、如何强化和改进家庭教育指导的问题。

（一）重视对家长的"基础教育"

预防未成年人不良行为和违法犯罪行为的产生，家庭是第一道防线。现实的情况往往是孩子出了问题，家长才幡然悔悟，检讨自己对孩子的失职和教育的误区。尤其是那些自以为为了孩子好却远离孩子、过度束缚孩子而导致孩子走入歧途的家长，总是后悔不已，也给孩子留下终身遗憾。

在现代社会，做称职的父母不是可以无师自通的。我国《未成年人保护法》明确规定，"父母或者其他监护人应当学习家庭教育知识，正确履行监护职责，抚养教育未成年人。有关国家机关和社会组织应当为未成年人的父母或者其他监护人提供家庭教育指导"。回顾我国30多年来家庭教育指导，普遍存在的问题是，重一般性宣传，轻扎实的教育；重孩子显性问题的干预，轻对家长的基本观念引导和源头问题的根治。2010年国家七部委颁布的《全国家庭教育指导大纲》就没有指导家长学习了解家庭和家庭教育科学的基本常识的内容。广大家长对家庭和家庭教育的基本问题知之甚少甚至一无所知，所以家庭教育常常被误读，家庭的教育优势未能得以充分发挥。一些家长角色失范，在教育孩子的实践中茫然、困惑，遇到问题不知所措，甚至干些傻事、错事，也就不可避免了。

专门学校学生的家庭教育背离家庭和父母教育能力缺陷给我们的警示是："注重家庭"首先要注重家庭维护自身的特点和功能的完善；"注重家教"首先要注重家长必须履行自己的家庭责任，打好认识基础。教育部

---

① 石军：《中国工读教育六十年国际研讨会综述》，《青少年犯罪问题》2015年第6期，第114～119页。

2015 年末颁布的《教育部关于加强家庭教育工作的指导意见》提出，"进一步明确家长在家庭教育中的主体责任"，对"依法履行家庭教育职责""严格遵循孩子成长规律""不断提升家庭教育水平"提出了具体要求，指出"广大家长要全面学习家庭教育知识，系统掌握家庭教育科学理念和方法，增强家庭教育本领"。强调家长的"主体责任"，以及"全面学习""系统掌握"家庭教育的知识、理念和方法，在我国有关家庭教育的政策文件中尚属首次。这在一定程度上体现了国家教育行政部门对家庭教育和家长教育责任的认识更加清晰，同时也对家庭教育工作提出了如何强化家长教育的新问题。只有扎扎实实的基础教育，才能达到这种"全面""系统"的要求；只有家长主体责任明确、把握孩子成长规律、自身教育素质提升，才能从根本上提高家庭教育水平。

家长增强家庭教育本领，必须从学习家庭和家庭教育的基本常识入手，了解父母对孩子法定的义务是什么，家庭在孩子成长中的作用是什么，家庭教育的特点和规律是什么，儿童的权利是什么，家庭与学校、与社会的关系是什么，等等。国家规定的有组织的家长教育应当是对家长的"基础教育"，是政府投入的"义务教育"和面向大众的"普及教育"，起到"防疫站"的作用，帮助家长增加自身的"免疫力"，而不是出了问题再急救的"120"，也不是"头痛医头，脚疼医脚"。把对家长的基础教育做扎实，家长对家庭教育的基础知识真的理解了、融会贯通了，在孩子教育中才能少走弯路，把自己该做的事情做得更好。

（二）家庭教育指导也需要"齐抓共管"

在现代社会，父母承担着法定的对未成年子女的监护职责和抚养教育义务，不仅要对子女负责，也要对国家负责，同时受国家法律的保护和约束。在这个意义上也可以说，当好父母不是无师自通的，也不可以为所欲为，需要通过学习了解自身角色规范，进而解决孩子教育中的问题。此外，尽管广大家长并非不想改变自身在家庭教育中的困境，但这些问题往往难以依靠自身的力量解决，需要国家和社会力量从多方面给予帮助乃至救助，这是引导他们增强自信、提升自身能力的必要前提和基础条件。

在国家政策层面，国务院颁布的《中国儿童发展纲要（2011—2020年)》中提出有关家庭教育的工作目标是：适应城乡发展的家庭教育指导服务体系基本建成。《关于指导推进家庭教育的五年规划（2011—2015年）》是中华全国妇女联合会（以下简称妇联）、教育部、中央文明办、民政部、文化和旅游部、国家卫生健康委员会、国家新闻出版广电总局、中国科学技术协会、中国关心下一代工作委员会等国家九部门共同制定的，体现了"齐抓共管"的初衷。该规划提出的基本原则之一是"坚持政府主导。要推动各级政府在指导推进家庭教育中发挥主导作用，建立健全部门联动的工作机制，制定出台相关法律法规及政策措施，加大政府财政投入，鼓励社会力量参与支持，促进家庭教育资源均衡配置，切实为家庭提供普惠性、常态化的家庭教育公共服务"。国家把家庭教育指导服务作为政府主导的"公共服务"，关键在于政府主导作用的落实、部门联动机制的良性运行，只有这样才能真正形成合力、发挥整体效应。

在操作层面，我国家庭教育指导工作由过去少数机构、单一形式的家长学校逐渐发展为多种社会力量共同参与、多种形式立体运作的和优势互补的局面。学校较之其他机构在教育功能、教育条件、师资力量、组织教育对象、管理规范等方面具有更多的优势，有利于帮助家长进行角色定位、强化教育内容的调控，是普及性家长教育的主渠道；社区的统筹性强，有利于有效整合社区内各种教育资源，满足居民对家庭教育指导和服务的不同需要进行分类指导；大众传媒的优势是覆盖面广、互动性强；家长工作单位可与企业文化和职工培训相结合；相关社会机构更具针对性、专业性；民营教育机构可通过市场化运作为家庭提供多样化服务；家长自组织进行家庭教育的自我支持；等等。近年来公检法司、综治部门对有不良行为和犯有罪错未成年人监护人的强制性教育，也使得家庭教育指导服务体系更为完善。

在实践层面值得借鉴的是，北京市海淀区法院与区检察院、公安分局、司法局、教育委员会（以下简称教委）联合出台《共同开展家庭教育指导工作的意见》，对家长进行"如何为人父母"亲职教育①。对象包括：被公安机关、检察院处理过的触法及不起诉的未成年人家长；进入审判阶

---

① 《海淀法院"四三二一"亲职教育工作模式获高度肯定》，https：//www.chinacourt.org/article/detail/2015/01/id/1528306.shtml，2015 - 01 - 05。

段的涉少民事、刑事案件的家长；接受社区矫正的未成年人的家长；辖区学校、社区等有未成年人教育需求的家长。明确了教育类型、教育方式、工作机制等内容，并由法院负责整合各单位资源，推动亲职教育工作在该区全面展开，有效扩大了亲职教育的影响力，取得了良好的社会效果。

推进家庭教育指导的科学发展和可持续发展，需要有宏观规划、法律保障、政府支持，更需要在理论研究、队伍建设、搭建平台、开拓市场等方面下真功夫。

（三）拓展专门学校向家庭的"辐射功能"

在调查中我们了解到，学生和家长对专门学校都给予了很好的评价，72.2%的学生表示"愿意在现在的学校上学"，排在前三位的原因依次是"能够帮助自己养成好习惯"（71.8%）、"老师比较尊重我"（68.6%）和"可以帮助自己改正不好的行为"（68.1%）；对185名专门学校学生家长的调查显示，对"与以前相比您的孩子的变化"的回答排在前三位的依次是："性格开朗了"（60.8%）、"学习成绩有所提高"（53.4%）和"改正了以前的不好行为"（51.1%）。从总体上看，学生对专门学校积极的评价高于家长。而家长认为孩子上专门学校后变化比例最低的是"与父母的关系有所改善"（38.6%），他们对孩子最担心的依然是"学习成绩不好"，达到52.5%。

上述调查结果提醒我们，尽管在专门学校环境中学生有很多方面得到积极的转变，但是多数孩子与父母的关系并未得到改善，依然有一半以上的家长担心孩子的学习。而且孩子行为习惯的培养、性格的形成并非短期就可以见效的，如果家庭环境和家长自身不改变，很难巩固专门学校的教育成果。因此，专门学校有必要拓展面向家庭的"辐射功能"。不仅是以学校为中心的家访、家长会、亲子活动、心理辅导，而是将家长作为可依靠的教育力量，引领家长学会学习，帮助家长开发自我教育的潜能，发挥家长在教育孩子中的主体作用，这样才有利于与学校形成合力，在孩子回到家庭和将来离开专门学校时，家长依然可以对其产生积极影响。其可能性在于，在教育矫治有不良行为的学生方面，专门学校教师的专业化水平相对较高，在实践中创造了许多适合学生特点的激励方法、惩戒方法、心理调适方法，探索和积累了以多种形式开展适合学习困难学生特点的教学活动、进行法治教育的有效经验，可以有针对性地指导家长学习，而且家长也有希望得到学校指导的诉求。

这种专门学校的"辐射功能"也适用于向普通学校学生的家庭拓展。在这方面，需要决策者树立"大教育"的理念，通过规范管理、加大投入、优化师资等予以强化。这是专门学校发挥更大作用的发展趋势，也是在整体上防患于未然、减少和避免未成年人不良行为产生的最佳选择。

（四）家庭教育指导必须"与时俱进"

在当代社会的变革中，与之相联系，家庭和家庭教育也发生了巨大的变化。如随着社会的开放和互联网的迅速发展，教育者和受教育者的角色地位发生变化，上一代对下一代的"纵向"教育减弱，两代人的互相影响增强；家庭教育中改变家长本位，以儿童为本、尊重和保护儿童权利的理念逐渐深入人心；家庭教育内容随社会的发展而丰富和拓展，以往不曾涉猎的媒介教育、理财教育、心理教育、生命教育、性教育、闲暇教育等不可或缺。家庭教育指导的"与时俱进"，就是要适应时代发展，适应家长和孩子的变化，适时并且及时地创新思维、创新指导方式。

本次调查中反映出的一个突出问题是专门学校学生对网络游戏的迷恋。我们不能不承认的现实是，现在的孩子对互联网的了解和使用已经相当普及，网络成为他们现实生活的一部分，学习、娱乐、交友、消费……无一不依赖网络。以往的禁止上网吧、给电脑加密等管理措施已经不灵了，面对层出不穷的新情况、新问题和驾驭不了的孩子，一味地限制、压制只会加大两代人的隔阂。唯有了解孩子、熟悉网络，才能拉近彼此的距离。因此家庭教育指导必须思考如何应对日新月异的网络世界，怎么助力家长成长。其中一个重要内容就是帮助家长认识当今移动互联时代孩子的特点，提升网络素养，学会如何积极利用网络，包括网络认知、网络评价、网络道德修养、网络安全意识、掌握网络技能等[1]。

就指导家庭教育的渠道而言，以往的家长学校通常是我讲你听、我教你学，家长的学习是被动的。在当今知识爆炸、互联互通的社会背景下，适应新一代家长的需求，家庭教育指导也要开阔视野、创新模式，以科学

---

[1] 关颖：《家庭教育是什么——家长学习读本》，广州：广东教育出版社，2018，第231页。

的家庭教育基础知识为蓝本，充分开发和利用网络资源，如音频、视频、APP、亲子游戏等。重点是搭建信息平台，拓展学习渠道；搭建活动平台，动员家长参与；搭建互助平台，鼓励发展家长自组织。总之，强化和改进家庭教育指导，提升家长自身素质，才能使家庭教育与学校教育同步，共同实现育人目标。

社会工作在不良行为青少年群体中的应用

席小华　金超然[*]

摘　要：不良行为青少年的教育矫正工作一直是社会十分关注的重要内容之一，为了预防青少年违法犯罪，促进青少年的健康成长，不同学科和专业背景的学者及一线工作者们都开展了大量的研究与实践。笔者从社会工作专业的理论与方法出发，以多年来的一线服务经验为基础，提出了社会工作介入不良行为青少年教育矫正的方法。社会工作的介入以社会生态系统理论作为基础理论，以越轨理论和优势视角为分析和解决问题的基本视角，以抗逆力和家庭过程模式理论（society ecosystems theory）作为解决问题的主要方法支撑，形成了一套以个案工作、小组工作为主要工作手法，服务于提升不良行为青少年个人能力、提高不良行为青少年与环境的互动水平、促进社会支持系统的建立的服务框架。自2014年以来，这一服务体系在应用与调整过程中日趋完善，不论在青少年个人能力提升，还是在家庭支持情况提升方面都产生了较好的效果。但是，服务开展过程中也遇到了很多困难，需要建立更加完善的制度保障、培养大量的人才队伍并完善制度设计，以确保工作长期、有效地推进开展，服务于更多不良行为青少年的健康成长。

一　问题的提出

2014年，北京超越青少年社工事务所在北京团市委的支持下，开展了

---

[*]　席小华，目前任职于北京超越青少年社工事务所；金超然，目前任职于北京超越青少年社工事务所。

关于北京市青少年不良行为相关问题的调研。调研中，研究人员发现，在接受调查的 233 名京籍未成年犯罪嫌疑人中，所有人都曾经有过不良行为，其中，36.9% 的受访者有过逃学、旷课、夜不归宿的经历，36.5% 的受访者与社会不良人员有过联系，45.5% 的受访者有过抽烟喝酒的行为，33.9% 的受访者有过打架斗殴、辱骂他人的经历。同时，在受访的 162 名未成年犯管教所的青少年中，74.1% 的受访者在犯罪前有一般不良行为，其中，42.5% 的受访者有 2~5 种不良行为。这些数字都清晰地指出，多数实施了违法犯罪的未成年人，在实施违法犯罪行为之前曾经有过一般不良行为或者严重不良行为，这样的研究数据与我们日常工作中观察到的情况也十分契合。以上数据提醒一线的社会工作者，在关注违法犯罪青少年的过程中，必须将服务向前延伸，针对有不良行为的青少年开展工作，从而做到防患于未然。

为了犯罪预防的工作目标，北京超越青少年社工事务所于 2013 年开始尝试在专门学校针对具有不良行为的青少年开展服务，以协助他们转变已有的不良行为，更好地适应社会生活，进而实现人生幸福。本文中，笔者对以上服务经验进行总结，以期更好地为具有不良行为的青少年开展服务打下基础。

二 相关研究文献

在不良行为青少年的教育矫正问题上，不同领域的专家学者从自己的专业视角出发进行过大量的分析和研究。这些过往的研究，是本文的重要支持，据此，笔者将对国内部分研究文献进行整理和评述。

国内的相关文献主要分为三个部分，首先是对青少年不良行为产生原因的分析，其次是对青少年不良行为教育矫正方法策略的建议与分析，最后是社会工作针对青少年不良行为教育矫正的服务与探索。

1. 青少年不良行为产生的原因分析

这一部分的国内研究主要从两个维度出发，一部分学者从青少年个体特征出发，讨论青少年的心理特征对不良行为产生的重要影响；另一部分学者从外部环境出发，讨论环境因素对青少年不良行为的影响。

从青少年个体特征入手进行的研究中，周天林的观点颇具代表性，他认为，影响青少年产生不良行为的主要心理因素包括模仿心理、比较心理、逆反心理、从众心理、侥幸心理、惰性心理、自卑心理、厌倦心理、猎奇心理①。与此同时，从已有的文献资料来看，更多的学者注重分析环境因素对青少年不良行为的影响。他们多数从家庭、学校和社会三个维度分析青少年不良行为的成因。在家庭方面，有学者认为父母的宠、教、管②得不当，长辈自我行为不良，言传身教差；教育不当，宽严失度；家庭结构破坏造成不良影响②；等等，都导致了学生不良行为的发生。在学校教育层面上，一些研究者认为，德育处等部门对学生身上的一些不良行为无暇顾及，造成了管理的空隙和漏洞，教师只教书不育人，德育工作缺乏针对性、科学性和时效性②，这是影响青少年不良行为发生的重要因素。此外，少数教师思想素质、心理素质较差，不重视师德修养，不关心学生，不尊重学生，教育方式不当，忽视学生的个性差异和特点③，等等，这也是学校教育中容易诱发青少年产生不良行为的主要因素。从社会因素上看，一些研究者认为，社会文化生活中各种消极的、不健康的有害因素对学生常起腐蚀作用，社会上具有各种恶习的人④也会影响青少年发展出不良行为。

除了这两种比较主流的研究维度之外，也有学者从其他的理论视角出发讨论青少年不良行为。谭晓鸥和张香兰在文章中用失范理论分析青少年不良行为的成因，认为社会道德规范与法律对青少年道德行为制约力不健全，单一的评价机制和人才培养模式限制了青少年合法实现自我价值的手段，意义缺席产生的青少年道德法律意识薄弱与社会不良风气和现象相互作用⑤，这些都是导致青少年产生不良行为的重要原因。

总体来说，对于青少年不良行为产生的原因，绝大多数研究者主要从

---

① 周天林：《浅谈学生不良行为的心理及矫治》，《思想政治课教学》1989 年第 9 期，第 32～33 页。
② 窦忠伟：《浅谈学生不良行为习惯的溯源及矫正预防》，《现代交际》2009 年第 9 期，第 13～14 页。
③ 黄文哲：《中学生不良行为的产生原因及矫正方法》，《南方论刊》2002 年第 8 期，第 63 页。
④ 孟四清：《中学生问题行为的调查与原因分析》，《天津教育》2011 年第 6 期，第 48～49 页。
⑤ 谭晓鸥、张香兰：《略论青少年不良行为的成因及防治对策——基于失范理论的分析》，《鲁东大学学报》（哲学社会科学版）2016 年第 4 期总第 33 期，第 92～96 页。

个体原因、家庭原因、学校原因、社会原因等层面进行分析，也有部分研究者从失范理论的角度进行分析。虽然已经有研究者着手从生物学、心理学、社会学等学科出发综合分析青少年产生不良行为的原因，但是从国内研究的整体情况来看，大多数研究者对于青少年不良行为原因的分析还处于割裂状态，也就是说，国内的大多数研究者只关注个体情况或者环境情况，很少有研究者同时分析个体和环境情况的影响，尤其是个体和环境之间的互动所造成的影响。谭晓鸥和张香兰尝试用失范理论进行成因分析，在当下分析角度单一的研究现状中，是一次很好的突破②。

2. 青少年不良行为的教育矫正建议

基于对青少年不良行为原因的分析，不同的研究者也给出了相应的教育矫正建议，主要从个体、家庭、学校、社会等层面入手。

从个体的方面来说，有研究者提出，要提高青少年的心理素质，主要包括：提高青少年的认识能力；帮助青少年发展积极合理的需要；完善青少年的人格；帮助青少年梳理正确的道德观念；帮助青少年锻炼坚强的意志①。也有研究者提出，要提高青少年的挫折耐受力，学习一些为人处世的技巧来避免不良行为的发生②。

从家庭的角度来说，绝大多数的研究者都认同家庭对于一个孩子成长的重要作用，因而，在谈及青少年不良行为的教育矫正时，很多研究者提出要从家庭层面入手进行调整。一些研究者认为，家庭成员应当努力为孩子做好表率，成为孩子的良师益友；加强自身学习；对孩子的错误，不袒护、不纵容、不自暴自弃；努力与学校、社会机构搞好配合③。

从学校教育的角度来说，研究者的建议主要是加强师德建设和对孩子个性化的教育、支持与帮助。例如，加强校园文化建设，重视和加强课外阅读工作，开设有利于中学生健康成长的科学、卫生、道德、法治等知识的教育，加强对不良行为学生的教育转化工作。

---

① 王淑兰：《谈谈青少年问题行为的预防与矫正》，《陕西青年职业学院学报》1994年第4期，第4~7页。
② 孙健蕾：《校园适应不良行为及其矫治》，《延边教育学院学报》2008年第4期总第22期，第43~46页。
③ 窦忠伟：《浅谈学生不良行为习惯的溯源及矫正预防》，《现代交际》2009年第9期，第13~14页。

从社会文化影响的角度来说，研究者普遍认为需要为孩子们创建健康和谐的社会环境①，加强对文化市场的管理②。

此外，基于失范理论对于青少年不良行为问题的分析，研究者也提出了相应的教育矫正方案。主要的策略包括：加大社会道德规范和法律的外部制约力度；建立多元化评价标准和多层次教育体系，拓宽青少年实现自我价值的手段；强化青少年行为意义，净化社会风气③。

总的来说，不同学者都给出了建议，但是这些建议多数忽略了青少年的自身动力，只是将青少年的改变放在外部环境因素上，在这个过程中，青少年成为被动参与者，其所拥有的能量并没有真正被看见和调动起来。除此之外，干预策略中对于家庭和学校普遍提出了较高的要求，尤其是对于家庭层面。家庭对于一个人的成长十分重要，但是，每个人的家庭都或多或少都存在着自己的问题，而且每个家长身上负担的家庭、社会责任可能也使得大多数家长没有办法真正成为一个"完美"的家长，因此，现行策略中针对家庭调整的部分很多不具有较强的可操作性。

3. 青少年不良行为问题的干预

当下，很多针对青少年不良行为的干预策略已经运用于具体实践中，包括一些社会工作者的探索，也包括其他主体的探索。

在政府层面，上海市探索了不良行为或严重不良行为青少年群体服务管理和预防犯罪工作模式，在这个工作模式建立的过程中，注重从再犯预防、临界预防和超界预防三个方面来开展工作，社会工作者进驻拘留所、看守所进行再犯预防，社会工作者进驻学校开展临界预防，社会工作者进驻商企市场开展超前预防④。

在社会工作专业层面，社会工作者开始尝试运用小组工作、个案工作

---

① 祁业明：《对初中生不良行为教育的若干思考》，《吉林教育》2009 年第 1 期，第 78 页。
② 王治山、李学恒：《浅谈中小学生不良行为的形成与矫正》，《教育革新》2008 年第 6 期，第 9 页。
③ 谭晓鸥、张香兰：《略论青少年不良行为的成因及防治对策——基于失范理论的分析》，《鲁东大学学报》（哲学社会科学版）2016 年第 4 期总第 33 期，第 92 ~ 96 页。
④ 邵世志、黄小力、王瑞鸿等：《不良行为或严重不良行为青少年群体服务管理和预防犯罪工作模式研究——以上海市闵行区为例》，《中国青年研究》2013 年第 6 期，第 52 ~ 56 页。

的工作方法，在少数民族青少年群体中开展工作①，针对有暴力行为的青少年开展工作②，以家庭教育为切入点开展工作③。

由于具有不良行为的青少年经常在学校活动，也有部分社会工作者开始探索如何在学校中对具有不良行为的青少年进行教育矫正。很多研究人员对已经开展的实务工作进行总结，形成了针对不同群体的、特定的学校社会工作模式。例如，针对留守儿童，王章华和戴利朝提出：一方面是直接针对留守儿童自身在教育中存在的问题进行社会工作介入，另一方面是对影响留守儿童教育的社会支持体系进行社会工作介入，通过介入改善教育条件，提供良好学习环境，从而达到为留守儿童提供教育服务的目标④。

也有研究者直接探讨，如何针对青少年行为的不同问题提供社会工作专业的教育矫正方案。王韬和高岩关注小组工作在学校场域中的应用并提出，在小学阶段，应当通过小组工作的互惠模式进行干预，使学生的人际交往能力、思维能力、实践能力、创造能力等大幅度提高。互助模式可以使小组成员相互学习、相互帮助，在小组活动中建立良好的人际交往能力，建立良好的团队精神。在中学，则侧重榜样示范和行为锻炼。在高等教育阶段侧重适应性问题的解决⑤。

但总体来说，这些策略还集中在如何运用一种工作方式针对某一具体问题进行干预，干预过程缺乏逻辑性和完整性，同时，在已有文献梳理的过程中，对于其所运用的理论和干预策略的描述不是十分完整，降低了已有研究文献对于现实工作的指导性价值。

综上，本文将注重从不良行为青少年自身及其所处的社会环境两个层面上分析其不良行为产生的原因，并探讨如何在多个层面上共同开展工作，同时在这一过程中不能仅仅注重从环境中获取能量，更要注重为环境增能。

---

① 韩爱雪：《朝鲜族留守青少年一般偏差行为的社会工作介入——H市某隔代家庭个案过程探析》，中央民族大学博士学位论文，2013。

② 杨柏龄：《青少年暴力行为的个案工作介入》，长春工业大学博士学位论文，2015。

③ 芦婷：《青少年偏差行为家庭教育因素与社工介入》，内蒙古师范大学博士学位论文，2016。

④ 王章华、戴利朝：《社会工作在农村留守儿童教育问题中的介入模式探索》，《现代教育管理》2009年第7期，第30~33页。

⑤ 王韬、高岩：《浅析小组工作在学校社会工作中的介入模式》，《佳木斯教育学院学报》2012年第5期，第466页。

三　研究方法

在本文中，笔者主要沿着质性研究的脉络进行研究。所谓质性研究，陈向明（2000）在书中指出"质的研究方法是以研究者本人作为研究工具，在自然情境下采用多种资料收集方法对社会现象进行整体性探究，使用归纳法分析资料和形成理论，通过与研究对象互动对其行为和意义建构获得解释性理解的一种活动"。在本文中，笔者将自己作为研究工具，通过观察、文献等多种方式收集社会工作者在为不良行为青少年群体开展服务过程中的资料，使用归纳法分析这些资料，在此基础上说明社会工作专业理念与方法是如何运用在不良行为青少年群体中的。

1. 收集资料的方法

（1）访谈法。

一般认为，访谈是一种有目的性、个别化的研究性交谈，是通过研究者与被研究者口头谈话的方式从被研究者那里收集第一手资料的一种研究方法。访谈法具有以下三个重要意义：第一，易于了解访谈对象的说法、看法；第二，可以在访谈中对访谈对象进行观察；第三，可以与观察相互印证。

在本文中，笔者对开展服务的多名社会工作者进行了访谈，以期了解笔者所未见的、社工在对不良行为青少年开展工作时所经历的事实，同时也用来弥补笔者观察视角的局限性。

（2）参与式观察法。

参与式观察是当代田野作业运用较广的调查方法，要求调查者深入实地和现场，全身心地投入所调查研究的社群生活和文化环境中，长期或定期地居住下来和当地人共同生活，参加他们的各种活动，学会他们的语言，在感情上融成一片，其中有的甚至作为该社群中的一个成员，以便从这个社会的内部来感受文化的氛围，考察人们的种种行为和方式，全面了解该社会和文化的现状。在参与式观察中，观察者和被观察者一起生活、工作，在密切的相互接触和直接体验中倾听和观看他们的言行。

本文所基于的实践场所是北京超越青少年社工事务所开展不良行为青

少年教育矫正工作的几个主要场所，在实践过程中，笔者既是研究者，也是行动者。在近 4 年的实践过程中，笔者一方面作为行动者，参与了服务过程，在服务中记录了大量的、具体的服务信息；另一方面，笔者也作为研究者，对参与工作的社工、接受服务的青少年、青少年所处的多重社会环境中的重要人物进行了大量的访谈，这些访谈将作为本文的重要研究资料来源。

2. 分析资料的方法

研究中，笔者主要沿着情景分析和类属分析相结合的脉络来分析资料。笔者通过对已有的观察笔记和访谈笔记进行整理，通过详细阅读观察笔记和访谈资料，沉浸在资料之中，在回顾资料的过程中，整理驻校社工在学校落地生根的过程。在分析过程中，情景分析注重事件发生的时间脉络，着重于沿着时间的序列来整理资料，而类属分析则对于时间脉络不是特别在意，更加强调按照材料之间的相关性来对资料进行分类，并按照类别进行分析。在本文中，笔者沿着情境分析的思路，以时间为脉络进行分析。

四 介入理念与理论

理念与理论是指导实践的重要原则与基础，只有发现了适合这些孩子的理念与理论，才能确保服务的有效性。针对青少年不良行为的分析理论有很多，这里仅讨论在我们的实践过程中，发现具有较高适用性的主要理论。

简单来说，服务以生态系统理论为基础理论视角，坚持助人自助的服务理念，在分析和干预的过程中，坚持从默顿的越轨理论及优势视角入手，从社会互动和个人能力两个方向上来分析具有不良行为的青少年，并在干预过程中，注重从抗逆力理论和家庭过程模式理论出发，挖掘青少年个人和系统中所存在的力量，注重调动系统中的所有力量，共同为青少年成长服务。

1. 服务的基础理论——社会生态系统理论

社会生态系统理论在社会学、社会工作学界内又往往被简称为生态系统理论，它是用以考察人类行为与社会环境交互关系的理论。该理论把人类生存成长的社会环境（如家庭、机构、团体、社区等）看作一种社会性的生态系统，强调生态环境（人的生存系统）对于分析和理解人类行为的重要性，注重人与环境间各系统的相互作用及其对人类行为的重大影响，是社会工作的重要基础理论之一。社会生态理论还是系统理论的分支，它注重把人放在环境系统中加以考察，注意描述人的生态系统如何与之相互作用并影响人的行为，揭示了家庭、社会系统对于个人成长的重要影响①。

生态系统理论带给我们两个重要启示，其一，每个身处生态系统的个人都是和他的环境相互影响，也就是说，他现在的状态和行为选择，都是他与环境互动的结果，在这个互动的过程中，个人与环境的因素都十分重要。其二，生态系统内部是不断互动的，因而，生态系统内的任何一个部分的变化，都会影响其他的因素，并导致其发生变化，也就是说，在生态系统内，是牵一发而动全身的，这就为我们的工作带来了一个全新的启示，在开展工作和服务的时候，可以尝试从环境中最容易改变的部分着手，进行调整和改变，进而推动整个系统发生变化，再通过系统的作用，影响系统中的每一个个体发生改变。

而当个体无不良行为，但环境却不利于个体发展时，个体和环境的互动可能对个人的行为产生负面影响。如果此时环境能发生改变，或者某种因素积极介入互动过程，那么结果就可能会改变。

这一理念应用于有不良行为青少年的工作中时，就提醒社会工作者：首先，青少年的问题不是青少年个体的问题，是他们与其环境互动的问题。简单来说，当青少年个体特征存在一定问题时，若周围环境状况良好，并且个体与环境的互动状况良好，那么个体的问题就可以在与周围环境互动的过程中得到有效解决。但反之，当周遭环境恶劣或个体与环境的互动过程不畅，就有可能出现恶性循环，加剧个体问题的严重性。而当个体无不良行为，但环境却不利于个体发展时，个体和环境的互动可能对个人的行为产生负面影响。如果此时环境能发生改变，或者某种因素积极介

---

① 师海玲、范燕宁：《社会生态系统理论阐释下的人类行为与社会环境》，《首都师范大学学报》（社会科学版）2005 年第 5 期。

入互动过程，那么就能够减低环境对个体的影响，带领个体走向更积极的发展路径上。

在分析每一个青少年不良行为成因的过程中，社会工作者都需要同时注重其个体特征、周围环境特质及互动情况这三个部分，只有对这三者都有了比较完整的评估，才能够真正发现其产生不良行为的原因，并有针对性地开展工作。

其次，生态系统中的每一个要素都是具有其主观能动性的，也就是说，每一个要素都有其自身的能量。在工作中，社会工作者经常会发现，一些案例中的青少年没有较大的改变的动机，但是他又是我们的案主，此时，从生态系统出发，我们可以尝试去挖掘其所处的生态环境中，具有较大的改变的动力的要素，通过这些环节和因素的转变，来促进青少年的转变，进而推动整个系统的转变。在具体的工作中，这个可以改变的要素可能是父亲、母亲、小姨、老师、好朋友等，抓住这些要素，对于突破案主动力较小的个案有着十分重要的作用。

最后，帮助青少年建立起较好的生态系统网络，并促进其与网络的顺利沟通是实现助人自助这一核心目标的重要环节。助人自助是社会工作者在工作中的基础理念，也是我们工作的重要目标。所谓助人自助，就是指社会工作者希望能够陪伴和帮助案主，让他们发现和找到自身的资源和能量，帮助他们最终实现"自助"。在这一部分，生态系统理论为我们提供了非常好的解决方案。既然每个人都是生活在生态系统之中的，个体当下的状态和行为选择是其与生态环境互动的结果，那么在实际工作中，我们就可以通过陪伴协助其修复自身的生态系统，修复生态系统中各要素的能量流动，来促进青少年获得更加适合他的生活环境和支持系统，进而实现自助的目标。因而在工作中，社会工作者不仅仅需要调动青少年的生态系统中的能量，更重要的是协助案主为各个要素充权、增能，促进其整个生态系统拥有更多的能量。

2. 分析和解决不良行为青少年问题的基本视角——越轨理论与优势视角

（1）默顿的越轨理论。

越轨理论认为，当社会文化与结构之间存在紧张或冲突，即社会目标与实现目标的社会认可的合法手段之间出现紧张或冲突时，越轨行为就可能发生。

默顿的越轨理论给了我们一个新的视角，来重新审视青少年的不良行为。通常我们认为他们的不良行为都是消极的，是需要完全被改变的，但是，默顿的越轨理论让我们看到了，其实对于一个青少年来说，他们的行为背后有着很强烈的希望得到肯定的动机。那么，从这样的理论角度来说，社会工作者在工作中，就需要先找到其肯定的那种社会价值，找到其选择的实现价值的路径（很多时候，就是实际上其在表面上所表现出来的不良行为），并与其探讨，是否还有其他路径可以实现这样的期待。通过这样的方式，将不良行为青少年的问题行为转变成为积极行为。

（2）优势视角。

优势视角是积极心理学的组成部分之一，优势视角强调，当我们观察每一个生命个体的时候，不能仅仅聚焦在他们的问题上，还应当更加注重他们的优势和能量，并通过调动这些优势和能量，以期更好地促进全人发展。

这一点对于针对不良行为青少年开展工作来说尤为重要。在实际服务过程中，社会工作者们经常发现，具有不良行为的青少年们普遍拥有常年的失败经历，也就是说，在他们的成长中，多数是失败的、被人指责的经历，很多青少年自己都不相信自己有优势，不相信自己有能力，而这样的低自我效能感和低自我评价，将会让这些青少年在面对其他生活事件的时候，止步不前，进而形成恶性循环。优势视角提醒社会工作者们，在对不良行为青少年开展工作时，应当注重用优势视角观察青少年，找到他们身上的优势和力量，并通过调动这些优势和力量唤醒青少年内在的生命力，促进其更好地发挥自身能力，应对社会生活。

3. 解决青少年不良行为问题的主要理论——抗逆力与家庭过程模式

（1）抗逆力理论。

抗逆力作为优势视角的理论内核，是当个人面对逆境时能够理性地做出建设性、正向的选择，并采取相对应的处理方法。抗逆力是个人的一种资源和资产，能够引领个人在恶劣环境下懂得处理不利的条件，从而产生正面的结果。同时抗逆力的增强也是一个过程，可以通过学习而获得并且不断增强。抗逆力高的人能够以积极正向的态度去面对逆境。

从构成要素来划分，抗逆力有外部支持因素（I have）、内在优势因素（I am）及效能因素（I can）三个部分。

外部支持因素（I have），即我们所生活的环境——尤其是在这个环境中与我们发生交互影响的那些人，能够帮助或者增强我们的抗逆力，构成了抗逆力的外部支持因素，包括拥有正向的连接关系、坚定清晰的规范、关怀支持的环境、积极合理的期望、有意义的参与机会。内在优势因素（I am）包括完美的个人形象感、积极乐观感。我们观察自己而得到的结论和从别人那里得到的反馈称为自我形象，这对于青少年非常重要。效能因素（I can）包括人际技巧、解决问题能力、情绪管理及目标订定等。人际技巧是指适应不同文化的灵活性、同理心、幽默感及沟通能力；解决问题能力是指懂得运用资源及寻求帮助的能力；情绪管理是指能察觉自己的情绪并正面表达出来；目标订定是指了解自己的目标，并具备订定计划的能力，从而达到自己的目标。

抗逆力理论提醒社会工作者，每个青少年在生活中都可能会遇到很多逆境，尤其是对于出现不良行为的青少年来说，在他们的生命历程中，可能已经出现了很多困境，但是困境并不直接导致青少年发展出不良行为，而是对困境的不良应对，导致了问题行为的发生。因而，注重提升青少年的抗逆力是非常重要的工作内容。与此同时，他们外显的不良行为可能是其应对逆境的方式，他们有可能不知道如何用积极的方式来应对困境，因而选择用实施不良行为的方式来应对，虽然他们也可能知道这样的行为可能会带来一些不利的后果，但是面对当下的情境，这可能是他们在能力范围内能够想到的唯一解决方案。在实际操作的过程中，就是需要去帮助他们发现自身具有哪些外在支持因素、内在优势因素和效能因素，尤其是内在优势因素和效能因素，其所主要包含的乐观感和效能感的部分，对于不良行为青少年的教育矫正有着十分重要的作用。

（2）家庭过程模式理论。

家庭过程模式理论是 Skinner 等人于 1980 年提出的。它把和家庭相关的不同概念有机地结合在一起，形成了一个全面而清晰的家庭功能的概念与结构。

家庭过程模式理论认为，家庭的首要目标是完成各种日常任务，包括完成危机任务。每项任务都需要家庭一起去应对。在完成任务的过程中，家庭及其成员得到成长，并使家庭成员之间的亲密度得到增进，维持家庭的整体性，发挥好家庭作为社会单位的各项功能。该理论提出了评价家庭功能的七个维度，即任务完成、角色作用、沟通、情感表达、卷入、控制和价值观。任务完成是核心维度，任务完成的过程包括确定问题、思考各种解决问题的办法、选择合适的解决方法并实施、评估解决的效果。其他六个维度围绕在任务完成这一维度的周围。要想很好地完成各项家庭任务需要家庭成员分配并各自承担不同的角色；角色的分配就需要沟通；沟通过程必然存在情感的表达，情感表达可以阻碍或促进任务完成和角色的承担；家庭成员相互卷入程度也对家庭任务完成有影响；控制是家庭成员相互影响的过程；家庭应该能够维持自己的家庭功能，同时在任务发生变化时去适应变化的需要。家庭任务的确定以及家庭如何完成任务受到家庭成员的价值观和家庭规则，特别是家庭背景的影响，价值观和家庭规则是家庭任务完成的背景。这样，七个维度有机地联系在一起，共同评价一个家庭的功能发挥效果。

家庭对于青少年的成长具有不可或缺的重要作用，这已经成为毋庸置疑的事实，那么，如何提升家庭能力，让家庭真正成为青少年成长保驾护航的重要一环呢？从实务工作的经验上来看，仅仅和家长摆事实、讲道理是远远不够的。对于家长来说，其本身就拥有着繁重的工作压力和经济负担，在这样的压力之下，仅仅是教育家长应当如何去做，很显然很难真正被家长理解和接纳，此时，家庭过程模式理论就给社会工作者开展家庭工作提供了一个非常重要的途径和手段。家庭过程模式理论提醒社会工作者，家庭要想实现功能的发挥，核心是要完成日常任务。因此，要想发挥家庭功能，就需要促进家庭完成日常任务，甚至是创造环境完成日常任务和危机人物，并在这个过程中着重改善和提升"角色作用、沟通、情感表达、卷入、控制和价值观"几个要素，通过这几个要素的改善和提升，促进家庭功能的发挥。

以上五个理论相辅相成，生态系统理论作为基础理论，为我们的工作提供了清晰的思路和脉络，要求社会工作者不论是在分析青少年的不良行为产生原因还是在分析教育矫正方案的时候，都充分考虑到青少年所处的各层社会环境，并着重分析改变的动力较大的那一层社会环境。默顿的越轨理论和优势视角为我们理解和分析青少年的不良行为提供了新的视角，越轨理论提示社会工作者注重从环境的角度出发，从青少年同环境互动、对环境的态度的角度出发，分析其不良行为产生的原因；优势视角则是非常重要的工作理念，要求社会工作者发现不良行为青少年身上所存在的优势与生命力，充分发挥其自身的生命力量，真正实现助人自助。在上述理论框架之下，很多理论都可以整合进来，用于解决青少年的不良行为问题，这里主要阐述的是抗逆力理论和家庭过程模式理论。抗逆力理论提醒社会工作者，在工作中，针对不良行为青少年的具体特点，应当注重其乐观感和效能感的建设，以助力其更好地面对和应对生活中出现的各种困境；家庭过程模式理论则要求社会工作者为家庭提供完成日常任务的契机，并在完成日常任务的过程中，促进家庭功能的发挥。

此外，工作中还会运用到多种不同理论来应对不同情况的不良行为青少年，在这里就不再一一赘述，但无论如何，生态系统理论是分析的基础和源头，社会工作者的多年实践发现，同时注重个体特征、环境资源情况和个体环境互动情况，才能够更好地转变青少年的不良行为。

五　服务方式与内容

1. 服务方式

实际工作中，主要通过运用个案工作、小组工作两种方法开展工作。

个案工作是专业社会工作者遵循基本的价值理念，运用科学的专业知识和技巧，并以个别化的方式为感到困难的个人或家庭提供物质和家庭方面的支持与服务，帮助个人或家庭减少压力、解决问题和挖掘生命潜能。

在与不良行为青少年群体的工作中，社会工作者将运用个案的方法为需要个别开展工作的青少年做一对一的服务。深入了解青少年个体成长经历、家庭环境、朋辈环境等信息，有针对性地进行服务，改善不良行为，更好实现青少年的正面成长。

小组工作是在社会工作者的带领下，通过组员间的相互支持、充分互动和分享，激发组员的能力和潜能，改善组员的态度、行为，提升他们的社会功能性，解决个人、群体、社区和社会问题，促进个人、小组和社区的成长和发展。在小组中，社会工作者积极观察参与者的表现，并鼓励相互分享，以及在分享的过程中，从其他人那里获得理解、支持和经验。小组工作有很多变形的方式，除了传统的高结构的小组工作之外，社会工作者们还积极运用单次活动、亲子活动等方式开展工作，也可能采用线上的途径开展小组工作，但无论形式如何多样，互动、分享、体验学习、小组动力都是小组工作永恒不变的主题。

除此之外需要着重说明的是，在对不良行为青少年开展服务的过程中，非正式工作是非常重要的。所谓非正式工作是指，那些在传统的个案、小组工作之外时候，对孩子开展的工作。如果是在学校里，这些工作可能发生在课间，如果是在校外，可能是发生在小组工作开始之前的半个小时，或者是发生在微信上或者是 QQ 上，这些看似"闲聊"的工作，很多时候是社会工作者与不良行为青少年建立关系的重要契机，正是在这些非正式工作中，社会工作者们了解了更加放松情况下的青少年，为后面开展结构性的个案与小组工作打下了坚实的基础。

2. 服务内容

基于上述理论的指导以及在实务中的摸索，在具体工作中，社会工作者主要从提升不良行为青少年个人能力、提高不良行为青少年与周围环境的互动水平以及促进社会支持系统的建立三个角度出发开展工作。

1）提升不良行为青少年个人能力。

在实践过程中，社会工作者发现，具有不良行为的青少年在成长过程中会遭遇很多的困境，但是由于各种原因，他们没有办法真正地面对和走出这些困境，而是选择了不符合社会规范的方式来抵抗困境或者干脆逃避、屈服。因而，提升青少年抵抗困境的能力，是促进他们更好地应对社会生活的重要环节。从抗逆力的基础理论出发，就是需要提升青少年的乐观感、归属感和效能感，发现我是谁（I am）、我所有用的能力（I have）及我能做的事情（I can），下文将逐步阐述可以通过怎样的服务内容达成这些目标。

（1）发现 I am、I have 与 I can。

服务 1：发现超人计划。发现超人计划是一个旨在让青少年发现自己的优势与长处的、封闭的、高结构的小组，在小组中，通过各种活动和体验，让青少年发现，他们自身也是有很多优势和长处的，并不是原来他们认定的、自己的无力的样子，促进他们更加全面地了解自己。

服务2：女生"悄悄话"小组。究竟你想要成为怎样的女生？这是该小组的核心主题。在实际工作中，社会工作者发现，很多具有不良行为的少女，都有经常出入夜店、酒吧等场所的情况，而当她们出现在社会工作者面前的时候，也经常出现化浓妆、衣着不符合年龄特点等情况。究其原因是她们在寻找自己欣赏的女性形象。因而，"悄悄话"小组便通过撕纸拼贴、照片拼图等方式和女生们一起讨论，究竟她们心中想要成为怎样的女性，以此来帮助她们澄清对于自我形象的期待，并规划未来。

服务3：私房绘本。孩子们很多时候心中有想法，但不知道如何表达，甚至他们心中本身也有着对于自己的美好期待，却没有机会表露出来。私房绘本就是要为孩子们提供这样的平台，通过艺术创作的方式，让青少年可以看见自己的内心，看到自己的过往经历，看到对于自己的期待，并逐步发展出对于自己未来的计划。

（2）提升乐观感和效能感。在社会工作者的实践过程中发现，大多数具有不良行为的青少年，在其过往的生活中，都体验过非常多的失败，他们或许曾经是失败者。这样的经验会让他们具有较强的挫败感，进而影响其面对其他的人生挑战。社会工作者希望能够为这些青少年提供一些其他的方式，让他们感受到他们自己的成功和生命意义。

服务1：扎染和橡皮图章。这两者都属于艺术创作的方式，尤其是扎染，属于没有对错的创作。通常情况下，我们很难判断，扎染最后形成的花纹是不是我们最初所设计的。此时一切都变得有可能，没有明确的对错，在这样的情况之下，很多青少年能够放弃原有的失败经验，开始挑战新的内容。而橡皮图章则是孩子们经过简单练习就能够完成的任务，因而，很容易帮助孩子们建立效能感，同时，橡皮图章的刻制还能够提升孩子们的专注力和肌肉控制能力。

服务2：电影配音。社会工作者在服务过程中还发现，很多青少年羞于当众发言，甚至完全没有当着很多人发言的勇气和信心，因此，其很多观点也没有办法顺利表达出来。为了提升他们语言表达的勇气，社会工作者设计了电影配音活动。这是一个半封闭的小组，每节课通过练习配音的方式，让青少年看到，他们其实可以发声，通过每节课形成的配音作品，来提升孩子们的效能感与乐观感。

服务 3：城市历奇。并不是所有的青少年都喜欢并且适合坐在屋子里的活动，尤其是对于具有不良行为的男生来说更是如此，处在这个年龄阶段的男生，通常还是喜欢更多的户外活动。城市历奇就是通过户外徒步历奇的方式，来提升孩子们的自我效能感，每次 10 千米左右的徒步挑战，用两个月的时间走完一条地铁线，这其中的辛苦和最后的收获，都能够促进孩子们提升其乐观感与效能感。

2）提高不良行为青少年与环境的互动水平。

上文中已经提到，与环境的互动是每个人生命成长过程中都不可或缺的环节，当我们形成与环境的良好互动时，才能更好地从环境中获取能量，也能将我们的能量更好地释放在环境中，促进环境能量的积极流动。因而，社会工作者们也聚焦于通过提升青少年与环境沟通的能力，提升其与环境的互动水平，进而获得更多的生命支持。开展的服务主要以沟通能力提升为主题。

服务 1：人际交往小组。究竟如何与他人沟通？如何能够真正表达出自己的观点又让对方能够接受？这是困扰很多具有不良行为青少年的问题。开设这样的一个封闭的小组就是为了提升孩子们的人际交往能力，这个小组以非暴力沟通为主要理论，通过活动体验促使青少年学习与练习人际沟通的基本能力与技巧。

服务 2：一人一故事社团。语言是沟通交流的主要方式，但是，肢体动作也是不可缺少的方式。通过一人一故事社团，促进青少年通过肢体动作理解他人的故事，表达自己的观点，演绎我们共同的故事。一人一故事是一个封闭的小组，与其他小组不同的是，一人一故事实际上是一个剧团，通过长期的培训，青少年们可以成为一个个优秀的即兴话剧表演者，社会工作者为他们提供平台，鼓励他们和其他人演出自己的故事，促进效能感的提升，同时也搭建平台，让更多的人看到他们的故事，推动社会刻板印象的改变。

服务 3：游戏嘉年华。所有技巧的学习最后都将落实在实际的任务上。

游戏嘉年华就提供这样的一个平台，通过游园会的方式，青少年需要和他人随机组成队员，并完成每个站点的挑战任务。社会工作者则可以通过观察和及时的发现，鼓励青少年将已经学习到的沟通技巧运用到自己的生活中来，促进青少年沟通合作能力的提升。

服务 4：墙绘。我们究竟要用什么样的方式表达自己，让其他人知道我们在想什么？这是纠结和困扰很多不良行为青少年的问题。在服务过程中，为了让更多的孩子能够有表达自己想法的机会，社会工作者组织了墙绘活动。在活动中，每个青少年都可以拥有一块属于他们的墙，绘制出属于他们自己的精彩墙绘。并在这个过程中，学习用符合社会规范的方式表达自己的所思所想。

3）促进社会支持系统的建立。

生态系统理论提醒社会工作者，环境与个人特质都十分重要，因而，在工作中，社会工作者也需要陪伴和支持青少年建立有助于其健康成长的社会支持系统，促进青少年从环境中获得更多正能量。考虑到青少年的年龄和活动领域特点，在这一部分，主要考虑家庭支持、班集体支持及学校支持的建设。

（1）家庭支持建设。毋庸置疑，家庭是青少年最为重要的支持系统，如何让家庭更好地支持青少年成长已经是社会主要关注的问题之一，社会工作者结合实际情况，主要通过以下方式促进家庭支持的建设。

服务 1：亲职教育小组。人们开玩笑说，这个世界上唯一不用持证上岗的职业就是父母，事实确实如此，很多家长还没有做好养育孩子的准备就已经走上了这个光荣而艰巨的工作岗位，因而，支持家长，促进亲职教育能力的提升，是建设家庭支持的重要组成部分。而这里开设的亲职教育小组实际上是一个互助型小组。我们相信，每个家庭都有其独特的解决家庭纷争的方式方法，这些不同的方式汇聚在一起将产生巨大的火花，因而，在这个小组中，没有所谓专家，社会工作者会鼓励大家相互分享经验，实现共同成长。

服务 2：家长讲座。与亲职教育小组不同，家长讲座则是会邀请相关领域的专家学者进行讲解。打开家长们的视野，让家长们看到更新的理念与方法，并促进家长运用这些理论与方法与青少年沟通，以期实现更好的教育目标。

服务3：家长线上小组。不能忽略的一个社会事实则是，现在是"互联网+"时代，社会工作者的工作也需要有这样的意识。在快节奏的北京，要求家长频繁地来参加学校组织的各项活动基本上是一件不可能的事情，因而，社会工作者们经过口头分享、报纸传递等方式的尝试，最终发现了使用公众平台发布信息的方法与家长们保持沟通的方式。而这个线上平台实际上也将成为另外一个让家长能够将自己的经验与大家分享讨论的线上小组。

服务4：亲子活动。不论学习多少理论知识，最终还是要回到社会生活中来。家庭过程理论告诉我们，日常任务的完成对于一个家庭的功能发挥有着十分重要的作用。因而，社会工作者会将一些家庭日常任务搬到社会工作者的视线范围内来完成，通过这样的过程，一方面在亲子沟通过程中发现家庭的沟通情况，另一方面也有利于家长应用自己已经学习到的理论与方法。

（2）班集体支持建设。对于仍在学校就读的具有不良行为的青少年来说，班级环境是他们接触的第一个社会环境，每天在班级中生活，班集体的支持对不良行为青少年而言尤其重要。

服务1：班级团队建设小组。这是一个封闭性高结构的小组设计，通过这样的小组活动，促进学生之间相互沟通和交流，促进平等友善的班级氛围的构建，让青少年在班级中获得成长。

服务2：躲避球小组。通过体育运动的方式，能够让青少年体会到规则的重要性。通常情况下，具有不良行为的青少年不愿意遵守各项规则，在他们的世界中，规则就是用来约束他们的。但他们看不到规则带来的保护效应，也看不到规则对于秩序的强大作用。通过躲避球这项运动，可以让孩子们在活动中发现规则的保护作用，以促进建立更加和谐的规则，促进孩子们学会遵守规则，建立和谐有序的班级氛围。

（3）学校支持建设。对于青少年来说，学校是除家庭环境之外最重要的环境支持之一，如何促进学校更好地发挥教育功能，让学校更好地成为学生成长的重要支持力量，在不良行为青少年教育矫正过程中，是不可忽视的重要因素。

服务1：学校活动支持。很多班主任在工作中惆怅如何更好地开展班级活动，在这一点上，社会工作者有其特殊的优势，小组工作中的很多优势和理念都是很适合用在开展班级活动之中的，因此，社会工作者开展了"班主任活动支持手册"的服务，通过定期为班主任提供活动内容，支持班级工作的开展。通过这样的方式，平等、尊重、助人自助、优势视角、案主自决等观念就充分地融入班主任的工作之中。除此之外，社会工作者还开展了班级活动支持服务、学校的德育活动支持服务，在活动中，将社会工作的理念融入进去，进而建立更加支持的校园环境。

服务2：班主任情绪疏导。班主任是构建班级氛围，构建学校德育工作氛围的重要支持力量，一批积极、阳光、能够从更加全面的视角了解和认识青少年的班主任，无疑将会为孩子们的成长提供强有力的支持。但实际情况是，绝大多数班主任在工作中面临着来自多方的压力，这些工作压力导致其自身很多时候面临情绪的困扰，更是难以顾及向青少年提供支持。因而，在这一部分，社会工作者通过与班主任一起工作，疏导班主任的情绪问题，促进积极、阳光的班主任群体的建设，进而改善不良行为青少年的生活环境。

总而言之，在工作中，需要从微观、中观和宏观三个角度入手，从不良行为青少年个人能力提升、个人能力矫正入手直接对青少年开展服务；从环境支持、家庭增能、学校增能入手，改善不良行为青少年所处的社会环境；从环境互动入手，促进系统之间的能量流动。上述所提及的只是在这个层面之下所开展的部分服务，而服务的核心目标则是"增能"，通过整体提升不良行为青少年所处的社会生态系统中的能量，来促进不良行为青少年的转变。

六 服务成效与反思

1. 服务成效

从数量上来看，自2014年以来，社会工作者共在专门学校开展个人成长类小组超过40个，有1 500余人次参与；开展促进环境能量流动类小组超过30个，超过1 000人次参与；开展系统环境支持类小组超过20个，超过 1 500 人次受益；开展系统支持线上讨论超过 5 000 次，有 4 000 余家长关注并参与了讨论。

从服务质量上来看，学生、家庭、学校教师都发生了改变。

从学生个体的角度来说，抗逆力水平有所提升。通过个案工作和小组工作，学生们开始发现自己身上的闪光点，以及平时不被自己注意的特点所带来的优势和能量。在小组"发现超人计划"中，孩子们的表达从"我觉得我没有优点"到"我从没想到，矮也有用"；在电影配音的小组中，从"我不去汇报"到"能让我去吗"。在完成一个个看似不可能完成的任务过程中，提升了孩子们的自我效能感，在"一起挑战吧"主题夏令营中，青少年自我效能感测评平均值提高了 2.8 分，其中提升幅度最大的达24 分。总之，在服务中，青少年发现了自己的能量和优势，提升了自我效能感，增强了抗逆力，为后面更好地面对生活中的困难与挑战奠定了基础。

在关系层面上，提升个人与环境互动的能力是最为重要的部分。通过个案工作和小组工作，社会工作者们促进孩子们共同制定需要遵守的规则，保证沟通的良性、有序进行；发现他人的优势，促进成员间的相互欣赏；学习非暴力沟通的方法和技巧，推动学生更好地与他人沟通。在人际交往小组中，孩子们从不断地抱怨"你能不能放尊重点，会不会尊重人啊"，到自己建立班级公约；在强弱势学生共融小组中，从埋怨"干吗让他也来啊"到"没想到他这么牛"，不良行为青少年慢慢意识到，其实可以通过良好的沟通来解决问题，可以充分调动周围自己原本不认为是资源的资源来丰富自己的生活。

在构建环境支持的层面上，通过亲职教育能力提升小组、家长在线讨论、亲子活动小组等活动，家长开始意识到和谐的家庭氛围的构建是家长和孩子共同努力的结果，家长也在亲子活动中发现孩子身上的专注与认真，而不是仅仅聚焦在孩子调皮淘气惹人生气的一面上。在线上家长小组中，家长表示"换种对话方式对早已形成习惯的成人来说很难，但确实应该试试改变""以前从来没有考虑过怎么跟孩子说话，以后会注意说话的方式方法了"；在亲子活动中，家长表达"上一次和孩子拍合影是很多年前的事了""我才发现，我儿子认真的时候特别帅"，通过这样的服务，让系统中的其他要素更加具有支持青少年成长的能力，也让他们更加欣赏和了解青少年，这样所构建的氛围才能够更好地支持不良行为青少年的健康成长。

从机制建设上，为了更好地开展不良行为青少年教育矫正工作，事务所与学校合作建立了社工站，建立了稳定的驻校社工服务机制。每天有两名专职社会工作者与数十名志愿者在学校中为学生、家长和学校提供服务。在两年多的探索中，已经与学校德育领导、班主任、任课教师、学生家长建立了良好的合作关系与工作制度，积极稳步地推进服务。

2. 服务反思

首先，从工作焦点的角度上来说，不良行为青少年的教育矫正应当更加聚焦在其个人能力的提升、支持体系的建构上。从社会工作者实际工作中所发现的情况上来看，当前很多针对不良行为青少年的工作是从管理的角度入手进行的，首要目的是保证其在这一段时间内不出现重大问题，虽然从工作效果上来看，这些青少年可能没有实施违法犯罪行为，但是从长远角度来看，他们也有可能在成人之后带来更大的风险，对其个人成长也有较大的不良影响。因而，在教育矫正不良行为青少年的问题上，应当转换视角，更多地从青少年的年龄特点出发，从青少年成长的角度出发，设计和开展服务。环境对于青少年的成长起着十分重要的作用，具有不良行为的青少年群体多数其系统内各要素所拥有的资源比较薄弱，因而也应当聚焦在调动系统资源和为系统增能，从这个角度上助力具有不良行为的青少年的健康成长。

其次，从工作制度的角度上来说，现在对于具有不良行为的青少年的教育矫正还没有建立完善的体制保障。从社会工作者的实践上来看，由于具有不良行为的青少年多数还处在学校阶段，因而，在学校中进行干预，充分调动学校和家庭所拥有的资源，避免其进入更加复杂的社会氛围中去，沾染更多、更严重的不良行为是十分重要的。但是，就现在的学校教育体系来说，随着近年来的社会变迁，学校已经承载了很多的工作压力和挑战，以教育学理论为基础的传统学校教育已经很难以学校自己的力量应对如此复杂的社会变迁所导致的青少年不良行为问题，急需整合更多专业力量，共同借助学校这个场域，来促进青少年的健康成长。从上文的论述中已经可以看到，社会工作作为社会学的应用学科，扎根在社会这片广袤的土壤之中，在处理和解决青少年不良行为问题上有着自己独特的优势和力量。但现在，在中国大陆，社会工作介入学校场域并没有成为常态化，甚至还处于起步阶段。虽然自 2008 年汶川地震以来，中国大陆就开始了社会工作进入学校领域的探索，但是，从现实情况来看，这些探索步履维艰，至今也没能实现普遍化和制度化。反映在具有不良行为的青少年的教育矫正上，如果没有办法在他们集中存在的场域进行早期干预，教育矫正工作多少都有些隔靴搔痒、力不从心。因而，建立社会工作者进驻学校开展工作的长效机制，对于具有不良行为青少年的教育矫正工作的顺利开展，以及促进更多青少年的健康成长都有着十分关键的作用和迫切的需求。

再次，从人才队伍的角度上来说，由于每一个青少年的问题都是一个与环境相关的问题，也是只有接触其所在的环境才能解决的问题，因而，这对于开展工作的社会工作者们提出了更高的要求。他们必须站在更高的、全局的角度上来分析每一个孩子，发现孩子的优势和能量，发现系统中各要素的资源和动力。这就需要社会工作者们具有更加丰富的理论知识和实践技能，也需要更多的专业支持和团队合作。但从现阶段工作的情况来看，具有这样的专业能力的社会工作者数量还远远不能满足服务需求，而能够提供专业支持的社会工作者事务所更加数量有限。因而，为了更好地推进这项工作，必须大力推进驻校社会工作者人才建设，从项目支持、资金支持、体制建设等方面促进具有专业性的社会工作者事务所的发展，以培养更多符合专业需求的社会工作者，并带动行业发展，才能形成稳定的人才库，助力青少年成长，从更大的范围上，更有效地对具有不良行为的青少年开展教育矫正工作。

最后，从制度设计的角度上来说，对于不良行为青少年的教育，在制度建设上还有很多需要完善的空间。从青少年教育的角度上来看，青少年教育的主阵地是家庭和学校，从家庭上来说，家庭教育已经越来越开始走进人们的视野，人们开始意识到家庭对于人的成长所产生的巨大影响，但是，究竟怎样能够真正实现积极有效的家庭教育，这仍旧是一个难题，对家长的亲职能力教育暂时没有被纳入社会教育的体系中来，家长们多数还处在摸着石头过河的阶段，因而，如何将对于家庭教育的关注转化为切实有效的提升家长亲职教育能力的可操作方案，是在制度层面上需要解决的一个问题。从学校上来说，学校本身就面临着来自社会的巨大压力，教书和育人都是学校要承担和完成的重要使命。对于学校来说，要考虑到学生的升学压力，还有学生健康成长的压力，以现行教育体制来看，对于学校的"偏常生"很难真正有时间和精力坐下来好好分析和讨论，并提出具有个性化的教育方案并实施。而现行的专门学校教育与普通学校之间的衔接存在很大的障碍，真正需要转入专门学校接受专门教育的学生很难转入专门学校接受更加合适的教育，就导致有一群具有不良行为的青少年或是处在辍学状态闲散在社会上，或是在学校中也没有办法真正接受教育，不论哪一种状态，对于这些孩子的成长而言，都是不利的。因而，如何完善顶层设计，让普通学校中的具有不良行为的青少年真正接受更加适合他们的教育，如何完善这样的工作制度和工作流程，是十分重要的。这一过程虽然艰难，却是能够真正推动更多孩子健康成长的必由之路，值得我们花时间和心力仔细研究和推动。

规训与惩罚：工读教育中的情感体制

陈　晨[*]

　　摘　要：工读教育是将教育手段与惩戒措施合二为一的特殊教育模式。教育活动中渗透了大量的情感要素，是稳定公共秩序、达成教育目标的基础性要件。教育活动的目标之一便是通过情感缔造学校场域的教学秩序，建构并汲取家校社的合法性资源。在工读教育实践中发展起来的交友式教育、惩戒式教育、仪式性教育和技能性教育分别从师—生视角和生—师视角分析了情感体制的存在，以及情感作为一种规则、规范和制度存在的集体状态；探讨情感体制在被内化之后，如何成为达成教育目的，完成受教育者心理行为转化的动力源泉。

一　问题提出

　　工读教育是基础教育的一个重要环节，是在特定时期为特定的人群提供适合其身心发展的教育形式。中国的工读教育是在 20 世纪 50 年代效仿苏联的办学模式，对有行为偏差的青少年实行半工半读的教育方式。在中华人民共和国刚刚成立不久，百废待兴的局面下，工读教育是行之有效的，它颇有效率地解决了当时青少年违法犯罪率居高不下、社会闲散青少年游手好闲等社会问题。在这一教育意涵中，"工"是带有惩罚意义的，是对不符合社会规范的行为的矫正方式。"读"是带有教育意义的规训行为，目的是让青少年按照大众接受的行为期许控制自身的思想和行为。

---

　　[*]　陈晨，中国青少年研究中心共青团工作研究所副研究员，社会学博士。

"工"的位置在"读"之前，意味着惩罚的意义重于教育的意义。而惩罚本身会让受罚者内心很不舒服，产生逆反情绪，有的甚至用更加极端的越轨行为来抗拒惩罚，而不是顺从。这就是为什么工读学校虽然采取了更加严格的管理方式，运用了更加严厉的惩戒手段，仍然会出现校风不正、学生违法乱纪行为较多、工读学校声誉受损的情况，这也是家长对此类学校避而远之的根源所在。因为，惩罚行为触及了受罚者的消极情感和反抗情绪。"工"和"读"的结合类似于人们常说的恩威并重，本应是一套互为表里的教育方式，却曾在一段时间内走向了惩罚为主的极端，导致了人们对工读教育的误解。从本质来讲，工读教育仍然是教育的一个环节，特别是在当下的社会环境中，"工"的惩戒功能已经微乎其微，以人为本、人性化教育、培养学生的核心素养等教育主流议题逐步渗透到工读教育的理念中。但是工读教育又不同于普通的基础教育，如果逐渐与其他的学校教育相一致，工读教育便失去了其存在的意义，而与以学业成绩和综合素质为主导的基础教育学校相比，工读学校并没有优势，用自己的弱项与他人的强项进行比较，无异于以卵击石，只会放大自身的缺点，把自己逼到不利境地。基于此，发挥自身的不可替代性，彰显工读教育的优点，才是工读教育立足基础教育的出路。

教育有其内在规律，同时教育又是关于人的活动，施教者和受教者都是具备能动性的个体，因此在教育过程中不可避免要涉及人的情感问题。韦伯将社会行动分为四种理想类型，即工具和理性行动、价值合理性行动、情感行动和传统行动。情感行动被界定为"那些受到行动者特定情感和感觉状态决定的行动"[①]。韦伯在其科层制理论中认为情感行动是一种反理性的行动类别，而科层制是严格按照规则和制度进行的理性化设计，与情感的内涵是相悖的。按照韦伯对科层制的定义，学校也是一类科层制组织，情感行动在其中也是遭到排斥的。但是，现实的教育活动中存在大量与情感相关联的现象，如教师的表扬与批评，如果按照科层制的逻辑，教师只要上课下课就可以了，为什么还需要干预学生其他事务？其背后又有

---

① 王雨磊：《缘情治理：扶贫送温暖中的情感秩序》，《中国行政管理》2018 年第 5 期，第 96～101 页。

怎样的情感与教育之间的关联？本文聚焦于工读教育中的四类教育方式，探寻情感与教育背后更为关键和基础的社会关联，理解和探究工读教育的情感维度。

进入工读学校的家庭都希望自己的孩子能在这里有所改观，起码在行为上能如普通学生一般安分守己。学生被普通学校劝说来到工读学校，大多数是无奈之举，无法适应原学校的教育环境而被嫌弃或者在行为上过高的破坏性遭到原学校的劝退，因而来到工读学校的学生都是"困难户"。在一个"困难户"扎堆的地方，家长最担心的是"交叉感染"，学校最担心的是难于管理，学生最担心的是失去自由。因此，工读学校的管理方式必然不同于普通学校，既需要情感上的抚慰，又需要行为上的责罚。规训与惩罚是将情感视为稳定公共秩序、达成教育目标的基础性要件，同时教育活动的目标之一便是通过情感缔造学校场域的教学秩序，建构并汲取家校社的合法性资源。本文划分的四种教育方式，前两者为交友式教育和惩戒式教育，是从师—生视角分析情感体制的存在以及情感作为一种规则、规范和制度存在的集体状态；后两者为仪式性教育和技能性教育，是从生—师视角分析情感体制在被内化之后，如何成为达成教育目的，完成受教育者心理行为转化的动力源泉。

二 交友式教育：情感劳动与情感管理

情感劳动被称为区别于体力劳动和脑力劳动的第三种劳动，是个体通过管理自我的感受产生的与某个情境相适应的表情或身体展示[1]。通常认为，这种情感是压抑个性的，是个体在劳动过程中产生的与其相配套的工具性表达，是为了获得薪水，具有交换价值，并与更深层的社会结构之间发生关联，是后工业社会来临的必然产物。

最初美国学者霍克希尔德研究情感劳动时选择了空姐，"空姐的微笑"是情感劳动的形象表达。逐渐情感劳动的研究视角扩展到服务业，直至20

---

① Hochschild A. R.："Emotion work, feeling rules, and social structure," *American Journal of Sociology*, 1979, 85（3）: 551 – 575.

世纪 90 年代后期，一些学者开始关注教育教学中的情感投入，认为教学是情感劳动的一种形式，教师在其中需要付出大量的情感劳动①。对于工读学校的教师而言，日常教育行为不仅包括规定学习内容的教学，还包括对工读学生的心理行为矫正。教学中的情感工作对于教师而言是重要的工作要求，也是必需的教育要求，与服务业相比，教师的情感劳动意义在于育人，而不是直接获取薪酬，那么教师在处理这一情感劳动的策略是什么？与其他的普通学校教师的情感劳动有何不同？这些策略对理解工读学校教师的教学工作有何意义？本文在下面的论述中试图回答上述问题。

工读教育的对象是心理和行为有偏差的学生，心理矫正无疑是重要的环节。通常这样的孩子对于陌生人或者教育者会比较排斥，甚至有敌对和反抗情绪。说教的方法在他们身上是行不通的，很多学校的教育方法都是首先和这样的孩子交朋友，取得他们的信任。交朋友分为几个步骤，按照与学生接触的具体情境，可分为课堂、课下及处理学生问题三个场景。

首先是课堂上的交友。课堂是个传授知识的空间，在特定的时间限制内把未知的内容教授给学生，那么为什么说课堂上的交友呢？工读生的共同点是学习成绩普遍较差，课堂上不能专心听讲，并且伴随着各种违纪行为，如说话、走神、做小动作，有的甚至随意走动。常规的管教手段对这些学生无法奏效，教师们常常用一个字"哄"来表示他们是如何维系正常的教学秩序的。与普通学校严肃的教学秩序和行为规范不同，工读生在上课时更加"随性"，他们会经常性得到老师的奖励，如小文具、小玩具、小零食、各种积分等。这些奖励一方面是对做得好的学生的鼓励，另一方面也是为了更好地维持课堂常规秩序。这从一个侧面表达了教学的情感工作要求，这个情感法则看似简单，传出的信息却十分微妙。一方面，教师在遵循本职工作的逻辑上，为了达成教学目标的实现，使原本属于私人领域的情感活动进入专业场景。而在情感介入时又不能是负面的、带有情绪化的情感，只能是愉快的、给人温暖的微笑、柔声细语，这也是情感劳动中的表演成分。如果一名教师心情不好或者面无表情，在进入课堂的一刹

---

① Hargreaves A.："The emotional practice of teaching," *Teaching and Teacher Education*，1998，14（8）：835–854.

那，他也要将自己表现得能量满满的，颔首微笑、和风细雨般与学生沟通，这种表现折射出情感与理性之间的二元对立关系，而这种对立统一在个体身上就是情感必须服从理性。成伯清[1]把这一体现在工作情境中的情感体制称之为整饬体制，主导性的规范情感是亲切友好。尽管情感与理性之间存在张力，但专业场景中教师是可以对情感进行控制的，可以达到情感的高度理性化，能否把握情感与理性的尺度，是教师专业能力水平的体现。

其次是课下的交友。在教学活动之外，工读学校的教师依然需要高度的情感卷入。工读学校是寄宿制，意味着教师也要轮流值班，住在学校，负责管理学生。除了八小时的课堂时间外，还有更多的时间是在课下。课下的管理更加需要教师的精力投入。Morrist 和 Feldman 提出情感劳动的负荷水平，认为情感表达的频率或次数越高，负荷水平就越高；情感劳动持续的时间越长，强度越大，负荷水平越高；情感劳动需要表达的情绪体验越多，负荷越高；情感劳动表达的情感与个人真实感受越不一致，负荷越高，也称为情感失调[2]。用 Morrist 和 Feldman 的这四个维度来分析工读教师课下的情感劳动，可以看出在八小时工作外他们仍然需要频繁地与学生互动，以保证学生的安全、学校的秩序。被分配值班的老师，在值班的当天情感负荷达到较高值，因为他们几乎 24 小时处于精神高度紧张期，既要保持校园中的一切行为井然有序，又要时刻保持警惕突发事件的发生，需要损耗较多的情感资源或承担较强的情感负荷。与学生的课下交往对教师的情感控制要求更高，既不是上课时的严肃，也不是家人般的无话不说，亦师亦友的分寸拿捏是考验教师情感管理的关键。在职业伦理的约束下，教师常常需要抑制个人情感宣泄以满足组织目标的实现，长期的情感失调引发教师产生心理问题，如抑郁、倦怠、抱怨等，所以教师也要经常接受心理建设。

最后，是在处理学生问题中建立朋友关系。在学生犯错误之后，教师不可能再和颜悦色，会表现出生气的负面情感，并对学生加以训斥。真的

---

① 成伯清：《当代情感体制的社会学探析》，《中国社会科学》2017 年第 5 期，第 83～101 页。

② Morris J. A., Feldman D. C.: "The dimensions, antecedents, and consequences of emotional labor," *Academy of Management Review*, 1996, 21 (4)：986－1010.

生气与表演性的愤怒，是教师情绪管理的两种不同境界。前者的情感如同火药桶一般，一点就燃，情感几乎不受理性控制，完全爆发出来；后者则是表面上看似愤怒无比，而内心却很平静，能够控制愤怒到什么程度，痛骂到什么分寸，不会口不择言。在学生看来，他们是无法分辨教师情绪有多少理性化的成分，只能感觉到自己是否做错了，教师是否能够原谅他们。教师在处理学生错误的时候使用了愤怒的情感，对学生有震慑作用，能够让学生在近期内不会再犯。而智慧的教育者会借机对学生进行教育引导，使用恩威并施的策略。根据学生对批评行为的反馈，如认错、反抗、不表达等及时调整教育策略，教师在其中随时调整自身的情感浓度，既让学生有亲切感又有畏惧感，亦近亦远地保持师生之间的适度距离，维系与学生的亦师亦友的关系，保证教师的权威地位和威严感。我们往往会看到在学校中对学生管教最严厉的老师反而是学生最好的朋友，他们在情感劳动中情感被激发和调动起来，把具有私人专属的情感体验扩充到公共领域，接受专业目标和组织逻辑的支配。

交朋友本身就是基于共同情感的行为。因为只有朋友之间的情感是纯洁的，无关利益关系，彼此之间才能信任，有了信任关系，才有洞察对方的内心世界，了解对方所思所想，教育者的主张和思想才能渗透到被教育者的头脑中。对于工读学校中的教育者，学会以情动人是必修课，只有处理好与学生的情感关系才能将教育的职能贯穿其中，这种对于情感的处理并不仅仅局限于私密的空间和非正式行动，还涉及教育制度与体制。学校教师处理师生关系、家校关系的情感习惯会逐渐沉淀形成教育制度，形成一套教育模式，在群体中共享并凝固成规则。也就是说，情感在浅表可以作为个人的情绪、心理状态的直观反映，在深层可以形成规范、制度而存在于集体或组织之中。情感体制或制度的存在，意味着人们要按照这些群体性的规则来行为处事。工读学校中先与学生交朋友，就是遵循他们情感规律采取的具体措施。

三　惩戒性教育：情感制度化与情感控制

熟悉工读教育的人都知道，所谓"工"其实是带有惩戒意味的行为。

虽然这项功能在现在的工读学校中已经不复存在，但是这类型的学校依然保留了比普通学校更加严苛的惩戒性教育手段。半军事化管理，严格的作息时间安排，带有一定限制人身自由的意味；集体住校制，根据表现好差决定是否在周末被允许回家；用铁栏杆相隔离的学生区，用以防范行为不良者擅自逃跑，这些在普通学校眼里几乎是不可思议的。有人把这里夸张地说成少年犯管教所（以下简称少管所），虽然性质截然不同，但在一定程度上揭示了工读学校与众不同的地方。在半个多世纪的发展过程中，工读学校已经摒弃了不符合教育规律的责罚手段，改为采用温和的教化手段和心理疏导方式，但对于工读学校的刻板印象并没有改变。工读教育的支持者认为"工读学校是预防青少年违法犯罪的最后一道防线""办学校比办监狱更有价值"。在这样的言论中，实质是对工读学生进行了"有罪推定"，认为工读学生是潜在的违法犯罪者，工读学校的作用是防患于未然，而这一理念在社会上广为传播，并得到教育者、政府官员、专家学者的一致认可。恰恰是这一观念的深入人心才使得工读学校被污名化，遭到学生和家长的抵制，产生招生难、发展难、招人难等一系列难题。时至今日，对工读学校的定位依然模糊，对其特殊教育的性质遮遮掩掩，不承认不否认。无论怎样定位，工读学校存在的合理性和合法性决定了其教育内容的两大重心：一为法治教育，二为心理教育。

法治教育是带有警示性的教育方式，在学校建制上设有法治副校长，在日常学习中有专门法治课，在课外实践中有固定的法治教育基地。法治教育的目的是强化个人的服从，让个体在内心树立休戚与共的共同情感，激发集体认同和集体凝聚力的释放。工读学校学生在之前太过自由的行为表现使他们与讲规则的社会产生了冲突，为此进入特定的规训机构开展行为矫治。他们的基本情感中缺乏对约束力的畏惧，对个人来说，不受限的自由是盲目的，只有在服从于社会的条件下，个人自由才能得以解放。而这种服从就是对社会成员的基本共识达成一致。不同的社会成员、阶层群体乃至整个社会之间的冲突、矛盾会使基本共识缺乏方向感。法治教育与情感教育是融合在一起的，法中有情，情中有法，法律对情感有控制作用，也有保护或发泄功能。理性行动有感性的一面，感性行动也有理性的内涵，法治与人治互补互通。法治教育宣传的是善人统治，是符合人性的法治，在法治之理中突出人治之情，法离不开人，法是有情的。在现实生活中，情感行动与理性行动有异也有同，相同之处在于两者都是为了达成目标、取得成效，不同之处在于两者的动因和价值取向有区别。理性行动是对外界反映和选择的结果，情感行动是以行动者内在力量为驱使。情理是社会所认同的一种公平正义感，是情和理的平衡和兼顾①。

法治教育在于能使个体在理性与情感之间找到平衡，司法是严肃的，但在司法执行过程中的人又是带有情感的②，学会情感控制，让情感服从于制度的需要才是真正意义上的理性人。工读生年龄较小，对情感的控制力较弱，我们常见到的青少年激情犯罪就是一时兴起的行为。法治教育的多样化形式就是为了让行动者了解司法的每个环节，法律执行的过程可以说都有固定程序，也是仪式程序，法庭中的出庭、举证、辩护、宣判、退庭等彰显了法官神圣不可侵犯的高尚地位，代表了法律的威严和震慑力，是积极情感能量的释放。工读学校在法治教育中开展的模拟法庭活动，便是让学生在实践中体验法官的情感，留下深刻的司法记忆与想象，再加之参观法院、少管所等司法场所，对于法律的敬畏之情便会内化为自我性格的一部分，达成法治教育的目的。

传统惩戒性手段的替代。以做工为手段的惩戒性措施在现在已经不适用，虽然这些方法依然在监狱中使用，但对于学校而言，不能做工，需要有替代性的手段，一些磨性子的活动被纳入工读学校中，如剪纸、泥塑、书法、绘画等需要花费较长时间、耐心才能完成的工作被学校开发利用，成为磨炼学生意志、发展特长的有效渠道。这些都是心理教育的范畴。心理教育是个潜移默化的过程，是伴随个体社会化过程而不断变化发展的。

几乎所有的工读学校都在强调心理建设的重要性，并且把心理教育摆在比其他学科教育更为重要的位置。过去一直把工读生定位为潜在的违法犯罪人群，使他们遭遇"污名化"威胁。进一步的研究表明，他们的越轨行为是一种心理与行为偏差，也就是说他们在情绪控制、感情激起和行为执行方面有异于常人，是一种在他们看来自然而然但实际上已经违反了常

---

① 成伯清：《心态秩序危机与结构正义：一种社会学的探索》，《福建论坛》（人文社会科学版）2016 年第 11 期，第 130～138 页。

② 郭景萍：《"情与法"的法律社会学论析》，《社会科学研究》2011 年第 3 期，第 98～104 页。

规社会法则的社会事实。脑科学的研究表明，心理的情绪反应是大脑中枢对神经支配的结果，个体大脑结构之差异是部分解释心理偏差的依据。但是这种大脑对行为的支配并不是单向形成的。可以通过外界的刺激不断给大脑信号，从而改变个体心理和行为上的反应。与心理教育相辅相成的是相应的学校制度安排，福柯认为，制度是一种权力类型，是行使权力的载体，一些基本的制度机构，如工厂、学校、军队、监狱、精神病院等，都是抹杀个性的地方，都实行的是与惩罚相关的一套制度，规训的过程就是制度化的过程。规训与惩罚无法分割，规训的结果就是惩罚①。

实际上，真正带有惩罚性质的行为在教育机构内是不被允许的。为了使触犯规则、违反纪律的学生对自己的错误行为付出代价，一些体育运动成为替代措施，如有的学校对违反校规校纪的学生加大运动量，罚他们在操场上跑圈，释放过剩能量，或者用俯卧撑、引体向上等运动项目。此外，还有一些学校采用限制回家时间来惩罚，正常学生一周回家两天，犯错误的孩子回家一天，以剥夺自由为代价。无论怎样，惩戒性的教育方式在工读学校中是常规项目，也是不可或缺的，认识规则，遵守规则，有意识地改变行动因，不意气用事，在理性与情感的碰撞交锋中学会控制，以道德力量制约激情，才是对自由的真正解放。学校教育只是一时的，工读生迟早要走出校门，进入社会，必须接受现代社会的共同游戏规则，调适自我情感，理性控制行动，养成良好的社会心态才能有助于他们在新的环境中立足。

四　仪式性教育：情感规训与情感认同

仪式，从源头来说，与原始部落和宗教生活的结构密切相关，可以用仪式行为和仪式功能进行分类。前者可以分为仪式化行为、礼节、典礼、巫术、礼拜、庆祝②，后者可以分为消极仪式、积极仪式和禳解③。人类的

① 〔法〕福柯·M.：《规训与惩罚：监狱的诞生》，刘北成、杨远婴译，北京：生活·读书·新知三联书店，1999。
② 王霄冰：《仪式与信仰：当代文化人类学新视野》，北京：民族出版社，2008。
③ 〔法〕爱弥尔·涂尔干：《宗教生活的基本形式》，渠敬东、汲喆译. 北京：商务印书馆，2016。

仪式行为或者是与人沟通，或者是与神沟通。在我们的教育理念中，不存在人与神的对话和交流，但是存在与神圣的交流以及与之相应的情感体验①。尤其在基础教育中，仪式更多是与"礼节、典礼、庆祝"等行为关联在一起。对于独立认知尚未形成的未成年人而言，仪式教育的功能与特点可以促进他们的社会化进程，学会在特定时间与空间下如何控制、支配和表达自己的行为和情感。

工读学校倡导仪式教育，利用中国传统节日让学生学会感恩，懂得孝道。各种仪式或节日本身具有情感制度化功能，制造了一种情境的共通规则和规范，塑造了共同的情感价值②，让学生接受并逐渐渗透到自己的行动中。例如，国学教育是近年来在中小学教育中盛行的教育方式，诵读古诗词、穿汉服、举办成人礼等带有传统文化元素的活动进入学校、进入课堂。仪式感是基础教育中不可或缺的内容，仪式感从表面来看是一种形式感，有固定的程序和必需的环节。仪式常常会营造不同的情绪体验，实现情感升华的功能。仪式对于不同年龄阶段的孩子，起到的功效是不一样的。结合工读学校仪式现实表现出来的特征，其仪式的功能可以分为四类：第一类是礼节性仪式。仪式传达的情感体验是当事人尚未经历的，通过仪式的过程感受不同角色、年龄在情境中的地位。仪式可以形成社会地位的认同，获得在社会结构中的位置③。例如，感恩教育是把对父母及长辈的孝敬内化为学生成长过程中固定的环节，这类仪式一般会在年龄到达一定阶段、自我认知发展到较为成熟的时期，能够初步理解家庭、学校、社会间的关系，人在社会中的交往，个体在家庭中的角色等。感恩是个抽象的概念，通过仪式将这种抽象变为具体，将行为放大，并且可以感知体验。仪式到位，心理上的过渡才能到位，教育的仪式化成为学校的公共文化，并且在高度分工和多样化的时代得以稳定地再生产。第二类是通过仪式。主要是表达个体的成长历程与成长轨迹，具有见证个体顺利通过某个

① 倪辉：《大学仪式的形态、特点及功能：道德教育的视角》，《华东师范大学学报》（教育科学版）2012 年第 3 期总第 30 期，第 29～33 页。

② 郭景萍：《情感是如何制度化的》，《社会科学》2006 年第 4 期，第 143～149 页。

③ 〔英〕特纳·V.：《仪式过程：结构与反结构》，黄剑波、柳博赟译，北京：中国人民大学出版社，2006。

重要关口的意义。例如，成人礼作为通过仪式，昭示了长大成人的内涵，意味着更有责任感，是走向成熟的标志；毕业典礼不仅祝贺大家完成现阶段的学业，更重要的是预祝开启下一阶段的征程，并带有身份或者角色的变化；入队、入团、入党等加入政治团体的宣誓仪式是见证学生身份转变的重要时刻，在这个过程中，个体的情感产生共鸣，形成严肃的集体情感，带有政治色彩的仪式更有神圣感。第三类是庆典仪式。庆祝与典礼的合称，两者密切相连。庆祝喜庆的节日，如学校中举办的各种文艺与体育活动，集体狂欢，让个体融于欢快的气氛中，每个人的情绪都被渲染。第四类是纪念仪式。一般是以重要事件发生的时间或重要人物的生辰、忌日作为时间标志，如为纪念南京大屠杀死去的人们而拉的警报，纪念五四运动百年而举办的文艺演出等，这样的纪念形式通常以传承民族精神、传播文化思潮、缅怀先烈丰功伟绩为目的，以激励在校师生。

工读学校的仪式教育不仅注重仪式本身的教育性和文化性，而且强调在仪式中传递正向价值观，将仪式中传承的立德树人的积极意义渗透到学生的头脑和内心。例如，入团宣誓就是一次再社会化的过程，团员身份意味着是青年中先进的优秀的一分子，是令人期待并积极追求的身份标签。在特定的时间和空间中，是对稚嫩学童时代的告别，对一个即将开启的青少年时期的向往，意味着要改变一定的行为模式，接受新的价值理念，并坚信新的政治身份对于个体人生的发展更有意义。在仪式中，团员的行为规范会被告知，共青团的共产主义理想信念会被强调，团员中的优秀分子会以身作则。仪式教育是实现教育功能的载体，扮演了"情景教学"的角色，是在学校等教育有形场所中实现青少年社会化的有效途径。

通常而言，仪式的举行需要一定的群体规模，是具有同一性质的群体。工读学校组织的仪式活动是以在校的学生为主，这些学生有别于普通学校中的学生。仪式举办的目的有更深层的含义，工读学校对学生的教育重在行为矫正，仪式是期望学生在这一活动中，产生心灵触动和情感共鸣，改变其对人、对事的看法，使其能够按照社会规范和许诺行事。在普通的中小学，只有在重大的节庆日才会举办仪式活动，而在工读学校仪式教育是常态性教育，将反复的具有一定表演性质的行为以标准化的程序表达出来，在不断地操练中让学生对特定的时刻有庄严感、神圣感，产生发自内心的认同感，形成在群体行动中的集体情感。仪式本身具有非反思性，是继承下来被设定好的套路，不需要问为什么，采用符号系统建构象征文化，体现象征意义。在情境中，周围的人都是这样做，个体也就不会觉得自己的行为突兀，与群体保持一致，达到在集体氛围中情感规训的目的。仪式在早期的宗族延续、子嗣继承、农业生产中是不可或缺的环节，被称为"人类基本生存技术"[①]，通过持久重复性的具体行为将知识与信息频繁发送出去，康纳顿认为周期性的仪式可以加强集体记忆[②]，是个体记忆形成集体记忆的转化途径，人们在回忆某些特定场合的活动时，如升旗、纪念晚会、毕业典礼，往往是对整个场面和活动的叙述，对整体氛围的描述，反映了一个群体共同的记忆。

仪式具有促进个体进行身份认同和提升组织凝聚力的功能。工读生在入校初期常带有叛逆思想和行为，对学校、教师和同伴产生敌对情绪，不服从管教，违反校规校纪，发生越轨行为，加上身心发育正好处于青春期，对事物的认识处于懵懂阶段，缺乏全面、理性分析，易产生偏激思想，心理的执拗很难在短时间内矫正过来。仪式教育正好是一个潜移默化的过程，工读生之所以在刚进入学校时产生一系列的非理性行为，也是他们心理发生认同危机的外显化表达。社会对工读学校的污名化和刻板印象使他们对自我价值产生怀疑，他们用非常规手段表示自己的不满、失落，以不服从的姿态抵制教育机构的各种制度。各种仪式教育的功能便在于减少认同危机带来的不良后果，使当事人在心理、情感、思想上获得平衡。仪式帮助学生解决身份认同危机，灌输正确价值观念。在仪式进行过程中，学生融入一个临时的想象共同体中，在内心产生团体归属与身份认同的情感。仪式中的"礼"是传承下来得到认可的道德行为约束力，同时也为群体提供了共同的价值基础，仪式中充满秩序感意味着对精神的引导，成为延续至今世代的教化手段。仪式创造的情境有较强代入感，如果学生的情感在仪式活动中能够被激起，与仪式情感发生共鸣，其自我认同就会更加稳定，仪式教育的效果就会更好。工读生在入校 1～2 年后的精神面貌

---

① 郭于华：《仪式与社会变迁》，北京：社会科学文献出版社，2000，第340页。
② 〔美〕康纳顿·P.：《社会如何记忆》，纳日碧力戈译，上海：上海人民出版社，2000。

会发生较大改观，一方面是对环境适应的结果，另一方面也有情境教育的因素。仪式不仅向参与者提供"是什么"的客观事实，还提供"应该是什么"的价值判断。纪念仪式把历史典故、人物传记融入其中，为学生营造了想象的空间，庆典仪式向学生宣告他们共同的身份与责任。仪式塑造了一个勾连历史和现实、学生与学校、想象与真实的场域，把过去的记忆与现在的情感用特定的标准化的操演来传递和维系。仪式创造的情绪体验能够让参与者有身临其境的情感共鸣，如节庆仪式的欢快感、哀悼仪式的悲凄感。个体的情感在仪式渲染的气氛中被消解，形成一种集体心理，集体心理在仪式的引导下，会出现孤立的个人所难以经历的"超验"，如涂尔干所说的"集体欢腾"一般，仪式让个体参与了情绪表达，并获得平时无法获得的情绪体验与情感升华，形成情感规训，达成情感认同。

五　技能性教育：情感归属与情感再生产

工读学校负面刻板印象一直存在，为此教育部门和校方都在积极通过多种途径改变这一不利状况。首先是去痕迹，学生学籍可以留在原校，在个人档案中没有工读学校痕迹；其次是改校名，把带有工读字眼的校名去掉，改成与普通学校序列编制的学校名称；最后是创特色，办职业教育，让学生掌握一项技能。前两者是去污名的表面工作，仅是从外表看起来没有工读的印记，而第三者才是从内部机理上真正地去除污名化。在外界看来，只要进过工读学校，无论是不是发生了行为改变，仍然带有不良少年的标签。因此，只有从源头发现问题解决问题才能真正摆脱工读学校的污名化现状。由于在师资、生源等方面，工读学校的力量和普通学校无法抗衡，发展以成绩为核心的学业教育无疑拿自己的短处与他人长处相比。扬长避短、发挥优势才能为工读学校发展另辟蹊径，所以多数学校选择了特长教育，在初高中开展职业技能教育。技能教育是学生和家长自主选择的，因此认同感较高，学生的获得感较强。与大型的职业技能学校相比，工读学校的技能教育可谓麻雀虽小五脏俱全，学生数量不多，但只针对一两项技能深入学习，也能获得具有竞争力的效果。

技能教育的过程缔造了一种新的教育情感关系。大多数参与技能教育的孩子都是从工读部直升上来的，这也是工读学校技能培训的主要生源。从工读部到职业技能部实现身份的转换，工读部属于九年义务教育范畴，职业技能属于高中阶段教育，是自愿选择的。与义务教育相比，技能教育激活和调动了学生的日常情感，他们与教师和学校的情感互动由简单被动化变为积极主动化。技能学习沿袭了师徒制的模式，师徒如父子，现代的师徒关系已没有过去学徒制中的宗法家长特征以及身份等级序列，保留了技能传承和情感庇护的功能，与学界的导师制比较类似，虽然没有门派之争，却也存在事实上的师从何人、师门延习的特征。因此学生对教师有一定依赖性，一方面是技术传递过程的依赖，需要教师一点一滴、一针一线地手把手教授；另一方面也有情感上的信任，信任产生依赖感，看似师生情同父子。师徒关系稳定性高，对学生建立自信心和情感整饬提供便利条件。

对于学校而言，学生的口碑效应是最好的宣传，家长对教师和学校的信赖决定了学校在社会中的信誉。学生出师后找到理想工作，不但成就了个人，也使得学校完成了育人的使命。学生对学校产生归属感，不再认为在工读学校的学习是他人生的污点。工读学校创办的职业教育与其他技能培训学校相比还有价格优势，针对工读部原来直升上来的学生，学校会给予一定的政策倾斜。普遍来说，进入工读学校的学生原生家庭在社会中处于中下层，父母的文化程度与收入均不高，个人掌握的社会资源有限，因此，直接就读于技能培训学校对于他们而言是不错的选择，也解除了父母担心孩子过早进入社会的后顾之忧。所以技能教育，于个人、学校和家庭都是一个较好的出路，家长和学生本人的归属感较高，认同感较强，与学校的关系亲密而稳定。

学生和教师在技能教育中与其说是师生关系不如说师徒关系，前者侧重于教，后者侧重于养，后者包含了前者的情感，并附加了类似亲情的感情。教师所作所为不仅是把相应的技术交给学生，还在衣食住行等生活琐事上加以关心。大多数的技术培训学校都采用寄宿制，学生一周五天住在学校，与教师必不可少有生活上的交集，他们与老师的相处时间超过父母，教师的言传身教对他们产生重要影响。情感是教学的核心要素，好的教学总是伴随积极情感的投入。我们经常会感觉到，跟着机器做一遍不如跟着老师讲的做一遍，为什么？因为老师讲是带有感情色彩的，语音语调、语气的轻重缓急可以让学生深刻理解哪里是重点，哪里要注意，整个程序的关键点在哪，起承转合之处在什么时机。情感在教学中发挥的积极作用是长期存在的，多年以后我们能记得老师讲课时的话语神态动作，必定是将情感融入其中，刻在我们的脑海中。在学习中与教师积极情感互动的情境有助于学习行为的发生，在互动中的情感体验会直接影响学生的自我投入意愿和程度，直接作用于学习动机，起到加强或减弱的作用。情感在教育中具有不可替代性，即便到了信息时代，新媒体的广泛应用，可以让学生足不出户就享受到大师名家的授课，但是这种讲授是单向的，缺乏师生之间的互动，缺乏面对面的眼神、表情、动作、语言的交流，是情感的零互动。因此我们必须承认情感可以创造社会价值这样一种观念，技能教育更加深切印证了这一观点，师徒制的师生关系成为家校社联通的桥梁纽带，成为学生归属感和情感再生产的动力和源泉。

六　总结与讨论

教育活动归根结底也是一种情感体制。工具理性的发展将现代性看作理性化的过程。在这个框架下，教育行为一定是一种理性行动，而情感被置于非理性的位置。人们大多能看到显性的教育行为，因为教育的效果是显而易见的，我们通常只看到了知识传递的结果，而这个过程往往就被忽略了，教与学的互动、教师与学生的情感维度很容易被抹去。进而，教育活动真实存在的情感互动于是被视为非正式的，甚至被还原为职业伦理与收入的要素。但是，教育场域和社会生活中的很多环节是无法还原的。工读教育背后有一套支撑学校教育理念的情感互动逻辑，而这套行动伦理并不是所谓的"非正式制度"所能够涵盖的，而是一套应用在实践中，尤其内在规律的思想体系，只有我们把工读教育中的感情维度单独揭示出来，才能正确理解教育的各项活动。

工读教育中的师生互动并不是一个简单的社会互动，是教育者和受教育者之间基于教育的目的，理性演绎的一种博弈的情感内涵，一方面是教育者要不遗余力传授知识，维系良好教学秩序，防止学生出现越轨行为；

另一方面是受教育者试图摆脱教育机构的束缚，创造各种机会彰显"自由"。察觉工读教育中的师生博弈是理解情感体制的起点。情感规训与惩罚的形成通过一系列的互动过程构建出特定教育场域的神圣性，从而建构出一套沟通学校与个体的情感渠道，以此开启学校与个人、家庭和社会的良性互动。

自礼俗社会起，师生之间的关系便不仅仅限于师徒关系，"一日为师，终身为父""师徒如父子""父生之，师教之"等古代民谚在保留了原有传授知识和技艺的意义之外，还被赋予了更多情感色彩，表现了人们对老师犹如对父亲一样的感情。现代社会已不再存在弟子对师傅的人身依附关系，但师生情谊也是人情的一个重要方面。人情通常被视为一个非正式的领域，强化了人们之间的社会交往，更深层地讲，这些人情关系的背后有一套负责的情感伦理支撑着，并提供着行动的合法性意义。

今天的教育机构必须要考虑一个最为现实也最为基础的问题：教育如何在教师教—学生学的范式中汲取相应的伦理资源，以便维系合理合法的教育手段。对于特殊教育的研究需要有新的智慧、新的思路，但并不是另立门户，而是要在既定的教育框架下，完善根植于历史传统的社会与道德。在工读教育的实践中，我们发现这里的师生关系是更加亲近的，惩罚这个看起来非常"不科学"的教育方式甚至是被广为诟病的，却是对学生最有效的教育方法，一味地"哄"并不能换来学生感恩的心与绝对地服从，相反，带有军事化、强制化的手段反而让他们对教师有畏惧感，"害怕"促使他们服帖，更加利于教师开展工作。高大上的教育理念往往在工读学校很难行得通，尽管教育管理手段的新技术、新方法会促进教育实践工作的进展，但是对工读生无法奏效，相比于理念，工读教育更适用于赏罚分明的制度规范，更依赖教师的情感付出。

情感付出渗透在各种经济制度、政治制度、文化制度、教育制度等制度化系统中，制度的内在逻辑能够减少情感交换中的成本，人们可以根据制度契约以最小的代价获取最佳的情感效益。但是制度与情感本身是具有矛盾性的两个主体，前者是理性的、稳定的，具备一定约束力的，后者则是感性的、易变的，约束力较弱的。情感功能的非理性化使得其在制度的框架下受到约束以符合社会的行为期待。情感本身并不能形成一种制度，

149

但是可以被制度化，情感制度化的过程必然伴随着功能与冲突，需要通过社会控制机制来实现。

带有心理和行为矫正功能的工读教育制度渗透了社会控制的机制，即受教育者要接受教育机构执行的外在约束规则。对于外显的行为而言，严格的管理和制约可以有效改正行为主体的行动方式，使其按照社会规范和公共期望的要求行事，经过一定时间的规训，内化为个体的行为习惯，从而达到行为矫正的目的。然而外在的控制力量在发挥正效应的同时也必然激起个体不同程度的内在情感反抗，约束力造成在初始阶段带来的压制最强，也是情感矛盾冲突最凸显的时期。在这一过程中，个体需要不断调试心理状态，以适应外在压力带来的心理不适，情感社会化功能得以实现。情感社会化越成功，社会控制的压强就越小，个体就越能在心理和行为上达成一致，最终实现工读教育的目标。

情感的社会控制需要一定情境，当情境发生改变时，控制的效果和路径会发生偏差，甚至朝向相反的方向。例如，工读学校经常会发生教育效果摇摆的情况，即学生在校期间各方面表现优秀，一旦离开学校，哪怕仅仅是周末的两天时间，再次回到学校时仿佛又回到初始状态，把在学校的规训成效全部归零。为什么会出现这样的现象？一方面是现代社会在情感教育、文化熏陶等社会方面的缺位。当学生离开学校这个刻意营造的弘扬真善美的客观环境，回到真实的社会中时，原本在其心里被压抑的负面情感被再次唤起，加之年龄尚小，对事物缺乏准确的判断力，一旦有关系亲密的成人向其灌输消极的价值观，他们便会无条件地接受，当他再次回到学校接受规训行为时便会引起情感控制的加强甚至压抑，造成情感的内在心理控制和外在社会控制的矛盾冲突。另一方面是现代社会的技术控制和法理社会的契约精神本身要求人们的情感遵循理性的意识形态。学校作为执行规则的场所，是对个性的消解，太有个性的孩子在这里要受到严格管理，以使其棱角不再突出。在礼俗社会中依靠道德约束、风俗习惯、交往规则等的感性意识实现的对真善美的渗透与现代社会的运行规律不太适应。学校和家庭作为两个小的生态圈，其所蕴藏的礼俗社会与法理社会的精神并不一致。现代学校制度是工业社会化的产物，与乡村私塾有着本质区别，因此，学校是法理精神或者说培养遵循法理精神公民的代言人，集教育、规训、制度、文化于一体，而家庭仍然保留了父慈子孝的传统，父母对于子女的教育是通过言传身教实现，而不是通过制度。在学校情境下，学生的情感表达更加法治化，与人交往中避免了感性的冲动和尴尬，是一种在心理控制下的情绪表达。在家庭环境中，个体的真实性和自然性被释放，紧张了一段时间的情感得到放松，无人监管和摆脱桎梏的心理使得他们产生放肆的行为，抵消了原本在学校规训过程中已经养成的良好行为习惯。

因此，社会控制机制的发生是有条件的，在制度化的情境中更容易操作，情感本身带有的私人性、易变性属性决定了情感行为系统的制度化必然要满足一定的功能要求。工读学校学生要实现情感行为的有效目标，必然要具备一定的情感能力和合理的手段，这就要依赖教育制度和家庭制度，以及经济、政治和文化的协调发展。

借鉴篇

香港群育学校对内地工读学校的启示[*]

摘　要：香港群育学校是专门针对具有学习障碍、情绪障碍和行为问题的青少年而设的特殊公立学校。具有悠久历史的香港群育学校，在借鉴和吸收了西方经验的基础上，结合香港本土的实际情况，建立了完整的"群育模式"，这种模式在"困难青少年"教育矫正方面具有独特的效果，为内地工读学校未来发展提供了启示。

一　香港群育学校与内地工读学校

（一）香港群育学校

香港群育学校是专为具有学习障碍、情绪障碍和行为问题的青少年而设的特殊公立学校。1995 年，《香港康复政策》（白皮书）是这样表达的：适应不良的儿童大多不属于永久弱能，情绪和行为上的问题一般并非身体有缺陷，而是由于学校和家庭关系不良所造成的，如果社会给予特殊的协助，加强辅导计划，以协助他们适应，有关学童就能克服困难。由于普通学校没有这类计划，宜将他们保留在特殊教育的范畴①。

＊　基金项目：共青团广东省委与广东省社会科学联合会主办的 2013~2014 年度广东省青少年和青少年工作研究重点课题"中国工读教育基础理论与实践研究"（课题编号：2013WT041）的阶段性成果之一。

＊＊　石军，南京师范大学教育科学学院教育领导与管理专业 2014 级博士研究生，主要研究方向为工读教育、德育社会学、教育基本理论和基础教育管理；张立伦，广州市新穗学校校长、中学高级教师，主要研究方向为中国工读教育。

① 香港教育署、香港社会福利署：《康复政策及服务白皮书：平等齐参与展能创新天》，1995。

香港群育学校的招生规模较小，班级人数一般为 8～20 人。就香港群育学校当时的实际情况来看，学生班级人数一般不超过 15 人，采用小班化教学模式。在办学经费方面，香港群育学校均由教育局统筹提供，对学生免收学杂费，但是，对于寄宿制学生，则要收取一定的住宿费，对于家庭情况困难的学生，则可以向政府申请减免住宿费。

香港群育学校在教育的过程中，坚持"不放弃任何一个孩子"、"创造机会去让孩子去改变"和"爱学生所爱"的教育理念，尊重孩子的差异性、独特性和个人尊严，为每一个孩子提供健康的、全方位的教育辅导和系统支援，实现多元化的评价体制。

香港群育学校深信，人和环境是可以改变、互为影响的，所以，学校会通过适合的课程、个别辅导和社会化教育，让困难孩子开始重新学习，在学习的过程中学会如何与他人相处，改变以往的学习态度，建立新的学习态度。因此，香港群育学校致力于缔造安全、健康、和谐的校园环境，培养孩子良好的道德品格，并最大程度上发挥他们独特的潜能。目前，香港有多所为困难青少年提供服务的群育学校，如表 1 所示。

表 1　香港群育学校的历史发展情况

年代	教育政策	办学团体	学校名称	注册年份	类型
20 世纪 60 年代中期至 70 年代中期	香港教育司署承诺并全面引入免费小学教育，教育司成立特殊教育，倾向于使之在主流教育以外独立发展	香港扶幼会	盛德中心学校	1969	男校
		善牧会（于 2002 年更名为香港明爱）	玛利湾学校	1969	女校
		善牧会（于 2002 年更名为香港明爱）	培立学校	1969	女校
		香港儿童安置所	香港儿童安置所	1969	男校
		香港航海学校	香港航海学校	1969	男校
		调景岭学生辅助社（于 1970 年更名为香港学生辅助社）	东湾学校（1984 年更名为东湾莫罗瑞华学校）	1969	男校

年代	教育政策	办学团体	学校名称	注册年份	类型
20世纪70年代后期起	香港教育司署推行九年免费教育	香港扶幼会	则仁中心学校	1974	男校
		香港扶幼会	许仲绳纪念学校	1978	男校
		香港扶幼会	则仁中心学校增开中学部	1983	男校
		香港儿童安置所	香港儿童安置所增开中学部	1993	男校
		香港青少年培育会	陈南昌纪念学校	1994	男校

（二）内地工读学校

内地工读学校是内地对有品行偏常、不能适应普通学校学习及家庭教育保护、有部分或全部缺失的问题青少年（主要是未成年人）进行教育矫治的专门学校。内地工读学校坚持"立足教育，挽救孩子，科学育人，造就人才"的教育方针，以青少年行为规范"养成教育"为突破口，建立了一套行之有效的协助"问题青少年"回归主流社会的教育矫治服务体系，主要教育矫治阶段可以分为三个阶段。

（1）新生期教育阶段。工读学校严格执行《中学生日常行为规范》，以文明用语、文明待人为基本要求，使青少年逐步养成文明交往的行为习惯，初步建立合乎青少年社会准则的行为规范。通过"整体行为规范的养成教育"，改变青少年奇装异服、染发、男生蓄长发、留长指甲、戴项链等"非主流"装扮，要求统一着装，明确主流社会对青少年的外在形象要求，重塑青少年合格的外在形象。在日常生活方面，从个人内务整理到个人衣物清洗，从就餐规范到就寝要求，手把手进行培训，以提高问题青少年学生的生活自理能力。此外，工读学校通过创设严格的军训环境，高密度、高强度、多维度地开展学生意志品质锻炼，为问题青少年适应新环境做好准备。

（2）稳定期教育阶段。①养成教育。要求问题青少年从日常生活中每一个细节做起，贯穿于青少年的起居生活、日常礼仪、课堂要求、课间行为、人际关系等过程之中，养成尊重自我、尊重他人、尊重万事万物、尊重公共秩序等公德，养成良好的行为纪律、操守、仪规、礼节。②文化渗透。课堂是工读学校教育矫治问题青少年的核心活动空间，在进一步强化青少年养成教育的同时，加强对青少年学生的文化课教育，以问题青少年实际学习水平为依据，采用降缓坡度、降低难度、拉长进度、增加维度等形式，有效培养青少年的学习成功感，提高他们的学业成绩，此外，工读学校还开展一定的铺垫培训工作，使问题青少年更好地适应将要到来的新环境，如社会交往、人际关系、价值观选择等，以提高问题青少年的社会适应能力。③道德重构。这包括常规训练和常规教育两部分。常规训练包括"军训教育""静坐教育""劳动教育"；常规教育包括："常规行为教育与习惯养成体系""法制教育与德育培养体系""自省教育与自主教育体系""专题教育体系"。通过行为表现的量化评估、考核、督导、奖惩制度，引导问题青少年认知自己的社会角色，了解自己的责任、义务，明确自己的人生目标，培养自己的行为习惯，掌握自己的前途命运。④发现亮点。主要通过发掘问题青少年自身的"亮点"，激发其自尊心、自信心，体验成功。在问题青少年中开展"争当最优""百件好事""每周一星""十项标兵"等评比活动，搭建问题青少年群体展示自我的平台，鼓励其展示真我、张扬个性、建立自信，进一步强化他们"向上向善"的意识，为其稳定发展提供精神动力。⑤社会化教育。即让问题青少年走出学校、融入社会，参与社会事务，在实践中获取真知与主流社会价值观，启发他们认识世界的能力，培养他们作为一个完整的"社会人"所应该具有的基本素养和基本能力。

（3）离校后跟踪服务阶段。确立回访机制，即问题青少年毕业离校走向社会后，工读学校会继续对他们的行为规范和思想道德状况进行跟踪，了解他们生活和学习的现状，并及时对他们进行跟进指导，使他们真正认识自己并改正自身的错误。问题青少年毕业后，大多会继续到高一级的学校接受教育，为此，学校组织之间的联系就显得尤为重要，工读教师要成为帮助问题青少年适应新学校的"拐杖"。同时把问题青少年的相关信息和新任老师进行交流，与新任老师建立交流机制，提出教育建议，及时处理问题青少年的问题，给问题青少年创造一个稳定的发展环境，避免问题青少年出现被旁落的现象。

二　"群育模式"：香港群育学校的实践模式

香港群育学校在多年的发展过程中形成了相对成熟的实践模式，这种模式可以称为"群育模式"。香港群育学校主要提供以下四种支持模式。

（1）院舍服务。院舍主要是给青少年舍友提供一个暂时生活及学习的环境，待舍友的原本家庭支援能力得到改善，以及舍友的自身行为及情绪问题得以解决后，舍友便可以回归主流学校及家庭，继续其原来的学业及生活。自青少年进入院舍，就可以接受院舍服务，院舍方面主要通过"具计划的环境"以及"效能提升"两个计划，为舍友提供良好而优质的服务做好准备。"具计划的环境"是指应在院舍程序中有计划地注入一些"良好元素"，提供良好的、优化的环境，让舍友有更多接触正面发展的机会。而"效能提升"则是指院舍方面应透过了解舍友的背景资料及从日常家舍生活中观察舍友之情绪及行为，分析舍友在效能方面之普遍需要，然后予以有计划地介入及安排。

（2）群育学校（日校）。有一些不良行为问题的青少年，在学校里，不遵守学校纪律、打架或破坏课堂纪律，严重影响教师日常教学，公然反抗教师和校方的教育，屡屡触犯校规。在家庭里，亲子关系不良，具有一定的攻击行为，存在一定的夜不归宿现象，并间或有离家出走之行为。在个人社交方面，行为莽撞、易发怒、易冲动、自制力薄弱、容易对自己和他人造成伤害行为，参加朋辈中不良分子的活动，群育学校（日校）主要为上述青少年提供支持服务。

（3）院舍课余照顾服务。主要是安排青少年入住院舍的缓冲、离开院舍的过渡及对有些夜间需要照顾青少年的家庭提供固定时间段照顾服务的另类措施。

（4）匡导班。匡导班服务的对象与适合就读群育学校的青少年相同，这些青少年仍在原本就读的主流学校就读，他们的学籍和注册都在主流学校。在接受相关部门的评估后，有些青少年被送往群育学校接受短期的课程辅导，待其情绪稳定和行为问题有了较大的改善后，他们才会被安排返回主流学校就读。在考虑为有需求的青少年提供有关服务时，转介者需参考以下纲要，如表 2 所示，选择为之提供服务的模式，务求让青少年在得到适切照顾的同时，亦能顾及他们的全面发展及需要，并透过专业的服务，协助青少年重回家庭、社区和主流社会。

表 2　香港群育学校服务纲要

家庭支持	行为及情绪问题的严重程度		
	轻微	中度	严重
足够	主流学校＋匡导班或校内辅导	群育学校（日校）	群育学校（日校）或群育学校＋院舍服务
可以改善	主流学校＋匡导班或校内辅导＋住宿照顾	群育学校（日校）＋院舍课余照顾服务或住宿照顾	群育学校＋院舍服务
不足	主流学校＋匡导班＋住宿照顾	群育学校（日校）＋院舍服务	群育学校＋院舍服务

注：群育学校（日校）主要是为具有大量不良行为问题的青少年提供支持服务；院舍服务主要是给青少年舍友提供一个暂时生活及学习的环境和相应的服务；院舍课余照顾服务主要是为群育学校在下课后提供照顾；主流学校为一般普通学校；住宿照顾为群育学校提供支持与服务以外的关于住宿方面的服务；匡导班主要是为就读主流学校而有行为和情绪问题的学生所提供的辅导服务。

三　香港"群育模式"对内地工读学校的启示

（一）完善工读学校支持机制：形成制度性社会化运作

在借鉴和吸收了西方经验的基础上，香港群育学校结合香港本土的实际情况，积极转变教育观念，重视教育的实践效果，转化为契合的实践性设计，创造性地构建了香港特殊教育的"群育模式"。在社会支持系统方面，香港群育学校重视加强与社会力量沟通、协同与整合，构建起"多元嵌套式"的社会支持体系。在宏观领域，通过学校刊物、大众传媒、太平绅士巡视等机制，积极宣传群育学校的变革，采用主动融入社会的策略方式。香港群育学校一方面接受大众建议和反馈，积极地改造自我，以适应社会文明和学生家长对现代群育学校的要求，并接受社会大众和青少年家长的监督；另一方面积极鼓励和组织青少年学生走进社会，走进社区，参与社会服务和社区服务。这一模式不仅仅加深了群育学校与香港社会的联系，更是增强了香港社会大众对群育学校的认识，有助于改变社会大众对群育学校的传统看法，从而形成一种"共融"的氛围，这也使群育学校获得了更多的社会支持和社会接纳。在中观领域，香港群育学校首先主要采用了非政府组织（Non-Governmental Organization，NGO）、政府组织和营利组织合作共营模式，政府向 NGO 购买群育教育服务并进行监管，"中央统筹体系"协调各个 NGO 的资源和服务，为其提供专业支持。其次，完善政策法规和"中央协调统筹体系"，形成了相当成熟的"中央协调统筹体系"，并订立明确的操作指引、法规和制度；从申请人的需求评估、服务对象的甄选和分类，到"申请—审批—轮候—服务提供—效果评审—跟踪服务"整个程序，到课程设计指引、人员编制、专业培训，再到群育教育整体服务、机构间的交流合作机制和发展战略规划等方面都形成了完整的制度性的社会化运作体系。在微观领域，香港群育学校强调对服务对象的增能（empowerment），除了为之提供一般中学课程，还根据多元智能理论，为之提供多种智能训练。此外，还开设了工艺技能训练、个人发展课程及社会化发展课程，培养青少年多方面的能力。同时，还重视巩固和增强青少年家庭、朋辈系统的能力，协助其重构个人的社会支持网络[①]。香港群育学校多元化社会支持机制如图 1 所示。

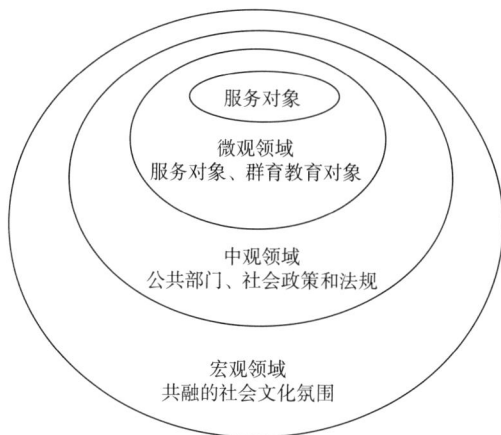

图 1　香港群育学校多元化社会支持机制

---

① 邓敏玲、倪晓峰：《从"隔离"到"融合"，工读教育的社会支持发展——以广州市 A 学校个案为例》，《青年探索》2006 年第 6 期，第 18~21 页。

　　相对于香港的多元社会支持系统，内地工读学校的支持机制就显得相对单一。在宏观领域，虽然内地工读教育已经有 60 多年的发展历程，但是，对内地而言，工读教育还是一个新鲜事物。工读学校的社会关注度和认同度都相对偏低，家长对工读学校的态度褒贬不一，在学界，关于工读学校是否应该存在的争论也一直没有停歇过，全社会还没有形成一种积极的共融氛围。在中观领域，在现行的体制内工读教育界主要采用教育局主办、公安局协办这种形式，虽然也有工读学校是受司法部门主管，但是数量非常有限，因此，内地工读学校主要的支持系统来源于教育局主办和公安局的协办，司法部门给予的支持也相对较少。但是，从全国工读学校的实际情况看，公安局的这种协办很多停留在形式上，没有深入工读学校的教学与管理一线，没有真正发挥公安的协助作用。由于工读学校的特殊性质，导致了许多政府机关对工读学校的重视力度不够，在工读学校的发展过程中，缺乏相应的政府政策支持与扶持。同时，内地工读学校由于长期的封闭惯性，导致了工读学校缺乏与外界交往、沟通和合作，缺乏社会力量的扶持。在微观领域，工读学校缺乏完整的教育矫治和服务体系，导致了工读学生也相对比较"独立"，对工读学校的服务主要落在值班老师和班主任身上，相对于香港成熟的服务项目和服务内容，内地工读学校的学生服务力量显得非常单薄和有限，为此，对当前的内地工读学校而言，完善工读学校的支持机制，形成制度性的社会化运作显得更为重要。内地工读学校单项式社会支持机制如图 2 所示。

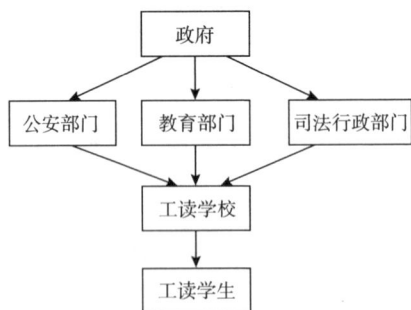

图 2　内地工读学校单项式社会支持机制

（二）完善青少年评估制度：建立第三方评估机制

香港的群育学校不能自行招收有行为偏差和心理偏常的青少年学生。如果要将一个青少年送往群育学校，就必须要先将之转介到"中央统筹转介系统"评价委员会，该委员会对之会进行一系列相关的评估与审核，并安排相应的适合该青少年个人的服务内容与服务项目供之参考。这样的评估机制显得更加科学化，能够对青少年提供针对性的服务。"中央统筹转介系统"主要包括三个部分：一是转介者，由普通学校的社会工作人员、学生辅导教师或者正规医院的临床心理医生负责对青少年进行适当的专业评估与辅导。如果要将难以矫正但确实存在情绪问题、行为问题的青少年转介到群育学校，相关专业评估人员必须提交"申请表格"，普通学校和群育学校的校长也可以使用上述的"申请表格"对问题青少年实行转介，但是转介的问题青少年在接受院舍服务时候，需要有社会工作人员做出全面的评估和参与。综上所述，对接受到群育学校的青少年，前提是必须要对青少年做出全面的评估，然后将转介的数据和表格交付"中央统筹转介系统"给予审核和批准。如果评价委员会认为该青少年学生没有达到标准，留在普通主流学校对其成长更有益的话，群育学校必须让青少年返回普通主流学校接受教育，但是，青少年学生返回主流学校后，可以获得社会工作人员、学校辅导员和专业的心理学家和精神科医生的额外支持。二是转介的文件和数据包括申请表格、心理学家或者辅导员的书面报告、医疗报告和学校成绩表。三是教育统筹局也承担一定的社会责任，教育统筹局的心理学家和教育辅导员负责与转介者协商是否有更适合的方法来安排青少年，使得青少年接受更好的服务。教育统筹局定时召开会议，研究群育学校工作，并做好相应的记录。香港这样的评估机制显得更加科学化和人性化，设身处地地为每一个遇到适应困难的青少年提供有针对性的服务。

内地工读学校招生主要依靠"三自愿"的原则，即学生自愿、家长自愿和主流学校自愿原则，在"三自愿"原则的基础上，将就读申请提交给当地教育局进行审核和批准。这导致了一系列问题，首先，可能存在这样一种误区，即那些有轻微障碍的青少年被送往工读学校，而有中度或者严重行为偏差的青少年反而没有被送往工读学校进行矫治。其次，"三自愿"

原则使得内地工读学校失去了"强制入学"的制度化保障，加上内地的家长由于对工读学校存在偏见，不愿意把自己的孩子送往工读学校进行教育矫治。为此，内地工读学校必须借鉴香港的模式，建立第三方的评估体系，加强对问题青少年的评估工作，使得每一位需要送往工读学校进行教育矫治的问题青少年都能够得到相应的教育、引导与服务。

（三）实行青少年感化制度：满足安全、归属和爱的需求

香港群育学校的教育感化制度是一个多方面、多层次和多维度的行为矫治计划，它做到了有教无类、面向社会、充分接纳和帮助边缘青少年。情境伦理学认为"人在环境中"，通过提供优化的环境，可以改善问题青少年的人格，矫正其不良的生活习性。通过养成教育，培养问题青少年良好的行为习惯，并在学校开设各种丰富多彩的法治教育、禁毒教育和心理教育课程，建立健全心理咨询室，对问题青少年的心理障碍给予及时的干预和矫治。教育问题青少年转变心态、更新观念，树立民主法治意识，促进他们全面成长，并且借鉴西方成功经验，不断探索和建立预防、教育和挽救边缘青少年的制度和措施。香港群育学校的感化制度建设从多方面着手。从设施和环境上来说，以青少年健康生活为目标，确保青少年生活的安全性与安定性，帮助问题青少年们适应群育学校新的环境，消除他们的对立情绪，鼓励他们抛弃自暴自弃的消极心理，缓解他们的紧张情绪，消除其过多的顾虑，创设一种充满文化情境、优质和安定的环境，并且营造一种充满爱和理解的气氛，使得问题青少年在群育学校中能够体会到被爱、被理解和被珍惜的感受，让他们体会到一种家的安全感和归属感。在青少年与他人的关系上，应该让他们感受到社会对他们的关心，培养其自信心，激发其上进心，让问题青少年可以充分地表现自己，拓展和鼓励问题青少年与他人建立广泛的交流、沟通和合作。工读教师在这方面应当借鉴香港群育学校的以上做法，给予问题青少年充分的支援、照顾、扶持和协助，坚持"教育好每一个孩子"，以"不抛弃、不放弃、不拒绝"的宽容态度，真诚接纳和理解每一个问题青少年。工读学校的老师们应抓住教育契机，通过与他们交心般地交谈，对他们进行适当的教育，并通过与学生长时间地深入相处，培养与他们的信任关系和依恋关系。在青少年自身成长的过程中，通过在工读学校的系统学习、支援照顾、教育矫治和辅导

治疗等全方位的服务，可以有效地促进问题青少年身心的和谐发展，培养青少年学生的自我安全感、成就感、自信心和归属感。

参考文献

鞠青：《中国工读教育研究报告》，北京：中国人民公安大学出版社，2007。

石军：《中国工读教育政策法规的历史演变与当代意义》，《预防青少年犯罪研究》2014年第1期，第64～70页。

德国巴伐利亚州促进学校对
中国工读学校的启示

石　军[*]

摘　要：问题青少年已经成为一个世界性的社会问题，全世界都在加强对"问题青少年"的教育矫治，德国巴伐利亚州促进学校就是一所针对"问题青少年"进行教育矫治的教育机构，虽然历史不长，但因发展迅速、富有特色且成效显著备受业界关注。为此，本文系统地介绍了德国巴伐利亚州促进学校的办学模式和中国工读教育的教育矫治模式，在此基础上，阐释了巴伐利亚州促进学校对中国工读教育的"五点"启示，希冀给中国工读教育未来可持续发展提供有益的借鉴。

一　德国巴伐利亚州促进学校

　　德国巴伐利亚州促进学校是针对"问题青少年"进行教育矫治的教育机构，促进学校属于德国教育系统中正规的教育机构，隶属于特殊教育序列。德国是联邦制国家，教育受到国家的监管，但是巴伐利亚州促进学校受州教育管理部门的监督和管理，促进学校的承办者主要是县市级单位，专职教师享受国家公务员待遇，促进学校的主要经济来源为国家公共基金的财政拨款。另外，促进学校也会积极争取社会赞助，在获得社会支持的同时积极向社会宣传，让社会更多地了解和支持促进学校的事业发展。

　　巴伐利亚州是德国最大的州，也是农业发展最好的州，促进学校就设

---

　　* 石军，南京师范大学教育科学学院博士研究生，广州市新穗学校教师。

立在此，环境非常优美。促进学校强调环境育人、文化育人，在校内创设一种优化的教育情境，强调"坚定面向每一个学生，服务每一个学生"的教育理念，促进学校教师素质普遍较高，富有耐心、爱心和敬业精神，在特殊学校教育辅导和矫治方面具有专业领域的知识和技能。

对于转入促进学校的学生而言，这不是一种惩罚，也与违法和刑事犯罪无关，只是根据实际的帮教需要而采取的一种相应的促进手段。德国巴伐利亚州促进学校在教育矫治的过程中，重视对每一位来校的学生进行有效的行为矫治和心理干预，每一所促进学校都配有特殊教育专家、医生、心理咨询师等十余名工作人员，其任务是为医生的诊断、家长的困惑、教师的观察提供咨询，一旦发现学生有行为偏差和心理偏差，就会进行及时干预，由促进学校对学生进行一系列记录、调查、测试和诊断，制订有针对性的个案干预和诊断计划。

德国巴伐利亚州促进学校一方面为"问题青少年"提供教育、训练和治疗的校园环境；另一方面也为家长提供咨询服务和相关资料，以指导和帮助家长正确认识孩子的行为与心理问题，纠正家长错误的家庭教养方式，帮助家长正确使用教育和评价，共同促进孩子的成长。促进学校的教育目标是在教育矫治"问题青少年"不良行为的同时，帮助"问题青少年"完成义务教育，培养他们各方面的社会能力，以最终适应和融入社会的发展。促进学校的建立就是体现州教育"服务每一个学生"的教育理念，促进学校因为教育对象的特殊性与弱势性，引起了社会各界人士的普遍关注，在德国享有重要的社会声誉。

二 "促进模式"：德国巴伐利亚州促进学校的办学模式

巴伐利亚州促进学校在多年的发展过程中形成了相对成熟的实践模式，即"促进模式"。这可以说是德国巴伐利亚州促进学校的主要模式，顾名思义，就是促进学校学生的全面发展，以改变传统的、单一的、以学业为中心的评价模式。"促进模式"的教育模式主要表现在七个方面。

1. 在入学程序上，遵循自愿原则

尊重家长和孩子的意愿，如果父母或者孩子不同意，不能轻易采取强

制的手段，至少是得到他们的勉强同意。同样，学生的意见是需要得到尊重和考虑的，但是，在是否接受特殊教育这一事项上，父母拥有决定性的权利。强制性的措施容易丧失学生和家长的信任和配合，容易失去教育的原动力，自愿的原则在体现教育民主化的同时，有利于孩子稳定地在促进学校进行教育矫治，也积极争取了家长对促进学校的支持，有利于家校形成教育合力，提高教育矫治效果。

2. 设立专业委员会进行专业的、科学的评估

促进学校的学生都需要经过专业委员会科学的评估和表决，符合特殊教育法的鉴定。鉴定必须写明促进教育的必要性并推荐一所促进学校，根据需要也可以进行医学或者心理学方面的鉴定，符合要求的才可以入校进行促进学校教育矫治。教育局享有最终的裁决权。第三方的鉴定和评估、专家的参与，一定程度上缓解了家长的心理情绪，也可以增强家长对孩子问题的正确认识，有利于形成家长对最后决策的支持态度，提高家长对促进学校的接受程度。

3. 在教育内容上，根据学生的需求进行教育、陶冶和文化培训

文化学习的教学大纲与普通学校基本保持一致，学校目标与普通学校接轨以达到一定的教育目标，并进行多方面的考核。如果学生的态度发生了明显的变化，学习也达到了基本的要求，不良行为得到了有效的矫治，他们就可以回到普通学校接受正常的教育。这也是从学生得到更好成长的角度来实施的。

4. 多元评价代替单一评价

"问题青少年"很多是学业不良的学困生，如果用单一的学业来评价他们，导致他们对上学失去信心，也是造成他们行为偏差的重要原因，这对他们是不公平的。从多元智能的角度看，促进学校以多元评价代替单一评价，有效地促进了学生的身心发展和优势发挥。

5. 对个别学生实行个别化教学，因材施教

针对不同的学生制定不同的教育和矫治策略，采取有针对性的方法和措施。由于德国的学校大多是半日制教学模式，许多父母因工作繁忙而无力监管，以及电视、电子游戏的影响，导致学生存在各种学习和行为障碍，这给德国的教育带来很多负面影响。为此，促进学校为了更好地教育

矫治学生，提供全日制教育，孩子每天下午可以留在学校里，接受专业教师的照料和辅导，提升了促进学校教育矫治的效果。

6. 促进学校重视培养学生的理解力和判断力

用压迫和强制的方式去改变一个人的行为是不会长久的，也是不人道的，为此，促进学校重视对学生理解力和判断力的培养。当一个人有良好的理解力和判断力的时候，他的行为才会更好地符合社会规范，才会做一个有利于社会的人。

7. 加强对促进学校教师的职业培训和继续教育培训

促进学校教师的专业知识和专业技能的发展，为提高教育矫治水平打下基础，此外，值得一提的是，巴伐利亚州立大学课程增设了特殊教育课程——促进教育，以让更多的大学生能够认识、接触和从事促进教育，使得促进学校得到进一步的发展。

三 "工读模式"：中国工读学校的教育矫正模式

中国工读教育的发展已经有60多年的历史，在60多年的发展过程中形成了独具中国特色的工读教育模式，工读教育在教育转化问题青少年的过程中，坚持贯彻实施"科学、规范、人文"的教育管理理念，首先从初步认识和了解教育对象入手，有针对性地开展各种多维度、多角度、全方位深入而有效的教育矫治方法与路径；重视对"问题学生"的心理干预和心理咨询与辅导；重视对"问题学生"的个体分析与矫治；从为"问题学生"搭建成长成功平台入手，实施道德构建工程、亮点工程和社会化教育等工程；加强对"问题学生"的班集体建设，营造良好的育人氛围，以防止"交叉感染"。我国工读教育60多年的历史发展已经充分说明我国在"问题学生"教育矫治方面取得了显著的成效，工读教育模式主要表现在以下四个方面。

1. 前期工作准备

首先，主要是对学生信息进行采集，以入学申请表为参照，学生类型的区分主要包括情绪障碍、学习障碍、行为障碍、交往障碍四大类，依照不同的学生类型进行大致划分。以班级为单位，对人员构成比例进行详细划分，各班班主任按照人员构成比例及特点，制订切合班级实际的心理辅导工作计划及教育矫治工作计划。其次，是家长信息采集。新生入学前，学校召开新生家长会，统计新生家长的联系方式、职业、文化程度、家庭结构、亲子关系等基本信息，了解家庭教育情况，明确家庭成员关系，掌握家庭生活情况基本资料，并对学校教育转化情况进行介绍，初步建立家校关系。

2. 新生期教育思路，实施整体行为规范的推进

（1）仪容仪表。学校从改变学生仪容仪表入手，统一着装，规整头发、指甲，禁止佩戴饰物等，明确主流社会对中学生的外在形象要求，重塑学生外在形象。

（2）文明礼貌。落实《工读学校一日行为规范》的识、记、背、默与实践考核评价，结合学生日常生活，不断提醒并要求学生按照《工读学校一日行为规范》严格执行，以文明用语、文明待人为基本要求，辅导学生学习对外交往的正确方法，逐步养成学生文明交往的行为习惯。

（3）健康生活。从个人内务整理到个人衣物清洗，从就餐规范到就寝要求，事无巨细，点对点、手把手进行培训，稳步提高学生生活自理能力。

（4）军训活动。通过创设严格的军训环境，高密度、高强度、多维度地开展以学生意志品质锻炼、耐挫能力培养及纪律服从意识为主题的专题教育活动。

3. 稳定期教育策略

（1）校内"工程"建设的开展。第一，养成教育工程。从规训教育入手，使学生养成良好的道德习惯，养成良好的道德风尚，要求学生从日常生活中那些"不可以做"的每一个细节做起，贯穿于起居生活、日常礼仪、课堂要求、课间行为、人际关系等过程中，养成尊重自我、尊重他人、尊重万事万物、尊重公共秩序等公德，养成良好的行为纪律、操守、规矩、礼节，浸染公民德行。第二，常规教育工程。包括常规训练和常规教育两个方面，常规训练以"军训教育""静坐教育""劳动教育"为主。常规教育以"常规行为教育与习惯养成体系""法制教育与德育培养体系""自省教育与自主教育体系""专题教育体系"为主，进一步完善学生行为表现的量化评估、考核、督导、奖惩制度。第三，发现亮点工程。主要是发掘学生自身的亮点，在青少年学生中开展"争当最优""百件好事""每周一星""十项标兵"等评比活动，利用宣传栏、电子屏、海报等大力宣传和表扬，肯定学生的进步，增强学生的自信。第四，社会化教育工程。让学生走出学校、走向社会、融入社会、参与社会事务，传递主流社会价值观，传递科学文化知识，教导社会生活规范，提供角色学习条件，在实践中获取真知，启发学生认识世界、认识自我，培养学生作为一个完整的"社会人"所应该具有的基本素养和能力，成为合格的社会公民。

（2）校外工作的开展。校外工作主要以"放假工作"为核心，通过有效组织假期生活，检验学生校内社会行为的学习成效。结合学生校外表现，抓住契机、灵活掌控，有效开展假期教育。放假资格评定，以学校规章制度为标准，以计分、画表的形式，让学生展开自评和他评活动，确定放假名单。这种制度提高了学生的参与度，达到自我教育的作用，为学生提供了检验人际交往能力的参照，养成了学生客观认识与约束自我行为的规范意识。其次，教师要布置适量的家庭作业，同时也要给学生一定的自由时间，强化放假的激励意义。再次，电话跟踪。工读学校通过电话访谈掌握学生在家的动态，用电话加强与学生和家长的直接联系，加强对特殊个体不定时电话跟踪或家访，第一时间了解学生在家的各种表现，对学生进行有效的干预与监督，并请家长对学生在家的情况做出评价，作为学生下次放假的参考依据。

4. 离校后跟踪服务阶段

回访机制的确立。青少年学生毕业离校走向社会后，工读学校会继续对他们的行为规范和思想道德状况进行跟踪服务，了解他们的生活和学习现状，并及时对他们进行跟进服务，使他们真正认识自己并改正自身的错误，青少年学生毕业后，大多会继续高一阶段的学习，为此，学校组织之间的联系就显得尤为重要，工读教师要成为帮助青少年学生适应新学校的"拐杖"。同时和新任教师就青少年学生的相关信息进行交流，与新任老师建立交流机制，提出教育建议，及时处理青少年学生问题，给青少年学生创造一个稳定的发展环境，避免青少年学生出现被旁落的现象。

总之，中国工读学校这种教育形式在长达60余年的探索中，形成了有效保护、心理支援、知识学习、融入社会的技能训练等完整的教育保护体系。工读学校不仅仅直接控制和教育一部分轻微违法犯罪青少年，而且间接配合和参与指导普通中小学教育，使得工读功能得到有效辐射，真正教育、矫治和挽救了一批违法和处于犯罪边缘的"问题青少年"学生。中国工读学校紧紧围绕"治病救人，培养合格公民"这一历史使命，通过创设各种适合"问题学生"成长的文化情境和方法策略，切实维护"问题青少年"的合法权益，帮助"问题青少年"早日回归主流社会，向上向善，把这些"问题青少年"培养成有社会主义觉悟、有一定科学知识和生产技能、遵纪守法、身体健康、合格的社会公民，这是时代赋予中国工读教育的重大历史使命，也是中国走向大国的必然举措。

四 德国巴伐利亚州促进学校对中国工读学校的启示

1. "无墙学校"：增加与社会的广泛联系

德国巴伐利亚州促进学校实现开放式办学，建立"无墙学校"，以加强学校与社会之间的联系，这与中国工读学校形成了巨大的反差。工读学校重视对学生的纪律约束，工读校园充满"规训"的色彩。在空间关系上，中国工读学校可以用"孤立封闭"来形容，一方面是因为大部分工读学校地理位置上的边缘化；另一方面是因为中国工读学校封闭式、半军事化的管理方式，高墙、始终深锁的大门成了工读学校留给人们最初的"印象"。而巴伐利亚州促进学校实行的"无墙学校"对促进中国工读学校实行"开放式办学"，吸收一切优质的社会资源，优化和增强工读学校的办学质量，加强与社会之间的互动联系，具有重要的意义。巴伐利亚州"无墙学校"还有利于促进学校与社会各界的交流与互动，拓展学生了解社会的渠道，帮助学生树立自信心，有益于增加促进学校的学生毕业后与社会的融合度。同时，与"无墙学校"相配套的是巴伐利亚州促进学校在课堂教学中采用开放式教学，学生没有固定的座位，学生在教学的过程中可以根据课堂和教师的需要自由走动，也可以在走廊外完成老师布置的作业，促进学校反对过度约束学生，鼓励和倡导学生在自由中发展，在发展中获得自信，在自信中走向社会。德国巴伐利亚州促进学校"无墙学校"的办学理念值得当前我国工读教育界的深刻反思和借鉴。

2. 小班教学：对学生实施个别化教学

德国巴伐利亚州促进学校在办学规模上比较小，一般为 50～100 人，最大也不超过 300 人，教育层次也较低，一般属于初中义务教育阶段范畴，促进学校一般每班学生人数 10 人左右，最多 14 人，如果班级学生的情况（行为问题）较为严重，人数可以减少到 6 人，小班化教育是促进学校区别于普通学校的一个重要特征。首先，小班教学、分组讨论与动手操作是促进学校课堂教学的主要形式，学生也可以根据自己的兴趣自由组合、在教室里自由走动和自由讨论；重视对学生个体的参与引导与学生情感、态度和价值观方面的教育，学生在学习的过程中也可以拿着材料到教室外的走廊中完成学习任务，但是不管在教室内还是在教室外，学生都不能吵闹；小班化教学实现了促进学校真正做到平等地对待每一个学生、尊重每一个学生和关爱每一个学生的教育理念。其次，小班化教育使得学生在每天下午也能得到照顾，德国的学校大都实行半日制，下午的校外生活往往使学生处于放任状态，小班化教学使得他们促进学校更有安全感和依赖感，也能保障学生在促进学校的学习状态。最后，小班化教育符合促进学校的办学理念和学生个人的身心特征，小班化有利于"问题青少年"的教育矫治，有利于全面了解和观察学生的心理特点、情感特征和情绪变化，有利于进一步掌握学生的优缺点，掌握学生的行为特点，以便以一种有效的方法对学生进行针对性的教育辅导和矫治，保障促进学校的教育矫治成效。

3. 平行教育：重视对学生的集体教育

平行教育是苏联教育家马卡连柯提出的著名集体教育原则的别称。主要是通过教育集体影响个人，通过教育个人形成集体。他认为，良好的集体必须有共同的目的，一致的行动；必须有正确的舆论，必要的制度和纪律，以培养集体义务感、责任感和荣誉感。他主张建立教师集体，对集体的教育和对个人的教育应当有一致的方向。因此，他把为了影响个别学生而影响集体的方法称为平行影响教育法。德国巴伐利亚州促进学校在教育的过程中吸收了马卡连柯的平行教育思想，重视对学生的集体教育让学生在教育的过程中处理好集体与个人的关系，以点带面，以面促点，相互影

173

响。巴伐利亚州促进学校认为班集体的风气会影响学生个体，良好班集体的建立，有利于在集体的氛围熏陶下，引导学生自觉地朝健康的方向发展，同时，也应该深刻地认识到，同处于一个班级的学生，无论是学业成绩、思想认识、觉悟水平，还是智商情商等都存在着很大的差异，所以，促进学校的专职教师要认识到学生这种差异的客观实在性，让学生在集体中学会共处、合作和共情的能力，以缩短学生之间的差距，并在集体的过程中感觉爱、体验爱和奉献爱，这是一切美德的生长点。德国巴伐利亚州促进学校在班级管理工作中重视将班级中存在的共性问题和个性问题共抓，在尊重学生个性和差异性的基础上，通过对学生集体教育的重视，使班集体的整体水平得到提高。

4. 多元课程：进行价值取向行为教育

课程是德国巴伐利亚州促进学校教育矫治"问题青少年"的核心载体和主要方式，课程的设置一是关乎促进学校学生的受教育权利。享受多元的课程同样是促进学校学生的一个基本受教育权利。二是课程关乎促进学校学生的全面发展。除了普通的文化课程以外，促进学校还开设了多元而特殊的课程，分为基础文化性课程、拓展性课程、发展性课程和实践性课程，特别值得一提的是促进学校设置了"以促进学校的学生价值取向的行为教育"的课程，这类课程主要包括诚实、礼貌、正义、宽容、尊重、乐于助人、社会责任、环境保护等多方面的内容，以促进学校的学生形成正确的价值和价值观念，这类课程在促进学校所占的比例较大。三是课程关乎促进学校学生的个性发展。促进学校学生的个性发展必须依靠课程，促进学校课程保障学生个性发展的根本制度就是学校课程必须具有充分的可选择性，巴伐利亚州促进学校基于"尊重学生个体差异、赏识个体的才能、开发学生的潜力、多元发展的能力"的教育理念，坚持认为促进学校的学生和普通学校的学生一样，在智能上是多元的，其发展的需求也必须是多样的，开设多元化课程的目的就是更好地满足促进学校的学生个性发展的多元需求。四是课程关乎促进学校学生个性差异的满足和内在多元智能的有效激发。促进学校只有为学生提供丰富的课程，才能满足每一个学生个性差异的需要，才能满足每一位学生智能开发的需要，才能真正践行多元智能的理论，从某种意义上说，促进学校为学生多开设一门课程，就为促进学校学生的教育矫治多打开一扇窗，增强"问题学生"教育矫治的可能性，从这种意义上说，多元化的课程设置对"问题学生"的教育转化具有重要的现实意义。五是课程关乎学生的学习兴趣，课程的丰富性与多元性，可以调节学生的学习状态，增加学生的学习兴趣，以调动学生学习的积极性；多元课程为学生提供的特殊有效的"产品"，培养了学生的多元能力，拓展了学生的社会视野，为学生日后更好地融入主流社会打下坚实的基础。

5. 融合教育：促进学校纳入普通教育

虽然德国巴伐利亚州设立专门的促进学校在一定程度上有利于问题青少年的教育矫治，但是，会受教育民主化观念、教育公平与公正等观念的影响，有观点认为：单独建立促进学校，实质上将学习上有障碍的学生从同伴中分离出来，接受程度和要求不一样的教育，这不符合教育民主化的要求，对他们来说是不公正的。因此，他们主张取消促进学习单独建校的做法，提倡学生回各自学区的学校，与其他学生一起学习，并且给他们额外增加一些课时，或者安排教师给予单独辅导，以改变他们学习困难的状况。从"隔离"到"融合"可以说是未来促进教育发展的趋势。"隔离"的环境，首先，不仅把学生和周围环境隔离了，更隔离了其他的社会支持，造成支持网络长期不足，引发生存危机。其次，家庭、社会组织和社区的参与度极低或没有，甚至起到反作用，这容易促进教育进一步自我隔离和封闭，容易陷入被边缘化的恶性循环。为此，促进学校为了适应教育民主化的要求和对学生人性的关怀也做了相应的调整，一方面，在促进学校，青少年受到定期的促进教育，通过教育矫治并完成促进学校规定的特殊课程后，促进学校会评估学生返回普通学校的可能性，如果学生的行为和学业达到相应的层次和要求，学生可以回归普通学校接受正常的教育。另一方面，通过在普通学校设立促进班级，加强与普通学校的合作办学，这是一种崭新的、相对灵活的工作方式，符合全纳教育和教育民主化的教育理念以及时代对促进学校的要求，虽然这种做法会有一定的难度，但是，德国巴伐利亚州目前正在进行这方面的积极实验和探索。

参考文献

舒志定：《德国巴伐利亚州促进学校见闻》，《世界教育信息》2004 年第 10 期，第 24~26 页。

石军：《文化情境下学校公民教育的教育人类学研究——中央教育科学研究所南山附属学校为例》，中山大学硕士学位论文，2009。

石军：《我国工读教育的历史、现状与未来发展》，《教育史研究》2013 年第 3 期，第 27~29 页。

石军：《中国工读教育现状与未来发展思路初探》，《山东省团校学报：青少年研究》2011 年第 1 期，第 58~61 页。

杨光富：《重温马卡连柯：集体教育成功的秘诀》，《上海教育》2006 年第 10 期，第 42~44 页。

鞠青：《中国工读教育研究报告》，北京：中国人民公安大学出版社，2007，第 217 页。

邓敏玲、倪晓峰：《从"隔离"到"融合"：工读教育的社会支持发展——以广州市 A 学校个案为例》，《青年探索》2006 年第 6 期，第 18~21 页。

日本儿童自立支援设施演变及对我们的启示

张 荆 石 军*

摘 要：日本问题儿童的救助教育矫治机构历史悠久，从 100 多年前对问题儿童的惩治场劳役惩罚，到民间感化教育的兴起，再到以政府为主导的教养保护模式的建立，发展到今天的尊重问题儿童人格，以爱为纽带的互动交流，在共识基础上的自立援助，使儿童具有抵御犯罪诱惑的心理能力和生活能力。随着这些理念的变革，立法的辐射范围、制度建构、管理方式及出所后自立支援的延伸措施等，也随之发生着变化。研究这一历史演变过程，并与我国的问题少年帮扶矫治及工读学校教育进行比较分析，可获诸多启示：儿童本位，制度保障的基本理念；系统立法，给予充分的社会保障；家庭中心，重视归属与爱的需求；多元支持，健全的儿童保障体系；渐进发展，走出别样的制度模式等。希冀对中国问题少年的帮扶教育矫治事业的未来发展提供有益的参考与借鉴。

在正常成长的少年儿童[①]与违法犯罪者之间存在着相当数量的"问题

---

* 张荆，北京工业大学法学教授，日本一桥大学法学博士，亚洲犯罪学学会常务理事，中国预防青少年犯罪研究会常务理事，研究方向为犯罪学；石军，南京师范大学教育科学学院博士，民进广东省委教育工委委员，研究方向为德育社会学、中国工读教育、青少年问题研究。

① 少年儿童的界定：联合国《儿童权利公约》规定儿童为未满 18 岁者；日本也规定"未满 18 岁者为儿童"，少年为上小学到满 18 岁止（根据《儿童福祉法》）。未成年人指 20 岁未满者（根据《民法》）。在中国，儿童界定为 6～14 岁，根据是最高人民法院、最高人民检察院、公安部的《关于当前办理拐卖人口案件中具体应用法律的若干问题的解答》（1984）。未成年人为未满 18 岁的公民，根据《未成年人保护法》，少年的界定比较含混，一般指 10～16 岁，在中日比较研究中这些概念应有所区别。

少年儿童"，这些孩子大多来自结构性或功能性破损家庭，或受学校和社会恶劣环境及交友不慎的影响，不少人成为未来社会犯罪的后备军。我们需要对这一问题少年儿童群体实施特殊的预防工作，以阻断他们滑向犯罪的道路。100 多年来，世界许多国家在"儿童保护原则""国家亲权主义"及联合国"儿童利益最大化原则"的理念下做了大量尝试，其中日本的问题儿童对应机构从最初的"感化院"到今天的"儿童自立支援设施"，经过了百年的演变和经验积累，形成了鲜明的、成熟的制度模式——"自立支援"模式，这对中国的问题少年的教育矫治、特殊群体的犯罪预防具有一定的参考借鉴价值。

一　日本问题儿童教化机构演变：从感化到教护

在日本，问题儿童救助矫治机构的发展历史悠久，机构的名称随立法及相关法律的修改而更名，机构的接受范围、管理方式等与时俱进，发生着程度不等的变化。1900 年日本告别了儿童"惩治场"的时代，在众多私立感化院的实践基础上，国家制定了《感化法》，问题儿童的救助机构统称"感化院"，强调对 8～16 周岁、养育者缺失、有不良行为和不良交友的少年进行感化教育。1933 年《少年教护法》制定颁布，机构更名为"少年教护院"。1947 年《儿童福祉法》制定和颁布，机构将原有的"少年"两字去掉，统称"教护院"，强调根据《儿童福祉法》的基本精神，社会替代父母对不良行为和有犯罪危险性的儿童进行特殊的监护。1997 年，随着《儿童福祉法》的修改，以及民间和学界对"教护院"名称的指责和批评，再度更名为"儿童自立支援设施"，根据上述发展的四个阶段，我们将分述各阶段的变化特征。

1. 感化院（1883～1933 年）

感化院在日本的问题儿童的教育矫正的历史上占有重要的位置，它起源于民间，在 1883 年，大阪市宗教人士池上雪枝在自家宅中创设了日本第一家私人"感化院"，面对大阪市天神里欢乐街不断增加的问题儿童，采用了家庭式的收容方式，夫妻俩与孩子们共同生活，在家庭日常生活中给予他们关怀、照顾、教育和指导，并着重开设实用科学教育，为其就业创造条件。继后 1885 年高赖真卿创立"东京感化院"（即现在的锦华学院的前身）；1886 年千叶县各佛教寺院联合创立了"千叶感化院"（即现在的成田学园的前身）；1888 年冈山感化院成立（即现在的成德学校的前身）；1889 年京都感化保护院建立（即现在的立淇阳学校的前身）。

在私立感化院迅速增加的过程中，有一位被公认的"感化事业之父"留冈幸助先生必须特书一笔，他创立的"家庭学校"晚于池上雪枝"感化院"16 年，但他却用自己的调研和思考，奠定了日本感化院的理论基础。留冈幸助先生曾任北海道空知集治监狱的基督教教诲师，目睹了许多少年犯在"惩治场"煤矿劳动的场景，了解到 70%～80% 的少年犯在 14 周岁之前就已经是不良少年，他认为：与教诲成年犯相比，教化不良少年更为重要。于是他赴美国留学，考察美国的监狱、教护院、孤儿院等设施。1896 年学成回国，出任日本警察监护学校教授，撰写并出版了《不良少年感化事业》一书，成为业界必读书，对日本制定《感化法》及感化院的理念、机构设置等产生了重要影响。并在 1899 年在东京巢鸭建立了自己的"家庭学校"，践行他的理念，他采用夫妇职员与 10～15 名孩子共同居住生活在 130 多平方米的家庭宿舍，在家庭的氛围中对他们进行指导。留冈幸助一直有一个梦想，就是在大自然的怀抱中践行少年感化教育，1914 年，他在北海道辽阔的农场建立起"家庭学校分校"，使其梦想成为现实。

1900 年，日本制定了《感化法》，首次以法律的形式确定了教育感化不良少年的政府责任，《感化法》规定：地方长官适当对 8～16 岁、没有适当的监护人、游荡、乞讨、确认交友恶劣者行使国家亲权，感化院接收惩治场被判刑关押的少年、经法院裁定应进入惩治场的少年等。1901 年《感化法实施规则》颁布，强调，对于感化院及入院少年"需独自经营、进行必要的教育，实业练习，女子需学习做家务事、裁缝"[①]。

民间的感化院在留冈幸助等人的倡导下，强调"慈善性"的感化思想体系和儿童救济的性质，注重"感化"，而非"惩戒"，原有的惩治场与成

---

① 日本厚生劳动省家庭福祉课：《儿童自立支持设施运营手册》，https：//www.mhlw.go.jp/seisakunitsuite/bunya/kodomo/kodomo_ kosodate/syakaiteki_ yougo/dl/yougo_ book_ ，2014。

人监狱无明显区别，把不良行为少年与接收刑法入监的少年在惩治场杂居，容易导致交叉感染，导致行为的恶化①。1907 年，国家修改《刑法》，废除了少年"惩治场"，提高了设置感化院的必要性，1908 年国家再度修改《感化法》，在国家亲权主义的理念下，各都道府县设置感化院的数量急速增长，民间感化院的数量大幅减少，1919 年国立感化院建立。日本学界认为：公立和国立感化院的诞生，标志着少年保护从慈善性和福利性的民间感化事业领域开始向国家预防不良少年违法犯罪的刑事政策的领域发展②。

2. 少年教护院（1933～1947 年）

"惩治场"被废止后，对于未满 14 岁触犯法律的儿童应当如何处理，成为当时社会讨论的热点问题。对于少年保护制度，内务省从社会政策的立场出发，强调"保护"；司法省则从刑事政策的立场出发，强调"教育"，实践中形成了"二元主义"特色。

1933 年，《少年教护法》通过并实施，该法强调对不满 14 周岁，有不良行为和有违法危险的儿童需入少年教护院进行教护。该法主要规定：①全国选任教护委员，对少年不良化早期发现，并实施保护性观察；②在少年受到保护处分之前，必须采取临时性保护方法；③为了对问题少年进行科学的审查，应尽可能地设置少年鉴别机构；④要设法为出院者创造条件，让他们到正常小学强化完成学历教育；⑤禁止新闻媒体刊登少年保护处分的内容；⑥国库补助金提供给少年教护院。同时将感化院更名为"少年教护院"。

1937 年，日本全面侵华战争爆发，次年，日本《国家总动员法》制定，军民不分全员进入战争状态，少年教护院发展处于停滞状态。

3. 教护院（1947～1997 年）

1945 年 8 月，日本战败，战争造成大量的流浪儿和孤儿产生。据厚生省调查统计，全国孤儿高达 123 511 人（1948 年），1947 年《儿童福祉法》制定实施，以前的《少年教护法》《儿童虐待防止法》一并废止，并

---

① 尹琳：《日本少年法研究》，北京：中国人民公安大学出版社，2005，第 14～15 页。
② 〔日〕重松一义：《少年法的思想与发展》，信山社，2002，第 85 页。

将少年教护院统一更名为"教护院",接收未满 18 岁的、有不良行为或有犯罪危险性的儿童。所谓教护,实质是替代父母等亲属进行特殊的国家监护。《儿童福祉法》强调:教护院首先要为儿童设置适宜的环境,教护职员要与儿童共同生活,通过有个性的指导,改善他们的行为方式,成为未来社会的健全成员。

1947～1997 年是日本战后对问题少年教护理念和模式积极探索、发展和完善的 50 年,大原天青先生曾以这一时期为背景,对一所男子教护院的历史资料进行统计分析,描绘出这段时间的基本情况:

20 世纪 80 年代,该院共接收了 252 名儿童,平均年龄 13.4 岁,发生不良行为的年龄平均为 9.8 岁,入院的平均时长为 675 天。从在院儿童的分类及比例看,厌学逃学 184 名,占 73.6%;自行车和摩托车盗窃 134 名,占 53.6%;扒窃 122 名,占 48.8%;其他盗窃 171 名,占 68.4%;离家出走 167 名,占 67.2%;深夜徘徊 131 名,占 52.8%;不良交友 114 名,占 45.6%;偷拿家里的钱 95 名,占 38%;吸烟 92 名,占 36.8%;毒品非行 65 名,占 26.1%;恐吓 60 名,占 24%。入院儿童的监护人情况为:养育能力不足 147 名,占 59.5%;抚养孩子困难的 123 名,占 50.2%;夫妻不和 119 名,占 48%;经济困难的 102 名,占 41.1%;亲子关系不和 60 名,占 24.3%,监护人情绪不安定 57 人,占 23.1%①。

20 世纪 90 年代,该院共接收了 147 名儿童,平均年龄 13.9 岁,发生不良行为的年龄平均为 9.9 岁,入院的平均时长为 581 天。从在院儿童的分类比例看,厌学逃学 119 名,占 81.5%;离家出走 90 名,占 62.5%;深夜徘徊 88 名,占 61.1%;不良交友 76 名,占 52.1%;扒窃 79 名,占 54.1%;自行车和摩托车盗窃 67 名,占 45.9%;其他盗窃 78 名,占 53.4%;吸烟 62 名,占 42.5%;偷拿家里的钱 54 名,占 37%;恐吓 35 名,占 24.1%;毒品非行 32 名,占 21.9%。入院儿童监护人的情况为:养育能力不足 91 名,占 61.9%;抚养孩子困难的 81 名,占 55.1%;夫妻不和 76 名,占 51.7%;经济困难的 64 名,占 43.5%;亲子关系不和 68 名,占 46.3%;监护人情绪不安定 50 人,占 34%。

---

① 统计方法:1 名不良儿童有几种不良行为和不良影响环境,因此统计中有交叉。

大原天青先生对 20 世纪 80 年代和 90 年代入院不良少年的特征进行了比较研究，认为：90 年代，入院的平均年龄有所提高，在院教护的时间大幅减少。80 年代是不良儿童入院的高峰期，主要特征是盗窃自行车和摩托车，以及毒品滥用等，被称为"游戏型非行特征"。90 年代深夜徘徊、不良交友、暴走非行突出，被称为"养育问题型不良行为"，孩子养育的基盘发生了质变，儿童的不良行为与他们经常生活在"虚拟世界"有关，同时，父母的不安定情绪明显影响儿童不良行为的产生[①]。

根据 20 世纪 80 年代和 90 年代不良行为儿童的特征变化，日本教护院坚持个性化教育，实行小房舍制。教护院职员与儿童住在一起，共同生活，了解他们行为心理特征，在日常生活中进行有针对性的养成指导。日本教护院，重视入院儿童的义务教育，从普通中学聘请学科教师，严格按照普通初中、高中的教育大纲和教材要求进行学历教育，并给予他们大学入学考试资格。除学历教育外，教护院根据学生的兴趣和特长，开展职业教育，让其习得一技之长，为其走向社会就业，成为自食其力的社会公民创造条件。在管理方式上，很多教护院实行"晋级式管理"，根据教护对象的具体表现评定教护级别，评为 1 级以上的儿童可以获得提前出院资格。此外，日本教护院每月会组织教护院青少年参加社会实践活动，促成他们对社会现实及社会规范的了解。教护院内还经常举办运动会、文艺演出等活动。重视"亲子教育"，邀请教护院儿童的父母一起来参加孩子的体育运动会、歌咏比赛及亲子游戏。亲属每月都可以到教护院探视一次，通过探视和亲子活动，逐渐改善不良的家庭关系，形成家与院的共同教育合力。教护院的儿童退院时，要参加由教护院组织的出院仪式，需在父母和职员面前宣誓：出院后做一个孝敬父母、自食其力、为社会奉献的合格公民，退院仪式正式、肃穆。

4. 儿童自立支援设施（1997 年至今）

1947 年确立的《儿童福祉法》经过半个世纪的司法实践，学界和实务

---

① 〔日〕大原天青：《儿童自立支援设施入所儿童的社会文化变迁与支援效果的实证研究》，http：//www.syaanken.or.jp/wp-content/uploads/2015/01/RP2013B_003.pdf#search=%E5%A4%A7%E5%8E%9F%E5%A4%A9%E9%9D%92++%E5%85%90%E7%AB%A5%E8%87%AA%E7%AB%8B%E6%94%AF%E6%8F%B4%E6%96%BD%E8%A8%AD。

部门呼吁修改的声浪越来越高。1997 年做了较大幅度修改的《儿童福祉法》获得国会通过。根据社会对"教护院"名称的否定评价，将其更名为"儿童自立支援设施"。从此迎来了现代的"儿童自立支持设施"发展的新阶段。

二 现代问题儿童矫治机构的确立：从教护到自立援助

1997 年，日本《儿童福祉法》的修订是对问题儿童矫治制度从"教护"到"自立援助"演变的"分水岭"。修改后的《儿童福祉法》明确规定了机构需接收"养育能力低下家庭中的儿童"，即因家庭环境或其他环境因素需要生活指导的儿童，使原养护院接收"有不良行为或不良行为之虞的儿童"的法律辐射范围扩大。该法律同时规定：支援措施不止于机构内，退所后还必须继续进行儿童自立支援活动。另外，除了传统的入所封闭指导外，也采用通勤走读方式，将过去的社会隔离、封闭的教护方式转变成开放的"自立支援"方式。同时规定在儿童自立支援设施内的学历教育上采用标准化的公立教育。

据厚生劳动省统计，2016 年，全国共有儿童自立支援设施 58 所，其中，国立、市立和私立各 2 所，都道府县政府办的 50 所，都道府县政府建设和管理的"儿童自立支援设施"占绝大多数。58 所设施中可接收儿童定员 3 686 人，入住儿童 1 395 人，入住率为 37.8%[①]。

目前"儿童自立支援设施"的入所途径主要有两个：一是由"儿童相谈所"根据儿童不良行为的程度、家庭环境的状况，实施入所的"临时性保护措施"；二是由家庭裁判所裁定后，送至儿童自立支援设施，实施"保护处分"。前者的入所必须有监护人的同意，后者则具有法的强制力，不需要得到监护人的同意。近年来，由家庭裁判所裁定、强制入所的儿童数量有所增长。

因修改后的《儿童福祉法》特别强调家庭环境的参考因子，对恶劣家

---

① 日本厚生劳动省编《厚生劳动白书》，平成 29 年版，第 187 页，https://www. mhlw. go. jp/wp/hakusyo/kousei/17 - 2/dl/07. pdf。

庭环境中的儿童进行入所保护，以预防问题儿童滑向犯罪道路。这项法律的修订带来机构内儿童构成的变化，并在大原天青先生的调研数据中得以体现，某一机构 2000 年入所儿童中，监护人养育能力不足的占 73.2%，比 20 世纪 90 年代增加了 11.3 个百分点；监护人毒品、酒精依赖的占 29.3%，比 90 年代增加了 10.9 个百分点；监护人"精神疾病的"占 15.9%，增加了 10.4 个百分点；监护人经济困难者占 50%，比 90 年代增加了 6.5 个百分点[1]。

《儿童福祉法》的修改确定了"儿童自立支援设施"总体开放的基本原则，但也确定了国家管理（国立）的两所儿童自立支援设施具有隔离治疗的特殊功能，主要对 14 岁以下，由家庭裁判所裁定的重大案件中问题严重、必须进行专门矫正的违法儿童，在国立设施中设有带锁的单间房屋，采用限制自由的强制收容措施。例如，对长崎幼儿杀人事件[2]、佐世保同年级学生杀人事件[3]中的少年加害者采取了设施内的长期强制措施[4]。

三 自立支援：日本矫治问题儿童新模式

日本矫治问题儿童事业在百年历史积淀的基础上，逐渐形成了鲜明的、本土化的、有特色的、成熟的教育矫治模式——"自立支援"模式，并有国立、公立、民间私立之分，各都道府县都有设置，分布地域广。但

---

[1] 〔日〕大原天青：《儿童自立支援设施入所儿童的社会文化变迁与支援效果的实证研究》，http：//www. syaanken. or. jp/wp – content/uploads/2015/01/RP2013B ＿ 003. pdf # search ＝ % E5% A4% A7% E5% 8E% 9F% E5% A4% A9% E9% 9D% 92 ＋ ＋ % E5% 85% 90% E7% AB% A5% E8% 87% AA% E7% AB% 8B% E6% 94% AF% E6% 8F% B4% E6% 96% BD% E8% A8% AD′。

[2] 日本长崎幼儿杀人事件：2003 年 7 月 1 日晚上 7 点，在长崎市一所大型家电超市，一名 4 岁男童在玩游戏机，被一位初一少年以"找你父母去"为由，诱骗到万才町的一座楼房内，脱光衣服，拳脚击打其腹部，并用剪刀剪男童生殖器，在男童痛苦喊叫时，将其抱起从 20 米高的露台上摔下杀害。当时加害人年仅 12 岁，不够逮捕判刑年龄，被送到国立儿童自立支援设施，采取长期强制措施。

[3] 佐世保同年级学生杀人事件：2004 年 6 月 1 日午后，佐世保市市立大久保小学六年级女生用刀刺杀同班女生，致其死亡，震惊日本社会。加害者叙述：昨晚看了侦探电视剧，想参考剧情制定杀人方案。后被收容到国立儿童自立支援设施，进行发展障碍诊治。

[4] 〔日〕小木曾宏：《儿童养护设施、儿童自立支援设施的入所儿童的现状与支援对策课题》，《社会保障研究》2010 年第 4 期，第 400 页，http：//warp. da. ndl. go. jp/info：ndljp/pid/2611754/www. ipss. go. jp/syoushika/bunken/sakuin/kikan/4504. htm。

所有制的差异并不影响其基本理念、管理模式及面临问题中的共同性。以下分四个方面系统分析。

1. **基本理念**。

理念的变革常常成为制度变革的先驱，日本从最初的儿童惩治场，强调对儿童犯罪行为的惩罚、威吓主义理念，到民间强调"浪子回头金不换"的感化理念及私立、公立感化院的建立与发展；再到政府对问题儿童在教护院的教育与保护；再到充分尊重儿童人格，帮助问题儿童摆脱不良的家庭环境和社会环境，援助他们自律和自立，以及他们出所后继续支援其自立生活，使其逐渐成为合格社会公民。这些不同时期的理念变革的脉络清晰，并影响着机构管理方式和制度建设。

实际上19世纪末，留冈幸助教授出版的《不良少年感化事业》一书，以及理论家与实务工作者良好互动，就已经坚定地奠定了日本矫治问题儿童的基本理念。近现代的感化、教护机构的"共同—共生"的理念日趋被内化。在日常生活中，职员与儿童共同生活、共同学习、共同劳动，伴随儿童共同成长。机构强调集体教育，可以在设施内过集体生活并从事集体劳动。通过有效的监护，强调在职员与学生之间进行广泛的互动、建立信赖关系和强烈的依恋关系，养成尊重他人，和他人共同成长，获得共生的力量。机构不能把儿童作为"惩戒"的对象，强调"儿童应该是被治的、被引导的、被教育的和被爱的对象，强调把儿童作为儿童进行教育的理念，通过民主主义、附加职业教育、家庭教育和基督教教育的基本方针"[①]。在实际的教育过程中，强调教职员给予孩子父母般的爱的"同一性教育"，给予孩子家庭式的温暖氛围，通过日常生活和自然环境来教育孩子，在日常生活中、在自然环境的教育中，形成一种有节律的生活，养成有规律的生活习惯，给予孩子们日常生活指导、日常学业指导和未来就业指导支援，形成"三位一体"的指导模式，让孩子能够真正从内心接触社会规范，培养规范意识，同时，满足孩子们安全感、归属感和对爱的渴求，通过系统的照顾、教育、支援和治疗，最终使问题儿童成为社会合格的成员。

---

① 〔日〕赤羽忠之：《思考虞犯与教育》，北树出版社，1984，第112～113页。

现在"儿童自立支援模式"的基本理念在前人理论和实践的基础上进一步完善，把儿童是"被治的、被引导的、被教育的和被爱的对象"转变成"儿童是自己权利行使的主体"，厚生省出版的《儿童自立支援设施运营手册》中将儿童自立支援模式基本理念概括为四个方面：①充分尊重儿童的人格，在相互交流中达成共识，在共识的基础上开展自立援助。每个儿童都有健全自主的生活志向，在确保优质集体生活的安定性基础上实施保护与援助。②儿童在设施内的生活被限制在时间和空间的框架中，规则正确的生活及良好习惯的养成是保护和支援的基石，但不是强制性控制。③根据儿童不同的发展阶段、个性特征等充分保障其衣食住，让设施充满爱和理解的氛围，让儿童感受到类似于家庭的爱、福利的爱。设施内要让儿童形成基本信赖感，获得社会性、生活自立、心理自立及个体同一性的发展。④在具有安心感和安全感的生活中每个儿童相互包容和真诚相待，加深儿童与职员之间信赖关系，最终达到儿童自立的援助的目的①。此外，设施内明确禁止体罚、语言暴力、歧视、儿童之间的霸凌和暴力，同时儿童自立还需要帮助其摆脱不良的家庭环境和社会环境，修复恶化的亲子关系。儿童的自立和自律是其未来抵御犯罪诱惑的基本保障。

2. 管理模式

绝大多数"儿童自立支援设施"归都道府县福利部门管理，经费由地方政府和国库共同、按比例分担。两所国立儿童自立支援设施则由国库全额负担。两所私立儿童自立支援设施的运营经费一部分以募捐等形式自筹，一部分来自厚生劳动省的预算拨款。

日本儿童自立支援设施协会是全国范围内的社团法人，以儿童自立支援事业的发展与提高为目标，对各类"儿童自立支援设施"及相关事业进行调查和研究，做好全国性的联络工作，每五年组织召开一次全国性的"儿童自立支援事业纪念大会"。

具体到"儿童自立支援设施"的管理模式，大体上分为两种类型。一种是"小舍夫妇制"，另一种是"倒班制"。

---

① 日本厚生劳动省家庭福祉课：《儿童自立支持设施运营手册》，https：//www. mhlw. go. jp/ seisakunitsuite/bunya/kodomo/kodomo_ kosodate/syakaiteki_ yougo/dl/yougo_ book_ ，2014。

"小舍夫妇制",顾名思义是职员夫妇入住小舍,与数名儿童共同生活,因为相当数量的儿童是因家庭问题导致其不良行为,"小舍夫妇制"希望通过弥补和完善家庭功能指导儿童健康成长,矫治儿童心理偏差和不良的行为习惯,通过建立家庭式的小集体生活,创设一种家庭的和谐氛围,给儿童一个新的温暖的家,在小舍中,夫妇共同承担儿童的教育和监护任务,但是,近年来"小舍夫妇制"因职员数量不足而难以维持,导致"小舍夫妇制"管理模式在"儿童自立支援设施"中的数量大幅减少。

所谓"倒班制",指数名职员通过轮班工作,分时段地对设施内儿童进行指导,倒班制按照规模的大小,可以分为小舍、中舍和大舍。倒班制有利于改变"小舍夫妇制"职员的人手不足、管理力量薄弱等问题,有利于提高工作效率,在教育矫治儿童的指导方针和方式方法上可以集思广益,发挥和采用多数人智慧与建议。但是,倒班制也存在一定的问题,由于轮班值班使儿童与职员之间接触时间减少,对儿童了解难以深入,容易导致儿童情绪不稳定。另外,倒班制多是"大舍"的管理方式,儿童个人的隐私权难以保护,近年来,有学者建议,重视儿童的隐私权,实行倒班制中的个室化,实现儿童之间互不侵害权利的个室管理制度①。

日本儿童自立支援设施积极与相关机构进行交流与合作,开展与儿童相谈所的合作与交流,包括人事交流和联合研修,与家庭裁判所和警察的合作与交流,加强部门之间的相互理解与共识,共同建构合作协助体制,为整个社会儿童的健康成长提供支援和援助。

3. 职员构成与职业培训

按照日本《儿童福利设施最低基准》(以下简称《基准》)的规定:儿童自立支援设施定员儿童与职员的比例约是3∶1,就定员儿童数50名而言,需设施长1名、自立支援职员10名、营养师1名、厨师等4名、事务人员1名,约17名。《基准》还规定:设施长、自立支援职员应具有从事儿童自立支援事业的经验,具有心理学、教育学、社会学等知识背景,

---

① 〔日〕小木曾宏:《儿童养护设施、儿童自立支援设施的入所儿童的现状与支援对策课题》,《社会保障研究》2010年第4期,第402页,http://warp.da.ndl.go.jp/info: ndljp/pid/2611754/www.ipss.go.jp/syoushika/bunken/sakuin/kikan/4504.htm。

并得到厚生劳动大臣或都道府县知事的认可。

日本厚生劳动省于1947年在东京都国立武藏野学院附设了教护事业职员培训所，1997年更名为"儿童自立支援专门职员培训所"，内设培训部、进修部。培训部是对即将入职儿童自立支援事业的人，传授相关基础理论及技术方法。进修部则是对正在从事儿童自立支援事业的人实施再教育，提高其业务水平，进修部还细分为设施负责人的进修和专门职员的培训[①]。

4. 主要问题

分析目前儿童自立支援设施面临的问题，主要是生源不足。虽然社会的环境发生了重大变化，但问题儿童案件仍在不断严重化，儿童问题日益严重，社会上存在着各种类型的问题儿童群体，如行为和情绪障碍、拒绝上学、夜不归宿、逃学，甚至家庭、社会的儿童虐待现象严重，社会对儿童自立支援设施的需求量增大。但是，儿童自立支援设施利用率一直不高（2016年为37.8%），其原因主要有三个方面：一是儿童自立设施归厚生劳动省管理，属于福利设施，相当数量的问题儿童是"儿童相谈所"根据儿童不良行为的程度和家庭环境的状况，建议采取"临时性保护措施"，建议不具有强制性，入所需要征得父母的同意，但是，真正能够得到父母理解和同意并愿意积极配合将孩子送到儿童自立支援设施的家长为数不多，这是生源少的主要原因。二是传统的家庭式的"小舍夫妇制"在不断减少，取而代之的是"倒班制"，"倒班制"在配置中缺乏有经验的专业职员，矫治模式上较难形成家庭式的爱与个性化的生活和教育氛围，难以确保"支援内心具有深刻问题的儿童自立的专业化"。三是虽然家庭裁判所决定的儿童保护处分具有强制力，无须监护人同意，可直接送至儿童自立支援设施。但因近十多年来，频发儿童重大案件，致使日本《少年法》不断修改，将本来属于儿童自立支援设施管辖的未满14周岁的违法儿童，扩大为少年院处理，因此限制儿童自立支援设施的入所儿童的数量。

---

① 鞠青：《中国工读教育研究报告》，北京：中国人民公安大学出版社，2007，第229～232页。

四　日本儿童自立支援模式对我们的启示

1. 儿童本位：制度保障的基本理念

日本教育界重视儿童，倡导儿童本位的教育理念，即使在特殊教育领域——儿童自立支援设施中也高度重视"儿童本位"的理念及贯彻，遵循联合国"儿童利益最大化原则"，以儿童的权益为中心，从儿童的实际出发，尊重儿童的人格，尊重儿童在教育活动中的主体地位，着眼于每个特殊儿童的健康快乐发展，这些理念体现在教育矫治的全过程，要求职员充分考虑儿童的个性特征，使每个儿童尽可能地发展其潜能，大胆摒弃剥夺儿童自我活动的时空，实施强制的、非民主的、充满"规训"色彩、抽象主义倾向的传统模式。在日本，儿童自立援助设施属于儿童福利机构，着重帮助那些有行为和情绪障碍的儿童获得心理自立和生活自立，保证这些儿童享有尊严与人格权，有正常的自立能力，有享受幸福人生的愿景，在教育矫治、生活、管理等各个层面充分体现"儿童为本位"的基本理念。

纵观日本对问题儿童的矫治理念的演变过程，研究发现，从100多年前的对问题儿童的惩治场劳役惩罚，到民间感化教育的兴起，再到以政府为主导的教养保护模式的建立，再到现代的尊重问题儿童的人格，职员以爱为纽带与儿童互动交流，在共识基础上的自立援助，使其具有抵御犯罪诱惑的心理能力和生活能力。这种理念的演变过程应当给我们很多的启示。我国对于问题少年管理措施要么是"降低入刑年龄"的呼声高涨，要么是束手无策，待不良行为恶化或够法定年龄后，忙于审判和刑罚，缺少社会防卫等中间环节和科学预防矫治的理念与措施。"他山之石可以攻玉"，日本对问题儿童自立支援理念确有参考和借鉴的价值。

2. 家庭中心：重视归属与爱的需求

日本是受传统儒家文化影响的国家，高度重视家庭教育对孩子的影响，在现代儿童福利方面也体现出以"家庭"为中心的特色，这点有别于欧美等发达国家以"政府"为主体的福利模式。日本政府把"养育、抚育儿童家庭的支援"和"儿童权利的保障"作为日本儿童福利的基本方针，为此，日本政府在教育矫治"问题儿童"的过程中，特别钟情于家庭式的办学模式，这种模式具有鲜明的历史特色，"夫妇小舍制"强调在教育矫治过程中，给孩子以家的感觉，满足孩子安全感、归属感和对家庭爱的需求，家庭式的矫治模式在日本特殊儿童教育史上持续时间长，也是现在儿童自立支援设施矫治模式的支柱之一，在教育矫治问题儿童上发挥着重要作用。日本建立起"以家庭为中心"的儿童支援网络体系。这个体系建立主要理由有两个。第一，吸取欧美等发达国家的教训。欧美发达国家的儿童支援体系运营经费主要由政府财政支出，国家或政府的财政不景气就是福利的丧失，日本采取了"家庭中心"的儿童支援模式，日本对特殊儿童的福利政策的出发点是要帮助每一个问题儿童的最终自立，有自我造血功能，避免对国家福利的过度依赖。第二，受儒家文化的影响。日本社会强调：父母是儿童的第一任老师，家庭是最高的学府。厚生劳动省在 2006 年的《关于儿童自立援助设施做法的研究报告》中就明确阐述了家庭在问题儿童矫治教育中的不可替代作用，强调儿童不良行为的改正、社会的自立，亲人（监护人）的理解和协助是不可或缺的，重视社会支援、援助家庭中亲子交流，推进家庭关系的调整。为了家庭关系的调整，需派专业咨询员居住问题儿童家中，直接协助家庭关系的调整，实施"家庭疗法"，达到改变家庭环境的目的①。同时，政府和社会在配合家庭关系的调整中也辅助有相应的福利制度。

中国是儒家文化的发祥地，中国人更加重视家庭教育，700 年前宋朝王应麟的《三字经》"子不教父之过"早已家喻户晓。从传统的"望子成龙、望女成凤"到现在的"不让孩子输在起跑线上"，家庭的教育功能一直在被强调和放大。但是，在社会变迁、几世同堂的大家族崩坏、核心家庭为主与社会流动频繁的背景下，大量的功能性和结构性残缺的家庭产生，在父母无能力教育孩子，或放弃对孩子的教育甚至虐待孩子的情况下，社会如何出手，如何为孩子建立一个温暖的新"家"，如何调整原有亲子关系，我们依然对此束手无策。特别是面对问题少年，社会如何与功能残缺的家庭互动，修复残缺家庭和重构亲子关系，我们的社会依然缺少成熟的措施和机制，因此日本的经验值得借鉴。

---

① 日本厚生劳动省：《关于儿童自立援助设施做法的研究报告》，第 6 页，https://www.mhlw.go.jp/shingi/2006/02/s0228-2.html.

3. 系统立法：给予充分的社会保障

第二次世界大战后，日本形成和确立了较为完善的儿童社会保障制度，日本为了应对各种复杂的社会状况，为了促进儿童的更好发展，基于保护和发展儿童的理念，系统地加强立法，给予儿童充分的社会福利保障。1945 年，日本政府面对第二次世界大战后儿童的救助，颁布了《战祸孤儿等保护对策纲要》，依此纲要设置了社会局。1946 年相继颁布了《生活保护法》和《实施流浪儿童与其他儿童保护等紧急措施》的行政命令；1947 年，日本颁布了关于儿童福利的第一部基本法《儿童福利法》，规定了只要是孤儿，不问国籍，全部由政府收养，保证完成高中教育[1]。厚生省设立了"儿童局"。1951 年，日本政府又设立"儿童节"、制定《儿童宪章》。1961 年，日本政府实施了《儿童抚养津贴法》，地方政府广泛兴建儿童福利机构，如儿童之家等。1964 年，厚生省"儿童局"改为"儿童家庭局"，实施《母子福利法》，设立支持性的儿童相谈法，首开地方区域的儿童咨询与辅导机构[2]。1970～1971 年日本政府相继建立儿童津贴制度，制定了《儿童津贴法》，进一步完善了儿童的社会保障体系。1997 年，日本政府对《儿童福利法》进行了修订，并规定：建立"儿童家庭支援中心"与"儿童咨询所"，在各地区为儿童养育提供多种形式的建议、指导与支持[3]。1998 年 6 月日本中央社会福利审议会、厚生劳动省的社会援助局发布《关于社会福利基础结构变革的报告》，该报告强调：儿童福利和特别支援的政策主要是对残障儿童、孤儿、单亲儿童为代表的传统意义上的"特殊儿童"，还包括"虞犯"儿童，为儿童创造良好教育环境，提供更多发展的机会[4]。2003 年，日本又制定了《培育下一代支援对策促进法》，用以加强对各类儿童的系统支援。近年来，日本社会"虐童"现象逐渐引起日本政府的重视，在充分的调研基础上，于 2000 年制定了《儿

---

① 王晓燕：《日本儿童福利政策的特色与发展变革》，《中国青年研究》2009 年第 2 期，第 10～15 页。

② 龚婷婷：《美国和日本儿童福利的发展及其启示》，《教育导刊》2010 年第 3 期，第 88～92 页。

③ 邹明：《日本的儿童福利制度》，《社会福利》2010 年第 1 期，第 53～54 页。

④ 陈作章：《日本社会保障制度及社保基金的投资运营》，《日本研究》2001 年第 2 期，第 39～46 页。

童虐待防止法》，并在 2004 年、2007 年分别进行了修订①。综观上述历史，我们可以看到日本高度重视对儿童的系统立法，立法涉及儿童的众多领域，辐射范围广，并且随时代的变化，对法律不断地进行修改和完善，形成了一整套较健全的儿童教育保护的法律体系。

在我国问题少年的矫治教育体系中，工读学校是最具中国特色的。从工读教育 60 多年来的发展和当前的社会现实看，工读教育的政策法规的依据主要来源于《未成年人保护法》和《预防未成年人犯罪法》两部法律，但是，这两部法规辐射面不够，法规条文过于笼统，缺乏可操作性，影响了工读教育的长远发展。所以，建议借鉴日本经验，加大和加快与少年儿童有关的立法，特别是加大对少年儿童的单项立法，明确法律的特殊性，加强立法的针对性。

4. 多元支持：健全的儿童保障体系

日本建立起多方参与的青少年犯罪预防体系，从政府到民间，从家庭到社区，加强对问题儿童的有效指导和多元化的社会支持网络建设，主要表现为四个层面：第一，在政府层面，采取了综合性的推进措施，如设立预防青少年犯罪日，通过各种社会调查、科学研究、组织社会活动、媒体及街头宣传等手段，健全、宣传、普及儿童保障体系和相关知识。例如，文部省每年都要进行一次全国性青少年问题的大型调查，范围涉及青少年行为与心理问题、校园与家庭暴力、学生逃学与离家出走等；法务省每年也组织各种活动，如街头游行、张贴海报、辩论会、体育比赛、作文比赛、居民集会、座谈会、观看电影等，对问题儿童进行有效的社会干预②。第二，在家庭层面，日本政府重视家庭对儿童的影响，为此，形成了以"家庭"为中心的儿童福利体系，在坚持以"家庭"为中心进行教育矫治的同时，也强调与社会的相互协作和支持，以实现教育矫治体系的家庭化与社会化协作。第三，在社区层面，日本政府重视对问题儿童的社区矫治，社区是链接家庭和学校的重要通道，在教育矫治方面具有重要的作

---

① 王晓燕：《日本儿童福利政策的特色与发展变革》，《中国青年研究》2009 年第 2 期，第 10 ~ 15 页。
② 罗建河：《日本青少年犯罪的防治措施及其启示》，《青少年犯罪问题》2011 年第 3 期，第 61 ~ 66 页。

用，为此，日本政府在社区成立了"社区儿童养育中心"，建立了绿色网站"儿童教育网"，社区重视加强与问题儿童家长的联系，并针对家长的教育方式，提出教育孩子的建议和方法，对家长进行有效咨询和指导，以减少家长错误的教养方式对孩子的不良影响。第四，在办学层面上，日本儿童自立支援设施，采用公私互助，儿童走读等开放方式，有利于调动社会力量参与问题儿童的教育矫治，推进社会服务的多样化，给全社会的问题儿童提供强有力的支持网络。总之，日本政府高度重视对问题儿童的多元支持，希望通过建立完整的、健全的社会支持体系，教育矫治问题儿童，以减少其违法犯罪现象。

我国在问题少年教育矫治的多元体系中，薄弱环节主要是基层自治组织和民间参与，居委会和村委会是我国社会的最基层组织，特点为自治。以居委会和村委会为中心，针对少年儿童的"中途之家""少年活动站"有但数量不多，且形式大于内容，缺少制度化建构。民间参与问题少年矫治的比例低且缺少制度保障。在日本，有兄妹会（BBC）479个，成员4 512人（2016年统计），还有社区的"童子军活动"等，民间积极协助政府和社会做好问题儿童的及早发现、教育矫治。由此可见，调动我国基层自治组织和民间力量参与问题少年的教育矫治工作的路依然遥远。

5. 渐进发展：走出别样的制度模式

日本问题儿童救助矫治事业从感化院到儿童自立支援设施的发展过程，实现了从"补缺型"儿童福利政策到"普惠型"儿童福利的历史蜕变①，通过渐进式的发展道路，在历史中不断积淀、变革、突破和发展，走出了一条别样的制度模式。

以工读教育为主体的中国问题少年教育矫治事业也走过60余年的发展史，经历了初创和起步阶段（1955～1966年）、破坏和复办阶段（1966～1982年）、调整与改革阶段（1982～1992年）和改革与发展阶段（1992年至今）②。回顾60余年的工读教育史，中国工读教育的发展并不一帆风

---

① 王晓燕：《日本儿童福利政策的特色与发展变革》，《中国青年研究》2009年第2期，第10～15页。

② 石军：《中国工读教育政策法规的历史演变与当代意义》，《预防青少年犯罪研究》2014年第1期，第64～70页。

顺，"文化大革命"期间，由于历史原因，全国工读学校曾一度停办，就当前中国工读学校现状而言依然令人担忧，形势不容乐观，20世纪90年代以来，工读学校数量每年以3%~4%的速度减少，2006年仅存74所，近年来工读学校的数量有所增加，2016年数量达到了89所①，比2006年增加了20%，但工读学校的分布和发展不平衡问题依然严重，工读学校主要集中在北京、上海、重庆等20多个大中城市，一些省尚未建立工读学校，工读学校整体力量薄弱，发展形式单一。为此，必须积极争取政府和社会的支持，坚持"立足教育，挽救孩子，科学育人，造就人才"的价值取向，借鉴日本"儿童自立支援"的发展模式，走渐进式的发展道路，积累、沉淀工读文化，重视对传统文化的继承与变革，加强对中国工读领域的宏观指导和改革创新，并辐射全社会，推动社会的"儿童本位"理念的树立，尊重和保护少年儿童的尊严，保障他们的基本权益；加强问题少年教育矫治方面的立法，把特殊教育纳入法治化的轨道，使其获得充分的法律保障。同时，工读学校等问题少年教育矫治机构也需适应法治社会的需要，接受家长和社会的监督，最终实现和完善中国问题少年矫治和工读教育的法治化和制度化建设；尝试与社会各部门建立协同共育机制，开放办学，多角度、多层面促进问题少年的教育矫治事业的可持续发展。

---

① 国家统计局：《中国统计年鉴2007》，http：//www.stats.gov.cn/tjsj/ndsj/.。

中英预防和教育矫正未成年人违法犯罪体系对比研究

胡俊崎 *

摘　要： 以国际视野认识中国工读教育的优势，大力推广我国工读教育的成功经验，借鉴国外工读教育有价值的教育思路和有效方法，以大局意识和长远目光，构建新型预防和教育矫正未成年人违法犯罪的体系，把工读教育做大做强，提高预防和教育矫正未成年人违法犯罪的实效。对比中英两国工读教育，中国的工读教育体系更加完善和高效。

60 多年来，全国工读学校卓有成效的办学效果使我国的工读教育制度在国际上受到美国、英国等西方国家的赞赏，美国前总统克林顿的顾问就曾经建议美国学习中国的工读教育来预防和减少美国日益增多的未成年人违法犯罪事件。未成年人违法犯罪是世界性难题，它与吸毒、贩毒，环境污染并称为世界公认的"三大公害"，全世界各国需要共同面对和解决。随着中国特色社会主义进入新时代，我国工读教育发展迎来了新的机遇，我们应当抓住这个千载难逢的机遇，以国际视野认识中国工读教育的优势，大力推广我国工读教育的成功经验，借鉴国外工读教育有价值的教育思路和有效方法，以大局意识和长远目光，立足本地，放眼全国，构建新型预防和教育矫正未成年人违法犯罪的体系，把工读教育做大做强，提高预防和教育矫正未成年人违法犯罪的实效，打造预防和教育矫正未成年人违法犯罪的完整链条，真正把习近平总书记在党的十九大报告中提出的"办好特殊教育""让

　＊　胡俊崎，高级教师，教育管理硕士，广州市新穗学校（工读学校）副校长兼书记。

每个孩子享有公平而有质量的教育"等精神落到实处。

全国的部分工读学校与美国、英国、日本等国家的类似于我国工读教育的特殊教育学校或者教育机构建立了针对"问题青少年"教育的国际合作、交流和教育研究，开阔了视野，拓展了思路，同时也对外宣传了工读教育的成就和经验，促进我国工读教育走向世界。广州市新穗学校与英国伯明翰市学校（The City Birmingham School）等多所工读学校长达 10 多年的教育交流成效显著，为我们开展国际工读教育研究提供了借鉴。

英国伯明翰市学校和伯明翰林德沃夫学校（Lindsworth School）都是伯明翰公办的工读学校，广州市新穗学校与这两所学校的教育交流始于 2005年。在 2005 年，广州市与伯明翰市缔结友好城市关系，双方开展了多领域、多方位、低层次的友好往来和合作，广州市新穗学校就是借此机会与伯明翰市学校和伯明翰林德沃夫学校建立了教育交流和合作关系。

一 中英基础教育体系对比研究

1. 我国的基础教育体系

我国的基础教育系统包括学前教育、小学、初中、高中教育，其中小学、初中为九年义务教育阶段，国家实行义务教育全免费。工读教育是我国基础教育中九年义务教育的重要组成部分，是义务教育阶段的特殊教育形式。专门（工读）学校主要是针对义务教育学校中的特殊个体而专门设立的特殊教育学校。所以，研究工读教育必须与义务教育相联系，要把工读教育置于国家义务教育的大教育体系中进行研究，探寻二者相互依存、互为前提的哲学关系与发展规律。我国的基础教育和义务教育体系及相关政策法规，我们都比较熟悉，这里就不再赘述。

2. 英国的基础教育

英国的基础教育体系大概包括学前教育（nursery，2 岁半至 3 岁）、小学阶段（primary，4 岁至 11 岁）、中学阶段（secondary，12 岁至 16 岁）和 16 岁后教育（post 16）。在 16 岁后教育阶段，学生开始分流，学生根据自愿可选择职业技术教育类型的专科学校（vocational college）或上大学（university）或就业（doing job）。伯明翰市的特殊教育属于基础教育，特色学校分为聋哑学校、盲童学校、残障学校和工读学校，这类学校都是基础教育的一个组成部分，都是公办学校，政府很重视，教育成本和教育投入也很高。

在英国伯明翰市，公办学校对4～18岁学生的教育实行全免费制度，学生只交纳伙食费和校服费，并且为了防止学生辍学去打工赚钱，政府对16岁以上的家庭贫困的学生给予每周30英镑的上学补助金，由家长按月到学校领取。但是，学校对学生的到校出勤考核是非常严格的，如果本月学生有一次无故缺勤或旷课，当月的补助金全部扣除。如果学生选择任何阶段的私立学校，则家长要交高价学费，政府不承担教育费用。伯明翰的公立学校有近50%是男女分校，即分为男子学校和女子学校。私立学校则几乎都是男女分校。伯明翰市学校和伯明翰林德沃夫学校都是公办的工读教育学校，是实行男女合校的，其他特殊教育学校也是男女合校。

伯明翰的基础教育学校的教育模式，基本上采用基础文化课教学与劳动技能相结合的教育模式。基础文化课程有英语、数学、科学（物理、化学、生物综合课程）、历史、地理、体育、音乐、美术、戏剧、ICT、成长中课程（生理、心理、伦理、道德、社交、宗教等综合课程），文化课考核成绩分为A、B、C、D、E、F六个等级。劳动技能课程有餐饮服务、厨艺、木工、装潢设计、雕塑、刺绣、美容美发等，学校有专门的教学设施和专用设备，配备有专职的劳动技能培训技师。

伯明翰工读学校的教育管理，校长由政府部门委派，学校和校长的工作是由地方政府、社区代表、家长代表组成的专门机构进行监督，校长每年向该机构汇报一次工作，平时不需要应付各种检查。学校的管理机构与中国学校大致相同，由校长、副校长（或校长助理）、中层干部组成。学校全年有寒暑假、传统节日假等共计14周的假日。

3. 伯明翰市的工读教育机构及教育管理模式

伯明翰的行为矫治特殊教育与中国的工读教育基本相同，都是针对行为不良学生进行教育和转化的特殊教育。为了便于理解，笔者在这里引用中国的"工读教育"和"工读学校"的概念。伯明翰的工读教育体系由"工读学校"和"帮扶中心"组成，伯明翰的工读教育学校就是林德沃夫学校和伯明翰市学校，另外还有7个"学生行为帮扶中心"（Students Behaviour Support Centre）。

　　林德沃夫学校是一所由伯明翰市教育局直属的公办工读教育学校，建校已有 30 多年的历史，分为南、北两个校区，在校男、女学生共计 170 多名。南校区原来是一所具有百年历史的医院，所以建筑布局是医院的格局。学校因势利导，将学校分为七个"家庭"（home），学生按照不同年龄，以家庭式单元进行管理，每个"家庭"都有固定的管理人员和食堂、宿舍、"静坐室"（quiet room）等设施设备。家庭 1（home 1）到家庭 6（home 6）是对有轻微不良行为或轻微违法行为的 11～14 岁的学生进行教育转化的场所。还有一个"家庭"是专门针对性格内向、胆怯等心理问题，存在交往障碍的学生进行专门心理辅导的场所，配备有心理老师、生活服务、学科教师以及相应的配套设施。北校区位于偏远的郊区，校园面积也较小，是专门接收和教育转化有严重不良行为的 14～15 岁的男、女学生的场所，在校学生 30 多名，教育设施设备与南校区相同。"静坐室"是学生不服管教或者严重违反校纪时单独接受教育、静坐反思的地方。

　　林德沃夫学校的管理基本实施"管""教"分离的教育模式。教师主要负责教学及课堂管理，专职管理员（保姆）主要负责住宿、课间和"静坐室"的管理。学生管理，采取住宿与走读相结合的管理办法，绝大部分学生每天回家，学校有 10 辆中型巴士校车专门负责接送学生和教职工上下学。只有少数有严重不良行为或家里无人管、管不了或家长不管的学生才住宿。住校学生都是住单间，寝室带有卫生间、玩具柜等设备。当学生违反校纪屡教不改时，就会被带到"静坐室"进行 45 分钟的反思，由专职管理员进行训诫和心理辅导。作息时间：早 8：45 全体师生员工到校，每天首先召开 10 分钟左右的全体教职工会议，由校长助理讲评前一天的教育教学情况。开会时，教师与管理员都和本班学生坐在一起，由校长助理和教务主任讲评学生前一天的行为表现。不点名地批评表现差的学生，而对表现好的学生却要大张旗鼓地表扬，并发给足球、篮球等运动器材或玩具动物等奖品。9：10 开始上课，上午三节课，每节课 1 小时，中间放松 5 分钟。课间休息 10 分钟，但是没有课间操。中午半小时的吃饭时间，接着是下午的两节课。下午 3：10～3：15 学校放学，师生坐校车回家，校车要把每个学生都送到家门口。双休日学生不用到校。

林德沃夫学校教学采用政府规定的与普通学校相同的教科书，此外开设有木工加工、建筑（砌砖）、厨艺、装潢设计、刺绣、机件加工、ICT 设计、雕塑、园艺等劳动技能课程。基础文化课与劳动技能课的课时比例大约是 1∶1。大部分学生喜欢上劳动技能课，因为这种课型比较轻松和自由一些，并且动手制作是非常有趣的事情。对学生的不良行为矫治主要在学校的教育教学过程中完成，教育的内容贯穿于教学的始终。班容量一般在 7～13 人，课堂教学采用"圆桌式"的教学方法，学生围坐在桌子周围，由两名教师同时上课，一名是教师，主要负责讲课，另一名是助教。助教的主要职责一是维持课堂秩序，因为他们的课堂秩序太乱，时而有学生发生斗嘴或顶撞教师，中途要多次停下来维持秩序；二是教学服务，如发放书本和教学用具、为学生削铅笔等。学生的书本和教学用具是集中管理，用时发下去，用完当场收回来。采取教室固定、学生流动的管理模式，学生的课本、练习本、学习用具都放在教室里。上课时，由教师领着学生到教室即可。学生没有家庭作业。从学生的学习内容来看，他们的所学内容要比我们中国的教学内容至少低三级，他们三年级学生很吃力地学的内容，我们一年级的学生就可轻而易举地解决。

林德沃夫学校的教师队伍建设。学校的教师按师生比 1∶4 配置。按照英国的法律规定，每所学校都必须接收一定比例的黑人教师和职工。该校现有教师的职业道德有高有低，绝大部分教师的素质是高的，是能够胜任"工读教育"的，而且对自己的岗位工作很认真，具有爱心和奉献精神。但是，也有少数教职工素质欠佳，他们往往不打招呼就随便不到学校，校长 Frank 给我们随便看了一份"周出勤统计表"，最多的一天有 6 人缺勤，最少的也是 2 人。令校长头疼的事就是每天都得安排人顶替缺勤者的工作，而校长对缺勤者几乎没有什么办法，既不能扣工资和奖金，因为是政府直接发放给教师的，也不能开除，因为法律规定只有当教师连续 3 个月旷工才能打报告开除，所以，快到被开除时，缺勤的教师就回来上班了，然后就又不见了。自由主义十分严重。校长 Frank 无奈地说："没办法，法律太傻，保护的东西太多了。"而"工读学生"也和某些教师一样自由散漫，经常缺勤，班里经常是七八个学生，有的班里只有一两名学生，教师不得不经常登门家访，寻找学生。如果按实际在校学生计算，师生比大概是 1：1。教师队伍大概由 4 部分组成，即教师、管理职员、劳动课技师、后勤服务人员，有的是身兼数职。他们各司其职，相互配合，共同完成学校的教育教学任务。林德沃夫学校的工作与中国工读学校一样，同样存在危险性，存在安全隐患，而且危险性比中国工读学校要大得多。就在我们到访的第 2 天就有一名学生拿刀把另一名学生捅伤，校长拉开抽屉取出一把大约 20 厘米长的刀让我们看。时隔两天，又有一名学生拿网球拍把老师的头打破。于是校长想起他访问新穗学校时，看到我们学校有警察，他问笔者："你们学校的警察是防范内部学生还是防范外来者的？"笔者说："都有。主要是防范外来者的干扰和闹事，我们的学生没有你们的危险。"他说："我上周也向局里打了报告，要求学习你们，给学校配备警察。"

林德沃夫学校学生的招收与出路。招生主要有三个渠道，一是普通学校送来，不需要经过教育主管部门的审批；二是由"帮扶中心"把经过再三帮扶仍不能转变的学生送来；三是由家长或学校提出申请，把需要教育的学生送来进行短期的（有半天、一天、一周，时间不等）帮扶教育。"工读学校"的学生有极少数学生又回到原校，绝大部分是从"工读学校"直接毕业走上工作岗位或考入高等院校。"工读学校"的教育转化成功率也不是百分之百的。

4. 伯明翰的"学生行为帮扶中心"的功能

伯明翰的"学生行为帮扶中心"（Students Behaviour Support Centre）原先一共有 9 个，他们与林德沃夫学校一起构成了伯明翰市的问题学生的特殊教育体系。这 9 个"中心"，散布全市，其中有 6 个面向中学服务，接收普通中学教不了、管不住、家长无能为力的学生到"中心"来接受最长不超过 6 周的帮扶教育（Support），"中心"提供午餐，但不提供住宿。但是个别特殊的学生可以在"中心"住宿。教育内容有基础文化课、以生存为基础的劳动技能培训（Trade Based Training），如木工加工、装潢、刷油漆、汽车修理、部件加工、砌砖墙等使学生将来能赖以谋生的手艺课程。我们考察了布利局中心（Bridge Centre）、林可中心（Link Centre）和维特格林中心（Wake Green Centre）3 个"中心"，这 3 个"中心"在

2015 年合并成为伯明翰市学校。"中心"的设施和设备与林德沃夫学校基本相同，只是规模较小，教职工人数也少。为中学提供服务的 6 个"中心"除了帮扶被送进来的学生以外，还担负着为普通学校上门服务的任务，对普通学校的"问题学生"进行帮扶教育，促使他们在原校转化。"中心"为普通学校的上门服务是有偿服务，根据对帮扶对象辅导的时间进行收费。例如，对某个学生每周帮扶两小时，每月收费 2 358 英镑（1 英镑 = 8.748 元人民币），帮扶时间越长，收费就越多。所收费用归"中心"使用，主要用于补充"中心"经费不足和支付临时聘用人员的工资。这笔费用不需学生负担，而是由政府随教育经费划拨给普通中学。普通中学可以任意挑选某个"中心"，或"中心"里的任何老师对学生进行帮扶，所选的"中心"和人选都不是固定的。这就促使各个"中心"要不断提高自己的帮扶教育效果，才会有"生意"上门，才能不断增加创收。我们也随从帮扶的教师到普通学校，观看和了解了帮扶的全过程。"中心"的每个老师负责 4~5 所普通学校，辅导人数在 20~40 名不等。他们与普通学校的管理密切配合，有效衔接，与帮扶对象的谈话等都有详细记录，并且跟踪服务，效果很好。另外 3 个"中心"是面向小学服务的，小学生不需要到"中心"来，有教师负责上门服务，但这种上门服务与对中学的服务不同，是不能收费的。

伯明翰市的"学生行为帮扶中心"实际上是"问题学生"从普通学校到"工读学校"的一个缓冲带，是为了避免普通学校动不动就把不应送"工读学校"的学生送到"工读学校"而引发家校之间的矛盾，也使问题学生在进入"工读学校"之前有一个较为宽松的悔改机会。业内人士也把这种"帮扶中心"称为"过渡中心"。这种制度是我国目前尚未有的，笔者觉得很值得借鉴。此外，"帮扶中心"对普通学校的上门服务，相当于目前我国工读学校的教育功能向普通学校的延伸。目前在我国虽然有些地方的工读学校建立了"工读预备生制度"，也开展了为普通学校的上门服务，但是，还缺乏真正的实效性。有些地方，还只是普通学校或工读学校的一厢情愿，没有真正建立双方自愿且有效、长期的合作机制，并且常常因为工读学校经费不足和人员有限而有名无实。从这一点来看，伯明翰的做法，包括他们政府的政策也给我们提供了宝贵的经验。

二 在国际视域下推进我国工读教育发展的方略

1. 英国伯明翰市工读教育体系对中国工读教育的启示

英国伯明翰市的工读教育体系形成了当地预防未成年人违法犯罪的一个网络,对预防和减少未成年人违法犯罪起到重要作用。他们的这个网络体系,始终体现了"预防为主"的指导思想。这个体系的运作如图 1 所示。

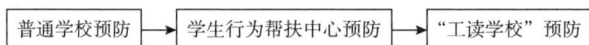

普通学校预防 → 学生行为帮扶中心预防 → "工读学校"预防

图1 英国伯明翰市工读教育体系的运作

如果把这种特殊教育体系的运作过程比作"治病救人",普通学校预防是针对普通中小学出现的"有不良行为"学生,由"帮扶中心"的专职教师上门服务,对其进行心理辅导、思想教育、法治教育等,使其在原校熟悉的环境和熟悉的同伴的条件下,在具有专业水平的帮扶教师的指导和跟进下,能够进行自我约束,改正自己的不良行为。而且他们感觉到自己仍旧是集体中的一员,没有被放弃和隔离的感觉,这样可以最大限度地避免对其造成太多的心理压力,既体现了工读教育矫正的初衷,也能提高教育转化的质量。就好像目前我国的社区医院对病人送医送药上门,使病人不出家门就能得到诊治,避免病人因去医院就诊而产生"病情严重"的心理压力,有利于病体的康复。

学生帮扶中心的教育预防就好比门诊服务,是针对那些经过多次上门帮扶教育,但其不良行为在原校仍不见改变的学生进行短期隔离教育的一种方法。这些学生由原校送到"学生行为帮扶中心"进行为期六周以内的工读教育,使他们脱离原来熟悉的环境和伙伴,给其心理和思想上施加一定的压力,让其认识到自己错误行为的严重性,从而促使其转变自己的不良行为。六周之后,学生再回到原来的学校。如果其不良行为又出现反复,则再次到"中心"来接受教育。这就如同病人到医院的门诊部接受诊治,打针、输液一样,治疗完就回家去。而且伯明翰的"学生行为帮扶中心"有 9 个,遍布市区,使有不良行为的学生能够就近接受教育,免去了车马劳顿和交通的危险。

"工读学校"的教育预防就好比病人住院治疗，是这个特殊教育体系中的最后一道防线。是针对那些经过上门服务、又经过"中心"多次帮扶教育仍不见成效的学生进行具有一定强制性的、与正常群体隔离开的教育形式。来到"工读学校"的学生，一般都不再回到原来的学校，他们在这里一直读到初中毕业。这就是"住院式"的治疗，病人要在医院一直待到病情康复才能出院。如果"工读学校"教育失败，这些学生就会走上犯罪道路，最终就走向了监狱，就像病人进了太平房一样。

英国伯明翰市的工读教育体系的三个环节各显其能，环环紧扣，有机衔接，对"问题学生"的不良行为由轻到重、由浅入深，步步设防，对预防青少年违法犯罪起到了应有的作用。尤其是"学生行为帮扶中心"是值得我们借鉴的。

2. 构筑我国预防和教育矫正未成年人犯罪法的完整链条

相比之下，我国的工读教育诞生于1955年，至今已有60多年的发展历史，比伯明翰的工读教育早了足足30年。中国的工读学校教育挽救了数以万计的有违法犯罪行为的青少年，为我国预防和减少青少年违法犯罪做出了重要贡献。中国工读教育的发展是螺旋式上升、波浪式前进的，发展的道路并不平坦。全国工读学校从早期的80多所到"文化大革命"期间的停办，再到"文化大革命"后的150多所，最后逐渐减少到最低期间的67所。在党的十八大之后，特别是在2013年底我国实行了近50年的劳动教养制度被废除之后，全国的工读学校又有了新增的趋势，工读学校新增数量较多的地方是我国西南地区。

纵观我国工读学校的发展，办学模式还比较单一，一些地方工读学校的领导对办学的思路不够开阔，还存在等靠要的传统思想，面对办学困难和挫折，过分依赖政府教育部门的政策，遇到问题和困难首先想到的是政策依据，自身创新开拓的内生动力不足。客观上，由于工读教育是大教育中的一小部分，工读学校是学校中的"少数民族"，很难引起政府教育部门的主动重视，所以工读学校只有自身强大了才能吸引政府部门的注意力，才可能获得政策层面的支持。

习近平总书记在十九大报告中指出，"中国特色社会主义进入新时代，我们党一定要有新气象新作为"。工读教育也要乘着十九大的东风，在新时代有新作为。在我国的劳动教养制度被废止之后，全国工读学校的发展迎来了新的机遇。全国各地政法部门都开始重视工读教育在预防和教育矫正未成年人违法犯罪中的重要作用，以办好工读教育、拓宽工读学校的办学功能来填补废除劳动教养制度后形成的对有违法犯罪行为未成年人的教育矫正空白。经过国家不懈努力，全国青少年违法犯罪案件在总体上有所下降，但是未成年人违法犯罪的情势仍不乐观。未成年人是民族的希望、祖国的未来，党和政府对未成年人的保护是全方位的、全覆盖的，包括违法犯罪的未成年人。国家预防和减少未成年人违法犯罪是教育保护、教育矫正和帮教挽救为主，司法惩处为辅，教育矫正在先，司法惩处在后，司法惩处的目的也是教育保护，这更多地体现了以人为本、"治病救人"的社会主义制度的优越性。中华传统文化历来主张"人非圣贤孰能无过""知错能改善莫大焉""浪子回头金不换"，国家保护有违法犯罪行为的未成年人并不是纵容，更不是默许，而是以文化人，以大爱情怀心感化，扬教育的柔性之长，避司法的刚性之短，以人性的温暖唤得浪子回头，最大限度地减少对涉罪未成年人的硬性伤害，尽可能地避免他们在心里埋下仇视社会的种子。所以，我国对涉罪未成年人的入刑年龄是偏高的，只有满14周岁犯了8种严重罪行的未成年人才会被追究刑责。

工读学校作为预防和教育矫正未成年人违法犯罪行为的主阵地，应当勇于担当，主动作为，在习近平中国特色社会主义新时代做出新的贡献。

目前，广东省检察院、广东省政法委、广东省政协、团省委、广东省教育厅等9个部门正在积极推进"学校型观护基地"的建设，提出借鉴广东省未成年犯管教所与广州市新穗学校联合办学的成功经验，与广州市新穗学校联合办学，共同建设好"学校型观护基地"。2017年12月，广东省委办公厅、省政府办公厅印发的《关于进一步深化预防未成年人犯罪工作的实施意见》，明确提出"到2018年底前，省级及21个地级以上市至少分别建成1所满足当地需要的（专门）学校"；"推进涉罪未成年人观护工程，在全省范围内建设政府主导、职能部门建设管理、政法机关共同使用的学校型未成年人观护帮教基地"。

随着学校型观护基地的建设，广东省将率先构筑起预防和教育矫正未成年人违法犯罪的"六位一体"的完整链条（见图2）。

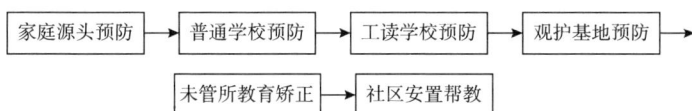

```
┌──────────┐   ┌──────────┐   ┌──────────┐   ┌──────────┐
│家庭源头预防│ → │普通学校预防│ → │工读学校预防│ → │观护基地预防│ →
└──────────┘   └──────────┘   └──────────┘   └──────────┘

┌────────────┐   ┌──────────┐
│未管所教育矫正│ → │社区安置帮教│
└────────────┘   └──────────┘
```

图 2 "六位一体"的完整链条

在这个教育矫正未成年人违法犯罪的完整链条中，工读学校在中间的三个环节中发挥着重要作用。

工读学校是预防和教育矫正未成年人违法犯罪的主阵地，也是教育战线上最后一道防线。

学校型观护帮教基地要与工读学校联合办学，主要是对涉罪未成年人，包括：①曾因未达刑事责任年龄而被免于处罚，且在达刑事责任年龄前又实施犯罪；②被检察机关做出无逮捕必要不逮捕的，但是其法定代理人无法联系且本地不具备监外监管条件，或者可能被检察机关做出相对不起诉、附条件不起诉或者可能被法院判处缓刑的非本省或本市未成年犯罪嫌疑人；③检察机关做出附条件不起诉但是需要跟踪帮教的未成年犯罪嫌疑人；④被检察机关起诉等待法院判决期间的未成年犯罪嫌疑人；⑤被法院判处缓刑后需要进行社区矫正的未成年犯罪嫌疑人等，纳入学校型观护教育基地进行观护和教育，保障未成年犯罪嫌疑人接受义务教育的权利，同时接受职业技术教育，培养一技之长作为今后回归社会后的立命之本。通过观护帮教后，确实改过自新的涉罪未成年人则不再进入司法程序，留在工读学校继续接受教育直至初中毕业。

未成年犯管教所与工读学校联合办学，在教育矫正未成年犯人违法犯罪行为的同时使未成年人接受九年义务教育，并开展职业技术教育，培养未成年犯人的一技之长，作为其将来回归社会后的立命之本。

因此，工读教育的办学特色、办学优势和办学主业就是预防和教育矫正未成年人违法犯罪，教育预防的主要对象是有九种"严重不良行为"的未成年学生，办学主体是教育行政部门。学校型观护帮教基地的办学主体是教育部门牵头、公检法司共同参与管理和使用的联合办学形式，办学带有司法特点，是介于教育和司法之间具有双重特色的教育。未管所与工读学校联合办学，实行"双主体"管理模式，工读学校是义务教育办学的主体，未管所是刑矫管理主体，整体上体现出司法特色。

我国现阶段建设的"学校型观护帮教基地"与英国伯明翰市的"学生行为帮扶中心"具有异曲同工之妙，是不同国度、不同社会制度条件下具有相同的国际视域的办学理念的教育形式，是开展国际工读教育交流与合作的契合点。我国将逐渐形成以工读教育和工读学校为核心的预防和教育矫正未成年人违法犯罪的"六位一体"的完整链条，这必将成为中国工读教育走向世界的一大亮点，也是中国为世界工读教育贡献的中国智慧。

个案篇

适合理念下的北京市海淀工读学校

肖建国　付俊杰*

摘　要： 北京市海淀工读学校作为中华人民共和国第一所工读学校，自1955年成立以来，历经十年初创、停办、复办、调整转型、改革发展等一系列艰辛和曲折。几经更迭，初心不改。一代代工读人始终肩负工读教育使命，披肝沥胆、革故鼎新，致力于教育转化心理行为偏常、学习困难或有轻微违法犯罪的青少年，让数以万计的孩子走上正确的人生道路。经过63年的发展，学校逐渐形成了较为完善的办学理念体系，走出了一条特色显著的"适合学生的教育"之路。面向未来，学校将着力构建现代工读教育体系，继续发挥保护未成年人健康成长、预防未成年人犯罪的社会职能，为学生的全面成长与个性发展、学生的家庭幸福和本地区的社会安定和谐做出新的、更大的贡献。

一　学校的发展历程

（一）学校创建

1955年7月1日，根据中共北京市委第一书记彭真的意见，参照苏联马卡连柯的教育理论和实践经验，北京市工读学校在海淀西郊的显龙山下正式创建。赵敬堂同志（公安干部）担任第一任校长兼书记。北京市工读学校的成立标志着中国工读教育的诞生。

建校初期，根据北京市人民政府有关规定，招收的学生是有违法和轻

---

* 肖建国，北京市海淀工读学校书记、校长；付俊杰，北京市海滨工读学校科研副主任。

微犯罪行为的青少年（含部分流浪儿童），年龄在 11～18 岁。学生入学方式：一是各中小学将学生开除后，由市教育局集中送来；二是由公安局派出所送来；三是由家长亲自要求送来。当时学校的办学理念是"以爱为核心，挽救孩子、造就人才、立足教育、科学育人"。教育目的是"把学生教育改造成为有社会主义觉悟、有一定科学文化知识和生产技能、遵纪守法、身体健康的劳动者"。学校设有初中和高中，学生在校期间边学习边劳动，故称为工读学校。

1957 年，王胜川同志接任北京市工读学校校长。这位马卡连柯式的校长带领初生的工读学校，彻底摒弃了惩办主义，建章立制、艰苦创业，基本奠定了学校的软硬件建设格局，教师队伍建设明显加快，学校不断发展，从稚嫩逐步走向成熟。

（二）学校停办

1966 年，正当我们的再教育事业大有希望的时候，史无前例的"文化大革命"运动席卷全国，教育领域成为重灾区，工读教育比普通教育遭受了更大的破坏。全校师生员工历尽千辛万苦创造起来的中华人民共和国第一所工读学校被解散了。

工读学校真的没有存在的价值了吗？那些处于犯罪边缘的青少年由谁来挽救呢？许多人心中留下一大堆问号。

1969 年 6 月，当时的北京市革命委员会公示撤销全市四所工读学校，北京市工读学校改为温泉中学，招收当地学生，教师留在原地任教。

（三）恢复重办

"文革"结束，北京市公安局调查"文革"期间青少年犯罪情况，发现原就读工读学校的学生犯罪率极低，充分显示出了工读学校的办学效果。1978 年 12 月，市政府决定，恢复工读办学，性质不变。校名定为"北京市海淀工读学校"。招生对象仍然为有违法和轻微犯罪行为的青少年，学校只设初中部。

1979 年 3 月 15 日，北京市海淀工读学校正式开学。1980 年春，刘锦春同志被派到工读学校任书记，主管全校工作。在工读恢复初期，学校重新明确了工读教育的性质、任务和办学指导思想，明确把思想品德教育放在头等位置，把工作重点放在学生班集体的建设上，建立了严格的管理制度，认真抓好教学工作，进行劳动教育，抓好教师集体建设……学校步入健康发展的轨道，工读在短期内得到恢复和重建。

（四）调整转型

1995年，学校增设寄读班。为保护学生的自尊，排除学生、家长的思想顾虑，1996年，学校对学生、家长、社会开始启用"北京市海淀寄读学校"校名，对公保持工读校名不变，形成一套班子、两块牌子的办学体制。学校性质基本不变，除招收有违法和轻微犯罪行为的青少年外，同时招收品行偏常、打架逃学、严重违反校纪的初中学生。

为了巩固初中教育成果、更好地实现"救人要救彻"的原则，1999年，学校创办职业高中，专业为计算机，仅限招收本校初中毕业学生。

（五）改革发展

进入21世纪，时代不断变革，学校发展日新月异。学校将教育对象定位于心理行为偏常、学习困难或有轻微违法犯罪的青少年，着力发挥未成年的教育与保护职能，促进教育公平与社会综合治理。

2003年1月，中共海淀区委教育工作委员会任命肖建国同志为校长兼党支部书记。在肖建国校长的带领下，学校开始进入深化改革、跨越发展时期。

2004年，学校心理中心成立，并于2005年被认定为"海淀区青少年心理健康中心"。同年，学校以迎接建校50周年为契机，全面启动"校庆工程"，新建礼堂、图书馆，学校面貌发生了翻天覆地的变化，各项工作都取得了新的进步。

2005年，学校正式将"以人为本，和谐发展，科学管理，争创一流"作为学校的长期坚持办学理念。在这一理念的指导下，科学有效的课程改革、丰富多彩的德育活动、深入的心理健康教育、注重实践的科技教育以及形式多样的特色课程相继开展，学生在各种舞台上获得成功，在成功中不断成长。

"十二五"时期，学校确立了"办适合我们学生的教育"的办学目标，旨在为每一位青少年提供均等优质教育的机会，促进每个学生主动地、生动活泼地发展。

2013年，在海淀区教育委员会、司法局的支持下，海淀区青少年法治教育基地在北京市海淀工读学校挂牌成立，并于 2014 年被确定为北京市首批法治文化建设示范基地。

2014 年，学校在北京市率先引入驻校社工，成立寄读学校社工站，助力学生健康成长。

2015 年，学校成功举办了建校 60 年教育教学成果展示会，全面展示了北京市海淀工读学校 60 年办学所取得的显著成绩，极大激发了全体师生员工的战斗力、创造力、凝聚力与自豪感，为学校未来的新发展奠定了重要而又坚实的基础。

2016 年，肖建国同志带领全体教师在总结继承前人的基础上，提出了"爱生敬业、主动担当、团结协作、坚守奉献"的工读教师精神。

2017 年，学校发布"十三五"发展规划，明确了 2020 年迈向现代工读教育的奋斗目标。同年，学校明确了新时期学生的培养目标："培养明理守法、身心健康、有幸福能力的合格公民。"

二 学校的现状

学校位于北京市海淀区温泉镇，占地 54 051.55 平方米，教育教学办公用房面积 21 936.8 平方米。校园保持典型的四合院风格，庄重典雅，环境清新宜人。

学校是隶属于海淀区教育委员会的全日制公办学校，设有初中部和职高部。初中在校生约 220 人（数字动态，随有随收），男生主要来自海淀区各普通中学，女生来自全市。职高学生约 80 人，只招收本校转化还不够彻底、家长教育监管不力的初中毕业生。学校采用住宿制集体化管理，每班配备两位班主任，学生周一返校，周五下午放学回家，在校期间两位班主任轮流值班，24 小时陪伴学生。

学校现有教职工 80 人，其中，高级教师 25 人，一级教师 29 人，35 岁以下青年教师 30 人，市区学科带头人和骨干教师 20 人，北京市"紫禁杯"优秀班主任 8 人，北京市优秀教师 2 人，首都劳动模范 2 人。

经过 60 多年的建设与发展，学校成功教育转化了上万名迷途青少年，为家庭和睦、首都稳定、社会和谐做出了重要贡献。学校先后荣获全国中小学德育工作先进集体、全国青少年犯罪研究先进集体、中国红十字青少年人道教育实验基地、北京市法治文化建设先进学校、北京市未成年人保护工作先进集体、北京市科技教育示范校、海淀区心理健康教育示范校等荣誉。

三 学校办学理念和特色

（一）办学理念框架

核心理念：以人为本，和谐发展，科学管理，争创一流。

办学目标：办适合我们学生的教育。

培养目标：培养明理守法、身心健康、有幸福能力的合格公民。

校　　训：克己修身、勤思善行。

工读精神：爱生敬业、主动担当、团结协作、坚守奉献。

教育途径：让学生在成功中成长。

德育理念：用放大镜观察学生的闪光点，用显微镜发现学生的上进心，用发展的眼光看待每一位学生。

德育目标：明理、守法、健康、上进、感恩、友善、诚信、自立。

（二）办学特色

1. 社会视角：工读教育是适合未成年犯罪预防的教育形式

从政策来看，党和国家历来重视青少年教育和未成年违法犯罪预防工作，相关文件中多次明确了工读学校的性质及其作用。

1979 年，针对"文革"结束后青少年违法犯罪比较突出的问题，中央转发了中宣部等 8 个单位《关于提请全党重视解决青少年违法犯罪问题的报告》（中发〔1979〕58 号），该报告指出"工读学校是教育挽救犯罪学生的学校，要认真办好"。

1981 年，《国务院批转教育部、公安部、共青团中央关于办好工读学校的试行方案的通知》（国发〔1981〕60 号）中进一步指出"工读学校是教育、改造有违法和轻微犯罪行为青少年的一种好形式。办好工读学校不仅有利于预防和减少青少年犯罪，维护社会治安，而且对于树立良好的社会风气，培养和造就社会主义新人具有重要意义"。

1985年，《中共中央关于进一步加强青少年教育预防青少年违法犯罪的通知》（中发〔1985〕20号）强调"在城市要继续办好工读学校……对有轻微违法犯罪行为的青少年进行职业训练，使他们掌握就业本领"。

1987年，《国务院办公厅转发国家教委、公安部、共青团中央关于办好工读学校的几点意见》（国发〔1987〕38号）指出"工读学校是对有违法和轻微犯罪行为的中学生进行特殊教育的半工半读学校，是普通教育的一种特殊形式，也是实施九年义务教育一种不可缺少的教育形式"。

2004年，中共中央、国务院印发《关于进一步加强和改进未成年人思想道德建设的若干意见》（中发〔2004〕8号）继续强调"要加强工读学校建设，对有不良行为的未成年人进行矫治和帮助"。

2016年，教育部等九部门印发《关于防治中小学生欺凌和暴力的指导意见》（教基一〔2016〕6号）指出"对屡教不改、多次实施欺凌和暴力的学生，应登记在案并将其表现记入学生综合素质评价，必要时转入专门学校就读"。这一意见明确了新时期工读学校对防止校园欺凌和暴力的意义。

从法律来看，《未成年人保护法》《预防未成年人犯罪法》《义务教育法》及其修订版本均明确了工读学校在未成年违法犯罪预防中的重要职能。

《预防未成年人犯罪法》第三十五条规定："对有本法规定严重不良行为的未成年人，其父母或者其他监护人和学校应当相互配合，采取措施严加管教，也可以送工读学校进行矫治和接受教育。"《未成年人保护法》第二十五条规定："对于在学校接受教育的有严重不良行为的未成年学生，学校和父母或者其他监护人应当互相配合加以管教；无力管教或者管教无效的，可以按照有关规定将其送专门学校继续接受教育。"《义务教育法》第二十条规定："县级以上地方人民政府根据需要，为具有预防未成年人犯罪法规定的严重不良行为的适龄少年设置专门的学校实施义务教育。"

从社会需要来看，当前预防未成年犯罪的形势依然严峻，加之校园欺凌与校园暴力问题不断冲击着公众的神经，导致"降低刑责年龄"甚嚣尘上。究其根本原因，是目前对于"低龄犯错"的青少年存在"无法安放"的问题。在废除劳动教养之后，法律对"低龄犯错"的青少年的处理方式有三种：监护人严加监管、社会矫正和工读学校教育。相比前两种形式，工读教育转化学生的罪错具有更强的实操性。德国犯罪学家李斯特说过："最好的社会政策，也是最好的刑事政策。"预防青少年犯罪要建立三道社会防线：保护性社会防线、限制性社会防线和控制性社会防线。工读教育作为教育有严重不良行为或有轻微违法犯罪青少年的专门教育形式，集保护、限制和控制功能于一身，无疑是一道强有力的防线，符合党和政府提出的社会治安综合治理政策①。

2. 教育视角：将适合教育理念运用于工读教育实践

从教育实践来看，工读学校立足教育以非司法的方式对有严重不良行为和轻微违法犯罪青少年进行集中矫治和教育转化，充分体现了党和国家对未成年人的关心和保护。

由于人的个性差异和成长环境差异，不同的人在发展方向和发展水平上具有差异性②。有严重不良行为的未成年人需要个性化的教育矫治与教育转化措施。但在大多数普通学校，他们的偏差行为严重影响到教育教学秩序，得不到足够关注与针对性的矫治，有可能发展为罪错行为、犯罪行为。对于这部分未成年人，我国大都没有采用司法干预的措施，而是创立工读学校进行教育矫治，是充分考虑到对未成年的保护，考虑到接受教育是对罪错未成年人最好的矫治，可以预防不良行为、严重不良行为到犯罪行为之间渐进式转变③。1999年颁布的《预防未成年人犯罪法》将工读教育的强制送生改为自愿原则，也从另一个层面强化了工读教育的教育性。

60多年的实践表明，工读教育作为义务教育不可缺少的一种特殊教育形式，挽救了一大批严重不良行为、有轻微违法犯罪行为的未成年人，教育矫治成功（毕业或结业后一年内未发现违法犯罪行为）在85%以上，不少工读学校的教育矫治成功率高达90%以上④。

基于工读教育在未成年人违法犯罪预防方面的适切性与当前"为每个学生提供适合教育"的理念，学校自2010年提出"办适合我们学生的教育"

---

① 杜雄柏、万志鹏：《预防未成年人犯罪应尽快恢复和完善工读教育》，《湘潭大学学报》（哲学社会科学版）2005年第6期总第29期，第71~75页。
② 鞠青：《中国工读教育研究报告》，北京：中国人民公安大学出版社，2007。
③ 肖灵：《论未成年人犯罪预防制度的构建》，《江西社会科学》2016年第8期，第145~150页。
④ 鞠青：《中国工读教育研究报告》，北京：中国人民公安大学出版社，2007。

的办学目标，以适合教育的理念推动教育改革，即依据教育客观规律与自身逻辑，尊重学生的主体性与差异性，创设适合我们学生身心发展水平、兴趣需要与个别差异的教育，促进学生的不良行为得到改善，社会适应能力得到发展，个体潜能得到发挥，使每个学生在各自的基础上得到应有的发展。

（1）发展适合的教师队伍。

一是将适合教育化为共同愿景。通过大讨论在全体教师中达成了"办适合我们学生的教育"的共识。在后续教育实践的过程中，适合教育的理念深入每一位教师心中。二是培养教师的行动研究意识。明确提出要将每一位教师都培养成为研究型的教师，鼓励教师开展与工读教育实际相关的小课题研究，成立教科研团队，以点带面提升全体教师的行动研究意识。三是传承与弘扬工读精神。海淀工读的办学基础与最大特色是拥有一支"爱生敬业、主动担当、团结协作、坚守奉献"的教师队伍。他们与学生一起学习、生活，重视对学生的情感投入，不放弃任何一个孩子，与学生建立了兄弟姐妹、亲如一家的师生关系。小班化的设置、全天候的陪伴，让师生有足够的时间建立信任的关系。孩子们在老师的陪伴与接纳下，逐渐找回了在家庭中缺失的支持系统，重获安全感与信任感，重获成长力量。

（2）构建适合的课程体系。

一是推进国家课程校本化。研究确定各学科的三维目标、教学内容，选编适合学生学习能力与水平的系列校本教材，改善了"听不懂""学不会"的问题。二是开设选修课程与综合实践课程。学校准备了近50门的校本选修课程，形成"课程超市"，供学生自由选择，充分满足了学生的兴趣与需要。开设了具备真实情境的综合实践课，如餐饮与服务管理、生态种植、礼仪讲解等，学生当服务员、农艺员、讲解员，在真实的情境中体验、感悟与成长。三是探索推进德育课程化。对已有各项德育活动进行总结提炼，架构起包含资源设置、特色管理、常规德育、项目德育与全员评价的德育课程体系，通过体系化的德育课程实施，学生置身于良好的德育氛围之中。

（3）夯实工读德育基础。

一是注重养成教育。通过卫生、队列、内务、文明、守纪的渐进养成，提高学生生活技能，涵养学生基本素养和良好行为，奠定学生社会适应基础。二是加强集体教育和同伴教育。遵循马卡连柯"通过集体、在集体中和为了集体"教育思想，发挥班集体、学生会、共青团的作用，促进学生进行真正的自我教育，确保学生离校后良好行为的保持。三是搭建多元的发展平台，释放学生成长活力。每年开展队列内务比赛、卡拉 OK、元旦迎新、春秋游等 20 次以上的经典德育活动，让所有学生都能多次上台，展示亮点、重拾自信，在参与中体验，在成功中成长。创设陶艺、乐器、纸艺等个人或小组参与平台，让每一个有特殊能力与需要学生找到施展的舞台，实现了全体学生全面发展与关注学生个性发展的有机结合。

（4）大力发展心理、科技、法治、社工、红十字特色教育。

一是巩固心理教育，为学生的个性发展护航。形成了涵盖心理评估、心理档案、心理课程、个体－团体－家庭心理辅导等多层次心理服务体系，创造出心理辅导员、心情天气预报、个体成长小组等多种适用工读学生的科学化心理工作方法。二是基于学生动觉型认知特点，大力发展科技教育。建立多间科技教室，开展科技节、科技嘉年华、科技智慧擂台，让学生在"在做中学""在情境中学"，并通过科技比赛提升学生的成功感与获得感。三是开展法治教育，筑牢青春的防线。建立法治基地、法治教育实验班，通过晚班会、法治课程、法官进校园等措施，促进法治教育日常化、系列化、社会化。四是引入社工，洒下又一缕阳光。驻校社工以社会工作者的独特身份，充分协调社会资源，以第三方的角色进行多向沟通，为家长提供专业性的支持，在学生成长过程中发挥着积极作用。五是以红十字教育带动学生教育转化。引入红十字"人道法""青春善言行"等项目，促进工读学生弘扬"人道、博爱、奉献"的过程中，重塑正确的世界观、人生观、价值观。

四　存在的问题与对策建议

（一）工读学校的定位问题

工读教育的定位问题关系到工读教育的未来。国办〔38〕号文件规定："工读学校是对有违法和轻微犯罪行为的中学生进行特殊教育的半工半读学校。"依据这一规定，海淀工读学校一直坚持将办学方向定位于服务品行偏常或有轻微违法犯罪青少年的快乐、健康成长。但是由于〔38〕

号文件出台时间较早，后续政策指导文件较少，在实际办学中，需要在办学标准、教师待遇等方面参照特殊教育，容易让人把工读教育误解成特殊教育的一种形式。另外，2006年修订的《未成年人保护法》开始使用专门学校这一概念，其本意是为了保护青少年的权益，消除工读教育的影响。但这样一来，会导致工读教育与专门教育概念并用、混用的问题，进一步模糊了社会对工读教育的认知。

对策建议：不忘初心，方得始终。工读教育存在的前提是个体的差异性，是保护未成年人、预防未成年人犯罪的需要。只要这一前提存在，工读教育的价值就必然存在。只有认清工读教育的定位，把握工读教育的主业，才能让工读教育始终沿着正确的方向不断向前发展。十九大报告指出："努力让每个孩子都能享有公平而有质量的教育。"对于有违法和轻微犯罪行为的中学生来说，工读教育也许就是实施公平而有质量教育的一条途径。我们应坚持工读教育定位，努力把工读教育办成有特定教育需要未成年人的优质教育。

为了避免这种偏见，扩大工读教育的服务范围，我们使用了"寄读"，《未成年人保护法》里也开始使用专门教育。但这样一来，反而会导致工读教育的定位不清晰，容易丢失工读教育的自身价值。

（二）社会对工读学校的偏见

由于历史的原因，工读学校在社会、家长的眼中有污名化的影响。将工读学校改为专门学校目的就是去除专门学校的污名化的问题。但是从目前来看，专门学校的概念还未被社会所了解，大家对专门学校的认识还是工读学校。即使将来通过宣传，专门学校的概念深入人心，但是由于其招生对象的特殊性，还会引起社会、家长的偏见。所以，在家长、社会对"适合的教育才是最好的教育"的理念没有深入理解之前，对工读学校存在的偏见难以消除。

对策建议：首先，丰富、充实自身内涵，将工读教育也办成优质教育，提高社会的认可度。其次，教育主管部门、学校要加大对工读学校的宣传，加大对适合理念的宣传，增加社会的接受度。最后，要加大工读学校对普通学校问题学生教育转化的指导，增进工读学校与普通学校的交流与沟通，让普通学校师生了解工读学校的教育对象与方法。

（三）工读学校教师的待遇问题

因矫治工作的连续性需要，工读学校管理实施管教合一，教师不但要承担与普通学校同样的教育教学任务，还要承担教育转化、值班管理任务，24小时陪伴学生，这造成工读教师工作时间长、强度大等。以海淀工读学校为例，班主任每周在校工作时间达到73小时以上（国家规定每周工作时间不超过44小时）。但自实施绩效工资以来，专门学校教师工资待遇与普通学校教师持平，体现不了工读学校教师工作的特殊性，教师的超时劳务问题一直不能得到解决。

对策建议：设置超时劳动补贴专项，解决工读学校教师值班费的问题。

（四）工读学校的送生问题

一是在"三满意"送生原则下，部分亟须工读教育的学生由于学生、家长原因，无法转送，缺乏转送机制；二是目前极少数小学生也需要专门教育，但已经超出原有招生范围；三是每学期也有普通学校高中学生来校咨询入学，但也超出原有招生范围；四是对于轻微违法的未成年人，没有建立与未检部门的转送机制，导致一些被公安机关处理的未成年人无法接受正常的义务教育。

对策建议：进一步完善工读教育的政策，加强顶层设计，理顺关系，做好教育、政法、综治的协同，修订相关文件和规定，为工读教育面临的新形势提供支持与政策依据。

五 未来发展规划

经过全体师生的努力和兄弟学校的支持，相信到2020年建校65周年之际，北京市海淀工读学校的问题学生教育转化、心理教育、法治教育、科技教育、社工服务等办学特色更加凸显，教育教学质量显著提高，教师的研究意识与自我发展意识明显提升，初步构建起现代工读教育体系，继续发挥保护未成年人健康成长，预防未成年人犯罪的社会职能，为学生的全面成长与个性发展、学生的家庭幸福和本地区的社会安定和谐做出新的、更大的贡献。

不断探索教育教学新模式的上海市
浦东新区工读学校

卫宝弟　　谢忠华 *

摘　要：上海市浦东新区工读学校办学近40年来，始终坚持探索教育教学的新模式，坚持依托民主管理，充分发展"一校多部"模式，终于实现了工读学校的办学功能由单一向综合、多元转变，形成了集工读教育、育英托管教育、育华职业教育、法治教育和心理咨询、德育社会实践实习基地于一体的多元化集团办学的新格局。学校以素质教育为导向，突出实施教育转型，在引导边缘学生走上成人、成才的道路上，屡有探索成果。学校通过发展职业教育，为问题学生的学习、就业乃至个人的终身发展提供更好的平台，赢得了学生和家长的赞誉、社会好评，在国内外产生了积极的影响。

一　学校发展历程

浦东新区工读学校创办于1979年9月。1987年全校上下解放思想，大胆创新，拆除高墙，扯掉铁丝网，废除禁闭室，撤下刺眼的标语，换掉站岗的公安，正式启动"开放、民主办学"的改革之举，并在全国率先提出"淡化工读色彩，强化教育意识"，对工读学校的办学理念和功能进行重新定位。1993年上海市浦东新区工读学校增办"浦东新区育英学校"，提出"工读学校的职能要向前延伸，要成为青少年犯罪体系中预防、预

---

* 卫宝弟，上海市浦东新区工读学校校长；谢忠华，上海市浦东新区工读学校工会主席兼职教部主任。

控、矫治的中心"的思想，并积极着手拓展工读学校的功能，创建托管部。1994 年，上海市浦东新区工读学校增办职业教育培训部，为工读毕业生的就业"助跑"。1997 年上海市浦东新区工读学校提出构建浦东新区青少年教育保护中心的设想。1998 年，在浦东新区教育行政部门的大力支持下，浦东新区育华（集团）学校"一校多部"格局正式形成。2000 年，上海市浦东新区工读学校成立了浦东新区法制教育中心，开设托管高中部，在全区形成了以学区为单元的问题青少年帮教网络。至此，社区青少年教育保护中心的格局得以补充完成。

经过 39 年的发展，"一校多部"模式得到了充分发展，终于实现了工读学校的办学功能由单一向综合、多元转变，形成了集工读教育、育英托管教育、育华职业教育、法治教育、心理咨询、德育社会实践实习基地于一体的多元化集团办学的新格局。

二 依托民主管理，培养一技之长

在 39 年的办学过程中，上海市浦东新区工读学校在行为问题青少年的心理、行为矫治方面积累了大量丰富的实践经验，并取得令人瞩目的成绩，先后荣获"全国未成年人保护先进集体""全国青少年犯罪研究先进集体""全国工读教育科研先进学校""上海市文明单位"等荣誉称号。

（一）依法办学，民主管理

1. 依法办学，确立正确的办学理念和办学目标

上海市浦东新区工读学校以邓小平理论和"三个代表"重要思想为指导，全面贯彻科学发展观，遵循"立足教育，挽救孩子，科学育人，造就人才"的特教办学方针，树立以"以学生发展为本，使每一个孩子都能成才"的育人核心价值观和办学理念。确立了让每一个家长确信自己的孩子都存在发展潜能，让每一个老师确信所有的孩子都可以被成功转化，让每一个孩子确信通过自己不懈的努力一定能够成才，使学校成为学生健康成长的摇篮，教师建功立业的平台，问题青少年教育保护的基地的办学目标。

2. 切合实际，制定适合学生的育人目标和办学模式

上海市浦东新区工读学校始终坚持在"在家做个好孩子，在校做个好学生，在社会做个好公民"的教育总体要求下，努力培养品德优良、身心和谐、勇于负责、敢于担当的育华学子。在总体目标的基础上，各部门根据学生实际情况，制定具有部门学生特点的育人目标。初中部：守法、踏实、求知、谦逊；中职部：人格健全、文化合格、热爱劳动、专技突出；高中部：有理想、勤学习、善处事、会生活。

上海市浦东新区工读学校坚决贯彻教育法规，坚持规范办学。面对"择差录取"的学生，坚持注重学校内涵的建设，扎实有效地推进了"招收对象的多样性，准军事化的管理模式，文化教育与职业教育相结合"特色的办学模式。

3. 不断改革，制定切实可行的民主管理制度和章程

根据学校实际，科学合理设置管理机构，学校班子成员从"德才兼备"入手进行选拔和培养锻炼，注重干部的实绩，采取民主评议和月度考核相结合的过程管理，每年的竞聘制度和轮岗制度使干部的整体素养达到较高水准。制定了一整套切实可行的规章制度和岗位职责，如《育华（集团）学校制度建设与管理手册》《育华（集团）学校绩效工资考核实施方案》等，且对规章制度做到讨论、沟通、宣传充分，内容科学合理，执行制度力度高，保障学校各项工作都能很好地开展且效果良好。

（二）民主管理的积极效应

1. 让每一个孩子感受"爱"的教育

在对校内学生的教育管理及对各校问题学生的帮教中，学校制定"不看过去看发展，不靠惩罚重激励，不是亲人似亲人，不为钱财为人才"的28字方针，提出"爱心、信心、尽心、细心、耐心、恒心"的"六心"师德要则。教师面对这些特殊的对象，实行"偏爱"政策，给予他们人格上的尊重和无微不至的体贴关怀。学校致力于创造温馨、美丽、惬意的生活环境，班级老师则尽力为学生创造家庭式的亲情氛围。每学期，10%左右的学生光荣入团，25%的学生受到各类表彰，学生的自尊需求得到满足，由此产生对学校生活的归属感与学校教育的认同感。

2. 让每一个孩子树立自信

学校设有 18 项常规竞赛，坚持进行日评、周小结、月表彰，尽力为学生创设获取胜利和成功的机会。在月度表彰中获校级荣誉的学生占三分之一，在班级月结主题班会中得到表扬奖励的学生超三分之二。学校大力营造表彰氛围，颁发奖状，宣传栏展出光荣册，拍摄录像在全校播出；在平时学生的品学评价中，强化评价的激励色彩，对学生的点滴表现给予关注与肯定。这些激励手段的运用，效果显著，调查结果显示，进校后学生重拾自信的比率达 95% 以上。

3. 让每一个孩子获得进步

针对学生厌学情绪严重的特点，学校在文化教学上采取了"降低难度、减缓坡度、以新带旧、补缺补差"的适应性教学。教师在学习评价中不以分数高低为标准，强调纵向比较的进步。为激励学生在学习上求取进步，除月表彰设置"学习进步显著奖"，更设奖学金制度，每学期评奖一次。这种以成功激励为主的适应性教学极大地触发了学生的学习动机，调动了学生的学习热情。调查结果显示，学生进校后学业进步率达 90% 以上。

4. 让每一个孩子学会遵守规则

学校在育人管理方面采用了准军事化的管理办法，秉承"寝室看内务、班级看规范、出门看表现"的管理理念，打造出了上海市浦东新区工读学校品牌特色，赢得同行各级各类学校的普遍认同并给予推广。

寝室看内务，旨在帮助学生养成良好的生活习惯与集体生活的体验。学校对学生的队列、行进、用膳、就寝、内务，制定了一整套的准军事化的管理条例、办法及细则。每天进行专项检查和问题反馈整改。规范的管理和有规律的起居生活有助学生摒弃懒散陋习，使学生在集体生活中潜移默化地受到良好生活作风的熏陶。

班级看规范，旨在帮助学生重构学习习惯与学习自信心。班级有班规、有奖扣分制度、有一日的讲评制度。教学强调作业的规范与课堂纪律的养成教育。在班组配备上以"一正二副"模式进行带班值班管理，与学生共同学习生活。同时，在严格的制度约束下不乏班级自主发展的规划设计，有温馨可人的教室育人环境，有积极向善的班级文化，有成功激励的主题班级活动。

出门看表现，旨在引导学生从他律走向自律，逐步形成自主管理、自我教育的育德新境界。上海市浦东新区工读学校的《一日常规》《评比细则》等规章的执行与落实，有效地保障了学生重构行规的效果。创设学生自我管理的岗位与网络，使他们直接参与到学校的常规管理当中，进一步锻炼学生自我管理、自我服务的能力，最终让学生学会"求知、相处、做事、做人"。

5. 让每一个孩子心理健康发展

学校倡导教师人人是学生心理健康教育工作者，形成"和谐心灵、健康成长"心理特色教育为学生心海护航，确保学生在"任何时间（Anytime）、任何地点（Anywhere）、任何老师（Anyone）、任何事（Anything）、任何方式（Anyway）"都可以及时得到老师的心理支持和调节。

制定"三级帮教"制度。校长室、教导处、教师个人三级层面每学期帮教两名特殊学生，时时关注、定期谈心，及时疏导心理问题，建立特殊学生档案，全面追踪辅导。若干年来，已经形成了一套符合学生心理发展的个案研究体系。

定期举办心理健康辅导讲座。根据学生身心发展，传授相关心理知识，引导学生健康成长。积极开展心理健康教育活动月主题活动，组织丰富多彩的教育和实践类活动，在活动过程中传递健康正能量，引导学生积极、乐观、健康向上发展。全力支持学校心理咨询中心的建设和运行。开辟独立的心理咨询中心，设施配备齐全，营造安静舒适的心理辅导环境。重视专职心理教师的培养和专业培训；注重全员教师心理知识和辅导技能的培养，为学生身心健康发展提供强有力的软件支持。

（三）重点发展职业教育——让每一个学生具有"一技之长"

学校积极为学生创设走向社会的条件，工读学校的功能在向前延伸的基础上又向后拓展，为学生的未来负责，为他们创造新的生活提供技术、技能上的帮助，提高他们的生存和生活能力。

1. 坚定不移地走职业教育办学之路

1985 年 11 月，上海市浦东新区工读学校根据当时川沙县的经济发展趋势和人才需求的实际，在学生中开设了电焊、缝纫、木工、园艺四个班。1994 年在浦东新区社会发展局的关心与支持下，与新陆职校及区青少年保护教育办公室联合办起了一个汽车修理专业中职班。1995 年扩招一个文秘班。1997 年与市重点职校振华外经贸职校联合办了两个外贸班。1999～2006 年，经上海市教育委员会与浦东新区社会发展局批准，上海市浦东新区工读学校开始自主招生，择差录取，招收无法正常完成初中学业，年龄又偏大的问题青少年学生，先后开设有烹饪、汽修、园艺、物业管理、宾馆服务、中西点心、电子商务等专业。2007 年起，学校与全国重点职校振华外经贸职校联合招生，增设航空物流、电子商务、休闲体育等专业。2017 年，经上海市教育委员会正式批准成立振华外经职业技术学校育华教学点，共开设五个专业，分别为烹饪、点心、酒店服务与管理、休闲体育服务与管理、电子商务。

2. 职业教育办学硕果累累

学校开办职教部以来，累计招收中职学生 3 000 余名。尽管学生文化底子薄，但是他们对学习技能投入了全部的心思，动手能力得到了充分的发挥。这几年，我们职教部的学生在专业技能考级中不断创造好成绩。各专业初级（5 级）证书合格率为 100%，中级（4 级）证书合格率超过90%。2017 年起，电子商务专业冲击三级（高级）证书，成绩优异，通过率达 90%。部分烹饪专业和点心专业的学生利用双休日，主动参加第二专业培训，获得高级证书和第二专业技能证书。

上海市浦东新区工读学校三校生高考升学率逐年提升。从 2010 年第一届三校生高考班仅有 6 名学生考取高校，到 2017 年有 46 名学生，2018 年有 58 名学生顺利拿到高等院校录取通知书。三校生高考班的发展经历了质的飞跃。三校生高考班的成功，让家长们欣喜不已，他们不敢相信自己的孩子还能进入高校。

3. 学生的优异表现获得企业的高度评价

面对日趋严峻的劳动就业形势，学校积极梳理整合已有的资源，走访企业实地，考察了解并进行资质认定，始终与 50～60 家企业保持良好的合作关系，以确保学生实习能够安全有序地进行。由于学生的出色表现，不少企业与学校的合作关系已长达十年。目前已经形成了包括由喜来登大酒店、豫园万丽大酒店、电讯盈科和全华物流中心有限公司等四十多家著名企业所组成的学生推荐网络，使得实习生推荐情况一直处于比较好的状况，学生推荐率达100%，推荐成功率基本可以达到95%以上，学生实习期后的留用率达到85%左右。

（四）真正构建问题青少年成长立交桥

作为工读学校绝不能把注意力仅仅停留在对在校问题生的教育、挽救、转化上，而应着眼于青少年学生的预控问题，着眼于这些问题学生的一生发展上。上海市浦东新区工读学校39年的发展历程，一直致力于构建青少年违法犯罪的全方位的预控机制，建立了问题青少年区域保护中心。

一是加强对已有严重不良行为的工读学生的教育矫治，提高转化成功率。

二是教育对象向前延伸，对离异家庭、父母没有时间管教家庭、家长无力或无法管教家庭的问题学生，即托管学校学生的教育转化。

三是横向拓展，将问题学生的教育转化与职业教育结合，解决他们的未来出路。

四是预控在校外，对普通中小学的问题学生进行协助性帮教，减少普通学校中问题学生的数量，将问题解决在初始萌芽状态，让他们尽可能不要走上违法的道路。

通过对四类学生的教育保护，践行学校对这些暂时落后学生的助跑行动。多元化集团办学为各类问题学生提供了最适切的教育方式，为他们今后选择适合自己的生活道路奠定坚实基础。

三　存在的问题与思考

1. 对核心校园文化缺乏提炼

学校内既有工读学生、预控生、托管学生，又有普教学生；既有初中学生、高中学生，又有职教学生；既有全日制学生、寄宿制学生，又有在企业顶岗实习的学生等，教育对象显多结构多层次，办学模式显多元化，导致核心校园文化提炼的难度较大。

2. 家庭教育的不足影响学校德育的成果

上海市浦东新区工读学校多数学生来自单亲、离异和重组家庭，家庭结构的不完整和缺陷导致学生一系列的心理问题，最终出现行为上的越轨。同时，家庭教育的缺位容易造成家庭矛盾冲突，使学生情绪波动大，易反复。所以加强家校合作，指导学生家长进行家庭教育，开设亲子沟通辅导课程，将家长心理辅导纳入学校心理健康教育体系。这需要学校、家庭双方共同努力。

3. 区级以上学科带头人、骨干教师、高级教师人数相对较少

我们的教学与普校存在较大差异，教学上的业绩无法与普校、重点中学相比，而且现在的评审职称需要到普校借班上课，对教师评价的标尺是以普通学校教师的教育教学作为标准。这造成了工读教师在晋升职称和评定骨干、学科带头人方面的难度。

解决问题需要多方面配合，既要有领导的理解、政策上的倾斜、标准上的区别，也要从我们自身找到办法，如不仅要加强与工读同类学校的交流和学习，也要加强与普校教师之间的交流，在师资允许的情况下，派出教师去普校培训等。

4. 引进优秀教师十分困难，社会对工读教育工作的意义认同不够

这几年，尽管教师职业越来越得到认可，愿意当老师的年轻人越来越多，但是，在我们招聘教师时却越来越困难，优秀的年轻人不愿从事这一特殊教育职业。究其原因，一是工读教育与"辛苦""值夜班""学生难管"这些词话紧紧相连，造成优秀年轻人望而却步。这也造成我们引进优秀教师十分困难，而更深层次的原因还是社会对工读教育工作的意义认同不够。在社会发展到今天这样一个大背景下，许多年轻人即使认识到了工读工作的社会意义，也会认为为何非要我去做这项工作，我的价值如何体现。

要从本质上解决问题，还有待多方共同努力。这也彰显我们对已有教师专业化培训的意义。我们努力从内部的师德教育、学校认同感、工读教师工作的价值和意义——对社会，对学生，对学生家庭，对社区一方平安的价值来稳定教师队伍。

转型中的武汉市砺志中学

叶祝颐[*]

摘　要：随着时间的推移，社会的发展，传统的"关管看"工读教育模式已经不适应社会发展的需要，学校生源遇到瓶颈，办学受到挑战。2012年以来，武汉市砺志中学开始转型发展，提出"一个孩子一片天"的办学理念，积极探索专门教育新路径，改"圈养"为"放养"，让学生回归正常生活轨道，给学生营造家的氛围，温暖问题学生冰冻的心灵，探索适合新时期社会需要的专门教育模式，由"封闭、强制、惩戒型"的单一管理模式，向"开放、引导、激励型"的教育模式转变。课程改革日渐深入，个性化课程体系逐步形成，校本特色课程开展有声有色，帮助学生学会做人做事，学会一技之长。

一　发展历程

1957年武汉市开始创办工读学校，在公安局建立少年管教所，收容12～16岁少年犯。次年4月改称市少年工读学校。以公安为主，学校配合，强制收容有违法行为但不够追究刑事责任的少年。采取半封闭形式对学生进行品德教育，辅以适当的文化学习。"文化大革命"时期，工读教育中断。1973年恢复工读教育，试办工读班。1979年，武汉市江汉工读学校成立。此后工读学校招生、办学遇到困难。1994年，经武汉市教育局批准，武汉市江汉工读学校更名为武汉市唐家墩中学，主要招收在普通学校学习困难的初中学生。

为着力解决群众关心的社会治安热点难点问题，有效整治校园周边环

---

* 叶祝颐，湖北省武汉市砺志中学文科教研组长。

境，1999 年武汉市成立特殊教育领导小组及办公室。2000 年 1 月，市教育局将原江汉工读学校（唐家墩中学）收归市教育局直接管理，更名武汉市砺志中学；次年 4 月，硚口区女子工读学校也收归市教育局，更名启新学校。两所学校实行一套班子、两块牌子，由市政法委牵头、市公安局、市教育局联合办学，由市教育局直属管理。近年来，学校正为顺应社会管理向社会治理的嬗变而探索转型发展。

砺志中学、启新学校分别面向武汉市内和市外招生，主要招收有轻微违法、学校难教、家庭难管的初中学生。启新学校还是湖北省流浪儿童教育基地。两所学校成立至今，共招收学生近 5 000 人。通过教育转化，绝大多数学生毕业后成为遵纪守法的合格公民，教育转化率为 98% 以上。部分学生升入高一级学校学习。30 余名学生光荣加入共青团，近百名学生在市级比赛中获奖，52 名毕业生光荣参军。两所学校为平安武汉建设与校园周边环境治理做出了重要贡献。学校先后荣获全国优秀青少年维权岗、全国养成教育特色学校、全国教育科研先进单位、武汉市五一劳动奖章、武汉市青少年教育先进集体、武汉市师德建设先进集体、武汉市教育系统工作先进单位等荣誉。

中共中央政治局原常委罗干同志视察学校时称赞道："学校为预防青少年违法犯罪做了一件大好事，武汉市的经验应该向全国推广。"中央有关部委、湖北省、武汉市时任主要领导都曾视察学校。

二　转型之路

随着时间的推移，社会的发展，原有的"关管看"工读教育模式已经不适应社会发展的需要，学校生源遇到瓶颈，办学受到挑战。2012 年以来，砺志中学开启转型发展之旅，把过去的"封闭、强制、惩戒型"的单一管理模式，向"开放、引导、激励型"的多重教育模式转变。学校对转型发展的认识经历了一个渐进的过程。其中包括：从工读教育到专门教育不只是名称的改变，而是从"关管看"封闭隔绝的工读教育向充满人文情怀的专门教育转变；专门教育也应该是优质教育；教育的转型首先应该从环境的优化入手；让学生回归正常，让孩子享受正常优质的教育资源；问题学生的出现不应怪罪孩子，应该反思的是家庭教育和学校教育；在教育学生的同时也应该通过家长学校培训指导家长；对学生需要平等尊重，要激发孩子的潜质，让学生在这里找回自尊、自信，找到兴趣、找到特长。从 2012 年转型发展以来，武汉市砺志中学改善办学条件，优化办学理念，打破招生瓶颈，改革教育教学理念，学校发展步入良性轨道。

（一）公安送生向招生双轨制转变

按照当初学校成立时的定位，启新学校招收外地在武汉有轻微违法犯罪行为的流浪儿童；砺志中学招收武汉本地有九种不良行为的 12～16 周岁初中阶段的学生。随着治安形势的好转，外来流浪儿童数量不断减少；按照新的国家法规政策，对于流浪乞讨或者离家出走的未成年人，民政部门或者其他有关部门应当负责交送其父母或者其他监护人；暂时无法查明其父母或者其他监护人的，由民政部门设立的儿童福利机构收容抚养。流浪儿童原则上送回原籍教育生活，启新学校外来流浪儿童生源锐减。按照《预防未成年人犯罪法》，对未成年人送工读学校进行矫治和接收教育，应当由其父母或者其他监护人，或者原所在学校提出申请，经教育行政部门批准。公安送生失去了法律依据，砺志中学公安送生越来越少。家长自愿送生越来越多。因此，在办学实践中，我们考虑到家送生及警送生的差异性，将两个群体进行了调整，实行分校区管理，所有警送生（含外地流浪儿童），即所有严重不良行为的学生，集中在启新学校进行教育、转化，对这类孩子除了让他们接受正常的九年制义务教育，更多的是突出对他们生存技能的培养。对于所有家送生，我们集中在砺志中学教学，主要通过心理摸底、分层次教学、多方位的立体教育（含换位体验、活动感受、社会实践等多种形式的教育）提升学生教育转化效果。两类学生教育的总体要求是一致的，但根据其特异性，对于警送生（含外地流浪儿童），我们采取的是"五同五不同"：

两校区管理的模式基本相同，但警送生有公安干警协助，更强调强制性；两校区开设的课程互联互通基本相同，但警送生更突出法治教育与行为规范教育；两校区寒暑假休假基本相同，但双休与法定节假日休假警送生更具有奖励色彩；两校区学生受教育阶段基本相同，但外地流浪儿童在校学习时间是 3～6 个月；两校区家校联系要求基本相同，但警送生延伸到社区和基层派出所。

（二）通用型教育向个性化教学体系转变

学校积极探索专门教育新路径，改"圈养"为"放养"，让学生回归正常生活轨道，给学生营造家的氛围，温暖问题学生冰冻的心灵，探索适合新时期社会需要的专门教育模式。

1. 确立"一个孩子一片天"的教育理念

砺志中学提出"一个孩子一片天"的教育理念，对学生进行个性化的订单教育，采用专科诊疗的办法来教育矫治学生的偏常心理和行为。根据孩子的个体情况，有什么问题就解决什么问题，有什么潜能就激发什么潜能，有什么兴趣就培养什么兴趣。从人文关怀入手，搭建各种平台，创造多种条件，激发孩子们的潜质和兴趣，通过丰富的活动、训练、实践、课程来教育、转化孩子，让每一个孩子都受到适合其发展的教育，成为社会有用之才。

封闭式的校园可以关住学生的身体，但是关不住学生的心理。课堂上老师唾沫横飞，学生的心早已飞到校外。学校在打造标准化校园的基础上，千方百计美化校园。学校尽管面积不大，但洋溢着浓郁的现代气息和审美意境。学校建设了现代化的学术报告厅与学生操场，改造了标准化教室与西点制作、汽车美容、茶道茶艺、形象设计等职业培训设施，配有感应水龙头、智能热水卡、吸顶空调、实木床铺、电子阅览室、绚丽舞台、草坪音响。不让学生因为教学、生活设施落后产生心理落差。

为了营造浓郁的育人氛围，学校修建了感恩泉、静思亭、潜心园、怡乐谷、滴水石等富有文化内涵的文化景点。学校将优秀教师的先进事迹与学生的心声制作成牌匾，悬挂于教学楼楼梯间和校园文化墙上，激励师生不断进步。

2. 设置个性化课程

教育的载体是课程。砺志中学课程改革日渐深入，个性化课程体系逐步形成，校本特色课程开展有声有色。2016年5月，湖北省健康课堂子课题"专门学校研究"顺利结题。

行为矫治课程——立足矫治转化育人，砺志中学通过摸索，形成了行之有效的行为矫治方法，让学生以最快的时间完成不良行为的矫治。为了达到矫治效果，老师和学生同吃住、同劳动，年近六旬的教师和孩子一起摸爬滚打，参加军训和拓展活动。心理专家团队精心呵护孩子的成长。

基础文化课程——立足完成基础学业，学校按照国家九年义务教育要求，开齐初中阶段文化课程，推进并完善5M健康课堂教学评价体系，提高教师教学水平和学生学习效率。

职业技能课程——立足未来生存发展，学校通过挖掘自身师资潜能，开设了舞蹈、美术、陶艺、管乐、武术、刺绣、汽车美容等课程；与兄弟中等职业学校交流合作开设了茶道茶艺、美容美发、西点制作等课程。这些举措深受学生喜爱和家长欢迎。

3. 教育形式丰富多彩

砺志中学以中华传统节假日为主轴，组织学生用心用脑，亲手参与，亲身体验，让孩子感受中华传统文化的底蕴。学校免费为学生购买武汉市标志性景点旅游年卡，带领学生参观中国（武汉）园艺博览会，去电影院放松身心；把学生带到抗战纪念园、抗战受降堂、八路军办事处、辛亥革命博物馆、中山舰博物馆等红色基地，对学生进行革命传统教育；引导学生参观少管所、110指挥中心、市民之家网格中心，让他们心存敬畏，筑起纪律和法律的底线；把学生带进东风本田汽车集团公司、科技馆、武汉大学，让学生感受高科技高素质人才的魅力；带学生到湖南韶山、四川成都、福建厦门等地研学旅行；连续五年把学生带到全国著名的将军县——湖北省红安县，重走红军路，到农家居住、生活，和老区的孩子同学习、同吃住、同劳动，全方位体验，立体化感悟。学校根据学生特长、兴趣设定表彰奖项，多角度、多层面肯定学生的进步，制作包含学生精彩瞬间的个性化奖状、奖品，让学生体验成功的喜悦。

为了对学生们进行感恩教育，砺志中学多次开展"家长开放日"活动，邀请家长走进校园，体验学生的生活，感受孩子的进步，也让孩子感受父母的关爱。"家长开放日"活动中，学校领导、老师带头给父母行跪拜礼，给学生言传身教感恩教育。学生深情诵读国学经典，为父母洗脚，不少家长感动得热泪盈眶。

（三）封闭式教育模式转向开放式教育模式

由于历史的原因，专门学校学生被人视为洪水猛兽。一种普遍的观点认为，工读学生的学习生活应该受到强制约束。学校此前实行"关管看"

的工读教育模式，学生节假日留校学习，学生不安心学校生活，情绪悲观甚至与老师对抗，教育转化效果欠佳。砺志中学在改革实践中，努力淡化工读教育痕迹，教育模式由全封闭向半封闭转型，课程与生活接轨，与社会同步。在法定节假日与双休日，让学生正常放假回家，与家长同享天伦之乐。学生回归了正常的生活轨道，对抗情绪逐渐消失。假期结束，学生按时返校，愉快地学习、生活。当然其中也会有极个别的孩子，由于家庭监护能力弱，有些反复，但是只要学校与家庭不放弃，共同应对，最终也能让孩子浮躁的心理安定下来。所以说，专门教育适度开放的教育转化效果是十分明显的。

学校通过开展各种教育教学实践活动，使学生的面貌发生了巨大变化。学生不仅完成了文化学习任务，还学会了做人做事，养成了良好的学习生活习惯，施展了自己的个性才华。数据显示，转型六年来，砺志中学成功教育矫治学生700多人，全部毕业生回归正常生活轨道。目前在校学生近百人。学校真正让学生回归了社会这个大家庭。社会对学校的转型非常认可；家长们对学校的变化赞赏有加，一面面锦旗就是最好的证明；除了个别学生在入校之初存在抵触情绪之外，大多数学生经过适应期教育再也不逃跑离校了。孩子们能够感受到学校对他们的尊重与呵护：不用老眼光看待他们；不给他们贴标签；不让他们在学习条件上感觉与原校有落差。如今，学校招收的学生大多数就是已毕业或者在读的学生和家长介绍而来的。

学校先后与数十所普通中学联合举办"两难学生"教育转化交流会；学校面向社会开通砺志热线，为教育"两难学生"把脉开方，为家长与普通中学排忧解难。武汉市人民检察院在学校设置未成年人观护基地，承担武汉市附条件不起诉未成年人教育矫治工作。

三 总结与讨论

(一) 存在的问题

对比全国同类学校与同类城市，我们发现自身的发展同建设一流的专门教育学校，同复兴大武汉，建设平安武汉的要求还有较大差距。具体表现在以下几个方面。

1. 办学功能定位不够准确，领导管理措施不到位

学校名为社会综合治理服务，但实际上只是武汉市教育局一家在具体负责。《国务院办公厅转发国家教委、公安部、共青团中央关于办好工读学校几点意见的通知》（国办发〔1987〕38号）要求："工读学校所在地的人民政府要有一位领导干部分管工读教育，并逐步建立由公安、司法、教育、共青团、妇联、劳动、财政等有关部门负责人和工读学校校长组成的工读学校管理委员会。管理委员会要认真贯彻上级有关规定，组织和协调好各有关部门之间的工作，落实办好工读学校的各项措施。"实践中，武汉市砺志中学仅仅是教育部门在领导管理。

（1）严重不良行为未成年人和一般不良行为未成年人的收生送生、教育矫治、学校管理，基本上是教育部门一家负责，教育部门力不从心。轻微违法犯罪未成年人和游弋于社会的失学儿童的发现、流浪儿童教育期间的救助与教育结束后回原籍的衔接、进入司法诉讼阶段的未成年人的教育干预等问题需要解决。

（2）原来工读学校是对有九类严重不良行为及违法行为的中学生进行特殊教育的半工半读学校，转型为以专收普通学校难教、家庭难管的未成年人为主的一所专门教育学校（警送生逐年萎缩）。这种从上游介入教育从而净化社会环境的做法是社会治理体系建设的一大创新，学校功能定位需要从法律法规和制度上进行调整，避免误读、误解。

2. 学校占地规模和办学条件不能满足办学需求

一是社会需求。一些辍学未成年人流失在校园外，给社会稳定带来隐患。二是政府需求。如何解决未成年人失管问题，这个群体主要来自问题家庭（离异家庭居多），缺少家庭监管，主要依托各社区，但社区管教能力及力量薄弱，政府需求专门机构承担此项政府职能。三是司法需求。劳动教养法律依据不足，在未成年人严重违法行为管理上出现真空，急需专门教育平台承接此项功能。四是普通学校及家庭需求。一些学习困难的孩子在普通学校无法正常完成九年义务教育，普通学校及家长需求专门学校。

武汉市砺志中学占地面积仅13亩（1亩≈666.7平方米），教学用房

为 20 世纪 80 年代的砖混结构房屋；学校最多只能容纳 7 个教学班（小班教学），不到 120 人的规模容量；教学实验功能室不健全，没有生产、实验、劳动场所。部分实践、拓展课程无法开展。

3. 对专门教育缺乏扶持性制度设计

专门学校的办学标准缺乏、经费投入相对不足、师资选备机制单一，教师专业成长路径狭窄，教师缺乏归属感、成就感等。

（二）主要建议

1. 推进立法，加强领导

建议尽快推进专门教育立法。明确专门教育定位。我们建议由综治委或政法委统筹、协调与专门教育工作相关的公安、司法、教育、民政、妇联、共青团、财政、编制、劳动等部门工作。教育部门负责学校的日常管理，公安部门负责违法和轻微犯罪行为未成年人的筛查与招生，并派出年富力强的警力协助管理，司法部门协助已经进入司法程序的未成年人的保护性教育管理，发挥民政部门社会管理员和综治办网格员的作用，将问题孩子的发现报告与招生环节无缝对接，做到发现接纳全覆盖，将各部门的协作体现在问题学生的摸排、发现、规劝、输送、教育、追踪、资助等一系列工作程序之中。

2. 异地再建"武汉市砺志中学"

我们建议扩大学校办学规模。将公安部门强制招收的学生和其他途径招收的一般不良行为未成年人分区管理。建设职业教育中心、劳动教育基地、社会实践基地等。考虑实行初中中职一体化办学。为确保初中阶段问题学生教育转化的效果，避免反复，保持教育的稳定和持续效应，借鉴相关经验，设立职高部，为孩子未来就业奠基。

3. 解决制约专门学校发展的政策性问题

编制、人事、教育、财政等部门制法专门学校人员编制意见、教职工专项招聘方案，提高专门学校教职工待遇，按省示范中学的标准对专门学校教师晋职晋升给予倾斜，让有能力、有作为、热心从事工读教育的教师进得来、留得住。相关部门制定"专门学校学生接收和管理办法"，以利各司其职，为学校生源提供有力保障。

创办优质专门学校的成都市第五十二中学

程鹏强 *

摘　要：学校遵循"学而知之，学做真人"的校训，按照"人文关怀、创美创新"的办学理念，创造性地提出"工读教育也是优质教育"，长期致力于创办适应并促进学生发展的优质专门教育，让问题学生同享教育公平。在创建专门教育特色品牌、实现教育公平等方面，进行了大量原创性的实践探索：依法办学，用好法律赋权，获得广泛支持，还给学生人人出彩的教育机会公平；建构新型师生关系，以"四有好教师"陪伴引领，确保学有良师的教育本源公平；回归教育常态，树立全新的"工读学生"观，采用个性化方法，实施特色课程，实现教育质量（结果）公平；开辟学校广阔的发展空间，争取办学政策、经费等方面的倾斜支持，赢得专门教育优先发展的保障公平。

四川省成都市第五十二中学创办于 1962 年，原名成都市工读学校，由市教育局主管，其办学方案："成都市工读学校是对普通学校难以教育的青少年进行再教育的中等学校。" 1966 年学校停办，1980 年恢复办学。为减少对学生发展的负面影响，1998 年加挂四川省成都市第五十二中学校牌。

一　发展历程

1962～1966 年，创办四年，共接收成都市东、西城区工读学校"小

＊　程鹏强，四川省成都市第五十二中学校长。

学"毕业的"保送生"和成都市普通中学开除的学生 90 名。到 1966 年学校停办时,除 7 名年龄较小的外,其余 83 名学生全部安排了工作。

为了帮助那些受"文革"伤害且失足的未成年学生重新走上正确的人生道路,维护普通学校的正常教学秩序,根据中发〔1979〕58 号文件精神,成都市教委、市公安局、团市委联合提出了《关于恢复成都市工读学校的请示报告》,1980 年 10 月成都市工读学校正式恢复。

1980~1999 年,在工读教育的实践探索中,致力于帮助受工读学生完成义务教育,重新走上正确的人生道路。

整合资源,办好成都市工读学校,让问题学生有学可上。在市教委和学校的推动下,1982 年成立了成都市工读教育联系会,由市委、市政府领导召集教育、公安、政法、宣传、青教办、财政、劳动人事、民政等部门负责同志参加,定期研究解决工读教育中的重要问题。市公安局选派干部到工读学校任副校长,同时选派 1 名公安干警到校协助调查核实案件,进行法治教育和招生工作,加强学校教育力量。

出台新规,构建保护网络,实施前置保护。1986 年成都市工读教育联系会对工读学校招生办法做了新规定:"工读学校实行随时招生,学校设招生组;建立中学生违法犯罪随时填报制度,报表一式三份,由学校送工读学校和学生户口所在地派出所。建立工读预备生制度,对违法情节较轻的学生,先留在原校教育帮助。"学校成立校外工作小组,整合工读学校、普通中学和派出所三方力量,实现了预防功能的前置和对工读学生更全面有效的保护。

逐步开齐课程,保障工读学生升学权利。从恢复办学到 1986 年,学校采取半工半读的教育形式,学生每周劳动 5 个半天,每次两个半小时,每周上课 24 学时。为贯彻落实《义务教育法》,让工读学生同享义务教育的权利,1986 年学校开齐了初中课程,文化课增加到每周 35 学时,愿意升学的学生参加升学考试。

1987 年工读学校教育从"思想教育为主,劳动教育为辅"向"以思想教育为首位,文化教育和职业技术教育为主体"转变。1988 年成都市第五十二中学开办初级职业技术学校。先后开设"自行车装配修理""机械加工""烹饪"等专业,探索工读教育与职业教育相结合的发展模式,适应了社会对劳动技术型人才的需求，更好地解决了学生的出路问题，实现工读"救人救彻底"的办学实效。

淡化工读标签，吸纳普校经验，让工读学生享受更多学生应有的权利。1993 年，按照学生入学时间编班，校内学生的层次教育随班进行。1995 年，参加市教育局组织的毕业统考，享受普通中学学生毕业的同等待遇。1997 年，根据协议实行代、托管理。

1999 年至今，创办适应并促进问题学生发展的工读优质教育，致力于让工读学生同享教育公平。

1999 年学校搬迁至郫县合作镇，办学条件得到极大改善。2000 年试行学生周末放假。2001 年以马海军校长为核心的新一届领导班子，在认真分析我国工读学校发展历程及社会发展新形势后，创造性地提出"把工读学校开发建设成为优质教育"的办学思想。在适应并促进问题学生的发展，突破制约工读学校发展的障碍，创建工读优质教育特色品牌等方面，进行了大量原创性的探索和实践。

二 学校现状

学校地处成都市郫都区团结镇，占地面积 73 亩，校舍面积 23 000 平方米。教学设施设备按照市级重点中学配置。现有教职工 45 人，其中教师 35 人，高级教师占教师总数的 34%，30% 的教师具有硕士研究生学历。在校学生常年保持在 200 人左右。100% 的学生毕业升入高一级学校就读，其中 30% 的就读普通高中，70% 的就读职业高中。中央办公厅、中央文明委、中央综治委督察组或调研组，16 次到校视察和调研。中央电视台《实话实说》《半边天》《成长在线》《当代教育》《心理访谈》等栏目 15 期节目，《中国教育报》9 篇文章，专题介绍了成都市第五十二中学让工读学生同享教育公平的创新实践。

三 办学理念和特色

学校遵循"学而知之，学做真人"的校训，按照"人文关怀、创美创新"的办学理念，长期致力于创办工读优质教育，在教育现代化发展进程中，让工读学生同享教育公平。

我们坚信"工读学生需要和谐氛围的正面熏陶，需要优秀教师的特殊关爱，需要优质教育的持续帮扶"。

1. 还给学生人人出彩的教育机会公平

受教育是每个学生的权利，不仅不应受地域、家庭经济水平等因素的制约，更不应该受学生发展问题和个性特质的影响。成都市第五十二中学严格按照《义务教育法》《未成年人保护法》《预防未成年人犯罪法》和国办发〔1987〕38号文件的要求，专门招收有不良行为和严重不良行为的初中学生，为他们提供接受学校教育的平等机会。2005年，成都市第五十二中学荣获教育部"依法治校示范学校"称号。

学校在人员编制固定的前提下，不断挖掘潜力，扩大招生对象和规模。1981年恢复开班时，仅有1个教学班，20名学生，全部是男生，来自12所市属中学。1986年学校成立校外工作小组，将工读教育帮教功能延伸到校外，在56所市属中学、厂办子弟校建立了工读预备生制度，每年教育转化工读预备生200余人。1998年学校顶着压力，开办女生班。2008年在校学生突破200人。现在校学生常年保持在200人左右。

学校积极争取社会广泛支持，为学生提供更多人生出彩的机会。组织学生参加歌咏比赛、中学生运动会、模拟法庭大赛等市上开展的所用中学生活动。在市教育局的大力支持下，2002年开始参评成都市优秀班集体。2004年首次参评"市三好""市优干"。2004年成都市招办决定在成都市第五十二中学独立设置中考考场。2007年香港扶幼协会到成都市第五十二中学考察，并与成都市第五十二中学签订了友好交流协议，搭建了蓉、港两地同人和学生互访的平台。2009年起成都市第五十二中学学生享受高中升学指标到校政策倾斜。2016年成都市第五十二中学发起并承办首届全国工读系统校园足球赛。

2008年中央综治办、教育部、最高人民法院、司法部、中央预防办组成的调研组在成都市第五十二中学调研时，高洪组长充分肯定了成都市第五十二中学在维护问题青少年教育公平权利方面取得的可喜成绩：五十二中让问题孩子不仅有书读，还读好书。

2. 创建学有良师的教育本源公平

习近平总书记指出："教师是立教之本、兴教之源。"要让问题学生真正共享教育公平，工读学校必须创建一支"有理想信念、有道德情操、有扎实学识、有仁爱之心"，懂教育、会教学的教师队伍。

过分强调工读教育的特殊性，造成了工读学校的封闭，造成了社会对工读学校的不了解，甚至是误解。只有了解，才能理解。学校采取"走出去、请进来"的办法，全方位、多角度地交流与互动，在成都教育的资源富矿中不断挖掘我们需要的优质教育资源。组织教师到石室联中、蒲江实验中学、犀浦实验中学等普通学校听课、教研。开展教师校内大比武，高级教师上示范课、研究课，青年教师进行课堂擂台赛。提倡草根研究，教研组每期确定一个研究专题，推行针对问题的微型科研，间周举行一次教师沙龙，进行教育教学研究交流。实行图书漂流行动，养成教师专业阅读习惯。

学校还不断挖掘工读教育的特色优势，大力推出年轻教师，让他们值守教育热线，到广播电台、电视台、大中小学校、家庭和社区介绍我们在家庭教育、法治教育、心理教育、戒网教育等方面独特而鲜活的经验和方法。在回报社会的同时，锻炼和展示了教师队伍。让工读教师真真实实体会到成功和工作价值的同时，也让社会了解和认识了工读教师。因为了解，改变了人们的看法，树立了工读教师的新形象。成都市第五十二中学每年都有教师在各类教育教学比赛中荣获市级以上奖励。

学校深信好的关系就是最好的教育。培训新教师，请学生当教官；面试新老师，让学生当考官。选用刚毕业的大学生作班主任，打破了只有丰富经验的老师才能当工读学校班主任的传统。全国首创，选聘刚大学毕业的女老师当男生班班主任，打破了只有男教师才能当工读学校班主任的传统。和谐的师生关系，架起师生心灵交会的桥梁。

学校关注教师生命的自觉。引导教师正确地认识自我，愉悦地接纳自我，主动地设计自我，恰当地控制自我，能动地完善自我。五十二中人达成了三点共识：成功没有模式，关键在心态；工作是美丽的，关键在创造；优秀是一种习惯，关键在养成。形成了和谐、自信、务实、创新的学校精神。学校荣获"全国师德建设先进集体"称号。

最近 5 年，成都市第五十二中学向普校和相关单位输出管理干部 6 人。46 人次荣获全国优秀教育工作者、四川省师德标兵、成都市十大杰出青年、优秀教育工作者、优秀青年教师、师德先进个人等荣誉。学校成为首批"成都市教师发展基地学校"。

3. 坚持立德树人的教育质量公平

为了真正做到教育结果公平，我们认真落实好新时代立德树人的根本任务，全面实施素质教育，深入推进教育教学改革。

学校创造性地提出工读教育应该是适应和促进问题学生发展的优质教育，突破了制约工读教育发展的思想障碍。树立全新"工读学生"教育观，我们坚信"工读学生"不是"少年犯"，他们是迷了路，不是犯了罪。"工读学生"是"遭受病虫害的中国花朵"，他们应该享受学生的一切权益。

彻底摒弃以管控为主的教育思想、强制性管理模式、灌输式教育方法，回归教育的常态。我们提出并实践"教师一辈子要读的书是学生的脸""向儿童学习是老师和家长共同的责任"等教育观念。"蹲下来"精心设计适合学生的个性化教育。用和谐的方法培养学生，把学生培养成和谐发展的人，培养成善于和别人和谐相处的人。

在大课程观指引下，成都市第五十二中学将问题学生教育转化的育人活动作为综合实践课程来开发和建设，将随意的校园生活变成了有教育目的和意义的校园活动，让学生在校的每一分钟都有意义，都能够受到教育和熏陶，开启了问题学生教育管理由经验型向科学型转变的大门。三八妇女节"感恩母爱"演讲比赛，成都市第五十二中学十大孝子评选，成立"520"家委会等"亲子沟通、家校互动"主题活动，初步建立了具有五十二中特色的家校合力育人活动课程体系，为学生健康和谐发展增添了正能量。近年来，成都市第五十二中学 30% 的学生光荣地加入了共青团。

秘制心灵鸡汤，滋养学生健康成长。从学生入学起建立个人心理发展档案，进行全过程关注。全校 100% 的教师取得心理健康教育 C 级以上证书。中央电视台 12 套《心理访谈》栏目 5 期节目报道了成都市第五十二中学走进学生心灵世界，促进学生心理健康，帮助学生实现和谐人生的真实故事。2010 年，成都市第五十二中学"问题学生人际冲突调适研究"荣四川省政府第四届教学成果三等奖。

为了学生的可持续发展，我们狠抓教学改革，响亮地喊出了"教学向普校看齐"。与犀浦实验学校、团结镇中学等周边普通中学结盟发展，主动参加片区统一教研，主要学科使用统一试题，进行统一的学情分析。合作探究，把课堂还给学生，建构"以倾听为中心，串联起发现与惊喜的合作探究"授课新模式。结合新课程改革，成都市第五十二中学将枯燥的学科知识转化为贴近学生生活的内容，开发适应成都市第五十二中学学生特点的学科活动课程。2003 年起，成都市第五十二中学连续获成都市教育局教学质量表彰奖。成都市第五十二中学 2010 级 2 班林志祥同学指标到校就读石室中学，有多名学生升入重点高中。它标志着工读学校与普通中学的成功接轨，工读学生也可共享普通教育的优质资源。这对成都市第五十二中学意义非凡，给学校、学生、家长带来极大的震动和鼓舞。《华西都市报》《成都日报》《成都商报》等均以《指标到校 63 选 1 52 中工读生也能上"四七九"了》为题做了专题报道。2012 年，成都市第五十二中学毕业班学生中考成绩平均总分比 2011 年提高 104 分，其中自强班中考总分平均成绩为 514 分。

我们开展特色课程，培养学生的一技之长。根据学生特点、兴趣爱好，结合地方传统文化和师资实情所开设的书法、蜀绣、陶艺、版画制作、舞蹈、电子报制作等校本特色课程，在自我要求，自主选择，丰富的内容，宽松、友善、向上的学习氛围中，构建起良好的教育场。中国文明网（4 月 20 日）以《受"遗"匪浅"个性女生"们针尖上的舞蹈》专题报道了成都市第五十二中学蜀绣特色课程建设所取得的成效。何闵、姜凤等五位同学的绣品分获 2013 年庆"六一"国际儿童节非物质文化遗产（蜀绣）优秀绣品一、二、三等奖。同年，成都市第五十二中学 11 名同学荣获全国青少年书画作品大赛一、二、三等奖。2015 年学校被评为成都市第一批"非遗传承基地学校"。2017 年被评为全国青少年校园足球特色学校。

立足校情，整合国家课程、地方课程和校本课程，以适应并促进学生发展为核心，完善一基三柱（一个基础：健康与习惯；三个支柱：科学与技术，社会与人文，综合实践）成长型课程体系，为学生提供优质教育。

成都市第五十二中学"适应'问题学生'的优质教育探索"实践课题获第三届四川省政府教学成果一等奖。

4. 实施优先发展的教育保障公平

成都市委、市政府十分重视和关心成都市工读学校的发展。恢复办学38年来，学校从离东郊火葬场很近的琉璃乡潘家沟村，搬迁至社区环境优美的府河源头郫都区团结镇。校园面积由 8.7 亩，扩大到现在的 73 亩；校舍面积由 1 000 平方米发展到 20 000 平方米。除按市级重点中学配置教学实施设备外，还充分考虑工读教育的特殊性，装备了数学实验室、书法室、陶艺室、动漫室、蜀绣室、科创空间等特色功能教室。修建了 1 000 平方米的成都市中小学法治教育体验馆、1 000 平方米的中小学安全教育体验馆和 800 平方米专业设备完善的成都市中小学心理健康教育中心。学校信息技术课题"网络环境对问题学生的影响及应对策略研究"获市级立项，通过了成都市现代教育技术示范校验收。

在办学政策、经费等方面给予学校特殊的倾斜。核定学校为正处级事业单位，按照高中同等待遇设置教师岗位、职称，教职工特殊教育津贴由15% 提高到 35%，无不体现了"教育第一""优先发展"的工读教育保障公平。

我们从办学历史中去提炼，从发展需要中去挖掘，结合所处地域文化底蕴，以"爱"为魂，以"感恩"为主体，以"蜀韵文化"为载体的校园文化建设，逐步形成了富有个性和特色的育人环境。优化育人环境，我们经历了从吸引眼球到约束行为的转变，再到滋润心灵的发展。我们将校园空间向学生开放，校园景观改造，从学生兴趣出发，贴近校园生活，紧密联系学科，师生共同设计、共同完成。孝亲园、滴水潭、诗歌小径等是师生课余流连忘返之地。校园环境成为优质教育的有机组成部分，通过受教育者自我实践，环境育人在润物细无声中实现了教育的内化。送孩子到校就读的家长感叹："这真是个读书的好地方！"学校荣获"四川省文明校园"称号。

成都市委常委、副市长赵小维充分肯定了成都市第五十二中学"通过小班化、家庭式、24 小时陪伴教育模式，推动对不良行为青少年的法治教育、心理健康和习惯养成工作，有效预防了'问题青少年'走向犯罪的道路，让问题学生平等享受了成都的优质教育。"

四　未来的发展

成都市第五十二中学教育事业发展"十三五"规划明确学校的办学目标为 2020 年实现成都专门教育现代化。将学校建成思想先进、队伍精干、管理高效、特色明显的"一示范、两基地、三中心"，即工读教育的示范学校；成都市中小学研学实践基地和成都市中小学班主任培训基地；成都市问题学生转化研究中心、问题青少年教育咨询和家长培训中心、中小学心理健康教育中心。

学校发展路径为"专门教育和普教融合，专门学校与基地整合"的转型升级发展。重点之一是强基固本，打造成都工读教育 3.0 版（适应并促进问题学生快乐健康成长的工读智慧教育）。重点之二是在"两基地、三中心"上发力，超前谋划、主动适应、改革创新，利用好学校师资优势，研发适应中小学生发展的研学课程，增强学校研学基地的核心竞争力；依托成都市教师发展基地学校和成都市（首批）中学德育校本课程试点校建设，建设新时期班主任专业化发展基地。将学校的特殊当特色来创建，利用好问题学生教育、法治教育和心理健康教育等专门学校的特色优势，发挥好学校特色场馆的实践教育功能，为普校提供多元优质服务，发出专门教育的专业强音，讲好专门学校的教育故事，为优教成都做出成都工读特殊贡献。

为学生幸福人生奠基的杭州市城西中学

盛萌芽[*]

摘　要：杭州市城西中学坚持"为学生的健康成长服务，为家庭教育服务，为普通学校教育服务，为社会治安综合治理服务"的办学宗旨，形成了以行为规范教育为核心，加强心理健康教育、法治教育、生命教育的"一轴三翼"的德育模式，总结了"爱得深、管得严、重疏导、抓反复、靠科研"的十五字教育方法。学校秉承"爱与责任"的教育理念，为学生幸福人生奠基：养成教育筑幸福人生之基、生命教育逐幸福人生之梦、"家文化"铸幸福人生之魂。学校在实施九年义务制教育、保护和促进未成年人身心健康、预防青少年犯罪、进行社会治安综合治理等方面发挥着积极的作用，办学成效显著。

一　学校概况

1980 年 8 月，经杭州市委、市政府批准成立杭州市工读学校，学校由杭州市教育局主办，市公安局协办。1982 年增设之江初级职业学校，1998 年 4 月经杭州市教育委员会批准将"之江初级职业学校"更名为"杭州市城西中学"，保留"杭州市工读学校"校名，实行"一套班子，两块牌子"管理模式，并开办职业高中。学校设置初中部和职业高中部，职业高中部有汽车运用与维修、旅游服务与管理专业。2013 年 9 月，杭州市城西中学与浙江省未成年犯管教所合作办学，成立杭州市城西中学育新分校，填补了我省未成年犯义务教育的空白。

---

* 盛萌芽，浙江省杭州市城西中学校长。

建校以来，学校共招收学生 3 700 余名，其中 146 名学生经过高中阶段学习考入了大学，165 名学生光荣地加入了中国人民解放军。学校在实施九年义务制教育、保护和促进未成年人身心健康、预防青少年犯罪、社会治安综合治理等方面发挥着积极的作用。

在上级领导和社会各界的关心支持和全体教职工的努力下，学校荣获"全国工读教育先进学校""全国中小学心理健康教育特色学校""全国青少年犯罪研究先进集体""浙江省级社会治安综合治理先进集体""浙江省中小学德育基地学校"及"杭州市五一劳动奖状"等荣誉称号，1990 ~ 2015 年连续 26 年被杭州市委、市人民政府授予"杭州市社会治安综合治理先进集体和示范单位"称号。

学校现有 25 个教学班，在读学生 583 人，其中初中部学生 138 人，职高部学生 268 人，育新分校学生 177 人。学校在编教职工 76 人，专任教师 64 人，教师中达到本科学历的 64 人，占总数的 100%，其中硕士学历 19 人，中高级职称教师占比 70%。教师队伍总体结构合理，富有敬业精神和创新活力。

学校位于杭州市余杭区闲林东路 3 号，占地 135 463 平方米，绿化面积 83 310 平方米，建筑面积 18 212 平方米，并拥有心理中心、普法园地、综合实践基地、体艺综合楼等教育教学场所。

学校始终贯彻党的教育方针，坚持"为学生的健康成长服务，为家庭教育服务，为普通学校教育服务，为社会治安综合治理服务"的办学宗旨，秉承"爱与责任"的教育理念，坚持立德树人的培养目标，形成以行为规范教育为核心，加强心理健康教育、法治教育、生命教育的"一轴三翼"的德育模式，形成了"爱得深、管得严、重疏导、抓反复、靠科研"的十五字教育方法，专门学校办学特色显著。

二 养成教育筑幸福人生之基

叶圣陶先生说过："什么是教育？简单一句话，就是要养成习惯。"行为规范（养成）教育一直是杭州市城西中学德育工作的主轴，学校以半军事化的管理为标杆，抓学生良好生活习惯和学习习惯的养成。多年来形成了"爱得深、管得严、重疏导、抓反复、靠科研"的工作方法，走出了一条适合自身发展的德育道路，育人效果日益显现。

（一）坚持规范，完善细节，助力良好生活习惯养成

1. 坚持规范，关注一日常规

坚持规范抓常规。"生活即教育"，作为寄宿制的特殊学校，学生"生活"在学校，我们的养成教育应该无时不在，无处不在，而日常规则是杭州市城西中学养成教育的主要抓手。杭州市城西中学依托政教处、学生管理员（在职在编复员军人）、班主任、班干部进行四级全方位管理。学校结合面向班级的考核制度和面向学生的学生日常行为规范考核制度，建立《美丽班级考核奖励办法》，深化学生行为规范教育的长效机制。从八个维度（回校率、出勤率、行为规范、内务卫生、课堂纪律、两操、就餐、就寝）对班级进行考核，聚焦学生在学校生活和学习的常规和细节，设立最美班级流动红旗，并给予奖励。在考核中，不仅关注考核的结果，更重视过程的管控和问题的整改，发现问题及时与班主任沟通，政教处加强对班级的指导。

完善细节抓反复。好习惯的形成，不是一蹴而就的，也不是一帆风顺的。由于外界的影响或是意志的薄弱，在转化、形成过程中会出现"旧病复发"和"失范"的情况，这就需要强化检查监督。引导学生自觉锻炼方能提高其自我控制的能力，使其形成好的习惯，从而使一种品德最终成为学生行动中的一部分。我们在探索的过程中主要通过量化评估、自查自纠、值勤检查、监督改正来引导学生走上自己锻炼之路，针对部分学生开展"21天行为养成计划"。

2. 丰富活动，关注学生体验

丰富活动推养成。第一，利用校会、班会开展行为规范主题活动。每学年新生发放《杭州市城西中学学生手册》，始业教育组织学生学习《中学生守则》和《浙江省初中学生日常行为规范（试行）》，让学生明白做文明学生的准则，学校开展关于行为规范的知识竞赛，还开展主题黑板报检查评比，同时举办"争做文明学生"主题班会评比。第二，利用好国旗下讲话这一阵地。学校利用每周升旗仪式中的国旗下讲话，有计划、有主题地进行以养成教育为核心的演讲，学校每周让一位师生代表进行国旗下的讲话，这对学生的自我教育、同伴教育的作用是巨大的，国旗下的讲话已经成为杭州市城西中学养成教育的重要阵地。第三，开展"规范之星"

和"行为规范示范生"评比活动。榜样的作用是无穷的,学校为了奖励那些在行为习惯等方面表现突出的孩子,设立了"规范之星"奖。通过学生自评、班主任评定、积分汇总、学生无记名投票选出榜样,学校对获奖的同学不仅授予荣誉证书,还在宣传窗张贴照片进行表彰。每学期开展一次"行为规范示范生"评比。通过评比,学生可以每天自我反省,同时在心中树立了学习的榜样。

注重体验推养成。第一,强化新生行为习惯训练。学校在新生中开展为期两周的适应性教育,主要开展生活常规、身心健康、组织纪律、学习习惯等方面的专项教育和训练,使学生尽快适应杭州市城西中学的半军事化管理和常规教育教学,有利于对学生的教育矫治,新生的稳定率大大提升。第二,巩固军训成果。杭州市城西中学每年开展一周的军训,军训的内容上主要以队列和内务卫生为主,同时加入生存和消防等方面的训练,训练过程中班主任全程参与。军训培养了学生的纪律意识和团队精神,磨炼了他们吃苦耐劳的意志,为学生良好的行为习惯的养成提供了帮助。第三,加强学生自主管理。学生会充分参与到学校事务的管理中来,尤其是对学生行为规范的自查自纠。学生会设立"文明督查",负责对同学仪容仪表、内务卫生、食堂用餐浪费现象、违纪行为的监督。自主管理不仅提升了学生的管理能力,也让同伴教育的优势得以更有效的体现。

(二)学会学习,个性发展,助力良好学习习惯养成

有效的情境性课堂,不仅可以激励学生,也使学生发自内心地参与学习,是学生内在的需求诱发主动积极学习的过程。所以,要让学生进步,就要创设一种让学生实实在在地获得和看见自己进步的体验式情景课堂,从而让他们在愉悦的情感中驱动自我不断进步。

近年来,学校以构筑"美丽课堂"为载体,积极开展导学课堂、选择性活动课程、综合实践课程等探索,为学生提供了既有选择性,又有个性化,同时分小步走的"511"学习课程体系,将学习目标变为学生可知、可感、可接受的,将课堂转化为体验式情境教学,激发了学生的参与度、自信心和求知欲,拨动了学生内心向上、向善的心弦,让学生看见进步,进而有效地转化了学生的学习行为。

1. 学会学习，自主发展，导学课堂实践探索

结合专门学校的学情，通过前期反复调查和研究，杭州市城西中学于2016年对语文、数学、科学、英语、社会五门课的课堂教学流程进行了改革，提出了以"导学课堂"为模式的实践与探索。旨以小组为单位，推行"五步三查"的课堂教学流程（五步：课前预习、小展示、大展示、点评、总结和检测；三查：三次学情调查），优化"四优一星"课堂评价。将课堂还给学生，全面推进学生的自主学习、合作学习和创新学习，从而培养学生合作精神、自信心和表达能力。通过自学、导学、导练，让学生真正参与到知识更新的过程，从而更好地学会自主学习，创新发展。

2. 充分选择，个性发展，塑造精品活动课程

学校结合选择性课改，塑造精品活动课程，全面推行自主选修课，实行选修课程的"走班教学"。杭州市城西中学目前已开设31门选修课程：学科兴趣类选修课10门，课程重在学科知识与课外延伸的统一，培养学生专业素养和创新能力，如汽车美容、电子百拼、旅游风光、PETS（Public English Test System，全国英语等级考试）等；科学技术类选修课程4门，重在科学实验、科技探索，增强学生的探究和创新意识，如机器人、航模、电子竞技等；兴趣活动类选修课10门，重在培养学生的兴趣，开阔视野，如时尚烘焙、门球、围棋入门等；文学艺术类7门，重在人文性与艺术性的统一，培养学生的人文艺术修养，如书法、意象绘画、陶艺等。

针对一些受众面小而学生又喜欢的活动项目，学校通过"学生社团"的形式对选修课程进行有效的补充。充分利用教师和学生的才艺资源，由团委和学生会负责实施，目前已有10余个社团开设相关资源课堂，如话剧社、汉服社、cosy动漫社、打击乐等。该资源课堂在尊重学生个性发展的同时，也激发了学生的学习动机和学习兴趣，从而培养了学生从被动过渡到自觉的学习过程。

3. 整合资源，面向未来，打造综合实践活动课程

2017年教育部印发的《中小学综合实践活动课程指导纲要》指出：综合实践活动是从学生的真实生活和发展需要出发，从生活情境中发现问题，转化为活动主题，通过探究、服务、制作、体验等方式，培养学生综合素质的跨学科实践性课程。学校积极开发了城西中学综合实践活动课程，该课程内容以学农实践（二十四节气校本课程）、内务队列、急救技能（心肺复苏等）、消防知识、法律法规（模拟法庭等）相关知识学习为主，以每周一节课的形式纳入新开的初中班级课表。主要以自主体验的方式授课，让学生学有所悟，学有所得。课程的开发和完善结合学校自身特点、条件及资源，呈发展型学习过程，并凸显课程的资源性和动态性。

三　生命教育逐幸福人生之梦

依据专门学校学生的身心特点，学校通过心理健康教育、安全教育、环境教育、禁毒和预防艾滋病教育、法治教育等专题教育形式，开展灵活、有效、多样的生命教育活动。从学生的兴趣、经验、社会热点问题或历史问题出发，结合学生身心发展规律，将相关内容整合起来形成校本课程，进行人与自然、人与家庭、人与社会的教育，探究生命的可贵、生活的意义以及自我保护等内容。核心目标：通过生命管理，学会尊重生命，学会积极地生存、健康地生活与独立地发展，让每一个学生都成为"我自己"，从而实现自我生命的最大价值。

（一）以心育心，心理健康教育促成长

一直以来，学校致力于探索适合本校的心理健康教育，改善学生的不良心理环境，逐步提高学生的心理素养，扎实有效的心育工作让学校成为首届"全国中小学心理健康教育特色学校"。

（1）重视危机预警，做好校园三级干预平台分层辅导工作。杭州市城西中学采用了"联合诊断、综合干预"的模式，推行"就诊式"辅导。学校从新生入校开始，就对其进行"联合诊断"，确定学生预警等级，并建立了三级预警学生成长档案。同时，根据学生预警等级，确定"综合干预"的责任人和介入团队，成立"综合干预"三级组织架构（班级、导师、校级干预），并制订相应的辅导方案。特别是对"一级预警"学生，学校给予高度关注，"定期诊断"和"应急会诊"相结合，召集心育导师、结对德育导师、班主任及心理老师建立"1＋X"介入干预团队，持续对预警学生进行相应的心理干预、行为矫正、学力辅导和家庭指导，将严重心理障碍的学生及时转介专业机构，并继续提供支持和辅助性辅导。

（2）突出干预的有效性，做好心育特色工作。学校注重心理课程、团辅和个辅的结合，完善心理健康教育常规工作，每班每周开设一节心理健康课。与此同时，学校还开展了一系列的心育特色活动：第一，扎实开展《七色心情》撰写和批阅工作。初中生每周写两篇心情日记，由心理老师进行批阅和指导，有效预警了多起校园暴力事件的发生。第二，办好心理健康月活动。每年11月是学校的心理健康活动月，活动由心理剧、观影疗伤、专题讲座、大型心理团辅等活动构成，帮助营造良好的氛围，构建和谐心理健康观。第三，开展同质小组（心理社团）辅导。夯实班级心理委员的培训，开展亲子沟通同质小组辅导。

（3）做好党员成长导师项目，服务特需学生。优化党员成长导师"六个一"工作，两周一次交流鼓励、每学期一个为心愿、每学期帮助改正一个错误、每学期撰写一个帮扶故事、每学年一次家访、每学期完成一份结对手册。利用互联网落实完善党支部和党员对"有特殊需要的学生"的教育服务的长效机制。学校心理中心对结对的一级预警学生进行测评，60%以上的预警学生等级有所降低，达到了预期效果，该项目两次被杭州市委教育工委评为"十佳党建案例"。

（4）校外帮扶，为普通学校教育服务。建立完善校外"问题学生"帮扶制度，跟踪帮教转出学生，做好学生出入的衔接工作。同时，重点做好预备生的登记、建档、帮扶工作。学校与七所普通学校签订互助合作协议，每年帮助结对学校辅导干预学生20余名。在省厅组织的援助项目中，杭州市城西中学与丽水市龙泉三中签订了互助合作协议，每年进行互访一次，平时以远程案例督导为主。

学校依据心理中心资源和校外招生存在的困惑，为普校特需学生和家长启动了菜单式"综合体验课程"，项目有学农资源课堂、生涯工作坊、家庭教育工作坊、心理工作坊、户外拓展、亲子团辅等课程，时间为半天。"综合体验课程"项目的启动，不仅可以让普校的特需学生和家长更加了解杭州市城西中学办法特色，为接收学生做好前期铺垫，而且在充分发挥杭州市城西中学心理特色资源的前提下，进一步拓展了专门学校优质教育资源的辐射和帮扶功能。

（二）珍爱生命，法治安全教育保成长

针对专门学校学生法律法规、安全防范意识淡薄，我们将通过认知调适、情景体验、实践探索来解决学生身边的问题，以提高学生综合分析和解决问题的能力，是实施生命教育的又一阵地。

（1）法治教育让学生明辨是非、知法守法。学校依托普法园地，开展模拟法庭、普法园地现场授课、知识竞赛、演讲比赛等活动。积极开展以"预防校园欺凌"为主题的系列活动。学校邀请片区民警、交警、省禁毒协会、检察院、未管所教育科，省、市关工委等社会人士到杭州市城西中学进行主题讲座，助力杭州市城西中学法治校园建设。

（2）安全教育让学生提升意识、学会救护。学校以创建平安校园为载体，深化完善安全教育"五个一"活动：每周一节安全教育课、每学期一次逃生演练、每学年一次主题黑板报、每学年一次安全法治讲座、每学年一次主题班会课。将安全教育课纳入课表体系，并利用好"互联网＋学校安全教育"，做好班级安全微课的系统化、实效化。通过急救情景模拟、角色体验、技能训练、志愿服务等形式，普及公共安全知识，培养学生在遇到突发灾难时的人道主义救助精神，提升学生安全意识和避险自救的能力；加强突发事件预警机制的学习，提高师生快速高效应对突发事件的能力。

（3）生命教育让学生健康生活、珍爱生命。学校充分利用各类第二课堂教育基地、公共文化设施开展生命教育活动，拓展学生的生活技能训练和体验，让学生感受自然生态保护和休闲对促进个人身心健康的重要性。通过志愿者走进养老院，引导学生理解生与死的意义，珍爱生活，关心他人。积极引导家长参与家庭生活指导，通过亲子关系沟通和家庭教育指导等方面的服务，帮助家长掌握家庭管理和人际沟通的知识与技能，提升家庭情趣，营造健康和谐的家庭氛围。通过节日、纪念日等结合现实需求，组织和安排生命教育活动，使学生在场景式生命教育活动过程中受到教育，感悟生命的价值。

四 "家文化"铸幸福人生之魂

（一）弘扬传统，培养学生的家国情怀

杭州市城西中学积极开展社会主义核心价值观教育、"我的中国梦"

主题教育活动，通过国情党史教育、校园情景剧、校园影视教育等载体，帮助学生树立信仰，坚定信念。开辟时政宣传栏，开设"新闻我来说"专栏，学生每日晚自修看新闻半小时，每位学生每周要写一篇新闻观后感，而后学校对优秀作品进行展出。深化仪式教育，学校成立国旗队；重视队列和站姿的训练；精心策划开展14岁集体生日、18岁成人节宣誓仪式、毕业典礼等活动。通过一系列的活动，增强学生的爱国意识、社会意识、公民意识。

学校挖掘传统节日、诗歌等文化资源，发挥其文化功能，开展《弟子规》《论语》等传统文化的学习活动；开展传统节日系列讲座；加强家风家规教育；抓好社会主义核心价值观和"友善、孝敬、诚信"等中华传统美德的教育，培养学生的家国情怀。

（二）活动育人，"主题月"展自信发展之翼

爱默生说："自信是成功的第一秘诀。"实现学生在学校的幸福健康成长，让他们收获自信是不可缺少的部分。杭州市城西中学积极开展形式多样的德育实践活动，搭建各种平台，每月一主题，让孩子们在这里体验成功，收获自信，感悟幸福。其间也打造一批深受学生喜爱的活动。3月技能月，4月艺术健康月，5月生命教育月，6月法治教育月，7月、8月社会实践月，9月感恩教育月，10月爱国主义教育月，11月心理健康月，12月迎新月。活动是由老师协同学生共同策划的，学生在丰富的活动中，找到自己的位置，展现自己的才艺，挥洒自己的青春，成为有某一特长的"美丽学生"。

（三）爱与责任，打造"幸福之家"

学生的特殊性给班集体良性发展造成了一定的阻力，杭州市城西中学大部分学生因为缺少家庭的温暖而出现了行为的偏差，因此他们更加需要"家"一般的归属感，学校提出打造"家文化"的设想。学校开展了"幸福之家"班级文化建设活动：通过班级家文化布置评比，为学生创设美化、洁净、安全的家庭环境；师生共同制定班级的《家规》《家训》，为学生营造民主、平等、和谐的家庭氛围，让学生参与到班级的决策与管理中；开展丰富的班级活动，营造"班级一家亲"的氛围，涌现出了"星光大道成长路"、集体生日、亲子烧烤、共读一本书、寝室篮球赛等一批班

级特色活动。一系列的创建活动让我们的学生亲如一家，诚信做人，尊重同伴，责任心得到增强。

（四）走进家庭，形成家校合力

学校加强"家长学校"的建设，有计划、系统地开展家庭教育的辅导工作。尤其是家访工作，要求班主任一年要走访班级学生家庭一次。除了常规家访外，对有苗头或者情绪不稳的学生，要求班主任及时与学生家长联系，及时引导学生，关心学生，避免学生极端情绪的发生。建立"家文化亲情互动小组"，开展亲子沟通辅导活动。贯彻"注重家庭，注重家教，注重家风"要求，积极开展"好家风"系列主题活动，开展家规家训征集活动，创设写作、演讲、戏剧等展示平台，鼓励学生讲好家族故事、家风故事，增强学生"家"的认同。

五　思考与展望

专门学校的发展向来不是一帆风顺的，学校渡过了不少难关，克服了不少困难，才有了今天的发展，当然我们还存在一些困惑和思考：

一是有关工读学校（专门学校）的法规文件亟须修订。第一，现在主要指导此类学校办学的还是《关于办好工读学校的几点意见》（国办发〔1987〕38号），30多年过去了，随着社会的发展，尤其是教育和法治的发展，我们的教育的对象也发生了很大的变化，现在急需新的法规条文指导此类学校的发展。第二，专门学校的发展性评价没有自己的指标体系。

二是个别学生矫治无效，教育失败。杭州市城西中学绝大多数学生通过在校的学习，顺利完成了学业，成了社会的合格公民。但是也有个别学生因为缺乏家庭教育和社会的有力支撑，与社会人员来往过于密切，受到社会不良习气感染，错误价值观已基本形成，改变非常困难，中途辍学，导致教育矫治失败。

三是教学工作始终是工读学校的瓶颈。由于学生文化基础差，学习行为甚至心理习惯差，虽然杭州市城西中学教师在教学过程中已经是按照小步走、分步走的方法，但是在知识的掌握上并不理想，也就阻碍了学校教学工作的进展。

四是专门学校教师专业发展有待提高。专门学校不同于其他特殊学校（聋人学校等），没有专门的课程体系支撑教师专业发展，很多依托的是同类学校骨干教师的经验交流等。能否借鉴其他特殊学校的继续教育模式，形成专门学校教师继续教育的资源？

五是家庭教育缺失，部分家长存在"生而不育"现象。杭州市城西中学的孩子大部分来自单亲家庭，家长素质普遍不高，家庭教育缺位或不当现象十分普遍。

学校将继续以创建"具有专门学校特色的品质教育"为目标，创建"美丽学校"：打造"绿色、生态"校园环境，创建美丽校园；探索选择性、个性化学习方式，构筑美丽课堂；创建和美班级"家文化"，建设美丽班级；提升班主任专业化水平，培养美丽教师；增强学生的自信心和归属感，培育美丽学生。实现我们的共同愿景：我们的学生，在爱的阳光下健康地成长；我们的老师，满怀理想并激情工作；我们的校园，一个安全和谐的幸福家园。

构建以"友善教育"为核心理念的
深圳育新教育模式

杨春良*

摘　要：20世纪80年代中期至90年代初，由于我国社会转型，经济体制由"计划"向"市场"转轨，加上国门打开后外来文化消极因素的影响，全国出现了新一轮青少年违法犯罪高峰期，然而，与这一状况不相适应的是，全国各地的工读学校此时却普遍陷入生源困境，部分工读学校先后关、停、并、转，深圳市工读学校正是在全国工读教育滑坡的1993年创办起来的。为突破工读教育办学困境，深圳育新学校主动适应家庭、普通学校和社会的需要，大胆进行工读教育改革，一方面将工读学校建成全市中小学生开展社会实践活动的大基地，组织全市中小学生带基地开展社会实践活动；另一方面积极开展中等职业技术教育，助力学生成人成才，构建了工读教育、职业技术教育和学生综合实践教育"三位一体"的办学模式，被教育部领导和全国同行誉为新时期工读教育"育新模式"。

一　学校的发展历程

深圳市育新学校是直属深圳市教育局领导的公办全寄宿制学校，原名深圳市工读学校，创办于1993年。学校位于广东省深圳市光明新区光明街道，占地面积340多亩，建筑面积近7万平方米。学校环境优美，是一所生态资源丰富的花园式学校。

---

* 杨春良，广东省深圳市育新学校副校长。

学校作为深圳经济特区唯一一所专门教育学校，在促进未成年人身心健康发展、实现教育公平、建设和谐社会方面发挥了不可替代的作用。

学校先后于 1994 年创办了深圳市中小学德育基地、1995 年创办了深圳市新鹏职业高级中学，成为集初等教育、中等职业教育和中小学生综合实践教育为一体的多功能、综合型教育机构。

二 学校的现状

自创办以来，在各级各届领导的关心指导下，在全国各地兄弟学校的帮助和支持下，在各届校领导班子及全体教职员工的共同努力下，学校取得了比较显著的成绩，成功构建了义务教育、中等职业教育和综合实践教育相互融合、互为支撑的一体化办学模式，极大地丰富了专门教育的内涵。

学校首创了"三位一体"的办学模式——育新模式，在教育转化学习困难及行为偏常少年方面拥有专业教师团队，并积累了丰富经验，先后成功教育转化了 2 000 多名"问题学生"；学校职业高中目前开设高星级饭店运营与管理、电子商务、汽车运用与维修专业，主要为专门教育学生提供后续发展服务，同时也面向全市初中毕业生提供中等职业技术教育；学校德育基地主要面向全市中小学生开展国防、安全、法治、科技、生态及劳动技术等综合实践教育，年承接量近 6 万人次。

建校 24 年来，学校先后获得"全国优秀青少年维权岗""中国青少年社会教育'银杏奖'优秀团队奖""广东省青少年法治教育先进单位""广东省德育示范校""广东省中小学心理健康教育特色学校""深圳市先进校外教育阵地""深圳市文明单位""深圳市教育系统先进单位""深圳市依法治校示范校""深圳市中小学创客教育基地"、广东省和深圳市"普法先进单位"等国家、省、市各类荣誉称号和奖励一百多项。教育部和省、市领导多次来校视察调研指导工作，对学校取得的办学成效给予了高度评价。

三 学校办学理念和特色

（一）办学理念

学校坚持立德树人，以生为本，相信每个学生都是天生的学习者，一切为了学生的发展，全力推进"友善教育"品牌建设，践行陶行知教育思想，为学生的健康成长奠定基础。

学校的教育品牌是"友善教育"（友善是一种信念，相信每个学生都有发展的潜力，相信每个学生都是天生的学习者；友善是一种态度，尊重学生差异，尊重学生个性，陪伴学生共同成长；友善是一种方法，创设适合学生个性的多种成长路径，激发学生兴趣，发展学生特长，促进学生全面发展）；办学理念是友善，奠基幸福；办学目标是办友善教育特色学校；培养目标是做友善的人；教育策略是个性化课程、人性化管理、专业化师资、多元化平台；校训是友德善行（以友为德，和谐；以善为行，幸福）；校风是师生相伴，教学相长；教风是因材施教，发展特长；学风是友学善用，知行合一。

（二）办学特色

学校在"友善教育"核心理念引领下，践行陶行知生活教育思想和创造教育思想，培养学生的生活力、学习力、创造力和自治力，促进学生特长发展和全面发展，实施扬长教育。

1. 构建友善的教育体系

（1）友善课堂，启迪成长。

深圳市育新学校学生普遍不同程度存在学习基础薄弱、学习习惯不良、缺乏学习动机甚至厌学情况。在全国课题组帮助下，学校经过多年探索与实践，构建起了"友善用脑"课堂教学模式。

"友善用脑"以人本主义思想为基础，以神经生物学、心理学等科学研究成果为依据，以教（学）会学习为理念，强调教师、学生、家长三方互动，教师信任学生，教师由"主导型"变为"指导型"，"发展学生所有制"。事实证明，"友善用脑"课堂焕发了学生的生机与活力，学习兴趣得到了激发，学习效率得到了提高。目前，"友善用脑"已成为学校课堂教学的基本范式，全体教师共同参与，也大大激发了教师队伍的科研氛围，为形成学习型教师队伍发挥了积极作用。

同时，学校在课堂中引入新媒体技术，用 E 彩教学管理系统打造互联网＋智慧课堂。课堂上，每位学生都有一台 iPad，学生可以通过 iPad 抢答问题、学生互评及进行教学效果反馈，教师也可以通过 E 彩系统即时评价学生。E 彩教学管理系统记录了教师和学生在课堂上的行为，通过后台大数据分析，可以获知学生的专注度和教学的有效性。

（2）阳光导师，相伴成长。

学校一直推行阳光导师制，每名学生都有一名教师或行政干部当其导师，在班级形成班主任、辅导员、心理教师和导师组成的育人团队。

导师的任务就是陪伴学生成长，通过分享快乐，分担烦恼，真正走进学生的心里，做学生利益的维护者、决策的参谋者、做事的支持者、爱好的点拨者、疑惑的解答者，并实实在在帮助他们解决学习、生活、生理和心理上的实际问题。为了切实增强导师制的工作实效，学校为此配套建立了学生成长档案制度、谈心辅导与汇报制度、家长联络制度和个案分析会诊制度等系列制度。

（3）绿色评价，激励成长。

学校积极探索有利于学生发展的友善评价机制，形成了依托于心理学理论的"代币制学生自主管理"模式。所谓的代币制管理，就是对学生日常的正性行为赋予一定的币值，而对其负性行为扣除一定币值，并在一定的周期内对学生获得的币值进行累计，按照币值多少兑换不同类型学生喜欢的活动，从而达到强化学生的正性行为，弱化甚至消除负性行为的目的。

在代币制管理中，教师并没有根据学生的表现情况进行简单直接的表扬和批评，学生却能不断确立新目标、不断修正改进自己的行为，这正是实现学生自主管理重要的一步。同时，代币制管理还有效地避免了奖励、处罚式的评价应用方式所带来的功利心、虚荣心，以及对表现不理想的学生自尊心的摧残。另外，代币制管理模式通过组织学生参加各类有意义的活动，还有效地促进了学生的综合素养的提升。

（4）扬长课程，个性成长。

学校友善课程体系分为三大部分。第一部分是"基础课程"，主要完成学生基础教育阶段必修的内容学习；第二部分是"素质课程"，主要按照深圳市提出的"学生八大素养"要求，开设人文、艺术、科技以及生活类的课程，着力提升学生的综合素养；第三部分是"拓展课程"，主要是针对学生的个性特点、兴趣爱好开设相关课程，同时通过这些个性化适合性的课程，激发学生的潜能，培养学生的特长。

"基础课程"作为必修科，学习形式主要是课堂教学。"素质课程"为选修课程，全校平行开课，学生完成规定学时可获得相应学分，学习形式以课堂教学为主，以兴趣活动为辅。"拓展课程"亦是选修课程，学生完成规定学时同样可获得相应学分，学习形式主要为学生兴趣小组和学生社团活动。

（5）贯通融合，持续成长。

助力基础薄弱学生逐渐形成健全人格和正向品行，在此基础上掌握一技之长，将来能服务社会、追求个人幸福，并具备一定的持续发展能力，这是深圳市育新学校的追求。为此，深圳市育新学校注重发挥好学校职高部的衔接和后续提高作用。经过几年努力，深圳市育新学校逐步形成了"2+3+2"一体化分段培养的模式。

"2+3+2"学制中的"2+3"，就是从初二年级开始与学生进行分流，根据学生和家长的意愿，将拟在高中学段进入深圳市育新学校职高学习的学生单独编班，今后直接进入职高学习。对于这部分学生，一是根据人格和品行是一个较长的形成过程的特点，制订整体培养方案，明确从初二到高三的分阶段培育任务，并且做到前后呼应、相互配合。二是安排这部分学生在初中就接受一定的职业素养和职业意识熏陶，为今后更好地适应深圳市育新学校职高"工学交替"培养模式做好准备。

"2+3+2"学制中的"3+2"就是贯通中高职教育。经广东省教育厅批准，深圳市育新学校高星级饭店管理专业正式与顺德职业技术学院开展"3+2"人才培养试点，进入该试点范围的学生，在深圳市育新学校完成三年中职教育后，可直接进入该学院学习并获得高职文凭，深圳市育新学校高星级饭店运营与管理专业也被评为深圳市品牌专业，餐饮服务与技能课程被评为深圳市精品课程。通过构建初、高中贯通，中、高职衔接的"一体化"培养模式，深圳市育新学校将真正形成一个行为偏常、基础薄弱学生从转化到成长再到成才的有效途径。

（6）家校合力，幸福成长。

从大多数案例来看，学生的发展状况与其家庭背景及亲子关系情况呈正比例关系，家长的高度往往决定了孩子的高度，深圳市育新学校因此提出了家长专业化成长的思路。深圳市育新学校在已形成的校内家长系列教育活动的基础上，与家庭教育方面的专业团队开展家庭教育课题研究，不断提升家长的教育意识和教育能力。主要措施：一是集中开展青少年心理学、家庭教育的方法与策略等方面的专业理论讲座，让家长了解孩子的身心特点，掌握与孩子沟通的技巧；二是定期举办亲子活动，为家长与孩子提供亲密接触的平台；三是组建由深圳市育新学校教师和远见教育机构专家组成的家庭教育专员团队，为每个学生家庭配备一名教育专员，每周至少一次走访学生家庭或电话访谈学生家长，及时了解家庭教育的动态；四是利用现代信息技术，开通多渠道的家庭教育热线，建立 24 小时热线电话，开通微信和 QQ 讨论群，为家长送上专业、及时的指导。

2. 造就友善的教师队伍

"友善教育"的核心理念之一就是师生共同成长，教师既是教育的实施者，也是教育的作用对象，教师的成长也是教育工作的任务之一，实现教师队伍的专业成长，既是实施友善教育的必要保障，也是友善教育的重要目的。

（1）支持教师专业成长。

一是鼓励教师成为行为偏常学生教育方面的专家。从事专门教育工作要尊重学生的认知规律和教育学、心理学的基本原理，要以专业的态度和手段开展教育工作。学校鼓励教师全面和深入地学习教育学、心理学方面的知识，广泛了解人际沟通方面的技巧，悉心揣摩应对突发事件的办法。学校积极推动心理学教师与初中教师团队的融合，鼓励他们共同开展教研活动，支持他们参加各类心理学培训班和各类机构发起的研讨活动。

二是鼓励教师练就课堂教学的绝活。深圳市育新学校通过组织大家参加教育部"友善用脑"课题和 E 彩教学辅助系统进课堂，凝聚人心，最大限度地调动教师投身课堂教学改革的积极性。通过几年的努力，"友善用脑"已成为初中课堂的标准范式，教师课堂教学一丝不苟，教学方法精心设计，教学效果得到很大改善，教师的教学能力也得到极大提升。

（2）打造教师交流平台。

一是形成"走出去、请进来"机制。学校外出交流经费向一线教师倾斜，每年都组织多批次的教师赴全国各地与兄弟学校开展交流，互开示范课和展示课或参加各类教育教学专题培训活动。这种做法开阔了教师们的眼界，也进一步使教师认清了自身优势和不足，增强了其专业发展的信心。

二是构建市内校际交流平台。学校千方百计创造条件支持教师在本市开展交流活动。在"友善用脑"全国课题组支持下，2015 年深圳市育新学校牵头成立了"友善用脑"深圳实验区，首期包含深圳市育新学校共有 14 所深圳当地的学校加入。目前，实验区除组织各校参加全国课题组的活动外，还形成了内部轮流承办教研活动，定期组织论文评比、课堂展示和赛课活动的机制。经过努力，实验区已正式纳入深圳市教科院项目管理范畴，所有实验区的教科研活动均列入市教科院的年度计划，参加人员也可获得相应的继续教育学时。"友善用脑"实验区的设立，真正为教师搭建起了一个校际多向交流的有效平台，大大提升了交流的层次、拓展了交流范围、丰富了交流形式。

（3）鼓励教师成名成家。

一是支持教师成为全市名师、名班主任。深圳市育新学校积极创造条件让优秀教师在不同场合展示实力和风采，有一名教师成为全市首批 10 个名班主任工作室主持人之一，一名教师被市教育局列为名师培养对象。深圳市育新学校成立了名班主任工作室和名师家庭教育工作室，并为其开通绿色通道，配备完善的设施设备，支持开展校内外的教科研活动，使之成为较有影响和特色的工作室。

二是支持教师成为全市教科研活动的骨干。深圳市育新学校部分教师是本学科全市中心教研活动的召集人和骨干，深圳市育新学校旗帜鲜明地支持他们开展相关工作，并积极协调校内教育教学安排，消除他们的后顾之忧，为他们安心组织市里的活动，在活动中提升自己、扩大影响创造条件。

三是支持教师通过各类比赛实现快速提升。各类组织严谨、层次较高的教育教学展示和比赛活动，是快速提升教师、扩大影响的有效途径。深圳市育新学校明确支持教师参加这类活动，并在参赛前组成团队，汇聚集体智慧帮助参赛教师提高应赛能力。通过这些活动，教师增强了职业意识、职业精神。同时，这些活动也提升了学校教师在社会上的知名度。

（4）构建友善的工作文化。

深圳市育新学校在校内大力营造尊重教师的氛围，强调学校以教育教学为中心，各类资源向教学一线倾斜，一切工作为提高教育教学质量服务。建设环境幽雅、设备齐全的教师阅览室即教工之家，为教师备课、组织教研活动提供了理想的场地；对教师办公室进行全面装修，改善教师工作环境，深圳市育新学校要以最好的条件吸引最好的教师，办出最好的质量。希望通过教师队伍的建设工程，打造一支心态阳光、专业扎实、特色鲜明、受人尊重、自信自强的教师队伍。

3. 营造友善的教育环境

环境育人，不仅仅体现在环境在陶冶人的情操，提高人的审美能力方面的作用，还在于深圳市育新学校构建环境时的态度反映了对受教育者的态度。深圳市育新学校的发展经历了几个阶段，历任领导多方努力为深圳市育新学校争取了现有的办学资源。一些建筑仍留存着时代的印记，因为传承也是一种美。深圳市育新学校在逐步统一学校建筑风格的过程中，没有另起炉灶，而是尽可能保留原有的基本元素，使校园呈现整体的美、历史的美。

在按照现代学校的功能完善校园建设的同时，深圳市育新学校注重在细节上做好文章，如对一些重点部位、突出景点进行维护和翻新，统一风格和色调，使之更为细腻和精致，更符合现代学校的特质。

在构建校园环境过程中，深圳市育新学校时刻不忘记学生是校园主体，深圳市育新学校在教学楼架空层建设了学生书吧，增添了校园的生活色彩，这体现了深圳市育新学校以学生为中心的办学思路。

浸润在环境中的文化，是对学生产生潜移默化影响的重要元素。为此，深圳市育新学校对初中的教室和过道进行了整体改造，使之既具备中国传统文化的元素，又为处于儿童期的孩子提供了更为生动的学习生活环境，对于促进他们身心发展产生了积极作用。

四　存在的问题

专门教育存在的问题主要有以下两个方面。

一是相关法律法规不健全。与未成年人有关的法律法规主要是《未成年人保护法》和《预防未成年人犯罪法》，而在学生送往和离开专门学校和在专门学校学习和生活时缺乏与之配套和协调的相关法律法规，致使专门学校在开展工作时缺乏理论和法律依据。

二是专门学校的教师专业发展亟待提升。专门学校教师开展的是挽救学生，塑造学生美好心灵的工作，但在面对一批批学生时，形成了一系列帮教救治思维定式，工作的方式方法缺乏显著创新，在探索和深挖本专业领域等方面需要加强，教师的专业发展亟待提升。

五　对策建议

根据以上问题，特提出如下对策建议。

一是健全相关法律法规，健全学生在送往和离开专门学校和在专门学校学习和生活时相关的法律法规，形成合理有效的司法解释，以便在对学生进行教育时具有法律理论依据，体现其实效性和针对性。

二是加强对教师专业发展和业务能力的提升工程。对教师进行专项而精准的培训，增进同行之间的交流互鉴，厚植专业领域理论基础，创新育人手段和方式，确保教师教育能力在高位运行。

六　未来发展规划

新时代专门教育应该走向何方？我们认为，在相当长的时期内，专门教育仍有着很大的发展空间。这主要基于以下两点思考：一是社会永远存在不同层次的学生，他们有这样的教育需求。二是在当前教育体制下，许多普通学校忙于应付升学，对于即将掉队或已经掉队的孩子力不从心。

深圳市育新学校认为新时代专门学校的使命有两方面：一是继续担当

维护教育公平，关心和帮助弱势孩子成长的重任；二是努力探索一个可复制可推广的基础薄弱、行为偏常孩子发展、提升的模式，为普通学校提供借鉴和支持。

在未来发展规划中，一是进一步完善教育体系，持续深入推进"友善教育"，丰富其内涵，做实各项举措，探索一种切实有效的基础薄弱、行为偏常学生发展提升的教育模式；二是以"友善教育"核心理念为引领，加强与中国陶行知研究会的合作，践行陶行知教育思想，提升学生的生活力、学习力、创造力和自治力；三是对学校三大块教育内容进行优化整合，真正实现资源共享，互为支持，实现整体办学质量的进一步提升，打造广东乃至全国的教育品牌；四是对校园进行整体规划，按照布局合理、功能清晰、运作有序的原则，对学校进行分步改造和提升，逐步建成绿色的现代校园。

以提升核心素养为目标的太原明德教育模式

摘　要：太原市明德学校自建校以来经历了四个发展历程，在提升核心素养方面侧重于人文底蕴、健康生活、责任担当、学会学习和实践创新方面。学校主要从以下方面进行培养：凝聚"文化"，达到"共生"；聚焦课堂，实施"361 自主合作"课堂教学模式；开发活动课程，全面培养核心素养。

太原市明德学校是太原市唯一一所对有违法和品德偏常的中小学生进行教育、转化的专门教育学校，自建校以来，学校在实施九年义务教育、教育转化违法和问题学生、保护未成年人身心健康发展、预防未成年人违法犯罪、促进社会治安综合治理等方面发挥着不可替代的作用，近年来学校在提升核心素养方面取得了显著的成绩。

一　学校的发展历程

1979 年 12 月，伴随着改革开放的步伐，太原市（山西省）唯一一所对有严重不良行为或学习困难、行为困难的"双困生"进行教育、保护、帮矫的专门学校——太原市工读学校成立。自此，学校的发展经历了如下四个阶段。

第一，艰苦创业时期（1979～1985 年）。建校初期，全体师生员工的前辈们筚路蓝缕，以启山林，齐心协力，艰苦奋斗，积极探索适合学生转化与发展的办学道路。

第二，传承发展时期（1986～1992 年）。1987 年 6 月，学校为了培养学生的职业技能，挂出了"太原市树人职业学校"的校牌，开设过园艺种植、服装缝纫、音乐等专业。先后开办过印刷厂、木器厂、空心砖厂、石料厂等校办企业。这些工厂的开办，为培养工读学生的劳动观念和劳动技能做出过贡献，也为学校的发展和改善师生的生活条件起过重要的作用。

第三，开拓进取时期（1993～2004 年）。1993 年以来，多方筹集办学资金，加强硬件建设，改善办学条件，重视师资培养，提高教师待遇，极大地调动了广大教职工献身工读教育的热情。1994 年成立太原市第四职业中学，实行两块校牌、一套班子的办学体制，开设了汽车驾驶与维修专业，为了加强对学生的职业技能培训，于 1995 年成立了太原市工读驾驶员培训学校，使太原市明德学校形成了工读教育与职业教育共同发展的办学模式，成为全国工读教育的一大亮点。

第四，砺志创新时期（2005～2010 年）。为了适应时代的发展，以人为本，办好人民满意的学校，消除"工读"二字给学生带来的负面影响，经上级批准，于 2005 年 6 月 19 日，更名为"太原市明德学校"。目前，学校位于太原市尖草坪区柴村街办呼延村北，占地面积 118 753.4 平方米，其中：教学区占地面积 5 328 平方米，学生生活区占地面积 10 000 平方米，运动场占地面积 13 000 平方米，绿化用地占地面积 20 000 平方米，生均占地面积 100 平方米，总建筑面积 13 000 平方米。学校现有 82 名教职工，专任教师 71 名，其中高级教师 16 名，中级教师 29 名，初级教师 26 名，教师本科以上占到 100%，其中研究生学历占到 17%。教师平均年龄 35 岁，平均从事工读教育 12 年以上。现有 16 个教学班（初中 10 个教学班，职高 6 个教学班），在校学生初中 310 名，职业高中生 230 名，根据校情，学生实行寄宿制管理，分为特殊教育、初中义务教育、职业高中（中专）教育三个层次，现有工读预备生（指在原校经常违反纪律、屡教不改、经常旷课、有家不归、具有严重不良行为者，本应送工读学校进行教育，但由于家长恳求、院校同意继续留在本校教育转化的学生）633 名，校外帮转生（指在原校经常违反校纪，但能够接受批评教育，本人有悔改表现的"问题学生"）183 名。在办学规模方面，已发展成义务教育、双困生帮矫教育、高中（含职高）学历教育、面向社会技能短期培训教育融合的办学形式。

二　凝心聚力，提升核心素养

何谓核心素养呢？它包括三个层面、六个要素，三个层面即文化基础、自主发展和社会责任。六个要素包括：①人文底蕴。主要是学生在学习、理解、运用人文领域知识和技能等方面所形成的基本能力、情感态度和价值取向。具体包括人文积淀、人文情怀和审美情趣等基本要点。②科学精神。主要是学生在学习、理解、运用科学知识和技能等方面所形成的价值标准、思维方式和行为表现。具体包括理性思维、批判质疑、勇于探究等基本要点。③学会学习。主要是学生在学习意识形成、学习方式方法选择、学习进程评估调控等方面的综合表现。具体包括乐学善学、勤于反思、信息意识等基本要点。④健康生活。主要是学生在认识自我、发展身心、规划人生等方面的综合表现。具体包括珍爱生命、健全人格、自我管理等基本要点。⑤责任担当。主要是学生在处理与社会、国家、国际等关系方面所形成的情感态度、价值取向和行为方式。具体包括社会责任、国家认同、国际理解等基本要点。⑥实践创新。主要是学生在日常活动、问题解决、适应挑战等方面所形成的实践能力、创新意识和行为表现。具体包括劳动意识、问题解决、技术应用等基本要点。

专门教育学校发展学生的核心素养，必须结合学生特点和学校特色，侧重于人文底蕴、健康生活、责任担当、学会学习和实践创新方面。太原市明德学校主要从以下方面进行培养：

（一）凝聚"文化"，达到"共生"

"大学之道，在明明德，在亲民，在止于至善"，这句话诠释《大学》的宗旨，在于弘扬明德，在亲民爱民，使人得到更新的发展，在于达到更高的境界。这也正是太原市明德学校的办学宗旨——明志尚德，亲生爱生，使学生得到更好的发展。

近40年的兴衰磨砺，积淀了太原市明德学校"自尊诚实，文明守纪"的校训，"开拓进取，砺志创新"的校风，"视生如子，百教不厌"的教风，"一专多能，勤学苦练"的学风，"真抓实干，吃苦奉献"的工作作风，"教你学会做人，领你走向成功，让你受益终身"的办学理念，"创建一流、优质、精品、特色的现代学校"的办学目标，"立足实际，放开眼界，发挥优势，发展特色"的办学思路，"科学，民主，精细，高效"的管理目标，"注重个性，发展特长"的育人目标，"不计个人得失的牺牲精神，不甘落后的拼搏精神，视生如子的园丁精神，认真执教的敬业精神，终生从教的执着精神"的校园精神，"对人感恩，对物珍惜，对事尽办，对己克制"的工作价值观，传承着明德人执着奉献、锐意进取的崇高品质！

2017年学校制定的新一轮"五年发展规划"中提出了新时期学校的发展愿景、办学理念与思路，概括为"一二三四五"发展蓝图，即为了一个使命：为学生终身发展与幸福人生奠基。突出两大命题：现代化与高质量。围绕三大目标：培养"有学识、有品格、有素养"的学生，锻造"人格高尚、教艺精湛"的教师。实施四大战略：文化立校战略、人才强校战略、科研兴校战略、开放活校战略。建设五大校园：平安校园、人文校园、绿色校园、书香校园、智慧校园。

上述校园文化不断积淀，不断渗透进明德人的血脉中，而且代代相传，使明德教职工在教书育人的道路上，与学生休戚与共。明德校园文化建设的主角是教师、学生和家长，他们动起来了，特色立校才能成功。所以，学校的每一件事都让他们共同参与、共同见证。于是，简报轮流写、接待轮流做、讲座轮流搞、微课轮流上、校园轮流管……在充分参与的过程中，教师、学生和家长逐渐认同内化和外化实践了"明德文化"。在明德文化建设过程中，教师牵着学生、学生带着家长，从一砖一瓦的堆砌到一草一木的生长，大家全程参与，每一个明德人都成了明德文化的创生者、参与者、践行者。这种自下而上的文化建设，形成了一股强劲的原动力，促使"明德文化"体系很快建成。明德校园文化把教师团队紧紧凝聚在了一起。

（二）聚焦课堂，实施"361自主合作"课堂教学模式

在教育教学改革中，我们继承和发扬了"立足教育、挽救孩子、科学育人、造就人才"的工读教育方针，根据未成年人身心成长规律和"问题学生"的特点，以皮亚杰建构主义学习理论和加德纳多元智能理论为指导，形成"变教室为学室，变教师为导师，变低效为实效"的新构想，提出"为不同层次的学生提供服务，让优秀者更优秀，让平凡者不平凡"的

学生培养目标。我们全面构建了学科课程、活动课程、隐性课程的课程体系。学科课程方面，我们针对学生学习困难、行为困难，多数学生还伴有心理问题等特点，经过相关的调查研究后，制定了"降低难度、减缓坡度、放慢进度、延长学时、加强补差"的二十四字教改方针，而且还在深入调查研究的基础上，构建出自主合作的361课堂教学新模式。教学中我们采取了"以学定教、自主合作"的教学策略，教学过程分为提供学案—情景导入—自主合作—学习评价—目标检测五个环节。变革备课方式，变备课为研究，变教案为学案，将教学设计的重点落在怎样教学生学，把分析课的重点、难点等要素和体验课程两者和谐统一，发挥课程的整体功能。制定课时学案，以学案为载体，引导学生自主学习，课堂上教师退到后台，将学生推到前面，围绕学案设计的情景任务和问题，调动学生积极参与、广泛参与、深度参与，通过学生的自主学习，探索研究，亲历知识的形成过程，主动建构知识。

遵循"展示收获、聚焦问题、组内讨论、达成共识、班内展示、组内互动、集中突破，点拨升华"的思路，开展小组合作学习。评价以小组为单位，重团队轻本人，重过程轻结果，将同学间的竞争变成小组之间的竞争，实现合作共赢，形成人人乐学、爱学、能学、会学的可喜局面。

（三）开发活动课程，全面培养核心素养

活动课程改革是太原市明德学校课程改革的重中之重，它关系到教育转化"双困生"的成败，更是太原市明德学校发展学生核心素养的关键要素。

太原市明德学校紧紧围绕提高学生核心素养的这一目标，打破当前青少年成长发展中对各种知识学习的人为分离，消除人与自然之间的人为屏障，消除单纯科学知识学习所造成的人与社会的分裂，让兴趣实践课程，搭起知识文化与人格完善的桥梁，鼓励特长、兴趣、爱好等个性发展，促进学生潜能的正常发挥和人格的全面发展。开设有柔道、摔跤、机器人、信息技术、手工制作、硬笔书法、美术绘画、音乐器乐、舞蹈兴趣实践课程，每学年教学时间达到60学时以上。这些丰富多彩的活动内容，陶冶了学生性情、培养了学生能力，我们还不断组织学生参加上级教育部门组织的各种比赛，许多学生在比赛中获奖，让这些学习、行为困难的"问题学生"在活动中体会到了成功的喜悦,增加了学生的自信,促进了学生的健康成长。

学校努力把校园建设成为学生智慧和素质发展的大平台。每年要围绕"存感激,学会感恩,行孝道、改陋习"主线,开展《弟子规》演讲,以及行孝道、改陋习报告会,国旗下的讲话、清明扫墓、春游、军训等趣味活动;积极推进学生的"自我教育"和"激励教育",组织丰富多彩的校园文化活动,组织了校园体育节、传统文化节、读书节、志愿者日、劳动日、文明日、科技节等活动,举办体育节系列活动,如校运动会、队列广播操、拔河、跳绳、踢毽子、乒乓球比赛等。举办艺术节系列活动,如校园好声音(卡拉OK、班级合唱、硬笔书法、书画作品、摄影作品、手工制作、机器人的竞赛活动,师生文艺会演、迎新年联欢晚会等活动。这些活动不仅丰富了学生的生活,而且让学生在乐中学,学中乐。

以学生为主体的活动都要交给学生会自主筹办,让学生成为校园生活的主人,鼓励学生开展社会调研、问题调研、角色调研等实践活动,在社会实践活动中锻炼学生的素质。推进学生自主管理工作,实行学生值日制度,对自习纪律、环境卫生、宿舍两睡,两操秩序等方面进行自主管理督查,实现学生教育学生,学生管理学生的教育形式。开展以培养学生良好行为习惯为主题的"文明班级"班级量化考核竞赛,将竞赛考核结果同包班干部、教师绩效挂钩,同奖同罚,细致扎实地推进"文明班级"竞赛的开展,推进学校无死角管理。

心理健康教育是现代学校教育工作中不可缺失的重要内容之一,是保障教育教学任务顺利完成和学生健康成长的有效科学手段。通过心理健康教育,学生的心理压力得以缓解,把郁积在心里的不安和躁动释放出来,放下包袱,轻装上阵;同时,心理健康教育也促进了师生的沟通,缩短了师生的心理距离,帮助达到创建和谐校园的目标。学校重视心理健康教育,树立了心理健康教育主动为学生服务的理念,学校的心理健康中心对有情绪障碍、行为障碍、心理障碍的在校学生进行心理调适,每年不少于200人次。每年心理健康中心都会对初一新生进行智力、气质的统计分析,提出班级教育教学建议。为了让学生们都能拥有阳光健康的心态,学校还专门将心理健康教育课程化,每周四下午利用1.5小时分年级开展心理健康讲座式活动，让心理健康教育在学生中发挥出了应有的正能量。

青少年犯罪是我国当前最为严重的社会问题之一，从数量上看，青少年作案成员占全部刑事犯罪作案成员的比例逐年增长，主要的一个原因就是我们学校多年来忽视甚至放弃法治教育。专门教育学校法治教育是教育学生知法、守法，减少学生走上犯罪道路的最有效途径。学校长期以来一直高度重视学生的法治教育，为了使学校的法治教育工作落到实处，学校将法治教育课程化，每周二16时至17时30分，分年级开展法律知识讲座和普法专题活动，使法治观念深入人心，近年来学校实现了"五无"：无校内恶性事故，无重大安全事故，无违章作案人员，无被捕判刑人员，无上访告状现象。

学校确立不放弃一名学生的理念，每位教师每年从所任教班级中选择一名学生开展转化实验研究，针对该生所存在的问题实行全年跟踪教育转化，根据重点问题确立转化目标开展研究，建立动态跟踪监测，转化结果写成案例式实验报告，年终组织教育转化成果交流大会，把教师开展教育转化的实践活动纳入学校考核综合体系中。

优美的校园环境、先进的教学设施、高素质的师资队伍、超前的教育理念、优质的教育资源、快乐的361课堂、稳定的教育转化质量，使太原市明德学校成为全国工读教育系统中具有较强影响力的学校之一。学校是中国教育学会工读教育专业委员会理事单位，校长王春生兼任工读教育分会理事长。

三　总结与讨论

目前，学校在发展过程中面临的挑战如下：

一是学校硬件设施滞后于软件发展，存在较大的安全隐患，如何急速提高上级领导认识，加快改造学校的步伐，是制约学校发展的重大问题。

二是教职工值班费、加班费、班主任津贴没有列入财政供给，影响了教职工工作的积极性。

三是教师自我造就、自我成才的内驱力不足，教师对教科研在教师成长中的作用认识不足，存在应付教科研工作的思想，对教材文本研读不够系统，对课标和考纲的提炼归纳掌握不到位，教学经验不足，成熟度较低，影响了学科成绩的提高。

针对上述发展中遇到的问题，学校多方筹措，积极地采取如下对策：

一是利用多种渠道、抓住各种机会，积极争取上级领导的支持和对学校工作的认可，增加对学校硬件设施的投入。

二是积极争取上级财政的支持，争取值班费、加班费、班主任津贴能早日列入财政。

三是制定学校教师培养规划方案和要求，确立"一年合格、三年成才、五年骨干、八年名师"的教师队伍建设目标，为每一位教师建立教师业务档案，制定个人专业发展规划，记录每学期的进修情况。通过目标引领，锻造"人格高尚，教艺精湛"的教师。

未来发展规划如下：

一是实现"把平凡的孩子招进来，将优秀的孩子送出去"，把学校建成老百姓口中"低进优出"的口碑学校。

二是把学校建成在全国专门学校有很强影响力的学校，成为全国专门教育学校的标杆校、旗帜校。

三是办学条件进一步完善，办学条件超过《山西省义务教育标准化学校标准》的要求，完成新的教学实验实训楼建设，心理健康教育基地、法治教育系列展览馆建设。

四是完成教育信息化、基础设施硬件建设，实现云端上的特色课堂，使学校形成生机盎然的教育新生态。

五是根据"以师德彰显人格魅力，以科研挖掘教师潜力、以质量增加学校实力"治校战略和"尊重数据、敬畏制度、崇尚成功"的工作原则，忠诚履行"立德树人"根本任务，把学校办成明德人敬业授道、恪尽职守的学校。进而推进学校快速发展，创造明德新辉煌。

过去的40年，是明德与全国工读事业快速发展、取得丰硕成果的40年。太原市明德学校的办学条件逐步改善，师资队伍不断加强，教学改革不断深入，学生素质不断提升，教育转化质量显著提升。我们坚信，在党和政府的正确领导下，在各级领导和全校教职员工的团结努力下，我们一定能够承载起明德的梦想，凭借着十九大的强劲东风，抢抓机遇、乘势而上，明德的未来一定会更加灿烂，我们的专门教育事业一定会更加辉煌！

厚积薄发的长沙市工读学校

杨文清[*]

摘　要: 长沙工读学校,中国特殊教育的一颗璀璨明珠,在"心忧天下,敢为人先"的湖湘文化精神影响下,积极开拓进取。办学 60 多年来,学校一直将创新作为学校发展的生命线,创造出以"创新、陪伴、联动、延伸"为特色的"工读教育的长沙经验",打造校内校外联动机制,建立校外托管生、校外工读预备生制度。同时学校抓住机遇,积极转型,紧跟"依法治国"的时代步伐,依托司法行政职能,不断创新法治教育,深化学校职能,打造青少年法治教育中心,构建青少年法治教育网络。但学校也遇到了政策配套不完善、生源不足、师资提升有瓶颈等方面的困扰。学校正励精图治,加强矫治教育科研,建设全市问题青少年研究中心;强化教育辐射作用,建立校内外长效联动机制;发挥法治教育优势,力争打造在全国有影响力的青少年法治教育品牌,更好地为青少年健康成长保驾护航。

一　发展历程

风雨兼程,一路前行。1960 年,根据长沙市委、市政府的指示,长沙市工读学校在长沙市望城区高塘岭镇开办,学校在教育挽救有轻微违法犯罪青少年、救助流浪儿童方面做出了重要贡献,因为"文化大革命"中受冲击而停办。1980 年 1 月 1 日,长沙市人民政府一号文件正式宣布成立长沙市工读学校,投资 10 万元,地点选在市畜牧农场(原十六中分校,占

---

* 杨文清,湖南省长沙市工读学校办公室主任。

地99.6亩）。招生的办法和条件规定为：采取自愿和强制相结合，凡12～16周岁有违法和轻微犯罪行为，不适宜留在原来中学学习，但又不够劳动教养、少年收容教养或刑事处罚条件的学生，由学校做好家长工作，送工读学校学习；由公安部门抓获的违法和轻微犯罪行为的青少年，直接送工读学校学习，学校根据就读学生的心理特征和年龄特点开展集中教育、个别教育；学校以思想教育为主，努力培养他们自尊、自信、自治、自新，促进浪子回头，摘掉文盲、法盲、流氓的帽子；以文化教育为辅，主要开展复式教学，同时注重劳动技术的培养，于1989年因种种原因再次停办。

2001年1月，长沙市第十一届人民代表大会第五次会议全票通过了《关于尽快办好我市工读学校议案》的10号议案。同年，长沙市委、市政府决定由财政全额拨款，再次恢复重建长沙市工读学校，并将工读学校从长沙市教育局移交长沙市司法局管理。长沙市司法局调配人员，择址于长沙经济技术开发区星沙镇阳高村（现地址变更为长沙市经济技术开发区泉塘街道东七路78号）兴建。长沙市人民政府办公厅2004年8月23日颁布《长沙市人民政府办公厅关于办好我市工读学校的几点意见》明确学校为正科级单位，对外称长沙市新沙职业技术学校，并于2004年11月18日正式对外接收学生。学校于2012年更名为"长沙市新城学校"，对内仍沿用长沙市工读学校名称。2015年，市编委办给长沙市工读学校加挂长沙市青少年法治教育中心牌子，增加青少年法治宣传教育职能。同年被法治湖南领导小组、湖南省司法厅确定为湖南省青少年法治教育基地。

学校新校区占地64亩，按照花园式规划、校园式布局、军营式管理的理念进行规划设计，经过十多年的建设，学校已成为一所花园式单位。建筑面积近3万平方米，建有教学楼、学生公寓各3栋，法治展览馆、法治体验楼、体育馆、羽毛球馆各1栋，塑胶运动场、实验室、微机房、图书室、健身房、文娱室等配套教育教学设施齐全，校区环境优美，绿化率达50%以上。学校现有编制53个，在职在编教师49人，大学本科90%以上，其中研究生7人，中学高级教师14人。长期以来，长沙市工读学校在校学生规模均保持在数百人，学生来源主要有以下三条途径：公安送、普通学校送和家长自愿送，现长沙市工读学校90%以上的学生是家长自愿送学校的。学校以文化教育为主，辅以心理、法治、兴趣特长、职业技能教育。

二 "工读教育的长沙经验"：创新 陪伴 联动 延伸

"心忧天下，敢为人先"，湖湘文化的精神深深地融入长沙工读人的血脉中，深刻影响着学校的办学思想。恢复招生以来，全体教师开拓创新，积极进取，创造了"工读教育长沙经验"。学校着眼于矫正学生不良行为习惯，消除不良心理隐患，提高思想文化素质，始终坚持用"无微不至关爱，诲人不倦教育，严格活泼管理，润物无声转化"的理念来教育转化学生。倡导"五心"教育，提倡"没有爱就没有教育，没有尊重就没有教育"，学校积极倡导教师用"热心、爱心、耐心、恒心、细心"对问题学生进行教育辅导。在教育教学过程中，将尊重学生人格、维护学生尊严贯彻始终，对犯错的学生及时给他们搭建改正平台，让他们自觉承认并改正错误。十余年来，累计教育转化好"行为偏差学生"3 000 余人，在预防青少年犯罪、保护学生健康成长、促进家庭稳定、维护社会和谐等方面做出了卓越贡献。中央政法委及省、市领导高度肯定长沙市工读学校的办学经验，并做出批示要求向全国推广长沙市工读学校的先进办学经验，学校先后被全国工读教育委员会、省、市相关部门授予"特色教育学校""湖南省优秀青少年维权岗""长沙市文明单位""长沙市学校德育教育工作先进单位""教育部'十一五'规划课题实验基地"。

（一）延伸教育

以健全的管理机制规范学校工作。学校制定中长期办学规划，修订和完善工作制度和考核机制；建立教师工作网络管理平台，注重制度管理和人文管理相结合，加强过程管理与监控；建立军事教官参与、教师24小时跟班、家长辅助教育、节假日家长接送等学生管理制度，形成了用制度规范工作、用制度约束学生行为的良性机制。

建立校外托管生、校外工读预备生制度，深入普通学校，热情为普通学校服务，使每一个具有不良行为或严重不良行为的学生都能接受到相应的良好教育；采取回访或诫勉谈话的方式巩固教育成果，构建起一套涵盖托管生、预备生、在校生、毕业生的教育体系。在全市各普通中学修筑起一道预防犯罪的防护墙，努力使每一个学生都能健康成长，普通中学与工读学校不仅各有自己的办学优势和长处，也各有自己的工作职责和范围。由于许多原因，大部分中学在办学的过程中都存在如何预防在校学生违法犯罪难题。工读学校主动承担了帮助解决问题的责任，这同时促进了工读学校自身的发展。

长沙市工读学校与长沙市某中学的共建工读预备生、托管生制度就是一个极好的例子。长沙市某中学的学生心态受社会影响大，思想行为表现良莠不齐，给学校管理工作带来的负面影响非常大。长沙市工读学校主动和长沙市某中学取得联系，经协商一致在长沙市某中学建立工读学校工读预备生制度，帮助长沙市某中学对学生进行有效管理。由长沙市某中学将问题学生登记在册，然后由长沙市工读学校进行资格审查，分组编班，统一管理，同时由工读学校指派有经验的老师专门对这部分学生进行有效管理，定期进行诫勉谈话，进行法治教育，及时进行跟踪调查、教育、管理，一旦出现教育效果不佳、思想行为有明显退步的现象，就接入工读学校进行集中矫治，历年来在该校登记在册的工读预备生有百余人，其中40余人因教育效果欠佳被接入工读学校就读。与此同时，对于那些在工读学校教育转化效果明显、思想行为转变大的同学，建立工读托管生制度，将其送回原就读学校就读，并进行进一步的跟踪管理。目前，长沙市工读学校已有150多位同学因为转化效果明显被接回原就读学校读书而成为工读托管生。工读预备生和托管生制度的建立，使工读学校在教育转化矫治问题学生方面的作用和能力大为加强，促进了普通学校后进生的转化，更好地维护了普通学校的校园秩序。

（二）校内校外联动机制

整合各方资源，夯实教育基础。学校以广泛的社会参与凝聚帮教合力，校内靠教师，校外靠社会力量，家庭、学校、社会教育只有协调一致才能形成合力。发挥关工委和社区的帮教作用，加强与关工委和社区的联系，建立了社区报送工读学生的联动机制，及时对社区内的问题青少年进行专业化的转化教育；加强校外教育，不断提高工读学校服务社会的功能，学校成立法治心理讲师团，分析学生产生不良习惯的根源，归纳整理成法治、心理教材，艺术治疗课程，深入普通中学开展法治、心理讲座100多场次，服务学生4万多人，深入社区开展帮教活动50余次，服务对象 4 000 多人；建立家长学校，定期组织学生家长进行培训，建立班级微信群，使家长、学校可以随时随地零障碍交流学生情况；积极参加长沙市云校园平台的建设与创新工作，结合青少年法治教育的现状，打造专门的青少年法治、心理教育栏目，通过典型案例、身边实例、专家点评等环节，向全市中小学生及其家长进行法治宣传与教育。

（三）陪伴成长，让心灵有个伴儿

（1）严格日常管理。聚力特殊关爱，提升转化实效。在班级设置上，坚持小班化教学，每班限额 24 名学生，配备 6 名教师，坚持带班教师 24 小时跟班管理，真正做到了"上课有人陪、走路有人跟、吃饭有人看、睡觉有人守"；对学生进行包干教育，确保学生处于教师的有效监督和管理中，带班老师每周对学生进行不少于 2 次谈话，了解学生的思想状况、心理素质、文化水平、家庭情况，对学生中存在的问题准确掌握，及时教育化解；督促指导学生坚持写日记、谈学习体会，引导学生进行自我反省，使学生尽快脱离社会的不良影响，养成良好的学习和生活习惯；实施多把尺子衡量学生，开展丰富的兴趣培训及文体活动，展现学生个性，发挥学生特长；在奖励惩戒上，对于表现好、进步快的学生，适当放宽管理措施，在节假日可由家长接回家，促进良好习惯的养成。

（2）以优异的师资力量保障教育效果。学校一直按照"思想素质好、业务能力强、有责任、有爱心"的标准打造教师队伍。一是制定培训措施，加强对年轻教师和骨干教师的培养，鼓励年轻教师参加在职学历培训；二是加强岗位练兵，通过师徒结对、学科竞赛、教学基本功比武、骨干教师教学艺术展示、新老教师教学经验交流提升教学水平；三是强化师德师风教育，倡导"五心"教育，"没有爱就没有教育、没有尊重就没有教育"，要求教师用"热心、爱心、耐心、恒心、细心"对问题学生进行教育辅导，对犯错的学生及时给他们搭建改正平台，将尊重学生人格、维护学生尊严贯穿教育过程始终。

（3）创新特色教育。不断创新课堂教学内容，开设特色课程促进学生转化。法治专题课以法治影视、案例分析等有一定趣味性的教学方式，向学生传授法律知识，增强学生法律意识；开设传统经典文化教育课，学校与经典诵读工程湖南推广中心合作，督促学生学习和背诵《三字经》、《弟子规》等典籍的优秀篇章，接受优秀传统文化熏陶；革命传统教育课，经常组织学生参观爱国主义教育基地，加强革命传统教育；开设心理辅导课，学校设置了心理辅导室，配备了专门的心理辅导老师，与省心理科学研究协会等社会心理研究机构建立联系，针对学生进行自信心、学习兴趣与能力、团结合作、心理矫正等方面的训练和辅导；开设篮球、羽毛球、绘画、书法、音乐、科技制作等社团活动课，拓展学生的兴趣爱好。

（4）深化课题研究。建立联校科研制度，与长沙民政学院、湖南省社会主义学院、湖南商学院、湖南省妇幼保健院青春期生殖健康中心等机构合作，经常邀请教学专家、教研员定期来校进行课堂教学指导；积极开展课题研究，针对本校优势的学科或相对薄弱的学科，开展有针对性的教学研讨活动，并针对在教学过程中的突出问题，组织力量进行课题攻关，形成高质量的科研成果；认真总结教研成果，学校教师撰写的论文获省级以上奖励或发表于省级以上刊物上达100多篇，学校组织人员编撰《春风化雨》等多本教师论文集，编写校本法治、心理教材：《法律伴我成长》《心理导航》，制作《成长日记》《育人手册》等特色校本教育产品，并将科研成果应用到日常教育与课堂教学中，逐步改进教师的教育教学方式，有效地提高了教学质量。

（四）创新法治教育，深化学校职能

（1）创新法治教育形式，提升青少年法治教育实效。充分发挥法治宣传教育职能，不断增强青少年的规范意识和自我保护意识，预防和减少青少年违法犯罪。一是开设法治讲座，由市工读学校老师或外聘具有法律专业知识的青少年教育专家授课，讲解与青少年生活、学习密切相关的法律法规；二是举办法治演讲，定期或不定期举办青少年法治演讲报告会，传播法律知识，弘扬法治精神；三是播放法治电影，采集青少年身边的法治故事，制作法治光碟，播放法治电影，使青少年在潜移默化中接受法律的熏陶。大力宣传《中华人民共和国宪法》《中华人民共和国刑法》《中华人民共和国未成年人保护法》《中华人民共和国预防未成年人犯罪法》等与青少年健康成长密切相关的法律知识，努力培养青少年的爱国意识、公民意识、守法意识、自我保护意识；四是开发法律常识电子版测试软件，通过游戏、动漫等形式对青少年进行法律知识宣传普及，建立青少年法律知识掌握情况档案，通过连续的普法宣传、教育，对接受教育的青少年跟踪测试，登记归档，形成系统的法治档案；通过开展形式多样、丰富多彩的法治教育实践活动，引导青少年学法、懂法、守法和用法，增强法律意识和法律素质，保障青少年全面健康成长。

（2）依托司法行政职能，加强青少年法治体验教育。长沙市工读学校充分利用司法行政教育资源优势，通过多种形式对青少年进行法治教育。司法行政主要涵括普法依法治理、基层人民调解、监教、戒毒、法律服务、法律援助等主要职能，其中蕴藏着丰富的警示教育资源。学校组织教师进行研究，合理开发利用。例如，定期组织学生到监狱、强制隔离戒毒所参观，通过服刑、强制隔离戒毒人员的"现身说法"给学生进行警示教育，引导学生认识违法犯罪的危害性；举办法治展览，从青少年的实际出发，制作一批与青少年学法用法相关的法治展板，在社区、普通学校流动展出；建设法庭，旁听人民法院开庭审理案件；以青少年身边的案件进行模拟法庭辩论，达到以案说法的效果；观看法治文艺，组织青少年观看法治特色突出、思想鲜明的文艺节目，寓教于乐。

（3）聚集社会多方合力，构建青少年法治教育网络。学校发挥法治教育职能优势，创新思路，努力构建"以青少年法治教育中心为核心，集普通学校、社区、家庭法治教育四位一体的法治教育网络"。一是积极推动青少年法治教育软硬件建设，扩充学校职能，打造出强有力的法治教育和宣传平台；二是整合丰富的校内外教育资源，丰富教育内容，加强与校外教育机构的交流与合作，聘请热心工读教育事业、关心下一代健康成长的有识之士作为"校外辅导员"，定期开展法治专题讲座；三是开展内容丰富、形式多样的法治宣传和法治实践活动，使普通学校学生受到多渠道、多层次、多角度的法治教育，实现法治宣传教育的全覆盖，提高青少年的法律意识和法律素质。

三　总结与讨论——困境与问题

（一）度德量力　瑕不掩瑜

"一路探索，一路前行"。随着时代的发展及教育形势的变化，学校也出现了一些制约进一步发展的瓶颈。

（1）政策配套待加强。一是关于工读学校教育的全国性法律法规相对偏少，且缺乏可操作性强的地方性法规。针对的法律法规仅有国务院1978年颁发的《关于办好工读学校的试行方案》，1987年国务院办公厅发布的38号文件《关于办好工读学校的几点意见》，长沙市人民政府办公厅2004年8月23日颁布的《长沙市人民政府办公厅关于办好我市工读学校的几点意见》，长沙市公安局、司法局、教育局2004年联合下发的《关于印发〈长沙市工读学校的招生办法〉（试行）》等法规、文件制定的时间相对较久远，可操作性不强。二是长沙市工读学校是一所政府公办、司法主管、教育指导的教育转化严重不良行为和轻微违法犯罪学生的特殊学校，但是在学校设施设备方面配套政策不完善，导致学校各方面教育教学设施设备严重落后于形势的发展。三是全国工读学校缺乏统一的教材，大多数学校都是按照量体裁衣的方式对现有教材进行选择性教学，根据实际需要自编部分教材，但受制于人力、物力不足，所编教材参差不齐，远远满足不了工读学生接受专业化教育矫治的需求。

（2）学校生源不充足。由于社会对工读教育不甚了解，甚至对工读教育存在偏见。部分学生家长对工读教育学校信心不足，对送学生接受工读教育心存顾虑，对工读学生或多或少地存在着一定程度的歧视；工读教育合力还没有完全形成，预防青少年违法犯罪和未成年人保护工作涉及政府多个部门，在一些具体工作中，还存在各自为战、各行其是的现象，部门之间的配合不够顺畅；民办教育良莠不齐，个别学校只顾经济效益，时常爆出负面新闻，拖累了矫治教育的名声，对工读教育造成了较大的负面影响，对工读学校的生源带来了一定影响。

（3）师资提升有瓶颈。一是教师交流渠道不畅，受隶属关系制约，长沙市工读学校教师与普通学校轮岗交流机会不多，受事业编制身份限制，与司法行政公务员队伍进行交流困难；二是教师专业交流少，工读学校班额少，很多科目仅配备有一名专职老师，有些科目甚至还不是由专业教师来任教，科目教师之间的交流变得比较困难；三是教师培训跟不上，由于行政不隶属于教育系统，教师培训专项经费不足，在培训方面存在不系统、不全面的问题；四是工读学校教师培训时间不足，平均工作时间长，工作任务重，教师离岗参加技能培训机会比较少，因此在教育教学能力提高方面受到限制。

（二）立足长远 精心谋划

"风物长宜放眼量"。为了进一步提升办学品位，需要不断深入思考，创新教育教学方法，完善规章制度，进一步提升教育矫治质量。

（1）完善工读教育政策支撑。建议全国工读教育委员会及关心青少年健康成长的机构、组织和团体组织力量对问题学生教育现状、普通学校教育现状及学生家长需求等方面进行认真调研，研究论证并出台关于加强工读教育的法律、法规；建议政府法制办、市司法局和相关职能部门，结合本地区的预防青少年违法犯罪的实际需要，因地制宜地出台一些有利于保障青少年健康成长的政策；同时争取各方面力量的支持，积极开展理论研究，探索完善矫正教育相关制度，不断提高教育矫治教育水平，解决工读学校深层次的发展问题。

（2）建立青少年法治教育机制。积极争取市委、市政府的大力支持，建立青少年法治教育中心的管理运作体制机制，建议成立高规格的长沙市青少年法治教育中心管理委员会，建议以主管副市长为组长，司法部、教育部、国家发展和改革委、财政部、公安部、中华全国妇女联合会、中国共产主义青年团委员会、关心下一代协会等相关部门负责人为组员的管理委员会，对全市青少年法治教育工作进行统一指导。把青少年法治教育中心由司法部门一家"独唱"变成"一家领唱、大家合唱"，逐步形成"司法牵头，教育配合、学校参与、部门支持"的运营管理机制。

（3）提升工读学生教育矫治实效。学校要根据教育形势发展要求，加大工读教育教学改革力度，把提升教育矫治实效作为工读教育的发展重点。突出办学特色和办学重点，对问题学生进行深入研究，强化学生心理、法治教育力度，提高学生思想素质、学习成绩，以及实践能力和技能。全面提升工读学校教育教学质量，提升学生的整体素质。进一步完善教育考核评价机制，对全体教师的教育矫治效果进行公正、合理评价，进一步激发教师工作积极性，提升教育实效。

（4）加强教师队伍岗位交流。一是加强学校与司法系统内部工作交流力度，争取每年派出干部到市局机关、直属单位挂职锻炼、交流学习。二是加强与教育部门的合作，加强与普通教育的合作与交流，进一步融入"大教育"的范畴，在工读教育与普通教育中建立起配套良好的机制，争取一定数量教师交流到普通教育学校，同时接纳一定数量的普通学校教师来校体验交流，使一批具有丰富实践经验的教师在工读学校、普通学校、司法行政机关之间有序流动，进一步促进教育水平的提升。

（三）高标定位 锐意进取

"凡事预则立，不预则废"。学校在新时代的奋斗目标和理想就是要继续开拓创新，拼搏进取，提升素质，力争在保障青少年健康成长方面发挥更大的作用。

（1）发挥法治教育优势，打造全国青少年法治教育品牌。争取市委、市政府等部门的大力支持，更好地承担青少年法治教育的职能。一是加快完善学校法治教育中心的体育、文化娱乐、信息技术等基础设施，改善办学条件，优化育人环境，早日建设成全市青少年法治教育实践、体验的专业基地；二是建立全市学生法治教育水平动态信息库，完善学生法治教育水平资料，构建青少年法治教育网络，承担起全市20万中小学校学生的普法教育任务，确保长沙市适龄中小学生每学期参加不少于一次的集中法治教育活动；三是积极组织开展其他各类青少年法治教育活动，为改善青少年学生法治教育环境而不断努力，帮助青少年学法、懂法、守法和用法。

（2）加强矫治教育科研，建设全市问题青少年研究中心。要结合不同时期、不同年龄段青少年违法犯罪的特点和规律，切实搞好全市青少年预防违法犯罪以及法治教育科研工作，找到工读学校与普通学校教育资源相结合的契合点，进一步提升教育矫治水平，预防和减少青少年违法犯罪，把学校打造成一所功能齐全、配套完善的具有全国影响力的综合性学校，使学校真正成为全市有严重不良行为青少年 的"行为研究中心、转化矫治中心、法治教育中心"，为长沙经济社会发展培养更多合格的接班人和建设者。

（3）强化教育辐射作用，建立校内外长效联动机制。学校要建立长效联动机制，强化教育辐射作用。一方面，继续加强与热衷于青少年教育的校外社会教育团体、研究机构的合作，建立定期交流机制，采取请进来和走出去的方式，邀请校外优秀的教育资源进入工读校园、普通学校，开展丰富多彩的法治、心理等方面的教育活动；另一方面，学校要认真整合优秀师资力量与资源，打造专业团队，提升教育能力与水平，积极进入社区、普通中小学开展家庭讲座、艺术治疗等活动，不断提高学校服务青少年、辐射社会的作用。

"路漫漫其修远兮，吾将上下而求索"。工读教育的发展事关无数徘徊在违法犯罪边缘青少年的前途和命运，牵动着千千万万个家庭的心。办好工读教育，有利于进一步减少青少年违法犯罪，有利于更好地维护社会的和谐稳定，学校将在各级领导的正确领导下，加快教育教学改革步伐，加强青少年法治教育力度，提升教育矫治水平，更好地为青少年健康成长保驾护航。

践行差异化教育的昆明市金殿中学

胡　亚[*]

摘　要： 昆明市金殿中学自1981年办学来，始终坚持"立足教育，挽救孩子，科学育人，造就人才"的指导思想，虽然历经坎坷，但仍然不忘初心，砥砺前行。特别是近10年来，学校始终坚持人本育人理念，尊重差异，把这群"特殊的孩子"当作"特点孩子"来教育，"量身定制"有效果、有价值的教育和矫治措施，开始了多维度的探索和实验。通过养成教育、教学改革、德育课程建设、心理教育、法治教育、班级"小组管理"、活动德育、国学教育、游学教育、成长记录袋、学生目标规划、建立学生成长评价机制等办法的探索和实施，学校的办学特色更加突出、内涵更加丰富，使95%以上的学生成为遵纪守法、人格健全、懂得感恩，有一技之长的合格公民。

金殿中学坐落于云南省昆明市北郊青龙山，与郁郁葱葱的鸣凤山国家级历史文化名园——金殿公园和景色绮丽的世界园艺博览园相依相伴。20世纪80年代初，因"文化大革命"造成的恶果，未成年人违法犯罪急剧增加，昆明市的专门教育应运而生……

一　办学历程

昆明市工读学校创办于1981年9月，2001年7月更名为昆明市金殿中学，1990年2月增设昆明市第九职业技术学校，隶属市教育局，市公安

---

*　胡亚，云南省昆明市金殿中学校长。

局、团市委协管。学校实行两块牌子、一套领导班子的管理体制,是昆明市唯一的公办专门学校。现有教职工49人、公安民警5人,初、高中在校学生239人,校园面积16.39亩。

办学初期(1981~1995年),学校延续了"文革"前的办学模式,实行强制入学,通过半工半读,对学生进行教育、矫正。学校还在全市25所普通中学举办校外班49个,帮教学生2 300多名。

转型时期(1995~2005年),随着强制入学被废止和"标签效应"所带来的负面影响,生源大幅度减少。办学最困难的时候,校园里只有4名学生。学校顺应时代发展,积极探索办学由单一模式走向多维模式的路子。一是更校名为"昆明市金殿中学",降低"标签效应"的不利影响。二是将服务对象锁定为普通中学12~17岁"三偏两难"学生,即学习偏常、心理偏常、品德行为偏常,普通中学难以教育、家长难以管教的学生。开齐义务教育课程,让学生升学有机会。三是增设昆明市第九职业技术学校,向中等职业教育延伸。职教办学最辉煌时,学生超过了600人。

发展时期(2005年至今),特别是近10年来,学校突围出了困境,得到长足发展。现已无危、旧楼房,基础设施建设全部达到了现代化的办学标准。省、市的相关政策,保障了学校的发展。特别是师资队伍建设,市教育局将学校高级职称的比例提高到了30%。市公安局、团市委认真履行协管职责,公安局选派了1位民警担任副校长、4位民警担任政教处副主任。在全国专门学校中,金殿中学的驻校公安力量最强大。团市委在法治和心理教育方面,也已建立起了服务学校的工作团队和机制制度。2005年至今,办学规模一直稳定在230人左右。

二 "尊重差异,量身定制"教育矫正策略

青少年作为一个特殊群体,是人生发展的一个特定阶段。在这样一个由幼稚到成熟的过渡期里,由于年龄、性别差异,心理成熟度、认知差异,青少年中有少数人常常会因思想教育的内容、方法滞后导致道德水准降低,因价值观念多元性产生困惑、迷茫,甚至铤而走险,因家庭教育严重缺失导致"缺钙",产生诸多隐患,以及在社会化过程中出现"反叛"

社会的表现。面对这个特殊群体里的少数特别人物，传统、常规教育理念、方法及手段的教化显得苍白与乏力，应当制定有针对性的举措。

办学37年，特别是近10年来，学校坚持尊重差异，把这群"特别孩子"当作"特点孩子"来对待，围绕着获取有效教育的"最大价值率"，"量身定制"教育矫正策略，积极追求非智力因素状态下的最佳育人。

（一）日常行为的养成教育

针对孩子们在入校前的种种劣迹，特别是扭曲，甚至是错误的世界观、人生观、价值观，学校从小节入手，制定日常行为规范。

（1）以生活习惯的养成切入，提升孩子们内在素质和价值取向。2008年，学校启动"德育风景线"工程，即整洁的内务、统一的着装、良好的文明礼仪、整齐的课间操、有效的课堂纪律、良好的进餐氛围、整齐的队伍行进、标准的仪容仪表八项"一日常规"，现已成为校园里八道亮丽的德育风景线。

八项"一日常规""亮"在何处？日复一日地队列行进、统一着装、保持仪容仪表和整理内务，培育着孩子们自尊、自爱和自重的价值观。课堂纪律、进餐氛围，培育着孩子们敬法纪、守规矩、讲秩序的价值观。校园内、教室里不乱扔纸屑、随地吐痰、追逐打闹，不吸烟、说脏话，见了师长要主动问好等文明礼仪，培育着孩子们文明、和谐和友善的价值观。

（2）引入国学，提升养成教育的品质。培育人的道德智慧是教育的第一使命或第一要务，是立德树人的根本任务，也是培育社会主义核心价值观的必然要求。欲获取知识与技能，树立正确的人生态度、情感与价值观，德必先行。自2010年起，在省文明办和省企业家团队的引领和扶持下，国学走进了金殿中学。9年来，国学进课堂、见活动。"学习《弟子规》""一封家书·感念亲恩""做一个有道德的人""做一个有爱心的人""爱在传递，爱与责任同行""读《论语》，做一个有智慧的好人""中华传统美德助我成长""学习最美孝心少年"等系列主题活动蓬勃开展。

2011年和2014年，学校面向社会举办了两届中华传统美德进校园主题教育活动。每一届的活动都历时5天，每一天从早晨6∶30至晚上9∶30学习和实践。就活动规模、时间安排、学以致用而言，在金殿中学的历史上前所未有。2011年12月，德育案例《中华传统美德教育进校园——昆明市金殿中学中华传统美德主题教育活动》代表市教育局被中共昆明市委创先争优活动领导小组办公室编入《争科学发展之先·创和谐社会之优——昆明市创先争优活动先进典型案例汇编》一书。

9年的学习与实践，有艰辛的探索，有真诚的坚守，更有着成功的体验。圣贤的智慧和力量，正在潜移默化地启迪着孩子们的道德意识和行动。在此基础上，学校开发出了"一日常规"和"晨读三部曲"两门德育校本课程。

（二）多维度育人的探索与实验

（1）近10年来，学校的心理教育已步入常态化、制度化和规范化的轨道。从生命教育、青春自护、职业规划和历奇教育等课程设置，到"两张白纸"、专业志愿者献爱心和社工组织服务，心理教育有声有色。

值得一提的是"两张白纸"，即"学生最喜欢老师说的十句话或做的十件事""学生最不喜欢老师说的十句话或做的十件事""老师最喜欢学生说的十句话或做的十件事""老师最不喜欢学生说的十句话或做的十件事"。此项工作已持续进行了近10年，成为师生间相互倾听心声的纽带，师生关系变得比任何时候都更加和谐。

2011年，受省综治办的委派，学校赴楚雄市北浦中学开展心理教育，为全市300余名师生做心理知识讲座和个案辅导。楚雄市是中央社会治安综合治理委员会命名的全国重点青少年群体服务管理和教育帮助的试点城市。这是金殿中学首次走进名校，迈出了运用专门教育资源服务普通中学的第一步。

（2）彰显专门学校法治教育的独特功能。一是法治教育进教材、进课表、进课堂，开设心理、法治与安全、政治、德育课程。其中，周课时政治3节，其余各1节。二是构建法治教育与学校、家庭、社会"三位一体"的新格局。三是法治教育与丰富多彩的特色教育活动相衔接。四是禁毒教育步入常态化、科学化的轨道。五是利用自身优势开门办学。

2010年初，震惊全国的"云秀风暴"事件发生后，昆明云秀书苑7名参与暴力的学生来到金殿中学接受教育。这是开门办学的成功案例，也是探索短期培训的成功尝试。2017年4月18日，学校承办了最高人民检察院、教育部联合开展的"法治进校园"全国巡讲活动云南站启动仪式和首场巡讲活动。

（3）近10年来，学校开展游学教育得到不断升华，已由单纯的校际之间的学习与交流、感恩地球母亲的自然游和踏访革命圣地的人文游等，向着参与和服务社会转变。目前，游学课程建设正在进行中，已初见成效。

2014年4月24日，金殿中学学生代表全市120多万中小学生参加了云南省"全国侵权盗版及非法出版物集中销毁活动"。2016年10月24日至25日，金殿中学参加了在市中级人民法院举办的大型"青少年模拟法庭"庭审活动。社会实践让孩子们近距离见证了法治的威严，进一步增强了底线意识。

（4）文化主导、聚焦教学，推进有效教学，是专门学校走可持续发展的必由之路。为此，学校对文化课教学进行了改革。

首先，在开齐义务教育课程的前提下，增加或降低课程难度。"增肥"语文、历史和体育等人文学科教学内容，"瘦身"英语、理科教学内容，以放慢进度、循序渐进的原则组织教学。其次，以"乐学"为宗旨，积极推进有效教学。运用小组合作学习理念，让孩子们在学习中学会倾听、学会合作、学会遵守规则。以"友善用脑"、思维导图、101种教学策略、课堂观察和"5＋X"课堂教学模式等为手段改进教学方法。最后，开发校本课程。先后完成了"法治教育""茶艺""书法训练"等8门校本课程教材的编撰工作，让学生拥有一技之长。

（5）运用小组合作学习理念，在班级实验"小组管理"。将传统的班委会管理模式变为以任务管理为主的小组管理。将全班划分为"学习组""纪律组""文体组""生活组""劳动组"五个小组，各小组进行自我管理。班级"小组管理"，培育了孩子们集体主义的价值观，让师生情感变得更加和谐深厚。

（6）以活动为载体，在活动中育人。做到天天有内容、周周有评比、月月有奖惩。小到爱护公物、建校劳动的主题教育，大到集体主义、感恩、中华优秀传统文化和爱国主义教育；小到兴趣小组、课外、训练和竞赛等活动，大到举办中华优秀传统美德进校园主题教育、体育文化节、科技艺术节和美食文化节等大型活动。孩子们在活动中逐步树立自强、自律意识，学会生活、合作、交流、做人、生存，学会参与、竞争。活动德育，注重养成教育的人本化、生活化和科学化。

特别值得一提的是，始于 2010 年为奖励获奖班级而创设的"吃烧烤活动"，到 2016 年 6 月的学校首届"美食文化节"，将美食文化讲座、班级厨艺比赛和亲子活动有机结合，学生们体验到了劳动的光荣和生活的乐趣。9 年来，集体主义精神、劳动观和生活观的教育无时不有、无处不在。

（7）学生成长记录袋是对全体中小学生的要求，虽然看似很普通，但是就专门学校而言，它被赋予了特别的含义。因为它不仅只是记录学生学习、生活的过程和点滴，还为学生提供了自我评价、反省、矫正的平台和机会。因此，学生成长记录袋在专门学校意义更重大。此项工作至今已开展了 10 年，正在影响着全国的专门学校。

（8）2013 年 9 月，学校尝试在班级制定学生目标规划。以每学期为一周期，制定学生各方面进步的目标规划，帮助学生查找自身问题、引导学生自我纠偏，促进学生自我教育、自我成长，逐步学会正确规划人生。此项工作已取得了良好的育人效果。

（9）2015 年制定的《昆明市金殿中学学生成长评价方案》，建立起了德育管理评价指标体系和学业评价指标体系。成长评价以量化考核为基础，定量与定性相结合，评价学生思想品德；以学业表现、学习能力和学习品质三个维度，评价学生整个学习过程。成长评价工作实施以来，学生学习态度有了明显转变，稳定率有了较大提高。

通过学生成长评价机制的建立和初步运用，提炼出了学校的教育哲学，即培养目标、教育理念、办学目标。培养目标是培养遵纪守法、人格健全、懂得感恩、有一技之长的合格公民；教育理念是先成人，后成才，让掉队的孩子不再掉队；办学目标是把金殿中学建设成云南省德育及综合教育示范学校。

三 办学成果和基本经验

（一）办学成果

截至 2018 年 7 月，共毕业学生 3 700 余人，转变率均在 95% 以上。2008 年至今，在校生稳定率均在 96% 以上。打架、抗拒教育、违法事件明显减少。每一名初中毕业学生都能够升入职业学校。共建成 9 个省、市级

法治教育、心理教育、传统文化教育和德育示范教育基地。其中，省级 4
个、市级 5 个。拥有春城名师 1 人，市级学科带头人、骨干教师、教坛新
秀共 4 人。

2011 年，德育案例"用爱心帮助'问题学生'健康成长"被教育部
评为全国中小学德育工作优秀案例。2011 年至今，有 4 个班级先后荣获
"省级先进班集体"称号。近 10 年来，先后有 400 余篇论文、课题和案例
荣获国家、省市级以上奖励或发表。

2011 年、2015 年，学校先后两次举办全国工读教育年会和经验交流现
场会；2013 年至今，先后被晋升为中国教育学会工读教育分会副秘书长和
副理事长单位；2015 年，荣获昆明市依法治市先进典型"法治单位提名
奖"；2016 年，被昆明市普法工作领导小组命名为"法律九进示范点"和
"法治文化示范点"。

（二）基本经验

37 年的办学实践，我们的基本经验是：贵在不让一个问题学生再掉
队，无微不至、诲人不倦的教育理念；特在以德育为工作主线，不断深化
改革，提升教育品质；精在运用心理教育等手段，精心呵护，提高教育、
矫正的科学化水平；恒在始终不渝地坚持法治教育，勇于担当家长的责任
和义务，磨砺学生的意志品质；新在由纪律主导向着文化主导转变，由封
闭管理向着开放办学转变，由孤立发展向着协同共育转变，由知识德育向
着全方位德育转变，由只关注学生现状向着规划学生未来转变，不断追求
实现专门教育的最佳育人。

四　存在问题

首先，受传统、世俗偏见的影响，社会对专门教育依然存在着误读和
误解，这导致一些有严重不良行为的未成年人宁可浪迹社会，也绝不踏入
校门。这是制约学校发展的根本原因。

其次，由于地方政府和职能部门对专门教育依然存在片面认识，把办
好专门学校误读和误解成为教育失责，导致政策落实不到位，结果办学长
期在低位徘徊。这是制约学校发展的重要原因。

最后，学校自身缺乏改革创新的担当精神。表现在办学理念陈旧，工作中不思进取，一味地埋怨政府不重视、不支持，习惯于"等、靠、要"。这导致办学始终处在低层次，家长满意度、社会认可度不高。

五 对策建议与理想愿景

针对新时代社会治理的特点、任务及要求，要始终坚持以教育为主、惩罚为辅的原则，进一步明确新时代专门教育的目标任务。为此，特作如下建议。

（一）国家和地方政府层面

与时俱进，秉承依法治国，修改完善相关法律法规。出台取代国办发1987〔38〕号文件，适应新时代专门教育发展的新政策。加大对专门学校政策支持力度。

（二）学校层面

积极争取市教育局的帮助和指导，服务全市普通中学。以校园暴力和欺凌事件为抓手，以净化校园环境为目标任务，做好做实义务教育"兜底"工作，帮助普通中学进一步加强学风、校风建设。

（三）社会治理层面

用法治思维和方式探索建立适合未成年人身心特点的教育矫正和规模化办学途径。走联合办学的新路，在省未管所设置校区，为失足未成年人实施义务教育，为他们回归社会创造条件。这需要党委政府主导，创新管理的体制机制，真正实现学校与公检法司资源整合、无缝对接。

（四）理想愿景

通过努力，建成严重不良行为学生转变研究、学生心理教育研究、班主任培训、改善学生学习状况四个中心，立足昆明，辐射全省。实现教育、矫正与关爱、保护、预防未成年人违法犯罪并举的办学模式，惠及全体青少年。

走"心"的教育

——遵义市新雨学校

张信旭[*]

摘　要： 新雨学校始终紧紧围绕"立德树人"这一根本，使每位学生能真正实现"三正"（养正、守正、秉正）目标，紧紧抓住育德在于"心"这一核心，不断探索总结出"六心"教育观、谈心自省制度、感恩砺德内化于心、特色课程激发善本能等措施，收到了良好的效果。

遵义市新雨学校建于 2012 年 9 月，是遵义市由红花岗区财政全额拨款、针对有严重不良习惯和轻微违法犯罪行为的未成年人进行教育、矫治的一所专门学校。

建校以来，学校始终秉承"挽救孩子、积德家庭、造福社会"的办学宗旨，紧紧围绕"蒙以养正，果行育德"办学核心，坚持"无微不至关爱、诲人不倦教育、严格活泼管理、润物无声转化"的办学理念，以"博爱、修身、立志、守法"校训为指引，在对教育、矫治违法青少年的过程中主动担当社会责任，着力重塑美好心灵。在原有"八大"教育矫治错误基础上继续探索实践，并取得了良好效果，得到各级政府的充分肯定和社会各界的高度赞誉。

为了重塑孩子美好心灵，遵义市新雨学校是如何悦纳学生，走进学生内心世界呢？具体措施如下。

---

* 张信旭，贵州省遵义市新雨学校办公室主任、德育办负责人。

一 建立谈心自省制度

新雨学校针对学生心神不安、情绪不稳、迷茫彷徨等情况，学校建立交心谈心制度。就是承包领导、教师、教官分别找学生进行定期或不定期开展交心谈心，一方面，通过交心谈心能够了解学生入校背景和心理需求，明确孩子行为产生的原因，分析现状而寻找教育对策；另一方面，通过多次进行交心谈心，能及时了解学生的思想动态轨迹，有利于承包人反思自己的矫治策略，及时改进教育教学方式方法。

（1）笔谈，是指学生每10天至少写随笔7次，并交给自己的承包人进行批阅，并针对内容进行不少于60字的回复，以进行有效的引导和交流。学生随笔内容可以是每天的所见所闻、所感所想，也可以是承包人给学生指定题材或者学校统一布置的任务等。通过笔谈，学生容易把真实想法表达出来，即使没有直接表达也能看出蛛丝马迹，使我们的教育引导具有很强的针对性，避免泛泛而谈和肤浅。

（2）面谈，是指学生与承包人之间10天内必须进行2次以上的面对面交流，拉近距离，使双方建立一种温馨、信任的亦师亦友关系，这样才能"亲其师，信其道"。

新雨学校的笔谈、面谈都有专门的记录本，10天后交承包领导批阅，在周五教职工集中大会上公布相关情况，并纳入月绩效考核。

（3）自省，一种是书面自省，就是学校给每一位学生配备德育作业本，要求学生每天对自己的思想和行为进行反思，记录自己的所作所为和人生感悟，让学生在自律中自我完善、健康成长。承包人每天利用德育作业及时了解学生有关情况，并及时点评沟通。另一种是寝室自省，就是学生晚自习后返回寝室，由室长组织值班教官监督的自省。每个室员在室内都谈谈自己在一天中做得好和不好的事情，让所有室员相互提醒，形成积极向上的氛围。这样让学生对自己的思想、行为进行自省与总结，从而受到最真切、最持久的教育。

二 倡导"六心"教育理念

"没有爱就没有教育、没有尊重就没有教育"，学校积极倡导以忠心、爱心、耐心、恒心、细心、悉心为主的"六心"教育理念。在教育矫治过程中，将尊重学生人格、维护学生尊严贯彻始终，对于犯错的学生，及时给他们搭建改正平台，让他们自觉承认并改正错误。在学生发生矛盾时，教师并不急于批评与指责，而是找当事人和其他同学了解情况，然后让双方面对面分析事情的起因，找出各自的对错，再由教师做总结点评，引导学生自觉主动地化解矛盾，用宽容之心待人处世。

在生活中，教职工总是从细节上给予学生关爱，如为学生购买生活用品、帮助学生缝补衣物、陪同学生外出看病、自己掏钱购物奖励等，用真诚的关怀赢得了学生的信任和拥戴。

在学生的发展方面，学校针对学生的具体情况，设置了不同班级和针对性课程。新雨学校针对部分学生因过去辍学时间久、长期厌学并不再就读义务教育学校的情况，选择了与遵义市重美职业技术学校于2013年联办中专美发班，让这些孩子掌握一门技能，自食其力，真正实现成人成材的教育模式。针对一部分学生返原校后，容易受到外界因素的干扰，或者家长无时间管教等因素，造成学生辍学的现实。为进一步巩固矫治效果，让学生顺利完成义务教育，遵义市新雨学校于2014年开设初中教育，遵义市新雨学校已是贵州省第一所实现义务教育的专门学校。

在德育和教学中，总结出"规、知、践、省、评"德育五部曲和"六步三查"教学法，有效实现学生"三正"（养正、守正、秉正）目标。

三　推行砺德感恩教育

学生入校前，基本没有感恩意识，只知索取，不懂回报。针对此情况，学校每周开展一次感恩类文章学习、观看一次感恩类题材影视片、写一封信给父母，每月组织一次家长与孩子的集体见面会和感恩主题教育活动、亲子活动、回馈社会公益活动等，教育孩子感恩父母、感恩自然、感恩社会、感恩他人。同时，要求教官、教师在生活上、细节处给予孩子更多的关心、照顾，通过赠礼物、办生日会、代理家长、游戏等形式来弥补孩子缺失的亲情，让孩子产生对学校的信任和依赖，此项活动对改变孩子起到了事半功倍的效果，增强了孩子的信心，也让孩子们对父母、对老师和教官承认了自己的过错，逐渐学会感恩父母、感恩老师、感恩社会。

四 特色课程促转化

学校根据不同的班级开设不同课程，不断创新了课堂教学内容，开设传统道德（国学教育）、专题法制、心理辅导等特色课程促进学生的转化：①开设法治专题课。每周开设了 5 课时法治辅导课，以法治影视、案例分析等有一定趣味性的教学方式，向学生传授法律知识，增强学生法律意识；开设警示教育课。定期组织学生到监狱、劳教所参观服刑服教人员的生活、生产场景，通过服刑服教人员的"现身说法"给学生进行警示教育，引导学生认识违法犯罪的危害性。②开设传统经典文化教育课。学校开设《弟子规》《三字经》《四书》《五经》等典籍的优秀篇章，在提高学生文学修养的同时，接受中华民族传统美德教育。③开设心理辅导课。学校设置了心理辅导室，配置了专门的心理辅导老师，与遵义惠智心理咨询中心建立了联系，针对学生进行自信心、学习兴趣与能力、团结合作、心理矫正等方面的训练和辅导，消除学生的心理障碍。

五 团结一致、持续发力、点滴成绩不足论道

（1）历经风雨见彩虹。建校 5 年来，中心城区两抢一盗案件分别减少 28.6%、19.92%、1.03%、3.85%、38.27%。五年（截至 2017 年 12 月）共接收学生 590 人，毕业的 500 人中，重新返校就读 205 人，返回社会就业 130 人，就读遵义市新雨学校美发班和初三毕业生共 165 人，分别占 41%、26%、33%。尤其遵义市新雨学校去年（2016 年）和今年（2017年）（第一、第二届）初三毕业生中实现全部就读职高和普高，升学率 100%，今年的初三毕业生共 11 人，其中 8 人达到三城区普高线，有 4 人就读示范性高中，在全国专门学校中其升学率屈指可数。

（2）所获荣誉催人奋进。五年来，学校先后获得全国"青少年维权岗"、贵州省育新工程省级"示范单位"、贵州省"优秀青少年维权岗"等各级各类荣誉 23 项。先后来校考察交流的单位 32 个，全国有 53 所专门

学校集中到校参观考察。学校还是贵州省专门学校中唯一的全国教育学会工读教育分会常务理事单位和中央综治办"关于开展社会力量参与有不良行为或严重不良行为青少年专门教育第一轮试点"单位。

万里扬帆风正劲,继往开来谱新篇。站在新的历史起点上,豪情满怀的新雨人,将以时不我待的姿态,昂扬向上的斗志,攻坚克难的激情再次出发,为学生的发展和社会的和谐做出更大贡献!

六 办学过程中遇到问题及建议

(1)硬件设施的落后。遵义市新雨学校的校舍都是在废弃学校基础上改建而来,并且校园面积狭小,缺乏基本的一些功能房(如理化生实验室、音乐室、咨询室、活动室等),学生活动空间狭窄,教学设施设备严重滞后。

建议:仔细评估专门学校硬件建设,高度重视学校发展和规划,与普通学校区别对待,加大投入力度。

(2)学习内容还缺乏针对性。专门学校的学生文化底子薄,行为规范差,各个学校无统一的针对性极强的教育教学教材。

建议:教育部门加强对专门学校的教育教学指导,强化教师的针对性培训;省教育厅或市教育局组织有关专家拟定专门教材,建立全省统一的评比、评价标准。

(3)学生管理方面。对返回原校就读学生,原学校往往重视不够(有的甚至歧视),容易出现学生不良习惯的反弹现象。

建议:①教育部门高度重视返校生工作、监督好有关学校使其完成学业;②数据显示,在遵义市新雨学校就读时间越短,稳定性越差。初中阶段学生,最好能在专门学校完成义务教育,能最大限度做到"控辍保学"。

(4)刑事诉讼与专门教育衔接问题。虽然遵义市新雨学校有了接收刑事不起诉的案例,并把他们在校表现与政法部门进行了沟通衔接,但尚还不够深入。

建议:政法部门组织有关单位,对此项工作进行新探讨,建立有关制度,普及相关知识。

(5)省政法委或省教育厅建立一个专门管理"育新工程"的部门,统一协调有关事宜，并解决落实专门学校老师评聘职称问题，保证师资队伍的稳定性和吸引力。

七 未来发展规划

（1）加强基础设施建设，提升办学条件。学校正在谋划扩建之事，如果实现，学校将占地 30 亩，能容纳 300 人接受矫治教育，其中男生 200 人，女生 100 人。

（2）丰富职业教育，拓展成才渠道。学校在有硬件设施的基础上，将增设汽修、酒店管理、美容美发三大专业，进一步拓宽学生成人成才渠道。

（3）实现六年级建制。由于遵义市新雨学校接收的是 12~17 岁的不良行为或严重不良行为少年，12 岁主要集中六年级阶段，为了使他们在矫正行为的同时，不落下文化课程。

（4）警送生矫治教育的继续探索。警送生大多数已辍学，对文化知识的学习毫无兴趣，又沾染严重的社会习气，因此在军事化教育、德育教育方面继续探索。

创造"六位一体"教育模式的海口市未成年人法制教育中心

郭志华*

摘　要：海口市未成年人法制教育中心是司法与工读教育的第三条路，它是二者的综合，即法治教育。主要接收的是 12 ~18 岁因违法犯罪依法不能进行刑事、治安处罚的未成年人和家长自愿送来接受教育的问题少年。该中心成立后，始终树立让每一朵经历风雨的花朵都精彩绽放的目标。真正贯彻以教育为主，惩罚为辅的原则，充分发挥由司法行政部门管理的优势。并通过"六位一体"的教育模式，在学员中开展"六三一"教育法，拓展活动和家长学校等方式，对学员进行矫治教育，收到了良好的效果。这种教育模式，被上级机关和同行总结成"海口经验"在全国起到重要的引领作用，被多个城市借鉴，也得到中央社会治安综合治理委员会的高度评价。

海口市未成年人法制教育中心初建于 2009 年 3 月 9 日。工作人员由在编人员、聘用人员等 33 人组成。2009 年 3 月至今，已接收学员 1 896 人，结业 1 856 人。主要接收的是 12 ~18 岁因违法犯罪依法不能进行刑事、治安处罚由公安机关送来的未成年人，约占 88.9% 。还有少部分是家长自愿送来接受教育的问题少年，约占 11.1% 。学员中流浪辍学的占 56.8% ，父母基本没文化的占 61.1% ，父母离异的占 10.9% ，农村家庭的占 68.3% 。在校生可由学生到学校办理三个月休学手续，结业后可以回到学校继续就学。

海口市未成年人法制教育中心树立让每一朵经历风雨的花朵都精彩绽放

---

* 郭志华，海南省海口市未成年人法制教育中心教师。

的目标，通过一系列有效的手段，认真研判青少年犯罪心理学和叛逆期青少年的行为动机，以及家庭社会一系列和青少年成长有关的科学知识和课程，从而总结出一整套行之有效的教育挽救感化问题少年的办法和程序并在教育过程中取得了很好的效果，受到了家长和社会的共同认可和高度评价。

国家综治委调研组评价说，"海口经验的运行模式，是我们国家矫治不良行为或严重不良行为的第三条路。也就是对于那些构不上刑事处罚，还不能用刑法来处罚的，但是又确实危害了社会的，且它的危害性不一定很严重，还没有达到犯罪的程度，年龄还没达到刑事能力的程度，对这些人怎么办？海口走了一个司法口与工读教育的第三条路，它是二者间的一个综合，创新地创造了法治教育这种模式。而且不完全是强制性的，还有自愿的，它的时间也远远低于工读教育的时间。

海口经验的重要特点就是，避免了很多带有强制性教育矫治中出现的弊端。海口市未成年人法制教育中心的"进来一个，转化一个，变好一个""教育、感化、挽救"这两个标语，不是一句空话，海口市未成年人法制教育中心真正做到了。

海口经验的教育方式，是真正贯彻了以教育为主，惩罚为辅相结合的原则，保持必要的刚性，充分发挥了由司法行政部门管理的优势，通过"六位一体"的教育模式，同时在学员中开展"六三一"活动，解决了我们国家多年来对于不良行为或严重不良行为的未成年人矫治上的一个难以破解的难题。

用创新教育理念　苦做教育内功
用创新教育方式　做实教育成果

海口市未成年人法制教育中心，收教的时间是三个月到六个月，根据问题少年呈现出的表象性问题如赌博、盗窃；深层性问题，如观念层面、心理层面、德行层面等问题，用科学的理论结合深厚的人文关怀制定了一系列教育方法和教育程序。他们运用情感疏导、认知改变、重新适应、行为矫正、传统文化教育、职业教育等方面注重身、心、灵的紧密结合，主要实施问题少年的教育，简称"六位一体"教育法，即"法治教育＋传统文化教育＋心理健康教育＋文化教育＋养成教育＋职业技术教育"，以法制教育、国学教育为重点，同时在学员中开展心理辅导、养成教育、义务教育、职业技术教育，将传统文化教育和心理健康教育有机结合，创新教学体系，以培养问题少年品质为突破口，同时提高能力与健康素养。用这一系列有逻辑的教育方法使得问题少年在三个月到六个月内得到有效的身心教育，明确今后生活目标，回归正常的社会生活。

学员入校首先接受的是入校教育。这是为了使学员尽快适应中心的环境，打好基础，培养良好的生活习惯。首先是通过背诵掌握中心"一守则两规范"，同时进行相应的军训课程，以及传统文化课程的学习，使学员对自身的素质教养有新的认识和养成。通过入校教育的强化训练，使学员很快适应管教环境。其次进行养成教育。在海口市未成年人法制教育中心接受法治教育的学员多数缺乏管教，生活无规律，自身素养差，不良习气严重。针对这些特点，海口市未成年人法制教育中心建立每日生活制度，每天按准军事化的要求作息，生活。最后是心理健康教育。来到海口市未成年人法制教育中心的多数学员存在心理疾病。主要表现为学习焦虑、对人焦虑、孤独、恐惧冲动等。海口市未成年人法制教育中心通过学习研究《积极心理学》和发挥学员的特长优势，并通过团体和个体心理辅导进行心理干预。海口市未成年人法制教育中心还根据学生的特点和家长的个性化要求，采用了积极心理学方法有针对性地进行课程设置，使得心理辅导教育有的放矢，学员接受程度高，效果好。积极心理学方法是让学员认识人性中积极的、向上的一面，肯定自己与生俱来具有的"六大美德"和"二十四种优势"，使传统的寻找症状、治疗症状的消极矫治形式走向发现美德和优势并长，优势和美德的积极矫治方式。

从行为上多给学员体验的机会，大家一起学习共同分析，增加新的体验，练习新的行为，在共享多种资源和观点的同时，提高自己，完善自我，解决自己问题的能力。

在心理团体辅导中心针对问题青少年的认知特点，设置了优势大转盘、优势取舍、智闯雷阵、生命意义、亲子之间、人际交往的技巧、我的未来之路、心理解套等30多个游戏，游戏后让学员分享发言，使学员在游戏中开悟、觉醒。青少年的心理问题多数源于性格缺陷所导致，若要从根本上实现学员心理上的健康，除了消除症状外，须从根源上矫治。用自己矫治、自己抵制、自己改造，来转变思维模式的同时，课下通过写日记、自己记录行为规范表来自我矫正。

香港叶智威在香港加入了"三合会"黑社会组织，染上恶习，心理问题严重，多处教育无果，母亲慕名多方辗转才将其送到中心，他开始也抗拒海口市未成年人法制教育中心的教育。海口市未成年人法制教育中心通过多方面教育疏导，和法治课程让他认识到参加黑社会组织的危害性，学习《弟子规》让他学会孝敬父母，感恩社会。同时对叶智威和他的母亲进行了心理辅导，转变明显，回港就学后，母亲多次打电话到中心致谢。《海口晚报》专题对此做了报道。

法治教育。因为海口市未成年人法制教育中心90%以上的学员是因有轻微的违法犯罪由公安机关抓获送来海口市未成年人法制教育中心的，为了提高他们的法律意识，严守法律底线，海口市未成年人法制教育中心给学员开设了法律课，每周1天半。着重结合学员案例讲授了《中华人民共和国治安管理处罚法》《中华人民共和国刑法》《中华人民共和国预防未成年人犯罪法》的相关内容，结合学员身边的案例，剖析违法根源和危害，让他们对比自己的违法行为，矫正认知错误。在此基础上，开展"五个一"活动，即一次法律知识竞赛、一次演讲（交流悔过和学习体会）、一次报告会（请优秀学生和转变好的结业学员介绍成长经历）、一堂家长法治讲座（教家长如何教育孩子，配合中心的教育）、一项考核（百分考核的一项）。使学员把别人的经验、家长的教诲、学到的法律知识和切身体会融合到一起，强化了教育成效，最后由中心进行考核验收，不合格的要延长教育期限，直至补考合格才允许结业。这样提高了学员自觉接受教育的积极性和教育成效，增强了学员的法治观念，收到了良好的效果。

学员小徐是在网吧认识了一些不良少年，认为自己的不良行为只是帮朋友一点忙不算犯法。经法治教育后，对照自己学习的法律知识认识自己的错误，主动交代参与的盗窃犯罪团伙作案50多宗的犯罪线索，并协助抓获9人，成员交代作案100余宗（认定50多宗），涉案物品价值50多万元。得到了市政法委充分肯定并给予通报表彰。

国学教育，海口市未成年人法制教育中心通过对学员进行国学教育，学员通过学习《弟子规》《了凡四训》等课程，懂得了仁、义、礼、智、信这些中国传统文化的核心内涵,学会了感恩父母和社会。在此基础上,开展了"六个三"活动,即写三封信、唱三首歌、读三本书、写三篇感想、做三件好事、写三本日记(每日一篇),同时开展一次"我在中心如何尽孝道?"等讨论,让孩子们在中国传统文化的精髓中净化了思想。初中生小符从小失去双亲,性格专横、怪异、逃学、沉迷于黄色录像,被家人送到海口市未成年人法制教育中心还发毒誓要杀死祖父和姨婆,并多次以自残相威胁。他经过传统教育学习感化,知道了一个人能知恩感恩,孝心才得以萌生"百善孝为先"最后跪在亲人面前深深地忏悔,现已职校毕业,成为自食其力的正常人,融入了社会正常生活。

用创新机制做支撑　兼容多种教育模式
用打造品牌为原创　抢占教育的制高点

拓展训练是海口市未成年人法制教育中心最具震撼力的创新教育方法之一。首先它以国学教育、法律教育和教官的德行教育为铺垫,最后托起这个高潮,引爆人的心理正能量。几乎所有学员和家长、老师的心灵都受到强烈冲击,经过教官、家长的帮助,学员完成了一个个项目,三方紧紧拥抱,所有误解顿然冰释,打开了心灵的通道,学员在受到感动之后,全部主动跪倒在家长和教官面前痛哭忏悔,希望得到父母和教官的谅解。海口市未成年人法制教育中心学员大多长期与父母亲形成对抗壁垒,心理、感情隔阂,学员对教官有抗拒心理,有恐惧感,教官走不进学员的世界,无法进行教育。"拓展训练"有效解决了教官、家长、学员三者之间形成的"三对"矛盾。

在对学员的思想教育中,要求老师们在教育上做到了"三心、三真、四知道",即对学员谈心教育有耐心、观察学员思想变化细心、解决学员问题有爱心;在学习生活中帮助学员做到掏真心、动真情、下真功。

劳动教育和职业技术教育培训使学员能树立劳动观念,体会父母谋生的艰辛,培养其吃苦耐劳,勤劳自立的好习惯,我们每周安排一天时间组织学员参加劳动,同时聘请了专业教师进行茶艺、餐饮、酒店客房服务等职业技能培训,引导学员进行自己的职业规划,为学员融入社会创造条件。

结业教育。结业教育是对整个教育的巩固和总结。通过种成长纪念树、学员宣誓、父母赠言、教官赠言、爱心传递旗帜交接等活动，让学员告别昨天，走向新生。每次结业，许多家长和学员都依依不舍，与教官紧紧相拥，挥泪惜别。

开设家长学校。为广泛开展家庭教育宣传，普及家庭教育知识，推广家长教育的成功经验，帮助和引导家长树立正确的家庭教育理念，掌握科学的家庭教育方法，提高科学教育子女的能力，促进家长与学员亲子关系沟通营造和谐的家庭环境，帮助学员结业后继续保持在海口市未成年人法制教育中心里的优良品质与良好习惯，开设了家长学校。每半个月授课一次，培训采取授课、观看教育录像片、心理咨询师解答、家庭个体咨询、法律咨询、与学员教官座谈等形式，使家长和学员从思想、行为上同步前行，最终实现整体提升、家庭和谐的目的。家长按计划学完相关家长培训课程，认知自身教育的缺陷，使教育理论水平得到提高。

2014年11月海口市未成年人法制教育中心为了扩大教育效果，不断探索教育矫治新方法，提出了"一对一"的帮教教育计划。根据这个计划，学员可以根据自己的需要自由选择教官，教官也可以根据自己对学员的情况熟悉度选择帮教学员，这种完全采取双向、自愿选择的教育方式，在双方信任的基础上建立的帮教计划，大大地提高了教育效果。在此基础上，教官从帮教学员家庭和学员成长经历入手，进行一对一的帮教。结对教官必须每周与帮教学员谈心一次、每月与家长谈话或电话沟通两次、面谈一次；学员结业回家后，教官仍继续帮教六个月到一年，帮助学员度过结业后的困惑和迷茫期，发现问题及时疏导，及时纠错，这种把学员和家长纳入整个教育过程中的做法，确保了学员结业后教育不放松。

校外教育（跟踪帮教）是中心的又一项有效经验。

三个月到六个月的教育只是给学员打了一剂强心针，初步规范了学员的行为规范，更重要的是学员结业离开海口市未成年人法制教育中心后如何巩固教育成果。我们主要从六个方面着手：做好衔接。全市各乡镇街道分别成立了42个帮教小组。中心与帮教小组和家长签订责任书215份，移交结业学员215人。市综治办还将此项工作列入年终综治工作考核内容，确保学员跟踪帮教落到实处。做好回访。利用中心教官的特殊身份对结业学员进行回访，目前已经对海口市未成年人法制教育中心结业的学员回访

650 人次。通过对学校、家庭的回访,掌握学员情况,实施跟踪帮教,学校和家长反映很好。

海口市未成年人法制教育中心建立了学员的微信群,建成了连接学员和教官的心灵纽带,有近 200 名学员加入,教官轮流在群里与学员交流,对他们进行跟踪教育。每年还分别组织结业学员回中心聚会、座谈,在成长树前宣誓,重申自己对教官和家长的承诺。

法治宣传教育上门演讲、开门对讲、闭门听讲的"三讲"品牌,对全市未成年人法治教育起到强力推动作用。

海口市未成年人法制教育中心教官在教育矫治问题少年时,细心研究、大胆探索、科学总结,对学员身上表现出来的不良行为背后的家庭、自身、学校、社会原因进行了提炼和升华。用集中表现了有家长教育责任的《家访》《我想有个家》小品等文艺形式进行演出,把预防未成年人犯罪前移到学校,从亡羊补牢向防患于未然转变。从 2013 年 11 月启动至今已演出 200 多场,受教学生和家长 48 万人。受到司法部、团中央的高度肯定。中心让各个学校组织问题学生到中心参观,让学员现身说法。海南中学、华侨中学等 7 所学校的 2 000 多名学生受到深刻的教育。

> 用真心真情做基础　　向本质要矫正
> 用科学示范体做依据　　走出"第三条路"

海口市未成年人法制教育中心通过一系列动脑动心动情的教育感化活动,取得了显著成果,受到社会和上级机关的普遍认同和肯定。

学员教育转化成效显著。经过教育,学员 5 年间累计交代作案线索 200 多宗,协助公安机关破案 80 多宗;结业学员重新违法犯罪的仅有 10.9%,大大低于全国同类机构。据 2012 年 3 月底到现在的统计,90% 的学员都能适应自己的学习或工作环境,逐步回归正确的人生之路。

认真负责的教育矫正方法和动情入心的人文关怀,使得海口市未成年人法制教育中心不但在学员教育方面取得丰厚成果,同时收获了让同行和社会瞩目的荣誉和经验。

海口市未成年人法制教育中心根据 86 名学员的案例写成了 50 多万字的《教官手记》,根据教育经验总结编写出了《未成年人 30 个心理问题成因及对策》，编写了 35 万字的教材《青少年心灵成长实务》。

有 6 篇论文分别获得全国工读协会论文评比一、二、三等奖。

其中，有论文被评为 2010 年省人大系统优秀论文和被 20 个大中城市综治理论研讨会评为二等奖及国务院网络局博客大赛银奖。原海口市未成年人法制教育中心主任李启雄三次受邀在全国性的会议上展示海口市未成年人法制教育中心的工作经验和成果。

六年来，由于海口市未成年人法制教育中心成绩突出，海口市未成年人法制教育中心多名教官分别被评为市先进工作者、政法英模、感动海南十大人物、第十八届"海南青年五四奖章"及中国家庭教育百名公益人物。同时有 6 人荣立个人三等功，有 2 人荣立个人二等功。海口市未成年人法制教育中心被评为省"综治"先进单位和授予集体三等功。

海口市未成年人法制教育中心的工作经验及管理效果在全社会引起了强烈反响，先后被中央、省、市及东方卫视等 10 多家官方新闻媒体报道 300 多篇次。省内、省外许多群众纷纷致电咨询并积极要求把自己的孩子送到中心教育矫治。多个市到海口市未成年人法制教育中心考察，并成功复制海口市未成年人法制教育中心模式。海口市未成年人法制教育中心的成功教育模式，被上级机关和同行总结成"海口经验"在全国起到重要的引领作用，被多个城市借鉴，也得到中央社会治安综合治理委员会的高度评价。

以创新理念为内动力，大胆冲破思想桎梏，敢于挑大任担风险；以创新管理为合成力，职能部门齐抓共管，社会各界同步联动；以创新机制为支撑力，兼容多种教育模式；以打造品牌为创造力，抢占法治教育的制高点，是海口市未成年人法制教育中心成功教育的制胜法宝。

反思篇

从"工读"到"专门"

——我国工读教育的困境与出路

姚建龙　孙　鉴*

摘　要： 滥觞于20世纪中叶的我国工读，致力于问题孩子的教育转化与回归社会，挽救了一大批处在违法犯罪边缘的未成年人，为社会的和谐稳定做出了重要贡献。然而在法律保障欠缺、社会污名化评价、收生程序变更及自身教育管理体制的掣肘下，已逐渐萎缩，同时呈现出监狱化、职业化与普通化的倾向。应该说，在未成年人保护及司法改革的大背景下，工读应置于少年司法保护处分的处遇措施下予以构建，实现从"工读"到"专门"的蜕变：专门的立法、专门的程序、专门的师资、专门的生源、专门的教育。从而以教代刑、提前干预，帮助罪错未成年人更好地回归社会。

工读教育是我国基础教育中的一种特殊教育形式，其面向具有严重不良行为、不适合继续留在普通学校学习的未成年人，开展相应的义务教育及行为矫治。工读教育既不是刑罚方法，亦不属于行政处罚，而是一种对未成年人违法犯罪行为进行超前预防的有效措施。因此工读教育被认为是预防青少年犯罪的最后一道防线[①]。六十余年来，工读教育作为中国特色的社会主义教育体系的组成部分，在教育挽救失足未成年人、稳定社会秩序、保证这部分孩子的家庭幸福、推进和谐社会建设等方面发挥了重要作用。同时，作为少年司法保护处分架构中的重要处遇措

---

* 姚建龙，上海政法大学副校长，教授，博士生导师；孙鉴，华东政法大学硕士研究生，主要研究青少年犯罪、少年司法。

① 熊伟：《我国工读教育面临的问题与对策》，《青少年犯罪问题》2011年第5期，第41~44页。

施之一，工读教育又为我国司法体系的完善、法治社会的构建贡献出积极
的力量。然而，从各地实践来看，曾经大放异彩的工读教育如今却面临着
严重的生存危机，学校数量不断萎缩、生源不断减少、教师逐步流失、法
律保障欠缺等问题成为其发展的掣肘。而如何清晰地界定工读教育本身之
应有定位，实现其从"工读学校"向"专门学校"的理想过渡，亟须我们
予以高度的关注。

一　我国工读教育的发展与现状

　　工读学校肇始于 18 世纪中叶瑞士教育家裴斯泰洛齐的创办孤儿
院，其教学生一边识字计算，一边劳动，被视为近代工读教育之前
驱①。一个半世纪后，苏联教育家马卡连柯于 20 世纪 20 年代起曾先后创
办高尔基工学团和捷尔仁斯基儿童劳动公社，主要收容第二次世界大战时
期的苏联孤儿，起到了一定的预防和矫正此类少年违法犯罪的作用。受启
于苏联高尔基工学团，我国于 20 世纪 50 年代起开始了工读教育的尝试与
探索。

　　（一）我国工读教育的历史沿革

　　任何事物的诞生与发展均要放在时代的大背景下予以分析，工读教育
亦不例外。中华人民共和国建立之初，教育事业百废待兴，战争与时局又
造就了大批孤儿及流浪少年，他们不仅得不到应有的教育，而且闲散于社
会之中给治安带来巨大的压力。1955 年，时任公安部部长的罗瑞卿与北京
市公安局局长冯基平同时向北京市委、市政府建议，能否在普通中小学与
少管所、劳教所之间创建一种新的防控形式，用教育而不是管制的手段来
容纳和矫治那些处于"犯罪边缘"的未成年人，以避免少管所等强制性矫
治机构的弊病②。是年，我国正值与苏联交好，受启于其高尔基工学团的
理念，我国开始在北京率先开启了"半工半读"教学模式的探索——1955

---

　　① 石军：《我国工读教育发展的历史、现状与未来发展》，《教育史研究》2013 年第 3 期，
第 27～29 页。
　　② 王耀海、高大力：《工读教育改革之路》，北京：北京教育出版社，1999，第 1 页。

年 7 月 1 日,北京温泉工读学校①成立。自此,工读学校如雨后春笋,上海、重庆、辽宁、江苏等地相继办起了工读学校。截至 1966 年,全国共有工读学校 220 余所②,工读教育步入了发展中的黄金时期。但是,由于正处探索与尝试时期,此时的工读学校定位与任务尚未明确,规模也较小,在招生对象上主要由流浪儿童、孤儿及部分违法犯罪的未成年人构成,并由公安部门统一负责招生,在教育与改造的效果上各地差异也较大。

然而,伴随着十年浩劫,教育事业受到巨大冲击,各中小学校甚至大学相继停课,遑论工读学校能够得以幸存,我国的工读教育进入了十年的空白期。直至改革开放后,我国犯罪率骤然飙升,其中青少年犯罪率占比高,达到全部刑事犯罪的 60% ~ 70%,控制青少年犯罪已刻不容缓③。正如贝卡利亚所言,"人们只有在亲身体验到关系着生活和自由的重要事物中已充满谬误之后,并在极度的灾难把他们的生活折磨得筋疲力尽之后,才会下决心去矫正压迫他们的混乱状况,并承认最显而易见的真理,即那些由于简单而被他们平庸的头脑所忽略的真理"④。在饱受青少年犯罪的荼毒之后,作为曾经一度兴起的、具有中国特色的未成年人教育矫治机构——工读学校又重新进入了人们的视野。随着 1979 年北京市海淀工读学校的重新办学,我国的工读教育正式恢复。在 1981 年《国务院批转教育部、公安部、共青团中央〈关于办好工读学校的试行方案的通知〉》⑤、1987 年《国家教育委员会、公安部、共青团中央关于办好工读学校的几点意见》⑥ 以及

---

① 北京市海淀工读学校的前身。
② 石军:《中国工读教育研究三十年:回顾与反思》,《当代教育与文化》2015 年第 2 期,第 16 ~ 25 页。
③ 江晨清、杨安定:《中国工读教育》,上海:上海教育出版社,1992,第 18 页。
④ 贝卡利亚·M.:《论犯罪与刑罚》,黄风译,北京:北京大学出版社,2008,第 3 页。
⑤ 《国务院批转教育部、公安部、共青团中央〈关于办好工读学校的试行方案的通知〉》指出:"工读学校是教育改造违法和轻微犯罪青少年学生的一种好形式,办好工读学校不仅有利于预防和减少青少年犯罪,维护社会治安,而且对于树立良好的社会风气,培养和造就社会新人具有重要的意义。各级政府、特别是青少年犯罪较为严重的大中城市,要把工读学校办好。"
⑥ 《国家教育委员会、公安部、共青团中央关于办好工读学校的几点意见》指出:"应该看到,只要社会上还存在着资本主义腐朽思想的侵蚀和青少年犯罪现象,工读学校这种特殊的教育形式就是必要的。各地人民政府要把办好工读学校视为加强社会主义精神文明建设的组成部分,切实抓好。"

1986 年出台的《义务教育法》① 等法律法规、政策文件的保障下，工读教育焕发出第二春，不仅全国各地的工读学校得以复学，一批新的工读学校又相继建成，为全国的教育普及、犯罪预防工作起到了重要的推进作用。不过需要注意的是，这一阶段的工读学校收生年龄较五六十年代予以降低，学生罪错的程度也逐渐增加，违法犯罪学生的比例相对较高。同时，工读学校的收生由公安部门单独决定改为公安、教育部门双渠道进行，并在教育的内容上加大了文化教育与职业教育的比重。

令人讽刺的是，《义务教育法》的出台为工读教育的推进提供了重要的法律依据，却也成为其发展的掣肘——工读教育被视为普通教育的补充，并将工读放在普通教育体系中予以评价，带来的是工读教育发展空间的挤压。1999 年《预防未成年人犯罪法》的出台，似乎试图将工读"拉回来"，将其作为"严重不良行为"的未成年人教育矫治场所的定位看似明确，但其"父母、监护人或所在学校提出申请"的"三自愿"规定却勒住了自己的咽喉，强制入学程序的丧失，使得工读学校步入了发展的"寒冬"，学生数量一度锐减，截至 2005 年，全国范围内的工读学校仅存 77 所，此后 10 年，始终难以得到有效发展② （见表 1），"三三三格局"③ 日渐突出。

表 1　工读学校发展情况

年份	学校数量/所	教职工数量/人	专任教师/人	在校生数/人
2005	77	2584	1658	8372
2006	74	2525	1603	8322
2007	76	2524	1658	9090
2008	74	2687	1735	9631

① 1986 年通过的《义务教育法》全文共十八条，其中第九条指出："……国家鼓励企业、事业单位和其他社会力量，在当地人民政府统一管理下，按照国家规定的基本要求，举办本法规定的各类学校。"这里，笔者认为，正是《义务教育法》的出台标志着工读教育性质的转变，即由"特殊教育"向"普通教育的一种特殊形式"的转变，成为九年义务教育中不可缺少的一部分——1992 年 3 月 14 日发布的《义务教育法实施细则》第六条也指出："承担实施义务教育任务的学校为：地方人民政府设置或者批准设置的全日制小学，全日制普通中学，九年一贯制学校，初级中等职业技术学校……工读学校等。"
② 数据来源于 2005～2014 年《中国教育统计年鉴》。
③ 即走出困境、步入良性循环、取得办学效益的占 1/3；初步摆脱困境、解决生存危机、正在稳步发展的占 1/3；尚未走出困境、办学形势仍不乐观的占 1/3。

年份	学校数量/所	教职工数量/人	专任教师/人	在校生数/人
2009	72	2669	1745	9213
2010	77	2576	1737	10735
2011	76	2573	1764	8976
2012	79	2706	1756	10640
2013	78	2687	1851	9307
2014	79	2820	1900	8494

(二) 我国工读教育发展的几种倾向

从我国工读学校开办的初衷来看，其目的和任务较为单一，即专门接收违法及轻微犯罪的未成年人进行教育改造，为社会治安的稳定服务。但随着犯罪形势的变化及未成年人保护理念的引入，工读学校的定位逐渐发生了变化，加之各地对政策法规理解的不同，工读学校的发展呈现出以下几种倾向。

1. 刑事监狱化

在《刑法》的规制下，我们国家的刑事责任年龄被设定为 14 周岁。同时，即便是 14 周岁以上的未成年人，在"教育为主、惩罚为辅"原则及"教育、感化、挽救"方针的指导下，非刑罚处置也应当是未成年人犯罪的主要应对手段。如此一来，工读学校的存在便显得极为重要，正如贵州黔南州启航学校的校长所言，"这些 14 岁以下孩子涉罪后，家庭、学校、法律都管不了，出现了'空白'，黔南州实施'育新工程'，建立了黔南州启航学校后，这类孩子就有地方可以去了"[①]。

但是，在各地实践中，仍有较多的工读学校缺乏对自身定位的清晰界定，实质上是个"另类的少管所"：①外观的监狱化。高墙、电网，森严的戒备，令人不寒而栗。②入学的强制化。虽然《预防未成年人犯罪法》将"三自愿"作为工读学校收生的必要前提，但各地不乏公安、教育行政部门强迫家长提交申请书的情况出现。③管理的监狱化。全军事化管理，严格限制学生自由，长达一个月甚至以上的时间不允许学生回家，更有甚

---

① 贵阳网：http://www.gywb.cn/content/2016 - 08/24/content_ 5210341_ 2. htm, 2016 - 08 - 24。

者，直接在学生寝室门口张贴"罪行卡"，用不同的颜色区别学生①。

2. 职业学校化

工读学校开展职业教育本身是其面临发展危机下的一种尝试与探索，1987 年《国家教育委员会、公安部、共青团中央关于办好工读学校的几点意见》也指出："工读学校的思想、文化教育，一定要同职业技术教育相结合，办学形式因地因校制宜……要把工读学校的职业技术教育纳入地方职业技术教育事业发展的统一规划。"发展至今，工读学校开展职业教育主要有以下几种形式：①单设"职业培训部"，作为工读学校下属的教育机构，在管理上具有一定的自主权，类似于在工读学校内开设一个小型的职业学校。②开设专门的职业技术课程，即除了普通的文化、法治教育课程外，为学生开设各类职业技术课程，学生凭兴趣选择，帮助他们掌握一技之长。③与其他职业学校合作，包括两种合作模式：一是邀请其他职业学校的老师来为工读学校学生授课；二是开展收生合作，在工读学校初中毕业的学生可直接升入职业学校就读高中。

不过，从工读学校的本质来看，对"严重不良行为"的未成年人进行教育、矫正应是其首要任务。在工读学校内过多地体现职业教育色彩难免本末倒置，削弱工读学校的应有功能。

3. 普通学校化

自 20 世纪末以来，我国工读学校的发展面临着严重危机，为了填补日渐减少的生源，许多学校开始扩大收生范围，将既未违法犯罪，又无"严重不良行为"，而仅仅因为学习成绩差、违反学校纪律的学生纳入工读教育之中。据中国青少年研究中心"违法犯罪未成年人群体研究"课题组2014 年的调查，对于就读工读学校的原因，71.4% 的工读学校学生选择"在原校学习成绩差"，43.6% 的选择"在原校与老师关系不好"，42.1%的选择"有不良行为"，而选择"有违法犯罪行为"的只有 11.3%。例

---

① 笔者曾经在某工读学校中看到过学生的"入矫誓词"，卡片上写着"我是一名由工读学校收容的学生×××，我为自己的犯罪行为给社会及家庭造成的危害而悔恨。在校期间，我一定认罪服法，严格遵守法律法规，严格遵守矫正纪律，自觉服从管理，主动接受教育，积极参加劳动，端正改造态度，彻底改造思想，努力学习文化技术，根除懒散恶习，养成良好行为习惯。正确行使权利，认真履行义务，争取早日回归社会，成为一名合格的遵纪守法公民"。并在卡片下方附有"入矫人员签名"。

如，地处广东省的某知名工读学校集工读教育、职业教育和校外教育三者于一身，每年培训普通学校学生五六万人，职业教育学生 600 多人，而工读生不到 100 人①。这所学校从学生比例看，与其说是一所工读学校，毋宁说是一个另外的"校外活动场所"。这种不断减少"严重不良行为"学生的规模，淡化工读教育色彩，向普通学校靠拢的做法，已无"工读"之实。

二 我国工读教育的困境与症结

适者生存的道理并非仅适用于自然界，当前工读教育的监狱化、职业化、普通化趋势并非畸形的产物，而更像是一种必然的结果，是工读学校顺应社会需要、解决自身生存危机而实施的重大变革。收生对象从流浪、闲散未成年人向严重不良行为未成年人的过渡为"工读监狱"的落成埋下了隐患；帮助学生摒弃陋习、掌握一技之长以重新融入社会的目标成为"职业学校"的无奈之选；而"三自愿"后大幅下降的生源，更是招收普通学生"填满工读学校"现象的直接导火线。监狱化、职业化、普通化只是表象，要抚平工读之伤，也许我们更应该了解伤在何处、病由何起。

（一）我国工读教育的现实困境

即便将 18 世纪中叶瑞士教育家裴斯泰洛齐创办的孤儿院视为工读之滥觞，亦不过区区两百余年。与数千年来的传统文化教育相比，我们似乎始终找不到开展工读教育的正确方式，各种所思所想囫囵吞下，当我们翘首期盼看到一个丰满的工读之躯时，却发现其已满身疮痍。

1. **法律保障欠缺**

工读教育法律保障的欠缺正是我国少年法律体系的现实缩影——现有的"两法一专章"② 捉襟见肘，更多的散见于其他部门法中的规定缺乏系

---

① 张良驯：《对工读学校"去工读化"现象的探讨》，《中国青年研究》2016 年第 4 期，第 27～33 页。

② 即《未成年人保护法》《预防未成年人犯罪法》与《中华人民共和国刑事诉讼法》中的"未成年人刑事案件诉讼程序"专章。

统性和可操作性,"少年法"与"儿童福利法"两部核心法律遥不见影①。而这样的直接结果即未成年人保护、少年司法领域的诸多工作无法开展、混乱不安,遑论甚小一隅的工读教育能够专门立法了。

就法律渊源而言,工读教育的主要依据来源于《未成年人保护法》②和《预防未成年人犯罪法》③ 之中。然而,这些规定却过于笼统,缺乏可操作性,对于工读之长远发展还远远不够。反观六十余年来的工读实践,基本是在政策文件的统领下蹒跚前行。改革开放后,中共中央批转北京市委关于解决当前首都治安的一个文件中指出:"为了把那些有违法犯罪行为,一般学校难以管理,但又不够打击处理的学生,集中起来进行管理教育,建议市教育局恢复过去的 3 所工读学校。"④ 此后,1979 年 6 月中共中央转发宣传部、教育部、文化部、公安部、全国总工会、共青团中央、全国妇联等八个单位的《关于提请全党重视解决青少年违法犯罪问题的报告》,1981 年 4 月国务院批转教育部、公安部、共青团中央的《关于办好工读学校的试行方案的通知》,1985 年 10 月中共中央颁发的《关于进一步加强青少年教育、预防青少年违法犯罪的通知》,1987 年 6 月国务院办公厅转发国家教育委员会、公安部、共青团中央的《关于办好工读学校的几点意见》,2000 年 12 月中共中央办公厅、国务院办公厅转发的《中央社会治安综合治理委员会关于进一步加强预防青少年违法犯罪工作的意见》以及 2016 年 5 月中办国办印发的《关于进一步深化预防青少年违法犯罪工作的意见》等,均对工读教育的开展提出了相应要求。除此之外,北京、上海等地也根据当地实际制定了地方性政策法规。然而,面对如此纷繁复杂

---

① 孙鉴:《论我国少年法律体系的学理构建》,《预防青少年犯罪研究》2016 年第 5 期,第 36~50 页。

② 如《未成年人保护法》第二十五条:"对于在学校接受教育的有严重不良行为的未成年学生,学校和父母或者其他监护人应当互相配合加以管教;无力管教或者管教无效的,可以按照有关规定将其送专门学校继续接受教育。"值得注意的是,新修订的《未成年人保护法》已将"工读学校"改为"专门学校"。

③ 如《预防未成年人犯罪法》第三十五条:"对有本法规定严重不良行为的未成年人,其父母或者其他监护人和学校应当相互配合,采取措施严加管教,也可以送工读学校进行矫治和接受教育。"

④ 石军:《中国工读教育政策法规的历史演变与当代意义》,《预防青少年犯罪研究》2014 年第 1 期,第 64~70 页。

的工读教育体系，两部法律中寥寥几条规定明显不够，而政策文件的位阶较低，在各地实践中很难真正地引起重视。

2. 地区差异悬殊

在缺乏统一法律规制的情况下，面对我国如此复杂的地理与文化差异，工读教育发展的地区差异理应得到理解。但是各地对于政策文件的理解所反映出的重视程度的差异，却成为工读发展的桎梏。曾有学者形象地比喻，我国的工读学校办学者往往是抱着中央文件的"金饭碗"到地方政府部门也"讨"不到"饭"吃①。就中国教育学会工读教育专业委员会的统计而言，截至2015年底，我国工读学校共79所，分布在25个省（自治区、直辖市）。其中贵州、上海、辽宁、四川、北京、广东6个省（市）的工读学校普及率较高，分别为14所、12所、10所、7所、6所、6所，共计55所，占了全部工读学校的70%，而其他19个省（自治区、直辖市）总共才24所工读学校，其中江苏、福建等经济较为发达的地区仅1所工读学校。另外，还有9个省（自治区、直辖市）没有工读学校。

此外，不仅体现于数量上，各地工读学校的质量亦参差不齐。如前文所述，当前我国工读学校呈现出"三三三格局"。从20世纪90年代开始，很多工读学校开始探索新的办学模式，经过数年的发展，一些独具特色的工读学校脱颖而出，如上海育华学校、广东新穗中学、成都五十二中等；与之相反，大多数学校却在走下坡路，发展举步维艰；更有少数学校站在生存的边缘，如安徽蚌埠工读学校就长期没有学生。这两方面带来的工读学校的地区差异，使得工读本身的作用和效果大打折扣，进而应有的价值无从彰显。

3. 师生数量萎缩

就我国工读学校的发展困境而言，学生数量的减少最为直观，招生难严重制约着工读教育发展，生源的不断减少直接导致工读学校数量萎缩、办学规模缩小。在"三三三格局"中，后两类学校招不到、招不满学生的情况时有发生，有的工读学校出现师多生少的情况，甚至有的学校已没有

---

① 胡俊崎：《论当前工读教育面临的困境与发展机遇》，《预防青少年犯罪研究》2014年第6期，第35~39、58页。

学生，名存实亡，即便在我国工读发源地的北京，其门头沟区工读学校整个 2014 年度，也仅有 2 名学生①。全国法院公布的有关资料显示，2011 年，判决生效未成年犯人数是 67280 人，由此可推断 2011 年全年新产生的有严重不良行为的未成年人数至少有 7 万人②。而是年，全国工读学校在校生总数为 8976 人，差额如此之悬殊，我们不禁自问，这些孩子都去哪了？

不仅如此，哪怕是靠着"半强制"或职业教育的吸引力使生源暂为稳定的工读学校，也有其自身的困扰——教师数量严重不足。应该说，工读学校的教学难度明显超过了普通学校，工读教育对教师在教学方法、教学能力、心理辅导、学生管理等方面都有较高的要求。1987 年 6 月国务院办公厅转发国家教育委员会、公安部、共青团中央《关于办好工读学校的几点意见》曾指出："工读学校的规模一般不少于一百人，每个教学班以二十五人左右为宜……教师编制可高于普通中学，每个教学班一般不少于四人。"然而从实践操作来看，大部分地区根本达不到这样的标准。同时，由于工读学校对教师的素质要求更高，教师工作更为繁重，而福利待遇及晋升渠道却大不如普通学校，因此工读学校内的教师流失现象严重。

（二）工读困境背后的深层思考

工读教育面临着如此尴尬的境地：新中国成立之初，百废待兴，在法治尚不完善的时候我们仍能创造性地开办工读，用教育矫治的方法面对罪错未成年人，使得工读一度十分火热；然而改革开放之后，法治逐渐健全，我们亦从"严打"的愤慨中惊醒，将"教育、感化、挽救"方针高举头顶之时，工读却日渐衰落，于夹缝中艰难生存。究其原因，离不开社会环境、政策法规的变化，亦是其内在病灶的必然结果。

1. **工读教育的污名化**

污名化，即一个群体将人性的低劣强加在另一个群体之上并加以维持的动态过程，它是将群体的偏向负面的特征刻板印象化，并由此掩盖其他特征，成为在本质意义上与群体特征对应的指标物。自社会学发展而来的

---

① 参见搜狐网：http：//news. sohu. com/20140526/n400018170. shtml，2014 - 05 - 26。
② 路琦：《工读教育与未成年人违法犯罪预防》，《预防青少年犯罪研究》2013 年第 1 期。

"污名化"概念，已经被普遍用于对未成年人群体的研究之中，如"留守儿童""农民工子女"等。类似地，提及工读学校，人们首先就会想到"问题儿童""不良少年"，甚至"少年犯"。作为学生家长，他们害怕自己的孩子在工读学校的"不光彩"经历给孩子的未来烙上疤痕，"去了工读学校，以后找工作都困难"，害怕在这里会学到本来不会的犯罪技能，因而"宁可让自己的孩子在马路上游荡，也不愿意让他到这种特殊的学校来上学"①。某种程度上说，这亦是工读学校收生难的重要原因之一。

污名化常与"标签效应"相联系。一个人的社会角色是由人的行为分类方式而造成和加强的，个体被动地去接受和扮演这些角色是由于不可抗拒的社会期望，个体基本上服从社会为他们提供的模式。长久以来，"工读生就是不良少年甚至少年犯"的社会评价为这些学生以及工读学校扣上了摘不掉的帽子。过早地背负着如此沉重的包袱使得本身就遇到挫折的未成年人更加失落与无助，甚至自暴自弃，一步步走向犯罪的深渊。而对于学校，污名化的评价则深刻地反映着教育系统内部优势群体与弱势群体之间"贴标签式命名"的权力关系②，以致工读学校成为教育系统中被忽视的群体，从而引起人才流失、资金短缺等一系列问题。

2. 强制入学制度的取消

作为公安部部长与北京市公安局局长共同建议设立的工读学校，自创办之初，其招生就一直是由公安部门负责，采取强制入学的方式招收学生。即便是在改革开放后，各地工读学校的收生亦大多采取半强制的方法，如1983年北京市政府48号文《关于办好工读学校的几点意见》即明确指出，"工读学校招生要实行半强制措施"，"招生时，以公安派出所管区划片，由公安派出所负责组织管区内各中学、居委会对招生对象进行调查摸底和初步审定。需送工读学校的由区教育局、区公安分局共同审批"。1987年，国务院办公厅转发国家教育委员会、公安部、共青团中央的《关于办好工读学校的几点意见》也规定："工读学生入学须经当地区、县教育局和公安局共同审批。学校和街道要共同做好家长及学生的思想工作。"

---

① 熊伟：《我国工读教育面临的问题与对策》，《青少年犯罪问题》2011年第5期，第41～44页。
② 陶鹏：《公众污名、自我污名和媒介污名：虚拟社会泛污名化现象的三维解读》，《广东行政学院学报》2014年第1期，第39～44页。

应该说，这种半强制的方法在当时格外行之有效，学校只用等着学生被送进来。

但是进入 20 世纪 90 年代，由于国家加大法治建设力度，依法治国、保证人权等都写入了宪法法律之中，带有强制教育色彩的工读学校便面临着尴尬境地。1999 年出台的《预防未成年人犯罪法》不得不对此做出改变，其第三十五条规定，"对有本法规定严重不良行为的未成年人，其父母或者其他监护人和学校应当相互配合，采取措施严加管教，也可以送工读学校进行矫治和接受教育。对未成年人送工读学校进行矫治和接受教育，应当由其父母或者其他监护人，或者原所在学校提出申请，经教育行政部门批准"。至此，工读学校大多开始实行"三自愿"的招生办法，即工读生入学为学生本人、学生家长和学生原先所在学校三方的自愿，只要三方中的任何一方不同意入学，招生就不能进行。其实，从立法的初衷来看，这无疑是对未成年人合法权益的切实保护，在公权与私权博弈之后，孩子就读的权利正式交还给家长。另外，在标签效应下已产生污名的工读学校，早已不是家长的优先选择，甚至从没有进入过他们的选择范围，这样无疑造成了工读学校生源的锐减，甚至导致个别省市的工读学校无生可招。

3. 工读学校自身教育、管理体制的弊病

工读学校的教育、矫正效果究竟如何？也许我们均忽视了一个问题，如果工读的效果真如人们的设想一般，又何以会面临如此之困境，难道真的全是外部原因所致吗？笔者曾去过多所工读学校，里面的学生无一例外，所关注的只有一个问题——我还有多久才能出去。有学者曾将工读学校的内部发展归结为"六重六轻"：①重经验管理，轻改革创新。②重纪律约束，轻文化濡染。③重知识教学，轻实践活动。④重行为塑造，轻心理辅导。⑤重孤立发展，轻协同共育。⑥重值班管理，轻教学研究①。具体而言，在课程的设置上，由于生源构成的特殊性，工读学校内开设的课程大多是针对学生行为矫正的课程教学，即思想品德教育与法治教育等，而相对忽视学生的心理教育。北京市朝阳工读学校曾对多名普通中学的学

---

① 石军：《中国工读学校内部发展的困境与对策研究》，《预防青少年犯罪研究》2012 年第 9 期，第 71~76 页。

生和工读学校的学生进行心理测试、对比研究，得出的结论是工读学校的学生大部分具有一定程度的心理障碍，易扰性突出、情绪起伏大和心理稳定性差是最突出的问题①。而全国多所工读学校中，大部分学校的心理健康咨询是一片空白，同时只有 40.9% 的工读学校配有心理咨询教师②。

另外，众所周知，封闭或半封闭的军事化管理方式是工读学校的特征。也许，学校集中住宿、老师对学生的全方位照顾可以成为监护缺失孩子的保护伞，在一定程度上弥补一些学生家庭监护的缺陷。然而，这却也使得实施工读教育的工读学校带上了明显的司法色彩，过多地突显了规训与惩罚的功能③。在现实中，我们经常发现有学校根本做不到让学生每周回家一次，学生甚至长达数月见不到自己的父母。这种与社会的隔绝显然对他们价值观与世界观的形成极为不利，亦带来了不可避免的"交叉感染"，各种不良行为相互影响、相互学习，形成恶性循环，最终与教育矫治的初衷背道而驰。质言之，自身教育、管理机制与社会的客观要求相脱节，无疑成为工读教育向前发展的一块绊脚石。

三 从"工读"到"专门"——我国工读教育的合理定位与未来发展

无论工读面临何种困境，我们首先应该承认，六十余年来，工读教育致力于问题孩子的教育转化与社会回归，挽救了一大批处在违法犯罪边缘的未成年人，为社会的和谐稳定做出了重要贡献，其是社会治安综合治理的重要环节，亦乃预防未成年人违法犯罪的最后一道防线。但正是将工读放在少年司法的背景下，可以看到我们当前是要么简单地将违法犯罪的未成年人送进矫正机构给予监禁性处罚，要么放任其闲散于社会之中，而缺少介于两者之间的中间环节。无疑，就工读教育的定位而言，其理应成为

---

① 熊伟：《我国工读教育面临的问题与对策》，《青少年犯罪问题》2011 年第 5 期，第 41～44 页。
② 鞠青：《中国工读教育研究报告》，北京：中国人民公安大学出版社，2007，第 64 页。
③ 胡俊崎、尹章伟：《英国伯明翰市预防青少年违法犯罪的特殊教育体系及作用》，《青少年犯罪问题》2007 年第 3 期，第 58～61 页。

这"两者之间的中间环节"。即便是在教育学界，对于工读教育一个普遍被大家接受的定义为"工读教育是对有情绪和行为障碍、不适应社会的未成年人进行的特殊教育和保护措施"①。质言之，工读的落脚点在于"特殊"与"保护"，其实为少年司法中保护处分中的一种重要处遇措施，类似于德国的促进学校②、中国香港的群育学校③以及日本的儿童自立支援设施④，旨在通过特殊的教育矫治措施对学生进行心理与行为的矫正，以教代刑，提前干预。也正基于此，工读学校必须区别于普通学校，而体现出自身独立性，完成从"工读"向"专门"的转变。

（一）"专门学校"的合理定位

值得欣慰的是，当前除少数学者对"去工读化"持保留态度以外⑤，大部分人已经认识到了"工读"二字所带来的弊病。2016年"两办"《关于进一步深化预防青少年违法犯罪工作的意见》业已改为"专门学校"的称谓。同时在当前的89所工读学校中也已经有47所在学校名称上避开了"工读"，而改用"育华""新穗""曙光"等称谓，这无疑为规避"标签效应"带来了积极的效果。但是，显然"去工读化"并非简单地改名就能完成，向专门学校的过渡，充分实现其少年司法保护处分的自身定位，需体现出"五个专门"。

1. 专门的立法

如前文所述，当前我国的工读教育各项工作的开展主要来源于《未成年人保护法》及《预防未成年人犯罪法》两部法律以及各政策文件之中，相对来说较为笼统，可操作性不强，某种程度上说亦是长久以来工读定位不清的重要原因之一。要完成向专门学校的蜕变，法律的保障必不可少。

---

① 方俊明：《今日特殊儿童与教育》，上海：华东师范大学出版社，2004，第146页。

② 在德国，为有特殊教育需求的未成年人提供教育服务的机构统称为促进学校，其学生为存在各种行为问题的孩子，主要的目的在于帮助学生进行行为纠偏。

③ 20世纪50~60年代起，香港会为一些存在心理或行为等问题的孩子提供特殊的住宿及教育服务，发展至今即群育学校，其主要的目的是为孩子提供必要的教育辅导，帮助他们掌握各类生活技能，而非惩罚。

④ 日本的儿童自立支援措施由最早的感化院及教养院发展而来，是日本《少年法》中明确规定的保护处分措施。

⑤ 张良驯：《对工读学校"去工读化"现象的研讨》，《中国青年研究》2016年第4期，第27~33页。

有学者曾经对工读立法的进程做出研究，提出渐进式立法：第一阶段，由教育部制定一部"工读学校管理办法"，对我国工读学校当前急需解决的问题做出规定；第二阶段，在"工读学校管理办法"执行一定时间后，由国务院制定"工读学校管理条例"；第三阶段，在进行大量准备工作的基础上，由全国人大常委会制定"工读学校法"①。笔者认同渐进性的立法方式，法律的改良需要时间的沉淀，而非一蹴而就。但除将"工读学校法"改为"专门学校法"外，笔者以为，专门学校的构建是一个复杂的、系统的工程，既非教育行政部门一家之活，也非司法部门单独所能承担，故应在法律的规制上体现出不同的侧重，"专门学校法"主要规定专门学校的定位、教学、师资等问题，除此以外，在未来的"少年法"中务必对专门学校重点关注，聚焦于专门学校的收生程序等问题。

2. 专门的程序

所谓专门的程序，主要是指专门学校的收生程序。收生难已经成为专门学校发展中的重要阻碍，2016 年"两办"《关于进一步深化预防青少年违法犯罪工作的意见》明确指出："探索改革入学程序，畅通有严重不良行为未成年人进入专门学校接受教育矫治的渠道，研究建立符合条件的涉案未成年人进入专门学校接受教育矫治的程序。"值得注意的是，在上位法已经做出规定的情况下，收生程序改革并非易事——《预防未成年人犯罪法》第三十五条已经提出了"三自愿"的原则。因此，专门学校收生程序的改革首先需要从《预防未成年人犯罪法》入手，而在如何改革的问题上，笔者提出两种设想：一是除三方申请以外，赋予少年法庭予以裁决，将涉案未成年人送入专门学校的权力；二是即便是由"三自愿"提起申请，也需要设立一个专门委员会，委员会由教育学、心理学、法学等各个领域的专家组成，所有问题孩子是否适合进入专门学校内进行教育矫治，均由专门委员予以评估决定。

3. 专门的师资

专门学校内的教师，大部分可以教普通学校内的学生，但普通学校内的教师，却不一定教得好专门学校内的学生。这个在工读界已经普遍形成

---

① 刘世恩：《对我国工读学校立法的思考》，《法学杂志》2005 年第 6 期，第 88～90 页。

的共识，无疑反映出对专门学校教师的特殊要求。除普通的文化课教学要求外，这些教师还需深入了解学生们的内心世界，充分掌握心理学、教育学、社会学、法学等多学科知识，真正做到"因材施教"。据调查，专门学校内的教师工作时间普遍要比普通学校的时间长。其中班主任周工作时间为64.1小时，其他任课教师周平均工作时间为49.7小时，校长周平均工作时间为63小时，均远远高出国家规定每周40小时工作时间①。所以，面对如此繁重的工作任务及更高的素质要求，我们急需建立一支优秀的专门学校教师队伍，这要求我们对他们的工资、福利待遇予以改善，打通其职称与晋升渠道，以吸引更多的优秀人才；更为重要的是，作为优秀教师的培育基地，我们能否考虑在各师范院校内有针对性地开设工读等特殊教育专业与方向，从源头上为国家培养更多的专门学校内的优秀教师。

4. 专门的生源

与收生程序类似的，我国专门学校的生源同样业已由《预防未成年人犯罪法》所明确规定，即我们所说的九类严重不良行为未成年人②。但是就各地实践来看，生源的两极化特征十分明显。正如工读学校的监狱化、职业化、普通化倾向所呈现给我们的一样，有的地区将专门学校当成了"孙悟空"，无论孩子出了什么问题均送进工读学校内，据中国青少年研究中心"违法犯罪未成年人群体研究"课题组2014年的调查，对于就读工读学校的原因，71.4%的工读学校学生选择"在原校学习成绩差"，43.6%的选择"在原校与老师关系不好"，42.1%的选择"有不良行为"，而选择"有犯罪行为"的只有11.3%。另外，也有部分地区对生源的要求格外严格，以致对严重不良行为都放任不管，而当出现违法甚至犯罪行为时才会考虑到专门学校的存在。显然，在未成年人犯罪数量日渐下降的今天，这些学校的生源萎缩也就不觉奇怪了。对此，笔者认为，尽管对于

---

① 参见人民网：http://www.people.com.cn/item/flfgk/dffg/1983/A 133403198301.html，2016－12－31。

② 《预防未成年人犯罪法》第三十四条：本法所称"严重不良行为"，是指下列严重危害社会，尚不够刑事处罚的违法行为：（一）纠集他人结伙滋事，扰乱治安；（二）携带管制刀具，屡教不改；（三）多次拦截殴打他人或者强行索要他人财物；（四）传播淫秽的读物或者音像制品等；（五）进行淫乱或者色情、卖淫活动；（六）多次偷窃；（七）参与赌博，屡教不改；（八）吸食、注射毒品；（九）其他严重危害社会的行为。

"严重不良行为"的规定本身即存在争议①，但对专门学校生源的严格控制是有必要的。专门学校的生源不应作加法，而应作减法。基于未成年人生理、心理的发育特征，为了充分尊重未成年人的"自愈"规律，我们理应减少司法及不必要的干预。也许，我们需要考虑的不是怎样让更多的孩子进入专门学校内，而是需要思考如何为本应进入专门学校内的学生更好地畅通渠道。

5. 专门的教育

应该说，正是专门学校生源的特殊性，决定了我们对其教育内容及教育方式的特殊性。在教育的内容上，专门学校除了开展与普通学校一样的文化知识与基本技能教学外，还应该具有更多的针对行为矫治的课程，兼具文化、法律、道德与心理等多项教学内容。在教育的方式上，从专门学校的起源即"工读"来看，"工读"二字即充分表明了劳动教育与文化教育的并举。劳动教育本来是工读学校的特色，也被《未成年人保护法》所明确②，曾经以劳动教育为主的工读学校也有效地帮助了未成年学生改进不爱劳动、贪图享乐等不良习性，在行为矫治上收到了不俗的效果。然而，此处笔者并非要重申劳动教育的重要性，而是突出专门学校与普通学校的区别——即将学生从被动的知识吸收带入具体的实践操作之中，可以通过开设各类丰富的主题活动，将我们想要传达给学生的理念以他们喜爱的方式传达给他们，进而取得更佳的教育矫治效果。

（二）"专门学校"的未来期许

滥觞于 20 世纪 50 年代的我国工读教育，至今已走过一个甲子。回眸过往，不禁轻声叹息，曾经如此繁荣的工读何以至此境地。但将其置于少年司法的保护处分架构中，我们又对它的未来充满期许。晚近以来的少年司法改革，莫不以减缓未成年人刑事归责性为导向，强调非污名化、非标签化、非刑罚化、非机构化，注重第二次机会之给予，期许未成年人改过

---

① 姚建龙：《论〈预防未成年人犯罪法〉的修订》，《法学评论》2014 年第 5 期，第 114 ~ 123 页。
② 《未成年人保护法》第二十五条："专门学校应当对在校就读的未成年学生进行思想教育、文化教育、纪律和法制教育、劳动技术教育和职业教育。"

自新①。其中，监禁性保护处分的单一化是未成年人权益保护的客观要求，面对收容教育、收容教养等制度自身存在的诸多弊病以及现实中"零适用"，工读教育必须承担起更加艰难的责任，实践证明，学校式、感化性的工读教育也更适合罪错少年的矫治与挽救。

然而，面对社会对工读教育的客观需求，工读本身的能力是否能够与之匹配是其能否向前迈进的决定性因素。要实现"工读"向"专门"的蜕变，"五个专门"还远远不够，相较于其他国家，无论是德国的促进学校、中国香港的群育学校，还是日本的儿童自立支援设施，我们与之均存在较大的差距。在这些"工读"身上，我们看到的是招生程序的法律化，完善的评估体系，教育矫治后的转出机制。工读若想吸纳收容教养，充分实现其以教代刑、提前干预的"最后一道防线"功能，笔者认为，第三方评估机构的设立极为必要，其不仅决定专门学校的收生，亦是对教育矫治效果进行评估从而判断学生是否适合转出、退学的重要媒介。同时，面对地区之间的巨大差异，专门学校本身不宜采取统一标准，而须视各地的具体情况予以调整，或可尝试对专门学校进行分级化管理，在不同等级、不同地区的专门学校中突出不同的教学重点。最后，一个文明、健全、法治的社会，应该允许人们"犯错"，尤其是对于未成年人，我们更应抱以宽大的心态，给予那些"问题少年"以改正的机会并提供必要的帮助——我们挽救一个孩子就是在挽救一个家庭，亦是在造福一个社会。

---

① 张鸿巍：《掀开少年司法的面纱》，《人民法治》2016 年第 2 期，第 13 ~ 14 页。

对工读学校"去工读化"现象的研讨

张良驯*

摘　要： 工读学校作为我国一种独立的教育类型，担负着教育和矫治具有严重不良行为未成年学生的基本任务，应该发挥普通学校不具备的行为矫治和犯罪预防作用。但是，当下一些工读学校一味淡化"工读"色彩，向普通学校靠拢，不少地方政府也忽视工读学校的建立和发展，形成了一种很不正常的"去工读化"现象。这种现象偏离了工读学校的教育定位，损害了对未成年学生不良行为的及时矫治，动摇了工读学校独立存在、独特发展的基础。笔者认为，只有还工读学校的本来面目，坚持工读学校的"工读"定位，才能促进工读学校的健康发展。纠正"去工读化"现象，根本上有赖于完善关于工读学校的法律法规和教育政策。

工读学校是面向具有严重不良行为、不适合继续留在普通学校学习的未成年人，开展义务教育和行为矫治的专门学校。"严重不良行为"是指《预防未成年人犯罪法》规定的"严重危害社会，尚不够刑事处罚的违法行为"。工读学校在形式上是文化教育与劳动教育相结合，本质上是在提供义务教育的同时，矫正未成年人的严重不良行为。"工读"是工读学校的教育定位，是工读学校得以成为一种独立教育类型的法理依据，也是工读学校区别于普通学校的根本标志。但是，一段时间以来，一些工读学校出现了"去工读化"现象，即在学校名称、招生和教学上向普通学校靠拢，淡化"工读"色彩，偏离"工读"定位；同时，一些地方政府忽视工

---

* 张良驯，中国青少年研究中心副主任，教育学博士。

读学校的建立和发展。这种"去工读化"现象偏离了工读学校的教育定位，扭曲了工读学校的教育性质，损害了对未成年学生不良行为的及时矫治。只有制定新的关于工读学校的专门法规和教育政策，才能切实纠正工读学校的"去工读化"现象，促进工读学校持续健康地发展。

一 工读学校"去工读化"的突出表现

1. 学校名称的"去工读化"

学校名称的"去工读化"，是指在工读学校名称中去除"工读"二字，采用与普通学校不相区别的名称。这导致许多工读学校的名称混同于普通学校。学校名称是学校类型的直接反映。《中国教育统计年鉴》把我国各级各类学校分为高等教育、中等教育、初等教育、工读学校、特殊教育和学前教育六类①，这说明工读学校是一种以"工读"命名的、与普通学校并列的独立的教育类型。工读学校创办于1955年，学校名称借鉴了苏联"高尔基工学团"的说法。"工读"是当时建立的工读学校的鲜明特色，也是政府创办工读学校的基本依据。"工读"是工读学校区别于普通学校的鲜明标志，因此，工读学校的名称原来是包含"工读"二字的，通常叫作某工读学校。1987年国务院办公厅转发的原国家教委、公安部、共青团中央联合提出的《关于办好工读学校的几点意见》，明确规定了工读学校的工读性质，强调"工读学校这种特殊的教育形式"是"必要的"。当时，工读学校已经普遍不再采用半工半读的方式，实际上已有"读"无"工"。不过，工读学校的名称直到20世纪80年代也没有发生变化。

但是，从20世纪90年代开始，许多工读学校进行更名，取消"工读"的校名。例如，北京市海淀工读学校创办于1955年，是我国第一所工读学校，1995年改名为"海滨寄读学校"；上海市卢湾区工读学校创办于1961年，1994年改名为"新晖学校"；深圳市工读学校1994年改名为"育新学校"。改名的结果是"工读"二字不再出现在许多工读学校名称之中。据中国教育学会工读教育分会《全国工读学校通讯录》记载，2015年

---

① 谢焕忠：《中国教育统计年鉴（2013）》，北京：人民教育出版社，2014，第2页。

全国81所工读学校中,对外直接以工读学校命名的只有19所;多数工读学校已改名为育才学校、启德学校、新元学校、启明学校、立德学校、新兴学校、新雨学校、晨光学校、阳光学校等,或者直接叫作第几中学、某中学,还有直接叫作某职业中学、某职业高中等。

近年来,有人主张用"专门学校"替代工读学校。这也是试图回避"工读"称谓的思维,是另一种校名"去工读化"现象。

2. 学校招生的"去工读化"

学校招生的"去工读化",是指工读学校没有按照法定程序和标准,招收特定的未成年学生。这导致工读学校招收了许多普通学生。

工读学校具有特殊的招生标准和特定的招生对象,法律对此做出了明确的规定。根据《预防未成年人犯罪法》第三十五条的规定,工读学校招生对象必须具有该法第三十四条界定的"纠集他人结伙滋事,扰乱治安","携带管制刀具,屡教不改","多次拦截殴打他人或者强行索要他人财物","传播淫秽的读物或者音像制品等","进行淫乱或者色情、卖淫活动","多次偷窃","参与赌博,屡教不改","吸食、注射毒品"和"其他严重危害社会的行为"九种"严重不良行为"。《义务教育法》第二十条规定:工读学校是为具有《预防未成年人犯罪法》规定的严重不良行为的适龄少年设置的。根据《未成年人保护法》第二十五条的规定,工读学校招收"在学校接受教育的有严重不良行为的未成年学生"。可见,《义务教育法》《未成年人保护法》和《预防未成年人犯罪法》都明确了工读学校的招生对象是具有"严重不良行为"的未成年人。

但是,目前许多工读学校在招生中没有执行以上三个法律文件的相关规定,招收的许多学生是没有严重危害社会的违法行为的,而只是因为学习成绩差、违反学校纪律。据中国青少年研究中心"违法犯罪未成年人群体研究"课题组2014年的调查,对于就读工读学校的原因,71.4%的工读学校学生选择"在原校学习成绩差",43.6%的选择"在原校与老师关系不好",42.1%的选择"有不良行为",而选择"有犯罪行为"的只有11.3%。可见,多数工读学校的学生在入学时并没有"严重不良行为",而只是因为学习成绩差、与老师关系不好和轻微的不良行为,这明显不符合《预防未成年人犯罪法》等法律文件的相关规定。招生标准的放宽,使得工读学校招收了许多没有严重不良行为的普通学生。笔者的调研也证实了这一点，在许多工读学校中普通学生占了大多数，具有严重不良行为的工读学生只占少数。例如，地处广东省的某知名工读学校集工读教育、职业教育和校外教育三者于一身，每年培训普通学校学生五六万人，职业教育学生600多人，而工读生不到100人。这所学校从学生比例看，与其说是一所工读学校，还不如说是一所职业学校或校外活动场所。可见，一些工读学校不断减少工读学生规模，淡化工读教育色彩，向普通学校靠拢，不仅已无"工读"之名，而且也无"工读"之实。

3. 学校教学的"去工读化"

学校教学的"去工读化"，是指工读学校在教学中重视文化知识的讲授，轻视不良行为的矫治。这导致一些工读学校偏离矫治功能，像普通学校一样开展单一的义务教育。

在教学内容上，工读学校除了开展像普通学校那样的基本知识和基本技能教学外，还应该具有更多的不良行为矫治的课程。但是，许多工读学校重视文化课，忽视道德、法治、心理课，缺乏旨在矫治不良行为的教学内容。在教学方式上，劳动教育本来是工读学校的特色，是矫治不良行为的有效手段。半工半读曾经是工读学校重要的教学方式。"工读"二字表明，工读学校在功能上是教育与矫治同在，在教学上是劳动教育与文化教育并举。工读学校在20世纪80年代前以劳动教育为主，有效地帮助了未成年学生改进不爱劳动、贪图享乐等不良习性。但是，目前工读学校普遍向普通学校看齐，不再实施必要的劳动教育。在教学评价上，许多工读学校重视文化课的考分，轻视矫治课的实效。许多工读学校套用普通学校的教师职称评审标准，使得一些工读学校教师对矫治课程不重视，忽视了工读学校教学评价的特殊性。可见，许多工读学校无论是在教学内容、教学方式，还是教学评价上，都不符合《未成年人保护法》第二十五条"专门学校应当对在校就读的未成年学生进行思想教育、文化教育、纪律和法制教育、劳动技术教育和职业教育"和《预防未成年人犯罪法》第三十六条关于工读学校"应当加强法制教育的内容，针对未成年人严重不良行为产生的原因以及有严重不良行为的未成年人的心理特点，开展矫治工作"的规定。很多工读学校在遇到发展困难时选择了转型，但令人遗憾的是，不是对学校教学内容和矫治方式的转型,而是"转型为各种其他类型的普通学校","远离了建立工读学校的初衷和工读教育的内在核心价值—转化'问题学生'"①。

4. 学校建立的"去工读化"

学校建立的"去工读化",是指有的地方政府没有按照法律规定,在本地区建立起必要的工读学校,或者没有大力发展现有的工读学校。这导致工读学校总量不足,发展不平衡。

政府是建立工读学校的责任主体。根据《义务教育法》第二十条的规定,县级以上地方政府要根据需要,为具有预防未成年人犯罪法规定的严重不良行为的适龄少年人设置专门的学校实施义务教育。根据《义务教育法》第二十一条的规定,对未完成为义务教育的未成年犯和被采用强制性教育措施的未成年人应当进行义务教育,所需经费由人民政府予以保障。根据《关于办好工读学校的几点意见》的相关规定,各地区特别是大中城市的教育行政部门要采取积极措施,举办和办好工读学校。可见,法律法规明确了政府及其教育行政部门有责任建立和发展工读学校,用以对具有严重不良行为未成年学生的教育和矫治。

但是,关于建立工读学校的教育政策并未得到切实执行。据《中国教育统计年鉴》记载,2013 年全国只有 78 所工读学校。这不仅在各类学校中属于最少的,而且与曾经的 157 所工读学校相比也减少了一半。据中国教育学会工读教育分会《全国工读学校通讯录》记载,2015 年全国只有81 所工读学校。其中,上海有 13 所,辽宁 10 所,贵州 9 所,四川 7 所,北京 6 所,广东 5 所,重庆 4 所,吉林、广西各 3 所,江苏、安徽、浙江、湖北、湖南、河南各 2 所,黑龙江、福建、海南、云南、新疆、天津、山西、陕西、内蒙古各 1 所。有 7 个省(自治区、直辖市)没有建立任何工读学校,尤其是像河北、山东这样拥有较多未成年学生的省竟然连一所工读学校都没有,这确实出乎人们的意料。

总体上说,大多数大中城市和县市没有按照《义务教育法》和《关于

---

① 石军、谢永德:《工读学校"问题学生"的成因分析与教育转化》,《青年探索》2012 年第 1 期,第 75 ~ 79 页。

办好工读学校的几点意见》的相关规定，建立起教育和矫治具有严重不良行为未成年学生的工读学校。

二　工读学校"去工读化"的危害

1. "去工读化"削弱了未成年人犯罪预防工作

工读学校实施的是一种特殊的义务教育。无论是从历史、现实，还是法律的角度看，工读学校的基本功能都是预防未成年人犯罪。从历史角度看，我国 1955 年创办工读学校，起因是预防未成年人犯罪。当时，北京市公安局基于少管所解除管教人员重新犯罪率高的情况，提出"在普通中小学与少管、劳教之间创建一种新的形式来教育处于'犯罪边缘'的青少年"[1]，避免少管所等强制性矫治机构的弊端。从现实看，不少普通中学存在具有严重不良行为的学生，尽管是极少数，甚至是个别的，但是通过兴办工读学校，把普通学校难以管教的具有严重不良行为的学生集中起来进行特别的教育和矫治，这是教育理念和教育形式的重大创新。从法律角度看，如前文所述，《义务教育法》、《未成年人保护法》和《预防未成年人犯罪法》，都是从预防未成年人犯罪的角度对工读学校进行界定的。调查发现，未成年人犯罪往往是从不良行为开始的。不良行为如果没能得到及时有效的矫治，就会恶化成严重不良行为，而严重不良行为再不进行矫治，就容易滑向违法犯罪。"不良行为尤其是严重不良行为未得到及时教育矫治，是导致未成年人犯罪的重要因素。"[2] 可以说，工读学校"去工读化"影响了对未成年人严重不良行为的有效矫治，必然会削弱未成年人犯罪的预防工作。

事实上，作为严重不良行为的专门矫正机构，工读学校是介于普通学校和司法机构之间的未成年人保护机构。工读学校不仅为具有严重不良行为的未成年人提供继续接受义务教育的机会，而且也矫正其严重不良行为包括轻微违法行为，使得他们悬崖勒马，止步于犯罪的边缘。工读学校是预防未成年人犯罪的最后一道防线，是一种矫正性、预防性的专业机构和

---

① 夏秀蓉、兰宏生：《工读教育史》，海口：海南出版社，2000，第 11 页。
② 张良驯：《当前未成年人违法犯罪治理机制的完善》，《中国青年社会科学》2015 年第 1 期，第 38 ~ 42 页。

专门场所,因而是一项立足教育的未成年人保护性措施。据中国青少年研究中心"违法犯罪未成年人群体研究"课题组 2014 年的调查,学生愿意就读工读学校的原因,排前三位的依次是"帮助自己养成好习惯"（占77.1%）、"老师有爱心"（占 73.1%）和"可以矫正不良行为"（占70.2%）,而"提高学习成绩""学到文化知识"的占比均低于 20%。这说明,工读学校实际上首要的是矫正不良行为、养成好习惯,而不是学习文化知识、提高学习成绩。有调查表明,工读学校学生不良行为的转化率在 95% 以上。可见,工读学校能够营造适合具有严重不良的行为未成年人的教育环境,挽救处于犯罪边缘的未成年人,从而发挥独特的犯罪预防作用。工读学校"去工读化",造成了工读学校建立不够、发展不足,导致许多具有严重不良行为的未成年人只能留在普通学校学习,或者因失学而流入社会,没能进入工读学校接受专门的教育和矫治,这使得他们延续和放大自身的严重不良行为,最终走上违法犯罪道路。

2. "去工读化"不利于未成年人的适性教育

适性教育是指学校根据不同学生的个性特征,提供适宜的教育内容,采取适当的教学方式,实施有针对性的教育。每个未成年人都有其生理、心理、行为特性,学校类型的设置和教学活动的实施要符合不同学生的差异化特性。具有严重不良行为的未成年人通常学习纪律较差、学习过程困难、学习成绩欠佳,已经难以适应普通学校的教学进度,不适合在普通学校继续接受义务教育,应该实施不同于一般学生的专门教育。从理论上说,普通学校如果能够为具有严重不良行为的未成年人提供适性教育,政府就不用另外建立专门的工读学校。但现实情况是,普通学校没有也不能够为那些具有严重不良行为的未成年人提供适性教育。为了解决这部分未成年学生的教育和矫治问题,就必须创办专门的工读学校。

具有严重不良行为的未成年人在普通学校往往被批评、被轻视、被排斥,很难适应正常的学习,受到公平的教育。工读学校学生对于目前就读的工读学校和以前就读的普通中学的感受是很不相同的。工读学校在学生的"喜欢"度上明显高于普通中学,而在"不喜欢"度上明显低于普通中学。据中国青少年研究中心"违法犯罪未成年人群体研究"课题组 2014 年的调查,对于"你是否愿意在现在的工读学校上学"的提问,69.8% 的学生回答

"愿意"，30.2%的回答"不愿意"。这说明，近70%的工读学校学生愿意在工读学校上学。工读学校学生在对工读学校和普通学校的喜欢程度方面，选择"非常喜欢"和"有点喜欢"的，工读学校高于普通中学14.7%；选择"不太喜欢"和"完全不喜欢"的，工读学校低于普通中学14.7%。这一高一低两个14.7%说明，工读学校学生更喜欢工读学校，不喜欢普通中学。另外，教师对于学生学习成绩和表现的评价，工读学校和普通中学之间存在较大差别。工读学校学生认为，原来普通中学教师对自己学习成绩评价"差"的达到54.7%，而现在工读学校教师对自己学习成绩评价"差"的只有13.5%，两者相差41.2%；原来普通中学教师对自己表现评价"差"的达到42.7%，而现在工读学校教师对自己表现评价"差"的只有4.4%，两者相差38.3%。可见，工读学校教师对学生的学业认可和正向评价，远远高于普通中学教师。这反映了教师评价上的不同，也反映了教学管理上的差异。

既然普通学校不能为具有严重不良行为的未成年人提供合适的教育机会，政府就需要另想方法、另办他校，为这部分不适合继续在普通学校接受教育的未成年人建立专门的教育和矫治机构。在普通学校对于具有严重不良行为的未成年人的教育已经缺乏有效办法甚至无能为力的情况下，创办一种有别于普通学校的专门学校就成为必然。其实，一些国家也为具有严重不良行为的未成年人建立了与普通学校不同的专门学校，如美国的替代学校、德国的促进学校等。在我国，工读学校是那些家长难管、普通学校难教的具有严重不良行为的未成年人接受义务教育的不二选择。工读学校通过纪律约束、教育引导和行为矫治，促使未成年人矫正自身的严重不良行为。工读学校使得具有严重不良行为的未成年人，能够在一个适合自身成长的学校环境中接受基础教育，有利于他们更好地学习社会规范、融入社会生活。

另外，对于普通学校来说，那些具有严重不良行为的未成年人尽管数量很少，甚至是个别的，但是在校园内的关注度高、负面影响大，对教育环境和学习氛围具有较强的破坏力。他们继续留在普通学校，不但自身得不到适性教育，而且会干扰学校正常的教学秩序，对其他同学的日常学习也会产生消极作用。因此，建立专门的工读学校对这些学生进行专门教育和矫治，不但有利于他们的适性教育，而且有利于维护普通学校正常的教学秩序，实现普通学校学生的合法教育权利。

3. "去工读化"动摇了工读学校存在的基础

学校名称的"去工读化",表面上看是校名中有没有"工读"二字的问题,本质上是如何看待工读学校的教育定位和教育方式问题。许多工读学校在校名"去工读化"后,热衷于开展普通教育,对工读教育不积极。目前,一些知名的工读学校已经不是专门的工读学校,而是因为大量创办职业教育、校外培训等非工读教育而出名。有的工读学校逐步减少工读学生规模,不断淡化工读教育色彩,极力向普通学校靠拢,已越来越偏离工读教育的方向。学校名称"去工读化",导致工读学校的教育定位出现了严重的错位。据中国青少年研究中心"违法犯罪未成年人群体研究"课题组 2014 年的调查,不少工读学校教师认为,工读学校目前存在教育定位的偏差。武汉市工读学校一名教师说:"学校的定位问题是我们现在比较大的困惑。"郑州市第九十九中学一名教师说:"工读学校要定位在引导学生的转化上,如果一味追求学习成绩,就与普通学校没有什么区别。"定位的偏差使得一些工读学校缺乏专业性的不良行为矫治措施,教育和矫治的效果都不理想。

学校招生的"去工读化",导致工读学校种了别人的田,荒了自己的地。从法理上说,一名未成年人如果只是在普通学校学习困难,或者虽然有轻微的违纪行为,却没有危害社会的违法行为,就不应该就学工读学校;如果具有严重不良行为,即使考试分数高、学习成绩好,也应该进入工读学校接受行为矫治。但是,招生对象"去工读化",导致工读学校招收了许多没有严重不良行为的学生,而大量具有严重不良行为的未成年人却被排除在工读学校之外。工读学校招收非工读学生,挤占了本就不足的工读教育资源;没能招收应接受工读教育的学生,使得这些学生继续待在普通学校,不能得到专门的教育和专业的矫治。

学校教学的"去工读化",导致工读学校没能发挥应有的矫治功能。国家之所以要建立工读学校,是因为工读学校能够对未成年学生的严重不良行为进行矫治,发挥普通中学没有的独特作用。工读学校如果只是发挥教育功能,没有发挥矫治功能,像普通学校一样,那么就没有必要独立创办、独立发展。调查发现,有的工读学校主要进行义务教育课程的教学,很少开展道德、法治、心理等矫治课的教学,使得矫治不良行为的办学目标成为水中月、镜中花,这是因小失大、得不偿失的。工读学校的义务教育是普通学校能够实施的，普通学校不能实施的是行为矫治，因此，重视工读学校的矫治作用，才是工读学校的基本着力点。在教育与矫治两者中"占主导地位的历来应是工读教育的矫治功能，这是工读教育形式与普通教育形式的根本区别所在，所以工读必须围绕矫治这个中心而开展"①。

学校建立的"去工读化"，导致我国工读学校总量不足，发展不平衡。工读学校在许多大中城市还是空白，甚至多个省（自治区、直辖市）连一所工读学校都没有。目前的工读学校在数量上比过去高峰时减少了一半多。工读学校的缺失，使得许多具有严重不良行为的未成年人没能进入工读学校学习，这既不利于这些未成年人的行为矫治和健康成长，也不利于普通学校的正常教学。

三 纠正工读学校"去工读化"现象的政策建议

法律、法规和政策是工读学校教育实施的法理依据，是工读学校资源配置的基本遵循，是推动工读学校建立和发展的重要措施。工读学校存在的"去工读化"现象，有思想认识因素，也有办学中遇到的实际困难，但根本上是教育法律、法规和政策的缺失。目前，工读教育政策总量供给不足，没有针对工读学校的专门法律。只有建立和健全工读学校的法律、法规和政策，才能彻底扭转工读学校的"去工读化"现象。为此，笔者提出如下建议。

1. 制定新的关于工读学校的专门法规和教育政策

目前，在法律的层面上，只有《义务教育法》第二十条、第二十一条，《未成年人保护法》第二十五条，《预防未成年人犯罪法》第三十四条、第三十五条和第三十六条等屈指可数的条文是直接关于工读学校的。这些法律条文仅对工读学校做出了一般性、原则性的规定，内容简单，涉及面窄，很不具体，缺乏可操作性。对于工读学校来说，仅靠这几条法律条文是远远不能解决面临的众多实际问题的。我国仅有的关于工读学校的专门教育政策是《关于办好工读学校的几点意见》，但是，这个文件是 1987 年制定的，距今

---

① 吴海峰、曹玉玉：《论现有工读教育模式的缺陷》，《安徽警官职业学院学报》2013 年第 5 期，第 107~110 页。

已 30 多年了，很多内容不合时宜，严重落后于当今工读学校的新发展，不能满足工读学校发展的实际需要。从法律效力看，《关于办好工读学校的几点意见》是国务院办公厅对国家教育委员会、公安部、共青团中央三个部门文件的转发通知，属于部门规章，立法层次较低，难以为工读学校的发展提供有力的政策支持。总体上看，关于工读学校的现有教育政策，不能为当前工读学校的建立和发展提供应有的制度保障。我国关于职业教育有专门的法律，关于特殊教育学校有专门的部门规章，工读学校作为一种具有独特定位的教育类型，迫切需要有一部立法层次较高的专门法规予以政策保障。

作为不同于普通学校的专门学校，工读学校无论是教育性质、教育功能，还是教育内容和方式，以及学校设立和教学管理，都具有自身特点，需要做出明确的具体的规定，因此，不是靠其他法律中的个别条文可以说清楚的，而是有必要制定专门的教育政策。另外，工读学校涉及教育、公安等多个行政部门，不是单一部门能够完全实施的，需要在法律上明确责任主体、各自的职责和协作内容。只有出台专门的工读教育政策，对学校性质、目标、任务、招生、教学、教师、机构、编制、经费等做出具体规定，工读学校才能有法可依，有章可循，得到持续健康的发展。

2. 完善工读学校法律法规和教育政策的内容

（1）关于工读学校的建立和发展。

各地政府要充分认识工读学校独特的教育功能和存在的法理依据，从本地区未成年人犯罪预防的工作实际出发，切实建立和发展工读学校。要明确工读学校是与普通学校并列的一种教育类型，与其他学校一并统一规划、统一建立、统一管理。县级和县级以上政府具有创办工读教育的主体责任，必须根据本地区未成年人具有严重不良行为和轻微违法行为的实际情况，有针对性地建立和发展工读学校。教育行政部门要把工读学校纳入教育发展的整体规划和学校建设的统一安排，给予工读学校必要的机构、人员和经费支持，实施符合工读学校教学性质的管理和评价。

（2）关于工读学校的教育定位。

要明确工读学校的教育定位是对具有严重不良行为、不再适合在普通中学接受义务教育的未成年人进行教育和矫治。工读学校具有教育和矫治的双重功能，既是义务教育的特殊学校，又是矫正不良行为、预防犯罪的特殊场所。工读学校不能丢掉自己的基本定位，不能向普通学校靠拢，更不能办成普通学校。工读教育不仅是一种义务教育，而且是一种严重不良行为的矫治教育，矫治功能是工读学校与普通学校的根本区别。

（3）关于工读学校的招生对象和招生程序。

要明确工读学校的招生标准和招生对象，严格招收具有严重不良行为的未成年人，拒绝招收没有严重不良行为、只是学习成绩欠佳和违反学校纪律的学生。既要看到强制招生政策的弊端，又要看到自愿招生政策的不足，因地制宜，因校制宜，实行自愿与强制相结合的招生方式。工读学校的招生人数不能像普通学校那样固定，招生时间不能像普通学校那样确定，应该从实际出发，具有足够的弹性。未成年学生只要具有严重不良行为，经过法定的招生程序，就可以随时进入工读学校学习。

（4）关于工读学校的教学内容和教学方式。

教育定位决定教学内容和方式。工读学校作为一个"疗伤"场所，要把严重不良行为的矫治摆在与文化知识教育同等重要，甚至更为重要的位置，紧扣矫治目标开发课程、开展教学。工读学校首要的任务是矫正未成年人的严重不良行为，而不是教育他们学习文化知识。工读学校可以设置与普通学校一样的义务教育文化课程，但课时要减少、难度要降低。要把从文化课学习中节省出来的时间，用在道德教育、法治教育、心理教育上，帮助未成年人学习法律知识、进行心理辅导和行为矫治。

为实现严重不良行为的矫治功能，工读学校要实行不同于普通学校的独特教学管理，包括设置独特的教学部门、开展独特的教学活动、进行独特的教学评价。要邀请司法行政机关人员参与学校的课程设置、教学安排和教学活动。要积极动员教育、法治、心理方面的专业人士以志愿服务的形式，担任道德教育和法律教育的辅导员、心理矫治和不良行为干预课程的教师。要加强与学生父母的沟通，发挥家庭在矫治未成年人严重不良行为中的特殊作用，因为"父母与未成年子女生活在一起，最容易发现其不良行为，察觉违法犯罪的蛛丝马迹"[1]。

---

[1] 张良驯：《与普通中学生对比的未成年犯家庭特征》，《预防青少年犯罪研究》2015 年第 2 期，第 16～22、103 页。

（5）关于工读学校学生的离校机制。

未成年人可塑性强，其严重不良行为不是一成不变的。工读学校既然是矫治严重不良行为的场所，那么一名学生一旦严重不良行为得到了有效矫治，能够适应普通学校的学习，就应该及时转学至普通学校，而不能继续留在工读学校学习。目前，工读学校的学习时间比较固化，一般为两三年，这是照抄照搬普通学校学习周期的结果，既不符合工读学校的教学实际，也不符合工读学校动态管理学生的基本特点。工读学校没能及时评估学生严重不良行为的实际矫治情况，导致一些严重不良行为已经得到成功矫治的学生继续滞留工读学校，这既挤占了有限的工读教育资源，又影响了这些学生的适性教育和健康成长。因此，要在工读学校教育政策中明确规定学生离校的动态机制。对于工读学校学生，不要硬性规定学习时间，而应根据每个学生的不良行为状况及其矫治效果，进行经常性的矫治成效评估。教育行政部门要联合公安部门制定具有可操作性的离校标准和程序，形成切实可行的工读学校学生离校机制。

四　结论

工读学校无论是在教育定位、教育功能、教育对象上，还是在教学内容、教学方式、教学管理上，都与普通学校大不相同，是我国一种独立的教育类型。工读学校的特色是教育与矫治交相辉映，文化教育与劳动教育相得益彰，着力点是矫正未成年人的严重不良行为，目标是预防未成年人犯罪、促进未成年人健康成长。工读学校具有自身的优势和存在的空间，既不应该，也没必要向普通学校靠拢，更不能办成普通学校。工读学校目前普遍存在的"去工读化"现象，偏离了工读学校的教育定位，损害了未成年人犯罪的有效预防，不利于未成年人的健康成长。我们要从制定新的关于工读学校的专门法规和教育政策入手，切实纠正工读学校的"去工读化"现象。

专门学校的正当化困境

张晓冰

摘　要：学校的正当化面临两个最根本的困境，即专门学校是否剥夺了未成年人的受教育权，是否限制了未成年人的人身自由。深层次来讲，这涉及受教育权的本质与目的、个人责任与惩罚等问题，国家何时可以通过对特定个体实施隔离教育来实现社会共同善。为专门学校设置分级制度，或者统一某种生源及办学标准，加入保护处分的少年司法理念，否则专门学校的正当性困境将难以破解。在未成年人出生到18周岁期间，社会有义务提供一个平等、宽容、尊重的空间，以促使未成年人自由而全面地发展。

专门学校肇始于18世纪中叶瑞士教育家裴斯泰洛齐创办的半学习半劳动孤儿院，1920年苏联教育家马卡连柯创办了高尔基工学团这样的在教育机构，1955年我国参照高尔基工学团的模式在北京成立了第一所工读学校——北京温泉工读学校，随后上海、沈阳、重庆等大城市相继建立了20多所工读学校①。专门学校至今已有63年的历史，经历了创建时期（1955～1966年）、复办时期（1978～1987年）、社会转型时期的改革与发展（1987～1995年）、与时俱进办好工读教育（1995～2005年）②以及新时期（2005～2018年）五个阶段。几十年来的发展和变迁，既需要我们重新

　＊　张晓冰，中国青少年研究中心助理研究员，法学博士。

　①　石军：《中国工读教育现状与未来发展思路初探》，《山东省团校学报》2011年第1期，第58～59页。

　②　鞠青：《中国工读教育研究报告》，北京：中国人民公安大学出版社，2007，第2～16页。

审视专门学校存在的必要性，也需要我们进一步化解和突破当下面临的正当化困境和难题，把握好新时期赋予的发展契机和改善空间，希望其更好地帮助青少年成长。

一　问题的提出

在六十多年的风风雨雨中，专门学校面临着诸多挑战，其中最棘手的当数污名化问题。为此，专门学校进行了诸多努力。首先是在学校名称上的改动。1990 年各地开始更改校名，如南京"建宁中学"、深圳"育新学校"、成都"五十二中"、上海"育英学校"、重庆"红槽房中学"等，这些改名既体现了专门教育理念的变化，同时也折射出其发展面临的境遇和某些微妙变迁①。其次是学校性质上的更改。1955 年成立之初，考虑到这是一所边学习边劳动，半工半读性质的学校，当时的领导将校名定为工读学校②。随后的一系列政策、法律法规也均采用工读学校的说法，直到2006 年修订的《未成年人保护法》，才将"工读学校"改为"专门学校"，但是在理论研究领域学者依然习惯性地延用"工读学校"③。但是专门学校教育并不同于特殊教育，后者主要针对残疾人群体。再次是主管机关上的变动。1955 年成立的北京温泉工读学校是由届时的北京市委第一书记兼市长、公安部部长、北京市公安局局长共同倡议的④，明显带有公办、公安色彩。而截至 2017 年，中国青少年研究中心的调查数据显示，95.7% 的专门学校由教育部门主管，仅有 4.3% 的由政法委员会主管。这体现了专门学校从注重半工半读慢慢演变为当今的教育学校。最后是生源、招生方式的改变。成立之初，专门学校主要招收普通中学开除的学生，大部分地方

---

① 石军：《中国工读教育现状与未来发展思路初探》，《山东省团校学报》2011 年第 1 期，第 58～59 页。

② 鞠青：《中国工读教育研究报告》，北京：中国人民公安大学出版社，2007，第 2 页。

③ 在知网搜索"专门学校"，仅出现一篇与工读学校相关的文献，其他均为"日本专门学校"的研究。参见路琦、郭开元、刘燕等《新时期专门学校教育发展研究》，《中国青年研究》2018 年第 5 期，第 103～109 页。本文主要使用"专门学校"，个别地方视情况使用"工读学校"。

④ 鞠青：《中国工读教育研究报告》，北京：中国人民公安大学出版社，2007，第 2 页。

只能由公安系统将有违法犯罪行为的未成年人，或在社会上流浪的未成年人送入工读学校①。2017 年对专门学校教师的调查数据显示，警察送来的学生占比 18.4%，家长送来的占比 38%，原来学校建议的占比 30.8%，学生自己主动要求的占比 11.6%，其他情况占比为 1.2%。由此可见，现在学生来专门学校学习的方式较为多样化，不再统一体现为公安系统的强制派送，而是考虑了家长、学生及原校三方的共同意愿。在来校原因方面，也从过去的违法犯罪、社会流浪两类学生群体扩展到以下群体：在原校学习成绩差（66.7%）、在原校和老师关系不好（61.9%）、在原校和同学关系不好（47.6%）、在原校打架骂人（76.2%）、家长管不了（90.5%）、有严重不良行为（76.2%）、有犯罪行为（42.8%）。学生来源的多元化，摆脱了"专门学校学生都是违法犯罪的"之误区，降低了交叉感染的可能性，某种程度上讲更有利于学生的健康成长。

尽管专门学校进行了上述诸多的改变，但是当我们搜索近年来相关媒体文章，仍然可以看到，财新网 2017 年 11 月 4 日政经栏目发表文章"变相工读学校暴利可图'豫章书院'们体罚学生为何屡禁不止"，腾讯网 2018 年 1 月 5 日"今日话题"栏目发表的文章"应该把'坏孩子'送进'集中营'一般的工读学校吗？"；时间退回 2015 年 10 月，湖南昭阳 3 名未成年学生劫杀女教师被送工读学校的新闻在当时也引发了热议。从这些新闻我们可以看出两种声音，一种认为工读学校惩罚力度过甚，另一种认为工读学校惩罚力度不够，这两种截然相反的声音是如何形成的？它们都是真实的吗？

前述的专门学校所进行的诸种努力，以及新闻媒体的这些声音，实际上反映了两个概念上的混淆，即去污名化与正当化。专门学校所进行的努力，我们可以称之为去污名化，即通过各种途径来反驳、消解专门学校的污名化现象，它有助于为专门学校破除质疑，但这并不是一种正面角度的正当化方式，或者说在去污名化的过程中，反而给专门学校的正当性带来了一些新的困扰，因此新闻媒体依然出现各种纷繁复杂的声音。专门学校的正当化面临两个最根本的困境，即专门学校是否剥夺了未成年人的受教

① 鞠青：《中国工读教育研究报告》，北京：中国人民公安大学出版社，2007，第 3 页。

育权，是否限制了未成年人的人身自由。本文拟从人权的角度探讨这两个问题，希望能为专门学校提供一个正当性方面的论证。

二 专门学校剥夺未成年人的受教育权了吗？

作为一种特殊学校，专门学校常被责难打着学校的幌子，实际上从事着非教育工作，剥夺了未成年人的受教育权。专门学校是否剥夺了未成年人的受教育权，取决于我们如何看待受教育权、教育的本质和目标，以及专门学校的具体教育工作与之是否相冲突。

1. 受教育权的属性

过去的工读学校以半工半读为主，这种模式备受诟病，甚至被认为剥夺了未成年人的受教育权。我国宪法第四十六条规定，中华人民共和国公民有受教育的权利和义务。国家培养青年、少年、儿童在品德、智力、体质等方面全面发展。1986 年颁布的《义务教育法》第二条规定，国家实行九年制义务教育；第四条规定，国家、社会、学校和家庭依法保障适龄儿童、少年接受义务教育的权利；第五条规定，凡年满六周岁的儿童，不分性别、民族、种族，应当入学接受规定年限的义务教育。1995 年颁布的《教育法》第十八条规定，国家实行九年制义务教育制度。各级人民政府采取各种措施保障适龄儿童、少年就学；第四十九条规定，未成年人的父母或其他监护人应当为其未成年子女或者其他被监护人进行教育。从这些规定来看，受教育具有双重属性。

首先，受教育是一项权利，是一种增强能力的权利，它为个体提供了更多可以支配自己生命的能力①。这项权利既是法律权利，也是道德权利。公民有道德权利接受教育，这意味着公民没有不接受教育的道德义务；而公民接受教育在道德上是正确的，这也意味着公民有接受教育的道德义务。受教育权的权利主体是每一个公民，权利性质为积极权利，从公民能够对政府提出要求的角度来说，在霍菲尔德的分析框架下受教育权是一项

---

① "人的安全网络组织"编《人权教育手册》，李保东译，北京：生活·读书·新知三联书店，2005，第 260 页。

主张权。从公民没有不接受教育的义务的角度来说，受教育权是一项自由权。

其次，受教育是一项义务，公民没有不接受教育的权利，国家有义务尊重、保护和实现公民的受教育权。尊重义务要求国家不采取任何妨碍、干涉或限制有关的权利和自由。国家尤其必须尊重父母为自己的子女选择私立或公立学校的权利，以确保其子女根据自身的信仰和宗教接受教育。国家应当确保私立学校不得使用歧视性的教学方法或对学生进行体罚①。实现义务要求国家采取积极措施，使个人和群体能够享受这项权利，并为其享受提供便利，在个人或群体出于无法控制的原因而无法享受时，国家有义务为其落实。

对于这项义务的性质，有人认为是国家赋予未成年人的一项国家义务，因为一个国家要发展，一个民族要生存，必须确保其公民具备一定的文化素质，才能与社会和历史发展的要求相适应②。这种本末倒置的价值观是值得商榷的。受教育的目的是什么？《经济、社会及文化权利国际公约》第十三条规定了教育的目标和宗旨，即教育应鼓励人的个性和尊严的充分发展，加强对人权和基本自由的尊重，并应使所有的人能有效地参加自由社会，促进各民族之间和各种族、人种或宗教团体之间的了解、容忍和友谊，以及促进联合国维护和平的各项活动。《儿童权利公约》第二十九条规定，缔约国一致认为教育儿童的目的应是：（A）最充分地发展儿童的个性、才智和身心能力；（B）培养对人权和基本自由以及《联合国宪章》所载各项原则的尊重；（C）培养对儿童的父母、儿童自身的文化认同、语言和价值观、儿童所居住国家的民族价值观、其原籍国以及不同于其本国的文明的尊重；（D）培养儿童本着各国人民、族裔、民族和宗教群体以及原为土著居民的人之间谅解、和平、宽容、男女平等和友好的精神，在自由社会里过有责任感的生活；（E）培养对自然环境的尊重。其中最重要的一点是，教育应鼓励人的个性和尊严的充分发展。赋予个体受教

---

① "人的安全网络组织"编《人权教育手册》，李保东译．北京：生活·读书·新知三联书店，2005，第263页。
② 莫赛球、温毅斌：《"送"子女上学是父母的法定义务吗？——从法理上剖析未成年人和成年人"受教育权"的保护问题》，《法律适用》2001年第11期，第56页。

育的权利和义务之目的是让个体自由而全面地发展，这与马克思在《共产党宣言》中提出的"把每一个人都有完全的自由发展作为根本原则"① 之主张不谋而合，我们应该将个体视为目的，而非国家发展、民族生存的手段或工具。"每个人的自由发展是一切人的自由发展的条件"，个体发展了，国家自然也能够发展，民族自然不会消亡。事实上，从各国国内法来看，人们对受教育权性质的认识之发展大致经历了三种形态，即义务观、权利义务观和权利观②。笔者认为，这种义务并非父母义务，也不是个人义务，而是国家义务。

回到专门学校的情境中，学生的受教育权的保障主体是国家，而不是父母或者个人，国家有义务保障工读学生的受教育权。那么我们目前采纳的三自愿招生原则是否与受教育权相违背？如果原校不愿意继续接收学生A，与此同时，学生A及其父母不愿意接受专门学校，此时A面临无校可读的情况，国家作为义务主体，应该如何解决A的受教育问题？是尊重A及其父母的选择，继续留在原校，还是尊重原校的选择将A强制派送到专门学校？公约第13号一般性意见指出，在考虑如何适当应用教育体制应该展现的四项基本特征时首先应当考虑到学生的最大利益，也应该尊重学生及其监护人选择学校的自由。从前述数据来看，存在公立性的专门学校，也存在私立性的专门学校。私立专门学校符合此处规定的"符合国家所可能规定或批准的最低教育标准的学校"吗？如果以未成年人及其监护人的意见为主，那么学生A有权选择继续留在原校接受教育吗？作为未成年人，专门学校的学生享有受教育权，他们没有不接受教育的义务，也没有不接受教育的权利，国家有义务尊重、保护和实现他们的受教育权。作为监护人，他们享有为孩子选择合适教育的权利，在这个问题上国家不得干涉。那么专门学校提供教育了吗？

2. 专门学校提供教育了吗？

在拉丁语中教育一词的原文是"通过读书引导某人走出来"。承担教育功能的学校，是指在教师指导下为学生提供学习空间和学习环境的机

---

① 马克思·K. H. 、恩格斯·F. :《共产党宣言》，中央编译局译，北京：人民出版社，1997。
② 杨成铭:《从国际法角度看受教育权的权利性质》，《法学研究》2005年第5期，第125～132页。

构。专门学校既然以学校命名，是否就意味着它首先应该有计划、有组织地对学生进行系统的教育活动？

从规范性文件来看，专门学校的首要功能是教育。《预防未成年人犯罪法》规定，对有本法规定严重不良行为的未成年人，其父母或者其他监护人和学校应当相互配合，采取措施严加管教，也可以送工读学校进行矫治和接受教育。对未成年人送工读学校进行矫治和接受教育，应当由其父母或者其他监护人，或者原所在学校提出申请，经教育行政部门批准。《义务教育法》第二十条规定，县级以上地方人民政府根据需要，为具有预防未成年人犯罪法规定的严重不良行为的适龄少年设置专门的学校实施义务教育。《关于办好工读学校的几点意见的通知》（国发办〔1987〕38号）指出，工读学校是教育、挽救有违法和轻微犯罪行为的中学生的学校，是普通教育中的一种特殊形式，也是实施九年义务教育的一种不可缺少的教育形式；学校任务是全面贯彻执行教育方针，把有违法和轻微犯罪行为的学生教育、挽救成为有理想、有道德、有文化、有纪律并掌握一定生产劳动技术和职业技能的社会主义公民。由此说明了国家建立专门学校的初衷是以教育为目的的、以社会主义核心价值观为指导思想的，在政策导向方面不存在偏颇之处。国家将部分未成年人转移到工读学校就读，而在于提供一种更合适存在严重不良行为的未成年人的教育。《预防未成年人犯罪法》第三十六规定，工读学校对就读的未成年人应当严格管理和教育。工读学校除按照义务教育法的要求，在课程设置上与普通学校相同外，应当加强法治教育的内容，针对未成年人严重不良行为产生的原因以及有严重不良行为的未成年人的心理特点，开展矫治工作。简言之，工读教育是我国基础教育中的一种特殊教育形式，其面向具有严重不良行为、不适合继续留在普通学校学习的未成年人，开展相应的义务教育及行为矫治[1]。

原校拒绝接收工读生的理由一般有以下几种：存在严重不良行为，学习成绩太差，其他潜在理由还包括影响学校秩序，影响其他学生，不利于

---

[1] 姚建龙、孙鉴：《从"工读"到"专门"——我国工读教育的困境与出路》，《预防青少年犯罪研究》2017年第2期，第46页。

学校的升学率，等等。诚如前述，尽管这样或许可以促进多元化生源，降低交叉感染的可能性，但事实上这些理由在证成剥夺一个人正常的受教育权方面是不具有可辩护性的，也与上述《预防未成年人犯罪法》规定的严重不良行为相悖，将学习成绩太差等理由与严重不良行为视为同类型的行为，诚非妥适。我们将一个学生带离原校的唯一可辩护理由是其他地方可以提供更适合该学生的教育，更能鼓励其个性和尊严的充分发展。

2017 年教育部等十一部门印发的《加强中小学生欺凌综合治理方案》可以视为专门学校的一个实践，该方案提出专门学校作为矫治的一种方式，由此将其推向了风口浪尖，再次引发大众对专门学校的质疑和抨击。首先，专门学校招生程序不明朗。《加强中小学生欺凌综合治理方案》规定，屡教不改或者情节恶劣的严重欺凌事件，必要时可将实施欺凌学生转送专门（工读）学校进行教育。未成年人送专门（工读）学校进行矫治和接受教育，应当按照《中华人民共和国预防未成年人犯罪法》有关规定，对构成有严重不良行为的，按专门（工读）学校招生入学程序报有关部门批准。该规定说明专门学校并不是真正意义上的自主招生，也不只是前述提及的"三自愿"原则，而是在经过这些招生入学程序后还需要"报有关部门批准"，实则为"三自愿"一批准。其次，专门学校似乎是一种处分制度。《加强中小学生欺凌综合治理方案》"依法依规处置"部分规定，对依法不予行政、刑事处罚的学生，学校要给予纪律处分，非义务教育阶段学校可视具体情节和危害程度给予留校察看、勒令退学、开除等处分，必要时可按照有关规定将其送专门（工读）学校。可见，专门学校被列在留校察看、勒令退学、开除等处分之后，是一个必要时的选择，换言之，专门学校亦是一种处分，非必要情况下也可以不送。此外，处置主体是原学校，原学校可以根据情况来决定是否送专门学校，这样的规定与三自愿原则是相冲突的。最后，专门学校的牵头部门是教育部门，这样的规定难以规范私立专门学校。《加强中小学生欺凌综合治理方案》"职责分工"部分规定，教育行政部门负责对学生欺凌治理进行组织、指导、协调和监督，牵头做好专门（工读）学校的建设工作，是学生欺凌综合治理的牵头单位。由此来看，教育部门是专门学校的牵头部门，在校园欺凌现象中起主导作用，此处似乎只考虑到公立专门学校，忽视了社会实践中大量私立专门学校的存在。

《预防未成年人犯罪法》规定，家庭、学校应当关心、爱护在工读学校就读的未成年人，尊重他们的人格尊严，不得体罚、虐待和歧视。工读学校毕业的未成年人在升学、就业等方面，同普通学校毕业的学生享有同等的权利，任何单位和个人不得歧视。但是，整体而言，在工读学校的实践之中，缺乏了一项基本原则，即儿童利益最大化，教育如果不是因人施教，不能使未成年人的利益最大化，那么教育的意义可能就会大打折扣。

三　工读学校限制人身自由了吗？

即便证明了工读学校并未剥夺未成年人的受教育权，我们仍然会有另一种质疑声音，即工读学校限制未成年人的人身自由。诚然，就目前工读学校学生的在校时间及学校管理模式来看，大部分学生基本上每天 24 小时均在校，管理也较普通学校严格许多，甚至许多人会将之视为变相的未管所、劳教所、监狱等。这样问题就变成了，工读学校限制未成年人的人身自由，是否存在正当理由？人为隔离是否可正当化？是否可普遍化？我们有必要在每一个城市，甚至每一个县、镇都建立工读学校吗？在哲学基础上，我们能否为之正当化？

为什么我们可以因为未成年人的严重不良行为或违法行为而谴责他们并采取隔离教育？这里涉及两个问题，第一个问题强调了个人责任与惩罚的问题，第二个问题则关乎集体谴责和国家惩罚，国家什么时候可以通过对特定个体实施隔离教育来实现共同善？在一个以教育为主的学校实行惩罚式教育是不可取的，会导致接受教育的未成年人形成冲突的价值观，从而更加难以理解这个社会是如何形成的，为何法律规定了不能惩罚学生，学校还可以打着教育的幌子惩罚自己？如果工读学校限制了学生的人身自由，可能会背负上惩罚的恶名。当然，如果我们采纳李斯特对惩罚、刑罚本质的理解，可能会有不一样的视角。李斯特根本性地转变了刑罚本质是恶的传统认识，把刑罚与教育的内在技能对接起来，他认为刑罚的本质是教育而非惩罚[①]。这样的刑罚观为我们提供了一个全新的视角，即不把刑

---

① 陈伟：《教育刑与刑罚的教育功能》，《法学研究》2011 年第 6 期。第 157 页。

罚视为一种惩罚，而是通过监狱的再教育使人再次成长，成为一个合格的、守法的人，为回归社会做准备。换句话说，即便专门学校限制了学生的自由，我们也要透过限制自由这种手段看到行为的深层本质，即一种教育。如此一来，问题又变成了前述谈及的专门学校教育问题，以及专门学校在何种程度上限制了学生的人身自由。

调研中我们发现，很多学生认为专门学校限制了人身自由，学校却不认为如此，是管理者的不自知，还是被管理人的错觉？抑或是他们没有认识到自己做错了事情应该受到限制自由的教训？或者他们认为"学校"不应该限制学生的自由？如果我们去询问一个犯人，他们应该不会认为监狱的最大问题是限制人身自由，一方面监狱的鲜明特征恰恰在于限制人身自由，另一方面犯人是在为自己的行为负责。但是专门学校可以完全限制人身自由吗？来专门学校的学生是在为自己的行为负责吗？我们究竟应该如何思考专门学校？目前国家的有关规定将专门学校视为一种专门的少年矫正机构，即矫正未成年人的不良行为等，使其成为一个健康、能够步入正轨的成年人。反观普通学校的学生，他们可以正常放学，享有节假日和寒暑假等，这些校外时间可以促进学生与家庭的联系，也缓解了未成年人的社会融入问题，为其社会化提供了一定的时间和空间，促使其成为一个合格的社会公民。当下专门学校呈现出多样化生源及办学模式，那么在限制人身自由、教育内容方面也应该呈现多样化趋势，原有的相关法律法规政策规定已经无法适应目前的发展趋势。要么为专门学校设置分级制度，要么统一某种生源及办学标准，加入保护处分的少年司法理念，否则专门学校的正当性困境将难以破解。

四　余论：专门学校何去何从

专门学校从具有半工半读、强制性等特点，演变到今天的两极化趋向，一种是越来越像矫正机构甚至是监狱，另一种是越来越像普通中学或者职业学校[①]，这两种趋向何者更优？有学者批判当下一些工读学校一味

---

① 姚建龙：《中国少年司法的历史、现状与未来》，《法律适用》2017 年第 19 期，第 3 页。

淡化工读色彩，向普通学校靠拢，这样的"去工读化"现象偏离了工读学校的教育定位，损害了对未成年学生不良行为的及时矫治，也动摇了工读学校独立存在、独特发展的基础①。笔者则认为在少年司法理念日趋完善的今天，一些省（自治区、直辖市）依然将工读学校办成矫正机构，甚至是变相强制招生强制管理，学生长期无法踏出校门，禁闭森严，这样的做法势必挑战了我们前文讨论的两个问题，即专门学校是否提供了教育，是否限制了人身自由。无法回答这两个问题，专门学校的正当性会持续面临学界、新闻媒体、家长、学生的质疑和责难。讨论专门学校未来何去何从时尚需考虑以下问题。

1. 重视污名化问题

对于专门学校，学者、普通公众至今仍存在许多认识误区，如不知道工读学校是什么，以为工读学校已经取消了，认为专门学校是监狱/未管所，侵犯权利（教育权），限制人身自由，甚至认为"预防未成年人犯罪法"等同于"未成年人犯罪法"，此类的污名化不胜枚举。"污名"一词来源于社会学家戈夫曼，在《污名：受损身份管理札记》一书中，戈夫曼将"污名"定义为个体在人际关系中具有的某种令人"丢脸"的特征，这种特征使其拥有者具有一种"受损身份"，容易被他人刻板印象化。污名根源于本质性的差异特征，体现于相对的社会身份和实践性的交往关系，具体表现为一种群体的划分②。戈夫曼认为被污名者一般有四种类型：社会越轨者（social deviant）、内群体的越轨者（in - group deviant）、弱势/少数群体（minority）、低层社会人员（lower class），根据这种划分，专门学校学生应该属于社会越轨者。埃利亚斯认为污名归根结底是一种权力关系的演绎实践③。污名意味着什么？这是一种单一身份暴力文化，一旦一个人是罪犯，我们就认为其没有可取之处；一个人是教师，我们就认为其不能犯错；一个人是仙女，我们就认为其不能下凡；一个人是女性，我们就

---

① 张良驯：《对工读学校"去工读化"现象的研讨》，《中国青年研究》2016 年第 4 期，第 27 页。

② 姚星亮：《污名：差异政治的主体建构及其日常实践》，北京：社会科学文献出版社，2017，第 18 页。

③ 姚星亮：《污名：差异政治的主体建构及其日常实践》，北京：社会科学文献出版社，2017，第 13 页。

认为其不能为男性所为;一个人是同性恋,反同派就认为其肮脏无比……当我们做出这些判断的时候,正是在以一种单一身份暴力文化将某一种固有特征强加于某类群体身上。例如,一个孩子曾经在工读学校待过,我们就会贴上工读标签,从而与不良行为、坏孩子联系在一起,而忽略了这个孩子可能具有创作的才华,可能喜欢读诗,可能会弹吉他,可能会画画,可能在爷爷、奶奶面前是一个好孙子。某一身份过于突出之后,人们习惯性地以此来定义某个人,笔者将这种现象称为"单一身份暴力文化"。

事实上,专门学校的污名化并非一个值得太多关注的问题。当下的风险社会已经呈现出一种泛污名化的现象,这种现象可能源于对原有社会规范的解构,也可能是被污名者在网络社会的自我表达和宣泄,还可能是每一个社会主体的自保方式,因为每个人都有被污名化的可能。当下的污名化已经从戈夫曼划分的四种类型蔓延到全社会,不越轨的人可能被污名为传统闭塞、无创新能力,强势群体可能被污名为滥用权力,多数群体可能被污名为碌碌无为、毫无特色,中高层人员可能被污名为富二代、土豪等含有贬义的语词。泛污名化与平等、人权等理念的传播不无关系,但是是一种消极的影响,即每个人都将自己和他人视为不完美之人,并认为大家都一样存在问题。笔者想表达的是,平等要求的是个体之间的平等对待、互相尊重,个体之间只是存在不同,而不是具有缺陷。这是两种不一样的思路,前者相对消极,后者则较为积极。

工读学校要想保持其正当性,仅仅从理论上论证还不够,更重要的是,实践中各校的招生范围应该保持一致。例如,湖南弑师的三个未成年人就非常不适合进入工读学校,这样会模糊工读学校的定位,是具有惩罚性质,还是提供更合适的教育?又如,工读学校应该统一由教育部来管理,分阶段、分层次为学生提供合适的假期,促进学生的社会参与,保障学生的社会融入权利。在一定程度上,通过教育可以让行为人在具体犯罪过程中避重就轻。行为人可以通过违法性认识的自觉教育过程而知晓刑罚的孰轻孰重,从而在自己行为过程中自觉地对行为的可选择项目予以理性选择①。

---

① 陈伟:《教育刑与刑罚的教育功能》,《法学研究》2011 年第 6 期,第 161 页。

2. 警惕未成年人越轨现象

应该重视越轨行为出现的原因，为何未成年人会将之视为一种抗争、压力释放的途径，甚至视为寻找存在感、安全感、尊严的方式？这些错误的思维方式是如何形成的，未成年人在缺乏爱和关注的时候，未能采取积极的方式来解决问题，反而是用极端的行为来吸引注意力，并从中获得成就感。这些扭曲的心理值得成年人反思，我们何以给未成年人塑造了一个这样的环境？研究发现，青少年对于越轨行为的理解与外界不一致，青少年自身界定的越轨行为与外界认定的越轨行为存在差异[1]。对未成年人而言，越轨行为具有一定的缓解压力、表达自我甚至自我保护的作用。研究显示，违法行为发生的年龄越早，未来的严重和恶习违法行为发生的可能性就越高。忽略未成年人轻微和身份性违法行为，将成为未来严重违法行为发生的根源[2]。也有研究指出，如果对未成年人判处监禁刑，那么再犯的可能性就增加[3]。《预防未成年人犯罪法》规定，家庭、学校应当关心、爱护在工读学校就读的未成年人，尊重他们的人格尊严，不得体罚、虐待和歧视。工读学校毕业的未成年人在升学、就业等方面，同普通学校毕业的学生享有同等的权利，任何单位和个人不得歧视。在这个基础上应该确定儿童最大利益原则，学校、家庭、社会乃至政府国家均应重视未成年人的越轨行为，剖析越轨未成年人何以容易形成他者的自我身份认定，何以无法从正常的社会参与中获取安全感和人之为人的尊严、体面感，这与下一个问题相关。

3. 反思成年人社会

工读教育的兴衰成败反映了社会权力与利益的博弈，主流群体的话语构成了工读学生在教育空间中的社会地位，这种社会地位具有等级次第[4]，

---

① 李翼：《理解青少年越轨行为：内部声音及外部因素》，上海社会科学院硕士学位论文，2017。

② Rolf Loeber R., Frrington D. P.: *Child Delinquents: Development, Intervention, and Service Needs*, Thousand Oaks: Sage Publivations, 2001: 3 - 25.

③ Bishop D. M.: "Juvenile offenders in the adult criminal justice system," *Crime and Justice*, 2000, 27: 149.

④ 陈晨：《空间与秩序：对工读学校教育现状的反思》，《华东师范大学学报》（教育科学版）2014 年第 1 期，第 65～68 页。

工读学生的边缘社会身份足以引起我们的反思。在社会资源分配上，工读学校在一个城市中的地理位置、空间分布多处于远离市中心的郊区，在师资分配方面较之于普通学校也更显得参差不齐，在政策福利上捉襟见肘，这些因素均与当下工读学校发展中面临的困境不无关系。是我们成年人的资源分配、教育理念、教育方式出错了，为何让未成年人来承担后果？是父母、教师、学校、社会乃至国家的问题，我们塑造出了这样的未成年人，然后以惩罚的方式来让他们就范。如果我们一味地认为专门学校过于宽松或者过于严苛，认为这些学生应该以专门的方式来接受教育，我们是否思考过，他们之所以成为今天的模样，恰恰是过去的种种所导致的？当我们在批判专门学校自身的缺陷、质疑其存在的必要性时，我们是否审视过，为何普通学校容纳不了这些未成年人？家庭承担了什么责任？充分进行社会教育了吗？国家支持以人为本的教育理念了吗？我们鼓励教育是为了发展经济，还是为了增进公民的素质？仅仅是矫正未成年人自身就有用了吗，他们就不会再出现不良行为了吗？事实并不尽然，真正需要改变的是社会，是否有一个宽容的环境去接纳这一群体？在未成年人出生到18周岁期间，社会有义务提供一个平等、宽容、尊重的空间，以促使未成年人自由而全面地发展。

附　件

附件1　关于进一步加强专门学校工作的若干规定

（中国青少年犯罪研究会建议稿，2008 年）

第一章　总　则

第一条　为教育和保护有严重不良行为的未成年人，保护其他未成年人，有效预防未成年人犯罪，加强担负教育和矫治有严重不良行为的未成年人职责的专门学校（原"工读学校"，以下简称"专门学校"）建设，依据第十届全国人民代表大会常务委员会第二十二次会议修订的《中华人民共和国义务教育法》和第二十五次会议修订的《中华人民共和国未成年人保护法》，制定本规定。

第二条　专门学校招收有严重不良行为，普通学校、父母或其他监护人无力管教或管教无效的未成年学生和无法找到监护人的流浪未成年人，依法保障他们受教育的权利，有针对性地进行矫治。

第三条　加强专门学校建设是保护未成年人身心健康，保障未成年人合法权益，促进未成年人全面发展，推进未成年人思想道德建设，预防未成年人违法犯罪的重要举措。依法设置专门学校的地方政府应保障专门学校的办学条件，从财政上和政策上支持专门学校的发展。当地教育行政部门应将专门学校建设纳入教育发展规划，加强对专门学校的管理和指导。

公安、司法、民政、人力资源和社会保障、共青团、妇联等部门在学生入学、管理、教育、毕业、安置等方面应给予协助和配合。

第二章　设置与管理

第四条　省级教育行政部门应对区域内专门学校的设置做出规划。

第五条　专门学校由县级以上地方人民政府根据需要参照福利机构设置。义务教育阶段学生免收学杂费和食宿费。高中教育阶段学生免收学杂费，减免家庭经济困难学生食宿费。

第六条　专门学校所在地人民政府应确定一位领导专门负责专门学校工作，建立由教育、综治、公安、检察、法院、司法、民政、人力资源和社会保障、共青团、妇联等部门相关人员和专门学校校长组成的专门学校管理委员会。

第七条　专门学校由当地教育行政部门自行命名。

第八条　公安机关应选派具有心理学、犯罪学、教育学等专业知识并热心专门教育的公安干警参与学校的教育管理工作。专门学校应设置由公安干警组成的公安办公室。驻校干警的人事工资关系在原部门，各项待遇不变，可领取专门学校的岗位津贴。

第九条　有条件的专门学校应成为教育和保护有严重不良行为未成年人的中心，面向周边学校、家庭、社区开展工作，提供服务。

第三章　学生与学籍

第十条　专门学校主要招收《中华人民共和国预防未成年人犯罪法》规定的九种严重不良行为未成年人。也可招收无法找到监护人的有严重不良行为的流浪未成年人和触犯刑律但因不满刑事责任年龄不予刑事处罚的未成年人。

第十一条　未成年学生的监护人或所在普通学校向当地教育行政部门提出申请，经由当地教育行政部门组织的教育、公安、司法等专业人员评估，并征得学生所在普通学校或监护人同意，将其送入专门学校继续学习。

第十二条　若未成年学生的监护人不同意，所在普通学校可提请专门学校管理委员会，组织当地教育行政部门、该未成年人所在的原学校、当地的专门学校、该未成年人所在的社区、该未成年人居住地的公安派出所和法律、教育、心理等方面专家进行评估，对于义务教育阶段的未成年人，对其他同学不构成伤害威胁、对学校正常教育教学秩序不构成严重影响的应回原学校继续学习，并说服和要求原学校接收；本人愿意换个学习环境的，当地教育部门要统筹协调安置其到其他普通学校继续学习。对其他同学构成伤害威胁、对学校正常教育教学秩序构成严重影响、监护人无能力管教或管教无效、必须以特殊的教育方式和手段进行教育和矫治的，应说服其监护人从有利于该未成年人成长出发送专门学校继续学习，教育行政部门安排专门学校接收。对于非义务教育阶段的在校未成年人，愿意回学校继续学习的可参照上述义务教育阶段的安置方法。社区工作人员或公安人员在社会上发现符合接收条件而又无法找到监护人的流浪未成年人，经当地教育行政部门组织评估和批准，将其送入专门学校学习。

第十三条 专门学校要为在读学生建立完整的成长记录，参照普通学校学籍管理规定进行管理，学生原所在普通学校应保留其学籍。学生所犯错误的档案材料由专门学校保存。在读学生经由当地教育行政部门组织的教育、公安、司法等专业人员评估，认为适合在普通学校学习的，当地教育行政部门应及时送其回原所在普通学校或其他普通学校继续学习，普通学校不得拒绝。

第十四条 学生毕业可回原所在学校参加考试，也可在专门学校参加考试。专门学校可根据学生特点，报经当地教育行政部门批准，自行命题单独组织考试，成绩合格者，由当地教育行政部门核发原所在普通学校毕业证书。专门学校职业班毕业生给予同等职业学校毕业生待遇。

第四章　教育与教学

第十五条 专门学校应对在校学生进行思想教育、文化教育、纪律和法制教育、劳动技术教育和职业教育，将思想道德教育纳入教育教学全过程，帮助他们分清是非，认识错误，增强法律意识，提高自我约束和自我控制能力，为适应社会、成为合格公民奠定基础。

第十六条 专门学校教职员工应关心、爱护、尊重学生，不得歧视、厌弃。教师实行 24 小时值班制度。专门学校应在普通学校建制标准的基础上设置心理咨询室，配备具有心理学专业知识，取得心理咨询执业资格的教职人员。

第十七条　专门学校采取寄宿与走读相结合的管理方式，实行小班教学，每班学生不宜超过 20 名。

第十八条　义务教育阶段的专门学校根据义务教育各学科课程标准和专门学校的特点，安排教学计划和活动，在报经当地教育行政部门批准后，可适当调整教学内容和课时，进行有针对性的教学活动。

第十九条　高中教育阶段的专门学校可参照普通高中课程标准设置教育教学内容，也可开展职业技术教育。当地教育行政部门应将专门学校的职业教育纳入当地职业教育发展规划。专门学校应根据学生就业需求重点进行职业技术教育和技能培训，教育内容和要求可参照同类职业技术学校。有条件的专门学校可以办成职业学校、技术学校。

第二十条　专门学校应建立少先队、共青团组织，开展正常的团队活动。

第五章　校长与教师

第二十一条　当地教育行政部门应选任热爱专门教育、责任心强、具有较强工作能力的人员担任专门学校校长。

第二十二条　专门学校教师应按与在校生 1∶3 的比例配备，并有一定比例的心理和法律专业教师。当地教育行政部门要选派优秀教师和高等师范院校优秀毕业生到专门学校任教，上岗前要进行有针对性的专门培训，核发专业资格证书。当地教育行政部门应制定专门学校教师培训规划，有组织地开展岗位培训，所需经费在教师培训专项经费中列支。

第二十三条　当地教育行政部门要对专门学校教师的职称、职务评定单独设立标准，高级、中级、初级职称配比不受限制。

第二十四条　专门学校教师除享受普通学校教师待遇外，应享受特殊岗位津贴。从事专门教育年满 15 年或在专门学校担任校长年满 10 年，并在专门教育岗位退休者，其特殊岗位津贴应纳入退休工资中。

第二十五条　教育行政部门应建立科学的专业学校教师工作评价体系

和奖惩制度，将优秀教师表彰奖励纳入各级教师、教育工作者表彰体系之中，按一定比例评选，统一表彰。对不能履行教师职责的，应调离专门教育岗位。专门学校教师因公受伤，享受工伤待遇，因公殉职，享受烈士待遇。

第六章　协调与保障

第二十六条　当地综合治理委员会预防青少年违法犯罪领导小组办公室要配合当地政府加强专门学校建设，相关工作纳入当地社会治安综合治理的督导体系。民政部门应当为家庭经济困难学生和无法找到监护人的学生提供救助，劳动保障部门应当为学生就业提供帮助，司法部门应当为权利受到侵害的学生提供法律援助。

第二十七条　专门学校的办学经费、培训经费、科研经费和学生人身保险费纳入当地财政预算，设备设施应高于当地普通学校标准，凡涉及生均费用项目按照不低于普通学校 3 倍标准足额划拨。

第二十八条　高等师范院校应建立针对教育和保护有严重不良行为未成年人的专门学科，加强专门研究，培养专门人才。

第二十九条　鼓励社会各界、海内外人士、企事业单位、群众团体、基金会等为专门学校捐资助学。

第六章　附　　则

第三十条　各地有关部门应根据本规定，结合实际制定具体实施办法。

第三十一条　本规定自发布之日起施行。其他有关文件规定与本规定不一致的，以本规定为准。

附件 2　关于进一步加强专门学校教育工作的意见

（中国教育学会工读教育分会建议稿）

为贯彻党的教育方针，落实立德树人根本任务，教育和矫治有严重不良行为的未成年人，有效预防和减少违法犯罪，保护广大未成年人合法权益，依据《义务教育法》《未成年人保护法》《预防未成年人犯罪法》和《关于办好工读学校的几点意见》（国办发〔1987〕38号），对进一步加强我国专门学校教育工作提出以下意见。

一　专门学校的性质、任务及组织领导

1. 专门学校是实施九年义务教育的重要组成部分，是教育和保护有严重不良行为、有违法和轻微犯罪行为未成年学生的特殊教育学校，纳入义务教育序列中管理。

2. 专门学校的主要任务是全面贯彻党的教育方针，坚持"立足教育，挽救孩子，科学育人，造就人才"的教育原则，把有严重不良行为、有违法和轻微犯罪行为的未成年学生教育培养成全面发展的社会主义合格公民。

3. 专门学校的教育教学与日常工作由地方教育部门领导管理；涉及轻微犯罪未成年学生的教育转化工作由地方政法委主导、督察；综治委组织协调公安、民政、司法、财政、人力资源和社会保障、共青团、妇联、关工委等各部门给予有力保障。

4. 各地级以上城市均需配置专门学校。

二　专门学校教育的对象与转送机制

5. 专门学校的教育对象主要是：（1）《预防未成年人犯罪法》第三十四条规定的九种严重不良行为者；（2）有校园欺凌、校园暴力行为且屡教

不改者；（3）有违法和轻微犯罪行为且不够司法处理者；（4）检察机关不起诉、附条件不起诉者，被法院判处缓刑监外执行者，取保候审者。

6. 有严重不良行为和校园欺凌、校园暴力行为者，经监护人和原校协商，听取学生本人意见，由监护人或原校转送专门学校；有违法和轻微犯罪者，由公安机关、原校、监护人共同评估，由公安机关转送专门学校；不起诉、附条件不起诉、被法院判处缓刑监外执行者、取保候审者，由司法机关根据案情决定送往专门学校接受观护帮教和教育矫治；对严重不良行为、校园欺凌与校园暴力者因各种原因不能转送专门学校，但确实严重影响原校教育教学秩序，威胁到他人的人身安全，教唆或胁迫他人实施违法行为的，由未成年人检察部门强制送入专门学校。

7. 凡是送入专门学校的学生不计入原校的违法犯罪学生数。

三 专门学校的学校管理

8. 专门学校的建设标准不低于特殊教育聋校的建设标准，并结合专门学校特点实施建设。专门学校实行一校多区（校区）分级分类管理，将不同性别、问题严重程度、中级职业教育的学生分别管理教育。学校办学规模应保持适度，设置 9 个以上教学或管理行政班，每班以 14 人为宜。

9. 专门学校以实施九年义务教育为主，有条件的学校，可以向中等职业技术教育延伸，以巩固专门教育的成果。

10. 义务教育阶段，专门学校学生的学籍应保留在原校，由原校根据专门学校的毕业鉴定情况颁发毕业证书。根据学生和家长意愿，学生学籍也可以转入专门学校。学生在专门学校的教育经历不纳入个人档案。学生从专门学校毕业后在升学、就业、参军等方面不受歧视。

四 专门学校的教育矫治工作

11. 加强学生的思想道德教育，落实立德树人的根本任务，引导学生践行社会主义核心价值观，继承和发扬中华优秀传统文化和美德。

12. 要根据学生的身心特点和存在的问题，有针对性地开展教育保护和矫治工作，突出习惯养成教育、法治教育、心理健康教育、生命教育、文化教育、职业教育。注重将思想道德教育和法治教育纳入教育教学全过程，引导学生树立正确的人生观、价值观、世界观，帮助学生分清是非、改正缺点，增强法律意识，提高自我约束和控制能力，为学生适应社会、成为合格公民奠定基础。

13. 专门学校要建立学生会和班委会，具备条件的要建立共青团组织或志愿者等其他有益社团组织，开展团组织和社团公益活动。

14. 专门学校教职工要充分尊重、关心、爱护学生，保护未成年人合法权益。专门学校实施住宿制管理，实施安检与 24 小时关护制度，保障师生与校园安全。

15. 专门学校设置法制副校长，派驻公安干警，设置警示点，由公安、司法工作人员定期到专门学校进行警示、训诫教育。

16. 专门学校设置校外法制教育室（处），面向区域内普通中小学，针对有不良行为的学生开办校外法制教育班或法制教育小组，有计划、系统地开展早防早控工作。

17. 发挥专门学校的辐射作用。专门学校可以成立德育实践基地、法制教育中心、心理健康教育中心、班主任培训中心、家庭教育中心等，对普通中小学教师、家长进行培训，提高普通中小学教师和家长对不良行为学生的教育能力，以及提高普通中小学生的法治意识。

各地专门学校要充分发挥自身办学优势和师资力量，探索与当地未成年犯管教所联合办学模式，为在押未成年人犯实施九年义务教育。

18. 专门学校学生在校学习时间一学期至三年（至少一学期）。专门学校根据学生的在校表现，会同原校、学生家长、公安、检察院、法院等部门评估学生教育转化效果，对不良行为确实得到改变的学生，可转回原学校继续学习。

五　专门学校的教学工作

19. 专门学校要纳入地方义务教育统筹管理，根据学生的实际程度制订教学计划和进度，选用普通中小学的教材或自编、补充教材，适当调整教学内容和教学时间，努力提高教学质量，使学生逐步达到义务教育的基本要求。

20. 专门学校要创设丰富的实践情境，开设实操类、社会实践类等课程，引导学生在"做中学"，培养学生的基本技能和社会实践能力，开设职业道德教育选修课程。

21. 专门学校开设思想政治教育、法治教育、心理健康教育、科技教育等特色校本课程和丰富多彩的特色教育活动。

六　专门学校的办学保障

22. 专门学校的级别编制按当地示范性高中设置，设校长、书记、副校长。各地教育部门要选派能够正确贯彻执行党的路线、方针、政策，坚持社会主义办学方向，熟悉教育教学业务年富力强的干部担任专门学校的校长。专门学校校长由当地教育部门任命或提请地方人民政府任命。专门学校领导班子和骨干力量要保持相对稳定。

23. 专门学校实行住宿制，实行教育与生活管理合一的管理模式，每个班专任教师配备不少于6人，其中2名班主任。专门学校的校外预控工作，按当地义务教育阶段每一万名学生，配1名专门学校校外法制教育教师。学校食堂、绿化、保洁、安保、维修等职工采取购买社会服务的方式解决。根据需要设置专项，聘请社会工作者、心理咨询师、律师等专业人员参与专门学校的教育矫治工作。

24. 专门学校属于全民事业一类单位，由政府财政全额拨款，生均经费不低于当地特殊教育生均公用经费。专门学校校外法制教育每2名学生按专门学校1名学生拨发生均公用经费，确保专门学校有足够的办学经费。

25. 各地教育、财政要充分考虑专门学校教师工作时间长、劳动强度高、有一定危险性等特殊情况，在专门学校教师享受与普通教师同等工资待遇的基础上，另给予专门学校教师基本工资50%的专门教育津贴。当地财政部门要以专项预算的形式解决专门学校教师超时劳动补贴。为了鼓励教师长期从事专门教育，保持教师队伍的稳定，将专门教育津贴按工作年限带入退休工资。在专门学校工作10年以上并在专门学校退休的，按专门教育津贴的 80% 带入退休工资。在专门学校工作 15 年以上并在专门学校退休的，专门教育津贴全部带入退休工资。

26. 专门学校教师的专业技术评定各地应根据专门学校的特殊性设定评聘条件。

27. 教育部门、人力资源和社会保障部门要完善专门学校教师工作考核评价体系、继续教育制度和奖惩制度，在教师表彰奖励工作中予以倾斜。对不能履行专门学校教师职责的，要调离岗位。

七　专门学校教育的组织与协调

28. 综治部门要加强对专门学校教育工作的指导，将其纳入当地社会综合治理和精神文明考评体系。由当地综治部门牵头成立由教育、公安、民政、司法、财政、人力资源和社会保障、共青团、妇联、关工委等部门负责人及专门学校校长组成的协调委员会，负责统筹协调本地专门教育工作。地方政府督导部门将专门学校列入督导体系，定期对专门学校的办学情况进行督导。

29. 公安、检察院、法院做好"教育对象"中第（3）（4）类学生转入专门学校的工作，支持专门学校做好教育矫治、转化与保护工作。

30. 对于流浪的或监护人缺失的有严重不良行为未成年人，由公安、检察院、法院送入专门学校接受教育保护，由民政、妇联、共青团、关工委协助专门学校开展教育保护与矫治工作，民政部门安排其寒暑假期间的生活与监护。

31. 对于擅自离校、超假不归、失联的学生，当地公安部门要组织协调监护人、社区、治安联防、志愿者等力量协助学校寻找。

32. 财政部门按照前款足额拨付义务教育经费，根据专门学校申报的专项预算，保障专门学校教师的超时劳动补贴。人力资源和社会保障部门按照前款专门学校教师专业技术职称评定的标准，保障专门学校教师职称的编制和职数。

33. 各地配置专门学校时，建立以教育部门主管为主的多元化机制，由公、检、司法部门（或政府其他部门）主管的专门学校，应纳入地方义务教育体系，实行义务教育全免费，由地方政府财政部门全额拨款；经评估符合专门学校的办学标准的社会力量创办的专门学校，也应纳入地方义务教育体系，实行义务教育全免费。地方政府教育部门负责专门学校学生的学籍注册管理，教育教学业务管理和教师专业技术业务及职称评定等管理。

八 专门教育科学研究与人才培养

34. 鼓励有条件高等师范类院校设立专门教育专业或学科，加强专门教育研究，培养专门教育人才。鼓励相关研究机构、学术团体积极为专门学校的发展提供理论指导和专业支持。教育部门、高等学校、研究机构要定期举行专门学校干部教师的业务培训。

35. 充分发挥全国性的专门教育研究机构的作用，有计划地开展专门教育的科研活动，总结各地专门学校教育保护的经验，提高专门学校教育质量。各地专门学校应当紧密结合教育保护违法和轻微犯罪学生的实践，开展教育科学研究。有条件的地方，要开展专门教育的国际交流与合作，推广我国在预防和减少未成年人犯罪的先进经验与做法。

附件3　关于进一步加强专门学校教育工作的意见

（专家建议稿）

在我国未成年人犯罪预防体系中，专门学校在教育矫治有严重不良行为、轻微犯罪行为的未成年人发挥着重要功能，并收到了良好成效。近年来，随着我国未成年人法律的逐步完善和专门学校教育的改革，专门学校教育的内涵逐渐变为涵括义务教育、职业教育和特殊教育的教育形式，但是目前专门学校仍然面临着法律保障不足、招生制度不健全等困境，制约着专门学校教育发展。为更有效预防青少年违法犯罪和维护青少年合法权益，对进一步加强我国专门学校教育工作提出如下意见。

一　进一步明确专门学校教育的性质、任务和主管部门

1. 专门学校的性质。专门学校是针对有严重不良行为、轻微犯罪行为，不适宜在普通学校继续学习的未成年学生进行教育矫治的特殊教育学校。专门学校教育属于义务教育的重要组成部分，有条件的专门学校应当积极开展职业技术教育。

2. 专门学校的任务。专门学校的主要任务是全面贯彻党的教育方针，坚持"立足教育，挽救孩子，科学育人，造就人才"的教育原则，把有严重不良行为、轻微犯罪行为的未成年人教育培养成全面发展的社会主义合格公民。

3. 专门学校的建置和主管部门。县级以上人民政府根据需要设置专门学校或者依托职业技术学校，对有严重不良行为、轻微犯罪行为的未成年人进行教育矫治。专门学校的教育教学工作由地方教育部门领导管理，地方政府督导部门将专门学校列入督导体系，定期对专门学校的办学情况进行督导；有轻微犯罪的未成年学生的教育转化工作由地方综治部门指导和督察；专门学校教育应纳入当地社会综合治理和精神文明考评体系；共青团组织协调公安、司法、民政、关工委等部门积极参与专门学校的教育矫治工作。

二 完善专门学校的招生制度

4. 明确专门学校的招生对象。专门学校的招生对象是 12 岁至 17 岁的未成年人，且符合下列情形之一的：（1）实施《预防未成年犯罪法》第三十四条规定的严重不良行为之一的；（2）实施校园欺凌和暴力行为，且屡教不改的；（3）免予刑事处罚的；（4）被检察机关附条件不起诉的；（5）被法院单独适用附加刑或判处管制的；（6）被法院宣告缓刑的。

5. 改革专门学校的招生方式。有严重不良行为的未成年人无法继续在原学校学习，且父母或者其他监护人缺乏管教能力和条件的，由其父母、其他监护人或者所在学校书面提出申请，或者经公安机关和所在学校共同评估后提出建议，经县级以上人民政府教育部门批准，送到专门学校进行教育矫治。

公安司法机关在刑事诉讼过程中，可以根据实际情况，将被取保候审、附条件不起诉尚在考察期、被宣告缓刑、被判处管制的未成年人送到专门学校接受考察帮教和教育矫治。

6. 明确专门学校的办学标准。针对专门学校教育的特殊性，建立统一的专门学校的办学标准，建构不同于普通义务教育学校的教育质量评价标准，把对未成年人严重不良行为的教育转化率作为专门学校教育质量的核心评价指标。

三 有效开展教育矫治工作

根据学生的身心特点和行为问题，有针对性地开展教育矫治工作，强化思想道德教育，突出法治教育，完善心理健康教育，抓好生命教育、文化教育、职业技术教育。注重将思想道德教育和法治教育纳入教育教学全过程，帮助学生分清是非、增强法律意识，提高自我控制能力。

7. 强化思想道德教育。思想道德教育是专门教育的重要内容。针对专门学校学生的思想特征和认知规律，把马克思主义中国化的最新成果，把中国特色社会主义理论体系的基本内容、社会主义核心价值体系的基本要求融入学校的思想道德教育之中，引导学生践行社会主义核心价值观，继承和发扬中华优秀传统文化和美德，注重思想道德观念的提升和行为习惯的养成。发挥专门学校教育学生的主体作用，开展校训育人活动，创新专门学校思想道德教育工作的途径，增强思想道德教育的针对性、实效性。

8. 突出法治教育。坚持课堂教学主渠道，完善法治教育的课程设置，按照规定的课时，综合采用情景模拟、角色扮演、案例研讨、法治辩论等教学方法，针对学生的行为问题，强化违法犯罪行为的危害性和法律后果的教育，明确法律底线和行为边界，注重提高学生的法律意识。通过参观访问、线上线下、建立法治教育基地等途径开展法治实践教育。学校制定家长法治教育手册，提高家长对孩子进行法治教育的意识和能力。应当设置法制副校长，派驻公安干警，设置警示点，由公安、司法机关工作人员定期到专门学校进行警示、训诫教育。有条件的专门学校建立禁毒教育基地，开展禁毒宣传和毒品预防教育，引导学生充分认识毒品特别是合成毒品危害，增强识毒防毒拒毒意识和能力。

9. 完善心理健康教育。心理健康教育是专门学校教育工作的重要内容。坚持以育人为本，根据专门学校学生的生理、心理特点和发展的特殊性，运用心理健康教育的理论和方法，培养专门学校教育学生良好的心理素质，促进专门学校教育学生身心全面和谐发展。强化专门学校教育心理健康教育教师力量的配备和培训，配置必要的心理健康教育设施，针对专门学校学生在学习生活、情感等方面的实际需求以及导致严重不良行为、违法犯罪行为的心理问题进行心理咨询、辅导。

10. 强化生命教育、文化教育、职业技术教育。在生命教育方面，专门学校应当设置专门的生命教育课程，涵括生命尊严、生命价值等内容。通过生命教育的开展使学生学会尊重生命、珍惜生命，懂得感恩，增强社会适应性，促进未成年人身心健康和全面发展。

在文化教育方面，专门学校的文化教育课程按照相对应的普通中小学课程基本要求设置。根据未成年人文化层次的不同开展分层次教学，善于运用启示、鼓励等教学方法，注意教育内容的趣味性、实践性，激发学生学习兴趣和热情。

在职业技术教育方面，按照社会实际需要，针对专门学校教育学生的身心特点和兴趣爱好，开设多样性的职业技能专业理论和实践课程，培养职业技能。按照专门学校教育学生年龄的不同，组织必要的生产劳动，在实践中培养劳动能力，提高学生的就业创业能力。

11. 教育矫治效果评估。专门学校根据学生的在校表现，会同原学校、学生家长、教育行政、公安司法等部门评估学生教育转化效果，对遵纪守法、课程考核合格、严重不良行为确实得到矫治的学生，可以转回原学校继续学习。

四　完善专门学校的教育教学管理工作

12. 完善学籍管理制度。地方政府教育部门负责专门学校学生的学籍注册管理。专门学校学生的学籍应保留在原校，由原校根据专门学校的毕业鉴定情况颁发毕业证书。学生在专门学校的教育经历不纳入个人档案。学生从专门学校毕业后在升学、就业、参军等方面不受歧视。

13. 健全教学管理制度。专门学校纳入地方义务教育统筹管理，根据学生的实际程度制订教学计划和进度，选用普通中小学的教材或自编、补充教材，适当调整教学内容和教学时间，努力提高教学质量，使学生逐步达到义务教育的基本要求。专门学校要创设丰富的实践情境，开设实操类、社会实践类等课程，培养学生的基本技能和社会实践能力，开设职业道德教育选修课程。

专门学校要为学生提供必要的劳动和职业技术训练场所，为学生的职业技术教育提供设施保障。专门学校学生每周参加劳动的时间不少于十二小时，不超过二十小时，劳动强度要适当，禁止安排学生从事高度危险性作业。

专门学校教职工要充分尊重、关心、爱护学生，保护未成年人合法权益。专门学校实施住宿制管理，实施安检与24小时管护制度，保障师生与校园安全。

14. 健全学生管理制度。专门学校实行教育与生活管理合一的管理模式，每个班专任教师配备不少于6人，其中2名班主任。实行男女学生分班管理。专门学校的规模一般不少于一百人，每个教学班以15人左右为宜。

专门学校学生在教育矫治初期要集中管理，严明赏罚标准；在教育矫治的中、后期，逐渐实行学生自我管理。改革专门学校限制学生人身自由的管理措施，采取合理、有效措施教育矫治难管的学生。

对于擅自离校、超假不归校的学生，当地公安机关、社区、治安联防等力量应当协助学校解决。对于经反复教育仍不服从管理的学生，应当由公安机关予以训诫、罚款等处罚；有犯罪行为的，依法送交公安、司法机关处理。

五　强化工作责任和工作保障

15. 明确主管部门。各地在建设专门学校时，建立以教育部门主管为主的多元化机制。由综治部门主管的专门学校，应纳入地方义务教育体系，实行义务教育全免费，由地方政府财政部门全额拨款；经评估符合专门学校的办学标准的社会力量创办的专门学校，可以采取业务指导、经费补助等形式协助办学。

16. 强化经费保障。专门学校属于全民事业一类单位，由政府财政全额拨款，生均经费应高于当地特殊教育生均公用经费。

17. 加强师资力量建设。专门学校的教师要认真贯彻执行党的路线、方针、政策，热爱专门教育，品德优良，作风正派，具有较强的业务水平和管理能力，身体健康，能够胜任专门教育工作。要定期对在职的专门学校教师进行培训。完善专门学校教师工作考核评价体系、继续教育制度和奖惩制度，教职工的业务考核和职称评定，要考虑专门教育的特点，在专门学校教师享受与普通教师同等工资待遇的基础上，给予专门学校教师的专门教育津贴。对在教育、挽救有严重不良行为或轻微犯罪行为学生的工作中做出贡献的教职工，应当大力表彰。对不能履行专门学校教师职责的、因违法犯罪行为不适宜继续担任专门学校教师工作的，要调离工作岗位。

18. 鼓励社会参与。为增强教育矫治工作的专业性、科学性，专门学校可以聘请青少年事务社工、心理咨询师、律师等专业人员参与教育矫治工作。由当地综治部门牵头成立由教育、公安、民政、司法、共青团、关工委等部门组成的协调委员会，负责统筹协调专门教育工作，组织动员社会力量参与专门学校的教育矫治工作。

六　强化专门学校教育的辐射作用和理论研究

19. 发挥专门学校的辐射作用。专门学校可以通过建立德育实践基地、法治教育中心、心理健康教育中心等形式，对普通中小学学生开展法治教育和心理健康教育，对普通中小学学生的教师、家长进行教育培训，提高普通中小学教师和家长对学生不良行为的教育预防和矫治能力。

20. 加强理论研究和对外合作。专门学校应当紧密结合教育、感化、挽救有严重不良行为或轻微犯罪行为学生的实践，建立全国性的专门教育理论研究组织，有计划地开展专门教育的科研活动，对于优秀的研究成果予以奖励。鼓励开展有关专门教育的国际交流与合作，借鉴国（境）外教育矫治未成年人不良行为的先进经验和做法。

附件4 专门学校发展评价指标及要点

一级指标	二级指标	三级指标	评价要素	评价标准与要求	评价方法及工具
软件	一、学生发展	1. 行为习惯	1. 学生法律意识增强，能够做到遵规守纪、诚实守信，问题行为得到控制与矫正 2. 学生在文明礼貌、热爱劳动、爱护环境、勤俭节约等方面的良好行为习惯逐步形成 3. 学生学会感恩，自理能力有所提高，集体意识得到增强	1. 学生行为达到《中小学生守则》（附件1）的要求； 2. 学生行为习惯较入学时有改善	观察及访谈（提纲）
		2. 心理素质	1. 学生积极心理品质有明显改善，心理发展性障碍得到有效改善，正确对待自己和他人 2. 学生能够对自己情绪进行控制，对行为进行自我约束 3. 学生能够应对和克服学习、生活中遇到的困难，具备适应学习环境、社会环境的能力 4. 师生关系、同伴关系、亲子关系得到改善	学生较入学时心理品质得到发展和改善	1. 使用SCL90心理健康自测量表测试； 2. 查阅心理健康档案； 3. 访谈教师和学生
		3. 身体素质	1. 学生体质达到国家体质健康标准 2. 学生养成良好的锻炼习惯和卫生习惯 3. 学生掌握基本的体育锻炼方法和技能	1. 学生体质健康测试达到《国家体制健康标准》，合格率达到85%以上； 2. 学生每天锻炼1小时； 3. 每个学生掌握两项体育运动技能，养成体育锻炼习惯	1. 查阅学校体质健康测试结果； 2. 访谈学生

续表

一级指标	二级指标	三级指标	评价要素	评价标准与要求	评价方法及工具
	一、学生发展	4. 学业水平	1. 学生学习的主动性和学习习惯有明显改善 2. 学习能力得到提升，能够关注生活、参加社会实践和志愿服务活动，解决实际问题的能力得到提升 3. 学业水平在原有基础上有提高	1. 学生的学业较入学时有进步 2. 学生的学习态度有明显改善	1. 访谈学生和教师; 2. 查阅学校学业测试记录; 3. 课堂观察学生的课堂学习表现
软件	二、课程教学	1. 课程设置	1. 依据学生特点和学习起点开设课程、开齐课程 2. 开发一定数量的校本课程或选修课，满足教育教学需要 3. 开设专业课或开展职业技能培训，为学生回归社会奠定基础	1. 开齐国家课程; 2. 开设了符合学生发展需要的校本课程	1. 查看学校的课程设置; 2. 访谈教师和学生
		2. 教学实施	1. 按学生基础制订教学计划和进度 2. 因材施教，改革教学内容和采用适合学生特点的教学方法，符合学生学习需要 3. 发挥音、体、美教育的优势，丰富学生文化生活 4. 关注学生学习过程，运用多元评价促进学生发展 5. 运用信息技术等现代教学手段，提高教育效果	1. 教师的教学方式符合学生的特点，能够为不同发展的学生提供适合的学习计划，充分调动学生的学习积极性，做到因材施教; 2. 课堂中善于评价学生的积极表现; 3. 教师在教学中能够适时适当运用信息技术手段	1. 听课观察; 2. 访谈教师和学生; 3. 问卷

续表

一级指标	二级指标	三级指标	评价要素	评价标准与要求	评价方法及工具
软件	三、规划与管理	1. 规划	1. 学校制定发展规划，有年度计划、阶段目标，责任落实、措施有力 2. 办学目标明确，培养目标明确，符合本校实际，可操作 3. 教职员工参与规划制定，有调研分析及论证材料 4. 诊断学校发展现状，及时发现和研究分析学校发展面临的主要问题	（五）学校制定了符合学校发展的三年发展规划，发展目标明确，实施举措可行 2. 学校的发展规划制定过程体现民主性（教师广泛参与）； 3. 学校能够每年对照发展规划进行调整	1. 查看发展规划； 2. 访谈教师； 3. 问卷
		2. 管理	1. 学校安全意识明确，安全制度健全、安全措施到位，责任到人 2. 学校各项规章制度完善 3. 建立并不断完善教育教学质量监控制度 4. 建立学生教育档案。建立学生入学、阶段教育效果定期评估分析制度。引入社工及相关教育资源，完善学校管理机制	1. 学校安全及其他工作有章可依，制度得到执行； 2. 学校管理体现多元主体参与； 3. 学生教育档案完整（入学时学业、心理等个方面的表现有记录；毕业时有与入学时各项对比的测试结果；全面、真实反映学生发展状况）	1. 查阅学校相关制度文件； 2. 访谈教师了解制度执行情况； 3. 查阅学生教育档案； 4. 问卷
	四、教师队伍	1. 数量与结构	1. 学校编制，具体功能定位与发展需要，配置足够教学与研究人员 2. 教师学历达标、专业、职称、专业、年龄结构趋于合理	1. 达到当地普通中学的水平，参照当地普通中学学校发展调查结果； 2. 各学科教师配备齐全，有专业课的教师，如心理教师、美术、音乐等	1. 查阅学校教师基本情况数据（问卷）； 2. 访谈干部、教师

一级指标	二级指标	三级指标	评价要素	评价标准与要求	评价方法及工具
软件	四、教师队伍	2. 专业理念与师德	1. 关爱、包容、尊重学生 2. 具有良好的职业操守和道德品质 3. 遵循教育规律和学生成长规律，为每一个学生提供适合成长的教育	1. 教师达到《中学教师专业标准（试行）》的专业理念与师德的基本要求； 2. 了解所教学生的特点，并能够依据学生的特点设计育人计划	1. 访谈学生、干部； 2. 课堂观察； 3. 问卷
		3. 专业能力	1. 具有较强的组织、管理、个别指导的能力；转化学生的能力强，具有对严重不良行为学生进行教育、矫治的经验和能力 2. 能在日常教育教学中积极参加各类培训与科研活动；积极探索教育教学规律，应用科研成果及时总结经验 3. 善于选择适合教学内容的方法，有效实施教学 4. 掌握多元评价方法，多视角、全过程评价学生发展 5. 合理使用信息技术手段	1. 教师转化学生有方法； 2. 教师的研究意识较强，承担或参与学校的课题研究； 3. 学生喜欢教师的教学方法； 4. 评价学生的标准多元，评价时关注学生特点、看重学生的改变，关注学生心理、身体等多方面表现； 5. 信息技术使用熟练，运用得当	1. 访谈干部、教师、学生； 2. 课堂观察； 3. 问卷

续表

一级指标	二级指标	三级指标	评价要素	评价标准与要求	评价方法及工具
软件	五、教育活动	1. 德育工作	1. 在校内落实全员全过程育人；在校外注重教育管理，建学校、社会、相关部门相结合的教育管理网络 2. 德育内容、途径、方法符合学生特点，注重行为规范养成教育、文明礼仪教育、生命教育、生涯规划教育，培养学生发展核心素养；注重开展丰富的校内外德育活动，培养学生的公民意识和行为，引导学生学习实践行社会主义核心价值观 3. 有诊断和矫治问题学生的教育管理、激励机制和效果评估机制 4. 注重环境育人，创设有利于学生遵纪守法、行为矫正的生活化教育情境，实现制度与生活的有机融合；发挥学生的主动性，让学生参与教育、服务与管理 5. 发挥课堂教学主渠道作用，在学科教学中渗透德育工作 6. 转化学生的做法取得实效，并对区域发挥辐射作用	1. 德育活动符合合德育大纲要求，符合学生特点； 2. 有诊断和矫治问题学生的教育管理制度、激励制度、学生的行为评估机制和效果评估和得到改善	1. 观察学生行为、访谈学生； 2. 问卷

375

续表

一级 指标	二级 指标	三级 指标	评价要素	评价标准与要求	评价方法及工具
软件	五、教育活动	2. 心理健康教育	1. 建立专兼职结合的心理工作队伍 2. 学校建有心理教育研究中心，所配备设备、资料满足开展个体行为矫正、心理调适及团体心理健康教育活动 3. 开设心理健康教育活动课或选修课，普及心理健康知识和方法 4. 心理健康教育要贯穿于学校教育的全过程 5. 经常开展团体心理辅导和心理咨询活动 6. 对学生心理发展、教育效果进行评估 7. 建立学生心理健康档案，记录学生的矫治过程 8. 向教师普及心理健康教育知识和基本干预技术 9. 向家长普及心理教育知识	1. 达到教育部关于《中小学心理健康教育指导纲要》（教基一〔2012〕15号）的基本要求：至少一名专职教师，心理咨询室，对全体教师进行相关知识技能培训每学期不少于1次，有心理健康教育档案等（见附件2）	1. 查阅学校心理健康工作档案； 2. 访谈教师、学生； 3. 问卷； 4. 症状自陈量表（SCL－90）
		3. 法制安全教育	1. 建立专兼职结合的法制教育队伍 2. 开发建设法制教育的校本课程资源，保障法制教育的开展 3. 法制教育取得实效，并对区域发挥辐射作用 4. 对学生开展安全自护教育	在课程实施中渗透法制教育	1. 访谈学生、教师

续表

一级指标	二级指标	三级指标	评价要素	评价标准与要求	评价方法及工具
软件	五、教育活动	4. 校外教育	1. 建立家校协作指导机制，对家庭的育子观念、和谐亲子关系建立开展专项研究与指导；对家庭失教失管学生提供替代教育 2. 对区域所辖范围内的校外教育学生，提供定期教育辅导，制订教育计划，追踪评估教育效果 3. 建立毕业、离校学生定期追踪评估制度	1. 学校有家校协作的相关制度并能够执行 2. 有毕业、离校学生定期追踪评估制度；追踪学生的行为表现	访谈干部、教师
硬件	六、办学条件	1. 设施	办学条件不低于本地区教育行政部门最新颁发的《中小学办学条件标准》，同时根据学校的功能与定位，配备开展职业技能培训、家庭委托管理、心理健康研究、法制教育研究等设施，学校安全设施完备	1. 本地区中小学办学条件标准； 2. 学校的安全设施齐全	观察
		2. 经费	办学经费有保障，能够满足学校发展需要；教师特殊教育教师享有同等待遇	1. 经费满足学校发展需求； 2. 教师的待遇与本地区其他学校相当	1. 考量区域教育行政部门； 2. 对学校的发展支持度
办学特色			1. 结合学校的实际，自行确定学校特色；成为区域内的成长服务指导中心，家庭关系指导、职业技能培训工作与专业建设成效显著，满足社会需要；学生教育巩固率高，重犯罪率低 2. 职业技能培训工作与专业建设方面具有指导作用与服务功能	1. 学校的办学有自己的特色，特色鲜明，符合学校的实际，教师和学生有感受	问卷（开放题）

附件5　专门学校教育的硬件标准

校舍标准（一）

	用房名称	每间（套）使用面积	12 班主任 40 人		18 班主任 360 人	
			间数（套）	使用面积	间数（套）	使用面积
一	基本教学单元	225	12	2 700	18	4 050
1	含：普通教室（大班）	44	—	—	—	—
2	活动室	44	—	—	—	—
3	学生宿舍	80	—	—	—	—
4	教师办公室	20	—	—	—	—
5	值班室	16	—	—	—	—
6	厕所及盥洗室	21	—	—	—	—
二	共用教学及辅助用房			1 289		1 457
1	理化（生）实验室	47	2	94	3	141
2	仪器及准备室	21	2	42	3	63
3	音乐室	40	1	40	1	40
4	乐器室	16	1	16	1	16
5	语音教室	47	1	47	1	47
6	语音教室辅助房	16	1	16	1	16
7	多功能活动室			140		200
8	电教器材室	16	1	16	1	16
9	美术教室	47	1	47	1	47
10	美术教具室	16	1	16	1	16
11	劳技教室	47	2	94	2	94
12	劳技教具室	16	1	16	1	16
13	电脑房	60	1	60	1	60
14	闭路电视控制室	30	1	30	1	30
15	心理咨询室、实验室	44	2	88	2	88
16	图书室			60		80
17	学生阅览室			44		44

校舍标准（一）

	用房名称	每间（套）使用面积	12班主任40人		18班主任360人	
			间数（套）	使用面积	间数（套）	使用面积
18	教师阅览室			44		44
19	体育活动室			144		144
20	体育器材室			25		25
21	阶梯教室			150		150
22	机动教室			60		80
三	行政办公用房			366		444
1	行政办公室	14	8	112	10	140
2	会议接待室			44		66
3	大会议室			72		80
4	谈心室	16	1	16	1	16
5	广播及社团办公室	20	1	20	1	20
6	卫生保健室	20	1	20	1	20
7	总务仓库	20	1	20	2	20
8	电木工修理间			40		40
9	传达值班室	22	1	22	1	22
四	生活用房			560		811
1	教工单身宿舍			22		32
2	食堂厨房			370		554
3	沐浴室					
4	生活锅炉房			58		67
5	杂物储藏室			30		30
6	厕所			80		128
五	操场					
1	二百米环形跑道					
2	小足球场（篮排球场）					
3	健身广场			120		150
4	绿化			120		150

校舍标准（二）

	用房名称	每间（套）使用面积	12 班主任 40 人		18 班主任 360 人	
			间数（套）	使用面积	间数（套）	使用面积
一	基本教学单元	181	12	2172	18	3258
1	含：普通教室（大班）	44	—	—	—	—
2	学生宿舍	80	—	—	—	—
3	教师办公室	20	—	—	—	—
4	值班室	16	—	—	—	—
5	厕所及盥洗室	21	—	—	—	—
二	共用教学及辅助用房			1 146		1 314
1	理化（生）实验室	47	2	94	3	141
2	仪器及准备室	21	2	42	3	63
3	音乐室	40	1	40	1	40
4	语音教室	47	1	47	1	47
5	多功能活动室			140		200
6	美术教室	47	1	47	1	47
7	劳技教室	47	2	94	2	94
8	电脑房	60	1	60	1	60
9	闭路电视控制室	30	1	30	1	30
10	心理咨询室、实验室	44	2	88	2	88
11	图书室			60		80
12	学生阅览室 教师阅览室			50		50
13	体育活动室			144		144
14	阶梯教室			150		150
15	机动教室			60		80
三	行政办公用房			224		374
1	行政办公室	14	8	112	10	140
2	会议接待室			44		66
3	谈心室	16	1	16	1	16
4	卫生保健室	20	1	20	1	20
5	总务仓库	20	1	20	2	40

续表

校舍标准（二）						
	用房名称	每间（套）使用面积	12 班主任 40 人		18 班主任 360 人	
			间数（套）	使用面积	间数（套）	使用面积
6	传达值班室	20	1	22	1	22
四	生活用房			458		651
1	食堂厨房			370		554
2	沐浴室			58		67
3	生产锅炉房					
4	杂物储藏室			30		30
五	操场					
1	一百米直型跑道					
2	小足球场（篮排球场）					
3	绿化			120		120

注：①校舍达标在原 1990 年颁布初中校舍标准、1994 年颁布初中装备技术标准基础上，根据工读学校办学标准特殊要求做了部分修改。②校舍达标应按标准（一）改扩建或重建，但考虑到少数区、县的客观情况暂按标准（二）实施，以后逐步改善；③为了扩展工读教育办学功能，深化教育改革，按照一校五部制模式，办学规模以 200～300 人，12～18 个班级为宜，同时为工读学校办学途径的扩大，要为流动生源和阶段生源的增加留有余地。

工读教学专用教室装备标准		
	项　　目	装备标准要求
1	理化（生）实验室	实验桌，物化生仪器，药品，电源
2	音乐室	钢琴（电子琴），五线谱黑板，桌椅
3	美术室	桌椅，画架，石膏像，美术用品
4	劳技室	劳技用品和器材
5	语音室	教师操作台，学生语音设备
6	电脑室	电脑台，电脑教师讲台，学生电脑
7	图书馆	书报，杂志架，目录箱，桌椅
8	其他专用室	标准另定

工读特殊专用室装备标准		
	项　　目	装备标准要求
1	学生宿舍	安全床，桌椅，衣橱
2	学生盥洗室	洗脸设施，洗澡设施，洗衣服设施

续表

工读特殊专用室装备标准

	项　目	装备标准要求
3	教师值班室	床，衣橱，桌椅，空调，饮水机，微波炉
4	谈心室	床，桌椅
5	多功能室	音响设备，投影机等
6	室内健身房	健身器材
7	心理咨询室	生物反馈治疗仪，学习迁移—记忆广度、自动测试仪、时间空间知觉装备、触棒迷宫等
8	心理测试室	计算机、心理测验的基本设备
9	电视 VCD	彩电每班一台，公用彩电数台，闭路电视设备（到教学班）
10	文办用品	学校管理用微机数台（多媒体）
11	交通工具	小车一辆，客车（大或中客车）一辆
12	其他专用室	标准另定

注：以上标准属一般标准，对有条件的学校应创造条件配置现代化教学设备。

图书在版编目(CIP)数据

工读教育研究 / 路琦主编 . --北京:社会科学文
献出版社,2019.3
ISBN 978 - 7 - 5201 - 4176 - 5

Ⅰ.①工… Ⅱ.①路… Ⅲ.①工读学校 - 特殊教育 -
研究 - 中国 Ⅳ.①G765

中国版本图书馆 CIP 数据核字(2019)第 017076 号

工读教育研究

主 编／路 琦
副主编／郭开元 陈 晨 刘 燕

出 版 人／谢寿光
责任编辑／王玉敏 赵怀英

出 版／社会科学文献出版社·联合出版中心(010)59367153
　　　　地址:北京市北三环中路甲 29 号院华龙大厦 邮编:100029
　　　　网址:www. ssap. com. cn
发 行／市场营销中心(010)59367081 59367083
印 装／三河市尚艺印装有限公司

规 格／开 本:787mm × 1092mm 1/16
　　　　印 张:24.5 字 数:380 千字
版 次／2019 年 3 月第 1 版 2019 年 3 月第 1 次印刷
书 号／ISBN 978 - 7 - 5201 - 4176 - 5
定 价／149.00 元